NTOA 28

Helmut Mödritzer · Stigma und Charisma
im Neuen Testament und seiner Umwelt

NOVUM TESTAMENTUM ET ORBIS ANTIQUUS (NTOA)

Im Auftrag des Biblischen Instituts
der Universität Freiburg Schweiz
herausgegeben von Max Küchler
in Zusammenarbeit mit Gerd Theissen

Zum Autor:

Helmut Mödritzer, geboren 1965. Studium der Evangelischen Theologie 1984–1990 in Heidelberg. Abschluß mit dem 1. Kirchlichen Examen. Anschließend Promotion bei Prof. G. Theißen mit vorliegender Arbeit. Seit 1993 Vikar im Dienst der Evangelischen Landeskirche in Baden.

NOVUM TESTAMENTUM ET ORBIS ANTIQUUS   28

Helmut Mödritzer

Stigma und Charisma im Neuen Testament und seiner Umwelt

Zur Soziologie des Urchristentums

UNIVERSITÄTSVERLAG FREIBURG SCHWEIZ
VANDENHOECK & RUPRECHT GÖTTINGEN
1994

Die Deutsche Bibliothek – CIP-Einheitsaufnahme

Mödritzer, Helmut:
Stigma und Charisma im Neuen Testament und seiner Umwelt. Zur Soziologie des
Urchristentums / Helmut Mödritzer. – Freiburg [Schweiz]: Univ.-Verl.;
Göttingen: Vandenhoeck u. Ruprecht, 1994
  (Novum testamentum et orbis antiquus; 28)
  ISBN 3-7278-0938-8 (Univ.-Verl.)
  ISBN 3-525-53930-4 (Vandenhoeck u. Ruprecht)
NE: GT

Veröffentlicht mit Unterstützung des Hochschulrates
der Universität Freiburg Schweiz,
des Landes Baden-Württemberg
und der Evangelischen Landeskirche in Baden

Die Druckvorlagen wurden vom Verfasser
als reprofertige Dokumente zur Verfügung gestellt

© 1994 by Universitätsverlag Freiburg Schweiz
Paulusdruckerei Freiburg Schweiz
ISBN 3-7278-0938-8 (Universitätsverlag)
ISBN 3-525-53930-4 (Vandenhoeck und Ruprecht)

Inhaltsverzeichnis

Vorwort

Die vorliegende Arbeit wurde im Wintersemester 1992/93 von der theologischen Fakultät der Universität Heidelberg als Dissertation angenommen. Für den Druck wurde sie leicht überarbeitet.

Mein Dank gilt besonders Herrn Prof. Dr. Gerd Theißen. Er hat die Arbeit angeregt. Durch seine kritische und intensive Begleitung und Anteilnahme an einem mir wichtigen Thema habe ich viel gelernt. Die Arbeit verdankt ihm weit mehr, als dies ein Vorwort auszudrücken vermag.

Herrn Prof. Dr. rer. pol. K. Hungar danke ich für die Übernahme des Korreferates.

E. Wiedenmann, Dr. D. Trobisch und A. Merz haben die Korrekturen gelesen: Danke!

Das Land Baden–Württemberg ermöglichte mir durch ein 23–monatiges Stipendium die zügige Fertigstellung der Arbeit. Auch hierfür sei gedankt.

Meinen Eltern und Bettina danke ich für die menschliche Unterstützung, die mir jenseits der Fertigstellung dieser Arbeit zuteil wurde. Diese Unterstützung und mein Dank dafür sollen an dieser Stelle nicht unerwähnt bleiben.

Schließlich gilt mein Dank Prof. Dr. M. Küchler sowie Prof. Dr. G. Theißen für die Aufnahme der Arbeit in die Reihe NOVUM TESTAMENTUM ET ORBIS ANTIQUUS.

Meißenheim/Heidelberg, im September 1993　　　　　　　Helmut Mödritzer

Kapitel 1
Stigma, Stigmatisierung, Selbststigmatisierung: begriffliche Bestimmungen

Gesellschaftlich abweichendes Verhalten – wie umgekehrt normentsprechendes Verhalten – sind das Ergebnis eines sozialen Definitionsprozesses. Dies läßt sich als Ergebnis der Stigmatisierungsdiskussion der 60–er Jahre dieses Jahrhunderts festhalten[1].

Wer von gesellschaftlich definierten Normen und Werten deutlich abweicht, gilt als marginalisiert bzw *stigmatisiert*. Als solcher ist ihm die gesellschaftlich–soziale Einflußnahme vorerst verwehrt. Im Gegenteil: Allzu oft wurden und werden noch heute marginalisierte und stigmatisierte Gruppen das Opfer gesellschaftlicher Aggressionen, indem auf sie (kollektiv) Agressionen abgeleitet werden. Zugleich läßt sich aber eine umgekehrte, der ersten scheinbar widersprechende Erfahrung machen: daß nämlich *Charismaträger* oftmals aus ehemals marginalisierten Kreisen stammen.

Stigma: die identitätsbedrohende Marginalitäts– und Ohnmachtserfahrung bzgl gesellschaftlicher Einflußnahme und *Charisma*: die Fähigkeit, neue Werte zu setzen und sozialen Einfluß (frei von institutioneller Anerkennung) geltend zu machen, gehören demnach offenbar irgendwie zusammen.

Herauszufinden *wie* sie dies tun (eingegrenzt auf eine Analyse des Neuen Testaments und seiner Umwelt), das ist die Aufgabe, die sich die hier vorgelegte Arbeit gestellt hat. Sie versucht dabei, mit Hilfe des aus der Stigmatisierungsdiskussion der 60–er Jahre dieses Jahrhunderts erwachsenen *soziologischen Strukturbegriffs der Selbststigmatisierung* eine Antwort zu geben[2].

Das Phänomen der Selbststigmatisierung – so die hier vertretene zentrale These – ist es, das Sinnzusammenhänge umzudrehen vermag. Beginnend und

---

[1]Cf zusammenfassend G. Hellerich: Art. Stigmatisierung; G. Grubitzsch/G. Rexilius (Hg.): Psychologische Grundbegriffe. Mensch und Gesellschaft in der Psychologie. Ein Handbuch, Hamburg, 2.Auflage 1987, S.1046–1049.

[2]Grundlegend für die folgenden Ausführungen sowie für *Selbststigmatisierung* überhaupt die Arbeiten des Soziologen W. Lipp: Selbststigmatisierung; M. Brusten/J. Hohmeier (Hg.): Stigmatisierung 1. Zur Produktion gesellschaftlicher Randgruppen, Darmstadt 1975, S.25–53. Ferner ders.: Charisma–Social Deviation, Leadership and Cultural Change. A Sociology of Deviance Approach; The Annual Review of the Social Sciences of Religion 1 (1977), S.59–77 sowie ders.: Stigma und Charisma. Über soziales Grenzverhalten (Schriften zur Kultursoziologie 1), Berlin 1985.

anfänglich freilich zuerst nur für eine kleine Trägergruppe, unter bestimm-
nten Bedingungen (cf u) hingegen auch für einen dann stets wachsenden
Kreis. Dieser *Prozeß*, der ebenso spannend wie letztendlich unvorhersehbar
ist und der in engstem Zusammenhang steht mit charismatischen Prozessen
(im Sinne M. Webers), soll uns im weiteren Verlauf der Arbeit leiten.

Am Anfang steht daher eine knappe Einführung in die Problematik der
Stigmatisierungsdiskussion, der „Mutter" des daraus erwachsenen Begriffes
der *Selbststigmatisierung*, der darauf näher eingeführt werden soll. Ein dritter Abschnitt dieses Kapitels grenzt das Phänomen der Selbststigmatisierung
auf (Judentum und) Christentum ein und fragt nach geschichtlichen (philosophischen wie religionssoziologischen) Vorläufern des Modells der Selbststigmatisierung in seiner Anwendung auf die beiden genannten religiösen Zei-
chensysteme und legt damit zugleich den Fortgang der folgenden Kapitel
fest.

Entsprechend gliedert sich der einleitende Abschnitt in folgende Punkte:

- Gesellschaftlich abweichendes Verhalten und damit die Verteilung von
  Macht und Einfluß innerhalb einer Gesellschaft werden als Ergebnis
  interaktionistischer Prozesse und soziologisch mit Hilfe des Begriffs der
  Stigmatisierung verstanden.

- Als Möglichkeit, diesen gesellschaftlichen Definitionsprozeß zu unterlaufen und damit rückgängig zu machen, läßt sich die Praxis der Selbststigmatisierung in ihren verschiedenen Phänotypen verstehen.

- Eine forschungsgeschichtliche Betrachtung ordnet das Phänomen der
  Selbststigmatisierung in seiner Anwendung auf (Judentum wie) Christentum historisch in die übergreifende Frage des Wertewandels ein.

1.1 Abweichendes Verhalten als »interaktionistisches« Konzept: Stigmatisierung

„Alle gesellschaftlichen Gruppen stellen Verhaltensregeln auf und versuchen
sie – zu gewissen Zeiten, unter gewissen Umständen – durchzusetzen. Gesellschaftliche Regeln definieren Situationen und die ihnen angemessenen Verhaltensweisen, indem sie einige Handlungen als «richtig» bezeichnen, andere
als «falsch» verbieten. Wenn eine Regel durchgesetzt ist, kann ein Mensch,

der in dem Verdacht steht, sie verletzt zu haben, als besondere Art Mensch angesehen werden, als eine Person, die keine Gewähr dafür bietet, daß sie nach den Regeln lebt, auf die sich die Gruppe geeinigt hat. Sie wird als *Außenseiter* angesehen"[1].

Eine von der Gesellschaft als Außenseiter angesehene Person gilt in ihrer sozialen Identität als *stigmatisiert*. Stigma (gr στίγμα von στίζειν) bezeichnet dabei ursprünglich ein Brandmarken oder Tätowieren mit einem spitzen Werkzeug (zur Begriffsdefinition cf unten). Die Person ist mit „Unehre": also mit einem moralischen Makel, behaftet oder zugleich auch bzgl ihrer körperlichen Erscheinungsweise durch „körperliche(n) Zeichen physischer Unstimmigkeit"[2] diskreditiert. Dabei ist – über E. Goffman hinausgehend[3] – zu betonen, daß nicht das dem Stigmatisierten zugeschriebene *Merkmal an sich* bereits diskreditierend ist, sondern erst die *negative Definition des Merkmals* dieses als diskreditierend erscheinen läßt. Es waren die Griechen, die „den Begriff *Stigma* als Verweis auf körperliche Zeichen (schufen), die dazu bestimmt waren, etwas Ungewöhnliches oder Schlechtes über den moralischen Zustand des Zeichenträgers zu offenbaren"[4]. Bereits hier wird deutlich, welche Dimensionen innerhalb eines interaktionistischen Prozesses Stigmata innewohnen: einmal bestehen sie aus kognitiv wahrnehmbaren *Eigenschaften* einer Person, zum andern beinhalten sie eine *Bewertung* dieser Eigenschaften, und zuletzt implizieren sie ein dieser Person gegenüber *angemessenes Verhalten*[5].

Damit läßt sich zugleich einiges zur *Funktion* von Stigmatisierungen aussagen[6]. Die Funktion von Stigmata und Stigmatisierung wird wohl zu Recht in Verhaltensweisen gesehen, die man als „Identitätsstrategien" bezeichnen kann: „Identitätsstrategien sind Verhaltensweisen, die der Bewahrung eines gefährdeten bzw. der Wiederherstellung eines gestörten psychischen Gleichgewichtes dienen. Die Begegnung mit einem Stigmatisierten stellt in vielen Fällen eine Bedrohung der eigenen Identität ... dar ... Das Gleichgewicht wird dann durch betonte Abgrenzung, d.h. durch Herausstellen der eigenen »Norma-

---

[1]L.c. H.S. Becker: Außenseiter. Zur Soziologie abweichenden Verhaltens, Frankfurt 1973, S.1.

[2]L.c. E. Goffman: Stigma. Über Techniken der Bewältigung beschädigter Identität, Frankfurt 1967, S.9.

[3]Cf ebd., S.11.

[4]L.c. E. Goffman, Stigma, S.9

[5]Cf hierzu J. Hohmeier: Stigmatisierung als sozialer Definitionsprozeß; M. Brusten / J. Hohmeier (Hg.): Stigmatisierung 1. Zur Produktion gesellschaftlicher Randgruppen, Darmstadt 1975, S.5–24:7f.

[6]Zum Folgenden cf ebd., S.10ff.

lität« und Ablehnung der Abweichung des anderen, zu stabilisieren versucht"[7]. Dies gilt
sowohl für ein Individuum wie auch für die Gesamtgesellschaft, der es damit primär um eine Systemerhaltung wie um die Herrschaftsfunktion von Stigmatisierung zu gehen scheint.
Im umgekehrten Fall heißt dies dann aber: Wird mit Hilfe von Stigmatisierung die eigene Identität wieder ins Lot gebracht, so wird die des abweichenden Individuums (oder
der Gruppe) zwangsläufig umso mehr bedroht und als „unnormal" qualifiziert. Zuletzt
sei kurz auf die Frage der Durchsetzbarkeit von Stigmata eingegangen: eine entscheidende Rolle spielt dabei die *Macht*, die eine Gruppe zur Durchsetzung ihrer Stigmatisierung
hat, bzw die Macht, welche die zu stigmatisierende Person (oder Gruppe) besitzt, dieses
Anliegen erfolgreich zu verhindern.

Das Wort *Stigma* begegnet auch im Neuen Testament innerhalb des Corpus Paulinum Gal 6,17. Paulus schreibt dort, er trage die Stigmata (Wund-
male, Malzeichen) Jesu an seinem Leib: ἐγὼ γὰρ τὰ στίγματα τοῦ Ἰησοῦ ἐν τῷ
σώματί μου βαστάζω.
Hier ist es ausreichend, darauf hinzuweisen, daß der *Zentralbegriff* dieser
Arbeit im Neuen Testament selbst begegnet und nicht erst künstlich in die
neutestamentlichen Texte hineintransportiert werden muß[8]. Diese Feststellung gilt in gleichem Maße für den Pendantbegriff zu Stigma – dem Begriff
des Charisma (χάρισμα). Denn Charisma kann – genealogisch gesehen – vom
Begriff des Stigma als möglicher Quelle für Charisma nicht getrennt gesehen werden. Dabei sollte man zwischen der neutestamentlichen und der
soziologischen Verwendung des Charismabegriffes im Sinne M. Webers keine allzu große Distinktion sehen oder beide Verständnisse gar gegeneinander ausspielen[9]. M. Weber selbst gibt an, den Begriff aus der Theologie
entnommen zu haben[10], sodaß er für ihn „nichts Neues"[11] darstellt. Dabei
umschreibt der Begriff des Charisma in der paulinischen Verwendung „eine
staunenerregende, in die Vertikale weisende" Tätigkeit, die sich als „Offenbarung des Geistes"[12] definieren läßt. Eben dieses (vertikale und numinose)
Verständnis begegnet nun bei M. Weber, wenn er Charisma als „Gnaden-

---

[7]L.c. J. Hohmeier, Stigmatisierung, S.11.

[8]Über die Frage der Verwendung des Begriffes im paulinischen Kontext cf Kapitel 4.1.3
dieser Arbeit über Formen von Selbststigmatisierung bei Paulus.

[9]So aber H.J. Schütz: Charisma und soziale Wirklichkeit im Urchristentum; W.A. Meeks
(Hg.): Zur Soziologie des Urchristentums. Ausgewählte Beiträge zum frühchristlichen Gemeinschaftsleben in seiner gesellschaftlichen Umwelt (TB 62), München 1979, S.222–244.

[10]Cf M. Weber: Wirtschaft und Gesellschaft: Grundriß der verstehenden Soziologie,
1. Halbband, 5.rev. Auflage, Tübingen 1976, S.124. Er verweist dort auf die kirchenrecht-
lichen Arbeiten von R. Sohm sowie auf K. Holl.

[11]L.c. ebd., S.124.

[12]L.c. Kl. Berger: Art. χάρισμα; EWNT III (1983), Sp.1101–1105:1105.

gabe" oder als *außeralltägliche Kraft* bezeichnet[13]. Und wenn M. Weber Charisma an nur *eine* Person – *den* Charismatiker – bindet, Paulus dagegen von der charismatischen *Gemeinde* als einer Vielzahl von Geistbegabten und Charismatikern spricht, so entspricht dies einer Entwicklung im Verständnis des Begriffs, die bereits *innerhalb* des Neuen Testaments festzustellen ist. Denn schon 1 Tim 4,14; 2 Tim 1,6 wird Charisma *exklusiv* an nur eine Person gebunden – uzw zur Gemeinde*leitung*[14]! Die Verwendung des Charismabegriffs als *Herrschaftsbegriff* läßt sich demnach bis in neutestamentliche Zeit zurückverfolgen[15].

Darüber hinaus hat die Verwendung des Charismabegriffs mE einen Vorteil im Vergleich mit anderen Arten, über Autorität zu handeln. So wird bspw über Jesu Autorität oftmals *dogmatisch–appellativ* gesprochen. Jesu Autorität gründet mal in seiner *Gesetzeskritik, die die Grundlage aller antiken Religion in Frage stellt*[16], mal in einer ungeahnten *Unmittelbarkeit Jesu*[17], in *Jesu Glaube, der ihn partizipieren läßt an der Allmacht Gottes*[18] oder in der *paradoxen Einheit von radikalisierter Thora und radikalisierter Gnade*[19]. Gegenüber solchen normativen Aussagen ist der Begriff des Charisma *deskriptiv* und darüber hinaus auch in die Alltagssprache eingegangen. Manches von dem, was oben als Grund für Jesu Autorität gesehen wurde, begegnet inhaltlich auch bei einer Verwendung des Begriffs des Charisma. Dieser kann jedoch das Vorhandensein von Autorität bei einer Person *beschreiben*, ohne daß von dieser Person bzw dessen Autorität gleich jeder erfaßt werden muß; umgekehrt ist es aber auch nicht von vornherein ausgeschlossen, daß diese Person betroffen macht. Der Begriff des Charisma ist demnach *offen* für Nähe und Distanz des Analysierenden.

Zurück zur Diskussion um sozial abweichendes Verhalten. Es läßt sich demnach sagen, daß abweichendes Verhalten – in aller Regel – gesellschaftlich sanktioniert wird. *Wie* aber läßt sich sozial abweichendes Verhalten verstehen?

---

[13]Cf M. Weber, Wirtschaft 1, S.124.245.

[14]Cf hierzu J. Roloff: Der erste Brief an Timotheus (EKK XV), Neukirchen 1988, S.255ff.

[15]Cf hierzu auch M. Welker: Gottes Geist. Theologie des Heiligen Geistes, Neukirchen 1992, S.72, der darauf hinweist, daß vom Geist Gottes überkommene Menschen (Charismatiker) stets auch Macht über andere Menschen ausüben.

[16]So E. Käsemann: Der Ruf der Freiheit,Tübingen, 5.Auflage 1972.

[17]So G. Bornkamm: Jesus von Nazareth, Stuttgart/Berlin/Köln/Mainz, 13.Auflage 1983.

[18]So E. Ebeling: Jesus und Glaube; ZThK 55 (1958), S.170–185.

[19]So H. Braun: Der Sinn der neutestamentlichen Christologie; ZThK 54 (1957), S.341–377.

Die Soziologie als *Ordnungswissenschaft* hat auch die Aufgabe, mögliche Erklärungen für »unordentliches«, für deviantes Verhalten bereitzustellen und dies nicht als nicht weiter erklärungsbedürftig darzustellen. Abweichendes Verhalten hat seine Gründe und begegnet nicht von ungefähr. Abweichendes Verhalten hat aber umgekehrt, zumindest in bestimmten Fällen – was oft übersehen wird – auch Motive und Intentionen, um seinerseits auf die Gesellschaft zu wirken und neue Regeln *einzuführen*[20].

Behält man diesen Doppelaspekt von abweichendem Verhalten, die Frage nach der *causa efficiens* und *causa finalis*, im Auge, lassen sich zwei nacheinander zu stellende Fragen formulieren:

- wie wird Abweichung ausgelöst (als Akt)? und

- wie gestaltet Abweichung ihrerseits die Gesellschaft um (als Potenz)?

Das oben angerissene, von E. Goffman[21] und H.S. Becker[22] entwickelte Konzept der *Stigmatisierung* ermöglicht der Soziologie für die Erklärung abweichenden Verhaltens einen neuen Blickwinkel. Kern dieses Konzeptes des „symbolischen Interaktionismus" ist, daß es die Gesellschaft selbst ist, die „die Mittel zur Kategorisierung von Personen und den kompletten Satz von Attributen, die man für die Mitglieder jeder dieser Kategorien als gewöhnlich und natürlich empfindet"[23], schafft. Gegenstand der Untersuchung sind also zuerst diese „strukturellen Vorbedingungen" von Stigmata, von jenen Eigenschaften also, die „zutiefst diskreditierend"[24] sind. Das Ergebnis ist

---

[20]L.c. H.S. Becker, Außenseiter, S.1: „Doch der Mensch, der ... als Außenseiter abgestempelt ist, kann darüber hinaus durchaus verschiedener Ansicht sein. Er könnte die Regel, nach der er verurteilt wird, nicht akzeptieren und den Menschen, die über ihn urteilen, Kompetenz und Berechtigung absprechen. Damit taucht eine zweite Bedeutung des Begriffs auf: Der Regelverletzer kann seine Richter als *Außenseiter* empfinden". Wichtig ist der Hinweis, daß wir uns hierbei noch nicht im Bereich von *Selbststigmatisierung* befinden, sondern noch in einem Verteilungskampf von gesellschaftlicher Macht, an dessen Ende die siegen werden, „deren soziale Stellung ihnen Waffen und Macht gibt ... ihre Regeln durchzusetzen" (l.c. ebd., S.16).

[21]Cf E. Goffman: Wir alle spielen Theater. Die Selbstdarstellung im Alltag, München 1969; ders.: Stigma.

[22]Cf Anm 1.

[23]L.c. E. Goffman, Stigma, S.9–10. Insofern ist es in der Tat zutreffend, von einer gesellschaftlichen Konstruktion der Wirklichkeit zu sprechen. Cf P.L. Berger/T. Luckmann: Die gesellschaftliche Konstruktion der Wirklichkeit. Eine Theorie der Wissenssoziologie, Frankfurt 1969=1991.

[24]L.c. E. Goffman, Stigma, S.9.11.

immer wieder, daß die Gesellschaft selbst Normalität bzw Devianz definiert und somit auch produziert:

> „Wenn ... wir ein vollständiges Bild abweichenden Verhaltens gewinnen wollen, müssen wir die beiden möglichen Brennpunkte der Untersuchung in Einklang bringen. Wir müssen abweichendes Verhalten und Außenseiter ... als Konsequenz eines Interaktionsprozesses zwischen Menschen ansehen, von denen einige im Dienst eigener Interessen Regeln aufstellen und durchsetzen, Regeln, welche andere erfassen, die ihrerseits im Dienste eigener Interessen Handlungen begehen, die als abweichend abgestempelt werden"[25].

Auf diesem skizzierten Hintergrund ist es verständlich, daß eine statistische wie auch pathologische Definition abweichenden Verhaltens am Hauptinteresse des symbolischen Interaktionismus vorbeigeht, da beide Definitionen Abweichung gesellschaftsextern betrachten, indem sie auf psychologische Faktoren zurückgeführt wird oder als statistischer Befund nicht weiter erklärt wird[26]. Weiterführen kann hier eine eher relativierende soziologische Betrachtungsweise, die „abweichendes Verhalten als Ungehorsam gegenüber Gruppenregeln"[27] identifiziert. Gegenüber anderen Theorien wird Abweichung hier nicht gesellschaftsextern gesehen, sondern als Produkt alltagsweltlicher Prozesse selbst[28]. Stigmata sind nicht von sich aus gegeben – unverrückbar fest –, sondern werden symbolisch zugeschrieben und sozial erst durch die Gesellschaft festgestellt, die mit dem, was sie als *normal* definiert, das, was *unnormal* und *deviant* ist, zugleich mitdefiniert. Stigmatisierung wird hier also begriffen als ein interaktionistisches Konzept – hierin liegt nicht nur ihr Vorteil gegenüber den bio- und psychologistischen Theorien, sondern auch gegenüber rein funktionalistischen Betrachtungsweisen, die abweichendes Verhalten intern aus der Gesellschaft, aus dem ihr zugrundeliegenden System oder dessen ‚Verteilungsmechanismen' zu erklären versuchen, ohne dabei jedoch konkret *erklären* zu können, wie Devianz eigentlich entsteht[29].

---

[25]L.c. H.S. Becker, Außenseiter, S.148. Cf auch den Titel des Sammelbandes von M. Brusten/J. Hohmeier (Hg.): Stigmatisierung. Zur Produktion gesellschaftlicher Randgruppen, 2 Bde., Darmstadt 1975.

[26]Cf H.S. Becker, Außenseiter, S.3–7.

[27]L.c. ebd., S.7.

[28]Cf W. Lipp, Selbststigmatisierung, S.26–27.

[29]Cf ebd.

Das Konzept der Stigmatisierung steht bzgl abweichendem Verhalten demnach in der Mitte zwischen einem rein internen, dh einem funktionalistischen und einem rein externen Erklärungsmodell. Für das Zustandekommen abweichenden Verhaltens bedarf es eben zweier „Parteien": zum einen die der „Regelsetzer"[30], zum andern aber die der „jeweiligen abweichenden Menschen"[31]. Und obwohl Akte von Stigmatisierungen wahrscheinlich in *allen* Gesellschaften begegnen, scheint die Vermutung doch plausibel zu sein, daß ihre Häufigkeit in Verbindung mit der Gesellschaftsstruktur steht[32]. Dies hieße dann, daß Stigmatisierungen besonders häufig in Gesellschaften begegnen, die auf einem ausgeprägten Leistungs– und Konkurrenzprinzip beruhen und entsprechende normverschärfende Regeln durchsetzen müssen oder aber in denen *verschiedene gesellschaftliche Gruppen in Spannung zueinander stehen* und Akte von Stigmatisierung der Durchsetzbarkeit der Interessen einer Gruppe dienen.

Gegenüber allen objektivistischen bzw statistischen Theorien hat das Modell der Stigmatisierung ein Plus in der Berücksichtigung des subjektiven Faktors; gegenüber einer Überbetonung des subjektiven Faktors kann es aber stets die mitgegebenen umfassenden, *objektiven* Umstände integrieren[33].

Abweichendes Verhalten erscheint demnach als interaktionistisches Konzept, „als Vorgang, den Subjekte – und Gruppen von Subjekten – steuern: «subjektiv» begründet, wird sie (die Abweichung, mErg) interaktionell «konstruiert»"[34].

1.2 Redefinition von Stigmata und Schuld durch deren freiwillige Vorwegnahme: Selbststigmatisierung

Wir sahen, wie Stigmatisierung die Identität eines betroffenen Individuums bedroht und sie auch ganz bewußt mit dieser Waffe zu operieren scheint. Im folgenden wird es darum gehen, mit dem Phänomen der Selbststigmatisierung einem Verhaltensmodell zu begegnen, welches *Identität zu bewahren sucht, gerade indem es sich zu den >Defekten<, auf die die Gesellschaft mit der Stigmatisierung des Individuums antwortet, bekennt*[1].

---

[30]L.c. H.S. Becker, Außenseiter, S.133ff.

[31]L.c. ebd., S.148.

[32]Cf hierzu J. Hohmeier, Stigmatisierung, S.10.

[33]Cf W. Lipp, Selbststigmatisierung, S.27–28.

[34]L.c. ebd., S.27.

[1]Damit wird ein Defizit aufgedeckt, wie dies bspw in der Arbeit von E. Gofman, Stigma, begegnet. Dieser spricht von einem „Stigmamanagement" (S.68 uö), das versucht, mit den

Das Phänomen der *Selbststigmatisierung* ist ein „spätes Kind" dieses Basiskonzeptes der Stigmatisierung. Der soziologische Strukturbegriff der Selbststigmatisierung geht über das Konzept der Stigmatisierung insofern hinaus, als er aus der Erkenntnis *geboren* wurde, daß Abweichung nicht nur fremd–, sondern auch selbstbestimmt sein kann und somit auch nach *Motiven und Intentionen* für sozial abweichendes Verhalten fragt. Stigmatisierung hat eben nicht nur eine passive, sondern auch eine aktive Seite: Auffallen und deviantes Verhalten können auch gesucht werden, eine Übernahme von Stigmata kann auch selbsttätig motiviert sein[2]. Gerade diese Seite wurde von der Stigmatisierungsdiskussion weitgehend nicht berücksichtigt[3], obwohl doch Selbst–Stigmatisierung innerhalb einer interaktionistischen Theorie geradezu zu einem „Postulat" wird, da jene eben in der Lage ist, subjektive Faktoren devianten Verhaltens zu integrieren.

Eine intensive Hinwendung zu dieser aktiven Seite von Stigmatisierung ließ den Soziologen W. Lipp auf *Selbststigmatisierung* und die Einsicht, daß diese „von fundamentaler, gesellschaftlich–geschichtlicher Relevanz zu sein scheint"[4], aufmerksam werden. Gerade dieser letzte Punkt interessiert am Phänomen der Selbststigmatisierung, obgleich es sich dabei um einen „Kunstbegriff"[5] handelt und dieser als ein solches „artifizielles Produkt" anscheinend ohne „Wirklichkeitsbezug"[6] zu sein scheint. Gemeint ist damit die Affinität der Selbststigmatisierung zum Charisma (cf unten), welche für die vorliegende Arbeit von entscheidender Bedeutung ist.

Ist das Modell der Selbststigmatisierung aus dem Basiskonzept der Stigmatisierung erwachsen und selbständig geworden, scheint es dennoch sinn-

---

Stigmata so umzugehen, daß man in der Gesellschaft doch noch (schein)akzeptiert wird. Dieses Stigmamanagement umfaßt für ihn ein Sichverkriechen, das Täuschen und Geheimhalten oder die Informationskontrolle und definiert Identität somit ausschließlich über ein so gut wie mögliches Entsprechungsverhältnis mit den vorgegebenen gesellschaftlichen Werten und Vorstellungen. Daß sich Identität aber auch im negierenden Überschreiten gesellschaftlicher Maßstäbe demonstrieren kann, hat E. Goffman nicht im Blick. Dies aber begegnet nun in der kritischen Aufnahme des Ansatzes von E. Goffman bei L. Krappmann: Soziologische Dimensionen der Identität. Strukturelle Bedingungen für die Teilnahme an Interaktionsprozessen, Stuttgart, 5.Auflage 1978, ohne aber dieser Möglichkeit des Handelns einen größeren Raum zu widmen.

[2]Cf W. Lipp, Stigma, S.77 sowie ders., Selbststigmatisierung, S.29.

[3]Cf ebd., S.30.

[4]L.c. ebd.

[5]L.c. W. Lipp, Stigma, S.79. In der hier verwendeten Form begegnet der Begriff erstmals bei dems., Selbststigmatisierung.

[6]L.c. W. Lipp, Stigma, S.80.

voll zu sein, beide miteinander in Beziehung zu setzen, dh in ihrer Beziehung
zueinander zu definieren.

> „Etymologisch mit «stechen», «Stiche zufügen» verbunden,
> bedeutet Stigmatisierung ursprünglich Tätowierung: die Narbung
> der menschlichen ... Haut mittels Instrumenten wie Waffen, Loch–
> oder Brandeisen. Stigmata, die Spuren von Stigmatisierung, stel-
> len so gesehen zunächst physische, ja unmittelbar körperliche
> Male dar: Defekte im Sinne sei es des Fehlens, sei es des Ver-
> lustes von organischer Vollkommenheit. Sie weisen zugleich je-
> doch, auf die Sozialebene projiziert, darauf hin, daß ihre Träger
> gesellschaftlich unterlegen, daß sie besiegt, unterworfen und ge-
> knechtet worden sind. Stigmata zu tragen impliziert ... botmäßig
> zu sein; Stigmata, also Wundmale, zuzufügen, heißt dann umge-
> kehrt, Aggressionen zu entladen, Herrschaft zu dokumentieren:
> ein Besitz– und Abgabe–, d.h. Sollverhältnis festzulegen"[7].

Selbstverständlich ist, daß sich Stigmatisierung nicht nur bzgl tatsächlich
vollzogener Tätowierung, fehlender Gliedmaßen oder anderweitiger Defekte
wie Blindheit[8] oder körperlicher Versehrtheit, sondern auch über Macht,
Besitz und Bildung – und damit über eine grundsätzliche Differenz zum
„Normalen" im Sinne der *Hüter der Moral* – vollzieht[9].

Ist Selbststigmatisierung ein aktiver Stigmatisierungsprozeß, so läßt er
sich wie folgt definieren:

> „Selbststigmatisierung verfolgt ... offenbar den Zweck, Stig-
> matisierung ... «umzudrehen». Wenn Stigmatisierung mit «ste-
> chen», «Stiche zufügen» umschrieben werden konnte, so ließe
> Selbststigmatisierung sich nunmehr mit «sticheln» übersetzen"[10].

---

[7]L.c. W. Lipp, Selbststigmatisierung, S.31. Gerade letzte Bemerkung über Aggressionsentladung mit Hilfe von Akten der Stigmatisierung könnte, will man eine solche Aggressionsentladung zu den menschlichen Grundkonstanten (nicht im genetischen Sinne!)
zählen, *eine* mögliche Hypothese zur Entstehung von Stigmata bieten – zumindest aber
die Bereitschaft zur Stigmatisierung erklären. Weitere Gründe sind wohl in Machtinteres-
sen verschiedener gesellschaftlicher Gruppen, seien sie nun institutioneller oder personeller
Art, zu sehen. Cf zu diesem Fragenkomplex J. Hohmeier, Stigmatisierung, S.20ff.

[8]Cf W. Lipp, Selbststigmatisierung, S.31.

[9]Cf W. Lipp, Stigma, S.96.

[10]L.c. W. Lipp, Selbststigmatisierung, S.36.

Sticheln besteht demnach in der im wesentlichen freiwillige Übernahme
gesellschaftlich negativ bewerteter Rollen: bspw der des „Minderwertigen",
des „Fremden"[11] oder des Schuldigen[12], um so „aufzufallen" und schließlich
als *Außenseiter* gesellschaftlich sanktioniert zu werden.

Grundsätzlich gilt es, zwischen *defektiven* und *debetiven* bzw *kulpativen*
Stigmata zu unterscheiden[13], wenngleich beide Begriffe aufeinander bezogen sind und bleiben aufgrund der ihr innewohnenden Dialektik. Stigmata
werden demnach einmal zugeschrieben in Form von Defekten, „Fehlendem":
Gedacht ist hierbei an „(b)estimmte Merkmale, die im Handlungsleben sei es
gängig erwartbar, sei es hochnormativ auch gefordert sind ... bei Stigmatisierten nicht anzutreffen (sind) oder ... bei ihnen (ausfallen)"[14]. Zum andern
aber werden Stigmata zugeschrieben in Form von moralischer Schuld. Gerade
auch auf der Ebene gesellschaftlicher Moralvorstellungen erscheinen defektive Stigmata – da Stigmata stets gedeutet werden – als Buß– bzw Sühneform
des Stigmatisierten. Dem Stigmatisierten wird jetzt „Schuld" zugesprochen,
er trägt „kulpative" Stigmata, und dies nicht unverdient, sondern zu Recht.
Stigmata stellen somit zugleich auch einen Indikator von Schuld dar. Defektive und kulpative Stigmata stehen durch diese Doppelseite, dadurch, daß
sie „ein Defizit und ein Debet zugleich aufweisen"[15], in einem dialektischen,
sich gegenseitig erklärendem Verhältnis.

Welchen Sinn, welche Funktion aber kann Selbststigmatisierung haben?
Was bedeutet es, wenn eine Person(engruppe) ihre *Gesellschaft* bzw ihre
Bezugsgruppe stichelt, sich dabei aber zugleich ganz offensichtlich in Schuldzusammenhänge begibt?
Handelt es sich um krankhaftes, zwanghaftes Verhalten? Abgesehen von
dieser Möglichkeit[16] erweisen sich Akte von Selbststigmatisierung „als durchaus alltägliches, normales gesellschaftliches Phänomen", die „bis in die Sphäre

---

[11]L.c. ebd., S.31.
[12]Cf ebd., S.37. Zur Übernahme spezifisch negativ bewerteter Rollen cf auch ders., Stigma, S.66.
[13]Cf W. Lipp, Stigma, S.95–98 sowie ders., Selbststigmatisierung, S.31–33. Die Unterscheidung zwischen diesen beiden Formen von Stigmata wird aus der Stigmatisierungsdiskussion übernommen.
[14]L.c. W. Lipp, Stigma, S.95.
[15]L.c. ebd., S.95.
[16]Zur grundsätzlichen Mangelhaftigkeit einer Erklärung von abweichendem Verhalten
als etwas Pathologischem cf H.S. Becker, Außenseiter, S.4–7. Ferner Th. Scheff: Das Etikett Geisteskrankheit, Frankfurt 1973 sowie Th. Szasz: Geisteskrankheit – ein moderner
Mythos, Olten 1972.

voll reflektierter, entschiedener Wahl"[17] hineinreichen. Ganz offenbar werden durch selbststigmatisierendes Verhalten die Schuldvorstellungen einer Gesellschaft selbst angegriffen. Dies wirft die Frage nach anderen Strategien der Schuldbewältigung auf[18].

Exkurs: Die Reaktion auf den gesellschaftlichen Vorwurf, ein Außenseiter zu sein, kann verschieden sein. Dabei ist aber immer wichtig, daß sich der Umgang mit Stigmata „nicht allein auf sozialer, sondern (auch) psychologischer Ebene"[19] vollzieht. Sieht man von den „äußeren" Strategien der Schuldbewältigung: Kontrollprozesse (und somit Stigmatisierung) von seiten der Gesellschaft und nicht des Delinquenten selbst, einmal ab, begegnen als „innere" Strategien der Schuldbewältigung auf seiten der abweichenden Personen zum einen Entlastungsmechanismen (Destigmatisierung) wie Internalisierung, Ventile (im Sinne einer nur scheinbaren Buße oder Begnadigung) und Neutralisierung und zum anderen Gegenstrategien (Gegenstigmatisierung) wie Konfrontation oder Vorwegnahme, womit Selbststigmatisierung gemeint ist. Dabei geht es bei sämtlichen Entlastungsmechanismen lediglich um eine Schuldreduktion, nicht jedoch um eine „Transformation und Auflösung sozialer Stigmata"[20]. Da es sich bei der Internalisierung um eine Aufnahme der zugeschriebenen Schuld ins eigene Bewußtsein handelt und Buße aus eigenem Antrieb geleistet wird, um Schuld abzutragen, Ventile – idealtypisch der Ablaß von Schuld von seiten der Gesellschaft – aber Internalisierung und damit Schuldeingeständnis voraussetzen[21] und Neutralisierungen das Handeln zu Teilen zu rechtfertigen versuchen, damit die Restschuld ebenso internalisiert werden kann, haben diese Entlastungsmechanismen im ganzen die Tendenz, die bestehende gesellschaftliche moralische Ordnung eher zu stützen, denn umzustürzen. Demgegenüber handelt es sich bei Gegenstrategien (Gegenstigmatisierung) um den dezidierten Versuch, eine moralische Neubestimmung zu unternehmen, dh die bestehende moralische Ordnung, die die Delinquenten stigmatisierte, zu kippen zugunsten einer neuen Ordnung, in der die einst Stigmatisierten *entstigmatisiert* werden. Auch bei den Gegenstrategien lassen sich zwei Wege erkennen, die beide re–aktiv verlaufen: Schuld wird von sich weg auf andere verwiesen und nicht länger oder überhaupt nicht verinnerlicht. Zum einen begegnet der Weg der Konfrontation und des Konflikts, bei dem „Einzelne und Gruppen, die die Moral der Gegenseite: der Gesellschaft und ihrer Kontrollinstanzen, frontal in Frage stellen ... frontal die Gegenseite selbst" herausfordern und dabei „Gefahr laufen, von den herausgeforderten machtüberlegenen Instanzen über-

---

[17]L.c. W. Lipp, Selbststigmatisierung, S.33.
[18]Für das Folgende cf W. Lipp, Stigma, S.98–120.
[19]L.c. ebd., S.99.
[20]L.c. ebd., S.107.
[21]Der sog „Selbstablaß der Gesellschaft" (l.c. ebd., S.112), der zu Krisenzeiten eintreten kann und die gesellschaftliche Moral dann gänzlich außer Kraft setzt, bleibt hier unerwähnt.

rollt zu werden"[22], was ihre Erfolgschancen minimalisiert. Der andere Weg aber ist der der Vorwegnahme von Schuld, namentlich der Weg der *Selbststigmatisierung*, einer dialektisch-indirekten Form von Gegenstigmatisierung, der wir uns nun ausführlicher zuwenden wollen.

Kehren wir zurück zu unserer Ausgangsfrage nach dem Sinn und der Funktion von Selbststigmatisierung. Wir fanden sie im Phänomen der Schuldbewältigung insofern, als sie als ein Mittel erscheint, die Schuldvorstellungen einer Gesellschaft anzugreifen und die zugeschriebene Schuld von sich auf jene zurückzuwenden, die Schuld zuschreiben. Selbststigmatisierung intendiert somit eine moralische Neubestimmung! Geht Selbststigmatisierung gegen Schuld an, „die bisher unterschwellig, potentiell, nicht aber offen zugeschrieben war"[23], lähmt sie die Prinzipien einer Gesellschaft, die auf deviantes Verhalten mit der Bestrafung der Akteure antwortet. Wird diese Bestrafung quasi im Vorfeld vorweggenommen, bricht der von der Gesellschaft entwickelte Schuld– und Kontrollmechanismus zusammen. Dieser wird gleichsam unterlaufen[24]. Selbststigmatisierer zeigen öffentlich, was die Gesellschaft geheim entwickelt und praktiziert: sie dekouvrieren ihr Schuldsystem und stellen es zugleich in Frage, indem sie versuchen, „diese Schuld umzudefinieren, sie neu zu verteilen und an die ächtenden Instanzen zurückzugeben"[25]: nicht mehr der Stigmatisierte erscheint als der Botmäßige, sondern es findet eine soziale Umdefinition statt – der Stigmatisierende übernimmt die Rolle des vorher Stigmatisierten. Durch die freiwillig übernommene Rolle eines Außenseiters (der Gesellschaft) können so soziale Prozesse beeinflußt werden. Demonstrative Selbststigmatisierung, die „die Stigmata, zu denen sie sich bekennt, sichtbar übernimmt" und sie doch „gerade nicht als Schuld (akzeptiert)"[26], kann *Schuld* und *Prestige* neu verteilen. Dh: Durch die bewußte Übernahme von *Schuld* wird diese umdefiniert, an die ächtenden Instanzen zurückgegeben und somit Stigmatisierung in Gegenstigmatisierung übergeführt.

Versteht man Selbststigmatisierung in diesem Sinne, so wird deutlich, daß es sich hierbei nicht um einen „funktionslosen Masochismus" handelt, der gerade auf Strafverfolgung aus ist, sondern um eine Art und Weise von gesellschaftsverändernder Strategie, die „am Ende nicht nur die Gewalt, die Macht, sondern die Ohnmacht ihrer Adressaten"[27] testet.

---

[22]L.c. ebd., S.119f.
[23]L.c. ebd., S.121.
[24]Cf W. Lipp, Selbststigmatisierung, S.30.39.
[25]L.c. ebd., S.37.
[26]L.c. W. Lipp, Stigma, S.123.
[27]L.c. W. Lipp, Selbststigmatisierung, S.37.

Nun könnte man einer Untersuchung, die „moderne" soziologische Theorien zum gesellschaftlichem Wandel an antiken Texten untersucht, vorwerfen, sie verfahre *anachronistisch*. Folgendes läßt sich mE hierzu sagen. (1) Modelle erschließen die Gesamtwirklichkeit nie ganz. Sie bieten ein Stück weit Verstehensmöglichkeit, ohne damit volle Identität mit der Gesamtwirklichkeit zu erzielen. In diesem Sinne kommt einem Modell primär heuristische Bedeutung zu. Es legitimiert sich durch seine Operationalität. Sinnlos wird ein Modell dann, wenn es zu keinen Entdeckungen führt. (2) Aber selbst, wenn man das heuristische Potential einer Theorie bejaht, kann es zu weiteren Problemen kommen. Man argumentiert, es müsse zwischen dem *Vorhandensein* von sozialen Strukturen innerhalb antiker Gesellschaften einerseits und dem *Bewußtsein* von diesen Strukturen in den Köpfen der damaligen Menschen unterschieden werden: so zweifelsfrei der erste Punkt ist, so zweifelhaft dagegen der zweite. Richtig ist die Differenzierung zwischen der (möglicherweise unbewußten) Funktion einer Handlung und deren subjektiver Intention. Klar ist: Es gibt Verhaltensweisen, die objektiv zu gesellschaftlichen Werteveränderungen führen. Offen dagegen ist, wie weit sich die antiken Menschen dieses Verhalten auch tatsächlich sich selbst – oder aber Dämonen und anderen äußeren Kräften – zuschrieben. Denn aus der historischen Distanz erkennen wir allein die Funktion einer Handlung oder Verhaltensweise, ohne deren subjektive Intention genau zu kennen. ME sollte jedoch das subjektive Moment eines Verhaltens für die Antike nicht vorschnell unterschätzt werden. So kann bspw Paulus seine missionarischen Erfolge *doppelt* motivieren (cf 1 Kor 15,10): Paulus' Erfolge werden wechselnd (σύν) ihm (durch Arbeit) und Gott (durch Gnade) kausalattribuiert. Eine aktive und bewußte Irritation der Vertreter dieser Welt begegnet auch im Ausspruch Jesu: *Mein Reich ist nicht von dieser Welt* (Joh 18,36). Das bewußt eingegangene Risiko für eine andere Welt stellt die Repräsentanten dieser Welt radikal in Frage. Ähnliches läßt sich auch hinsichtlich des Martyriumsgedankens zeigen. Alle vier in der vorliegenden Untersuchung behandelten Personen lebten in einer Kultur, in der Martyrien regelrecht „gefeiert" wurden. *Nachträglich* wurde das Verhalten der Märtyrer als radikal freiwillig gedeutet (so ja auch Phil 2,6–11, cf Kap 4.2.1 dieser Arbeit). Wie sie ihr Verhalten selbst erlebten, ist heute nicht mehr ganz zu entschlüsseln. Deutlich aber ist: Die Märtyrer hatten ein kulturelles Muster, das ihnen ihr Verhalten deutbar und damit auch ertragbar machte. Es ist daher mE durchaus legitim, auch für den Bereich der Antike die subjektive Intention einer Handlung anzunehmen und diese nicht vorschnell als anachronistisch abzutun. Wie umgekehrt moderne Theorien geradezu verstärkend wirken, werden sie an antiken Texten angewandt, zeigt sich, wenn wir uns im folgenden Exkurs einer kulturanthropologischen Unterscheidung zuwenden.

Exkurs: Die kulturanthropolgische Unterscheidung zwischen *Scham– und Schuldkulturen* vermag das Phänomen der Selbststigmatisierung auch historisch sachgerechter zu erfassen[28]: Versteht man unter Letzterer das Streben nach einem guten, ruhigen Gewissen, welches erwächst aus einer Lebenshaltung, die mit den internalisierten gesellschaftsmoralischen Vorstelungen übereinstimmt (und eine Bestrafung im juristischen Sinne somit überflüssig machen soll), so unter einer *Schamkultur* primär eine außengelenkte Kultur, die darauf bedacht ist, das subjektiv empfundene Selbstwert– und Ehrgefühl von außen, der sozialen Bezugsgruppe, in die das Individuum eingebettet ist, bestätigt und anerkannt zu sehen: „Honor is the value of a person in his or her own eyes (that is, one's claim to worth) *plus* that person's value in the eyes of his or her social group. Honor is a claim to worth along with the social acknoledgment of worth"[29]. Die Bezugsgruppe ist es, die dem Einzelnen seinen Selbstwert anerkennt bzw verweigert. So ist der Einzelne darauf aus, den vorgegebenen gesellschaftlichen Normen, die ihm Achtung und Ehre (honor and shame) [gr τιμή und αἰδώς] verleihen können, zu entsprechen. Festgemacht wird eine *honorable person* an folgender Trias:

1. an ihrer Fähigkeit, in einer sozialen Gruppe Macht (power) auszuüben,

2. an den mit ihrem Sexualstatus verbundenen Rechten und Pflichten innerhalb einer sozialen Gruppe

3. und an ihrem religiösen Verhalten, die das Umfeld von ihr in einer bestimmten Art und Weise erwartet.

Genügt sie diesbzgl den gesellschaftlichen Normen, hat sie einen ehrenhaften Platz in der Gesellschaft und ihrem sozialen Umfeld inne: „From a symbolic point of view, honor stands for a person's rightful place in society, his social standing"[30].

Ein solches Verhalten ist unserem heutigen individualistischem Denken fremd und wird durch den Begriff der „*dyadic personality*" charakterisiert. Die Selbstwahrnehmung und –einschätzung einer *dyadic person* hängt zu großen Teilen ab von ihrem sozialen Umfeld, in das sie eingebettet ist. „The dyadic personality is an individual who perceives himself and forms his self–image in terms of what others perceive and feed back to him. He feels a need of others for his very psychological existence, since the image he has of himself must

---

[28] Cf dazu B.J. Malina: Honor and Shame: Pivotal Values of the First–Century Mediterranean World; ders.: The New Testament World. Insights from Cultural Anthropology, Atlanta 1981, S.25–50; ders.: The First–Century Personality: The Individual and the Group; ebd., S.51–70. Für den Bereich der griechischen Antike cf E.R. Dodds: Die Rechtfertigung des Agamemnon; ders.: Die Griechen und das Irrationale (engl.: The Greek and the Irrational, Berkeley/Los Angeles, 5.Auflage 1966 [Sather Classical Lectures 25], Darmstadt 1975, S.1–16 sowie ders.: Von der Schamkultur zur Schuldkultur, ebd., S.17–37. Als Beispiel aus der Moderne sei genannt R. Benedict: The Crysanthemum and the Sword. Patterns of Japanese Cultures, Tokyo, 41.Auflage 1986, S.222ff.

[29] L.c. B.J. Malina, Honor, S.27.

[30] L.c. ebd., S.47.

agree with the image formulated and presented by . . . others, by members of significant and person–sustaining groups like family, village, even city and nation . . . (He) would perceive himself as a distinctive whole *set in relation* to other such wholes and *set within* a given social and natural background. Every individual is perceived as embedded in some other, in a sequence of embeddedness"[31]. Entscheidende Werte für eine solche Person sind Ehre und Schamgefühl; sie ist auf die Erwartungen von anderen bedacht und darum bemüht, diesen Erwartungen in ihren Handlungen zu entsprechen.

Die gesellschaftliche Reaktion auf abweichendes Verhalten ist in einer Schamkultur die gesellschaftliche Ächtung und somit der *Bann*, welche in der Regel ohne Gerichtsverfahren erfolgen; also das Gegenteil dessen, was in einer solchen Kultur als oberstes Ideal gilt.

Bzgl des Phänomens der Selbststigmatisierung scheint mE nun folgende Überlegung wichtig zu sein, da sie Selbststigmatisierung noch stärker wirken läßt und dadurch auch besser zu verstehen hilft: Soziale Abgrenzung geschieht in einer Gesellschaft durch Stigmatisierung – die Gesellschaft wird dadurch geteilt. Ist in einer *Schamkultur* die *normale* Reaktion auf gesellschaftsunkonformes Verhalten der öffentliche Entzug von Achtung, so gerät der komplette Sanktionsmechanismus einer solchen Kultur dann ins Wanken, wenn eine Person oder Personengruppe aus diesem gesellschaftsgründenden Prinzip herausspringt, nicht mehr „mitspielt", die Achtung quasi freiwillig und im Vorfeld hinter sich läßt und diesen neuen Status nun auch noch umdefiniert als vorbildlicheren gegenüber dem gesellschaftlich vorgegebenen. Hier ist eine Gesellschaft mit ihrer Ordnung akut bedroht – denn der planmäßige Sanktionsmechanismus fällt ja aus: Jemandem, der sich selbst verächtlich und abstoßend darstellt, kann man keine Achtung mehr entziehen, besonders dann nicht, wenn er die konventionelle Achtung dezidiert abzulehnen scheint. Der abweichende Selbststigmatisierer vergeht sich nun nicht mehr allein an den gesellschaftlichen Werten – dann wäre er ja zu sanktionieren bzw zu „therapieren", sondern an den *Prinzipien der Gesellschaft* selbst – und dringt damit massiv in die Tiefenstruktur seiner Gesellschaft ein.

Untersucht man das Phänomen der Selbststigmatisierung also in antiken Kulturen, so ist geradezu ein *Potenzierungseffekt* festzustellen. Selbststigmatisierung wirkt in Schamkulturen, also in Kulturen, in denen primär nach sozialer und gesellschaftlicher Achtung gestrebt wird und ein Verlust derselben geradezu tödliche Folgen für das Individuum haben kann, noch viel stärker als bspw in unseren heutigen Schuldkulturen (an denen ja Selbststigmatisierung zuerst festgemacht wurde) mit ihren sehr großen Freiheiten für das Individuum, und es scheint, daß Selbststigmatisierung für antike Schamkulturen, da es ihr ja auch um gesellschaftliche Achtung und Schuld geht, geradezu prädestiniert ist.

Zu fragen ist nun, *wann und wie* es zu einer solchen beschriebenen Umdefinition, zu einer moralischen Neuordnung, kommt. Wir bewegen uns hier an dem Punkt, der auf die Affinität von Selbststigmatisierung zum Charisma

---

[31]L.c. B.J. Malina, Personality, S.55.

hinweist, der Selbststigmatisierung als „Quelle"[32] für charismatische Prozesse erkennen läßt. Was letztlich die *Brücke*, das *Bindeglied* zwischen Stigma und Charisma darstellt, ist die „Durchhaltekraft": „Wenn Selbststigmatisierung den Sinn, den sie ausdrückt, am Ende festhält, wenn ihre Träger die Vergeltung, die wehrende Gewalt, die die Gesellschaft auf sie lenkt, ertragen: wenn sie die Feuerprobe bestehen, dann steigen sie auf aus der Asche, strahlen sie Glanz, üben sie Herrschaftsgewalt von sich aus aus"[33]. Selbststigmatisierung geht Charisma also voraus, „charismatische Bewegungen (erwachsen) soziokulturell aus dem Prinzip der Negation, aus Anomie, Antinomie, aus Verbrechen und Schuld"[34]. Dh: „self–stigmatization has the effect of a revers dialectic process that may term ‚charismatizing'. It expresses a strong drive towards identification, and this makes it clear to the outside world that certain individuals and small groups, who are burdened with stigma and seeming morally handicapped, have the ability to transform negative into positive values"[35]. Dieses dialektische Verhältnis von Stigma und Charisma „may be viewed as parallel to that of culprit and victim"[36].

Bedeutsam wird hier der oben erwähnte „Realitätsbezug" von Selbststigmatisierung: Ist Selbststigmatisierung tatsächlich die Vorstufe, die Quelle charismatischer Prozesse, so bildet sie zugleich eine Theorie für die Erklärung von Charisma. Auch M. Weber, der den Begriff des Charisma prägte, konnte ja Charisma nicht erklären, sondern nur beschreiben[37]:

> „«Charisma» soll eine als außeralltäglich ... geltende Qualität einer Persönlichkeit heißen, um derentwillen sie als mit übernatürlichen oder übermenschlichen oder mindestens spezifisch außeralltäglichen, nicht jedem anderen zugänglichen Kräften oder Eigenschaften [begabt] oder als gottgesandt oder als vorbildlich und deshalb als «*Führer*» gewertet wird. Wie die betreffende Qualität von irgendeinem ethischen, ästhetischen oder sonstigen Standpunkt aus «objektiv» richtig zu bewerten sein *würde*, ist

---

[32]L.c. W. Lipp, Stigma, S.X. Daß Stigma und Charisma zusammengehören, ist die zentrale These des hier angeführten Buches von W. Lipp.
[33]L.c. W. Lipp, Selbststigmatisierung, S.44.
[34]L.c. W. Lipp, Stigma, S.XII.
[35]L.c. W. Lipp, Charisma, S.67–68.
[36]L.c. ebd., S.72.
[37]L.c. W. Lipp, Stigma, S.VII: „Schon an WEBER indessen fällt auf, daß Charisma weniger generativ, in den Entwicklungszusammenhängen, als vielmehr degenerativ, vom fertigen, idealtypisch „reinen" Erscheinungsbild bis hin in Routinen und Verfall erörtert wird. Wie aber entsteht Charisma?"

natürlich dabei begrifflich völlig gleichgültig: darauf allein, wie
sie tatsächlich von den charismatisch Beherrschten, den «*Anhängern*», bewertet *wird*, kommt es an"[38].

Wurde die Frage nach dem *wann* einer moralischen Neudefinition nun dahingehend beantwortet, daß diese dann einsetzt, wenn Akte von Selbststigmatisierung in charismatische Prozesse – und somit Gegenstigmatisierung –
übergehen, so bleibt als letzte Frage noch das *wie* der Selbststigmatisierung.

Wie, in welcher Form vollzieht sich Selbststigmatisierung, die freiwillige
Übernahme negativ bewerteter Rollen, zum Zwecke, Stigmatisierung umzudrehen?

Näherhin gilt es, vier Formen bzw Typen von Selbststigmatisierung zu
unterscheiden, die hier kurz dargestellt und weitergeführt werden sollen[39].

Versuchen Selbststigmatisierer, die Gesellschaft insgesamt in Frage zu
stellen, indem sie deren Schuld– und Kontrollmechanismen unterlaufen und
relativieren (und die Gesellschaft dadurch letztlich aus den Angeln heben),
kann als erste idealtypische Form von Selbststigmatisierung die *Provokation*
gelten: Provokateure stellen generell die gesellschaftlichen Vorstellungen, sei
es von Moral, Arbeit oder Verhalten, in Frage. Sie laden zumeist kulpative
Stigmata auf sich und provozieren so andererseits auch ihre Bestrafung.

Doch auch die Kehrseite der Provokation, die *Askese*, stellt eine Form
von Selbststigmatisierung dar. Agiert jene aggressiv–offensiv, so begegnet
die Askese der Gesellschaft mit Abkehr und Rückzug. Asketen laden primär
defektive Stigmata auf sich und erscheinen auf diese Weise gleichsam *impo-
tent*: Vegetarier, Zölibatäre, Antialkoholiker oder Anachoreten seien hier
als Beispiele genannt. Doch gilt auch, daß Askese ebensogut kulpativ motiviert sein kann: als büßende Askese[40].

Es zeigt sich, daß Provokation und Askese unmittelbar gesellschaftswirk-
same Tendenzen aufweisen und damit über das jeweilige Verhalten der betroffenen Person(engruppe) hinausgehen, um auf die gesellschaftlichen sozialen Bezugsgruppen übertragen zu werden.

---

[38]L.c. M. Weber, Wirtschaft 1, S.140. Cf auch ders.: Gesammelte Aufsätze zur Religionssoziologie I, Tübingen, 6.Auflage 1972, S.268f.

[39]Cf W. Lipp, Selbststigmatisierung, S.36–43 sowie, ausführlicher, ders., Stigma, S.131–
166.

[40]Eine kulpativ motivierte Askese kann besonders für Johannes den Täufer wahrscheinlich gemacht werden, cf dazu Kap 3.1.2. dieser Arbeit.

Anders liegen die Dinge im Fall des *Exhibitionismus*. Hier steht das individuelle Moment deutlich im Vordergrund, welches konkret auf die individuelle Person beschränkt bleibt und damit nicht wie die Provokation oder Askese nach außen „strahlt". Als exhibitionistische Form von Selbststigmatisierung werden Verhaltensweisen erklärt, die körperliche Merkmale, sei es, daß sie tatsächlich defekt sind, sei es, daß die Gesellschaft sie als solche bewertet, bewußt zur Schau stellen bzw sie einer Umdefinition zu unterziehen suchen. Dabei meint der Begriff der exhibitionistischen Selbststigmatisierung mehr als Nudisten oder Glatzköpfige, Zwerge oder Invalide[41]. Auch der zur Kommunikation nicht mehr Fähige, der, der mit dem Leben abgeschlossen hat, zeigt, daß er nicht mehr bereit ist, das Leben so, unter den gegebenen Umständen, zu ertragen „und entblößt (damit) ein radikales zwischenmenschliches Defizit"[42], um auf diese Weise wiederum eine Gegenstigmatisierung einzuleiten. Aufgrund des im deutschen Sprachgebrauch vorbelasteten Begriffs des Exhibitionismus mit einer fast ausschließlichen Beschränkung auf den sexuellen Bereich soll im folgenden von einer *defizistischen Form von Selbststigmatisierung* gesprochen werden.

Einen vierten und letzten Typ von Selbststigmatisierung stellt die *Ekstase* dar. Sie beinhaltet die Übernahme primär kulpativer Stigmata, die so hart sanktioniert werden, daß sie tödlich enden können. Märtyrer gelten hier als das Paradebeispiel. Eine solche Form von Selbststigmatisierung setzt ein „außer sich"[43] sein, setzt ekstatische Züge voraus. Ekstatische Formen von Selbststigmatisierung sind zumeist verbunden mit einer Gegenwelt bzw Gegenbildern: die Welt ist jetzt schon paradox umgewertet; Mächtige und Ohnmächtige tauschen – kontrafaktisch – ihre Rollen.

Bzgl dieses vierten Typs von Selbststigmatisierung, der wohl noch stärker als die Provokation oder Askese gesellschaftswirksam ist, scheint der Terminus der Ekstase, bes was eine Anwendung auf das Neue Testament und seine Umwelt betrifft, am eigentlichen Phänomen vorbeizugehen. Prophetische Kritik und Formen von Provokation gelten im biblischen Bereich ja auch als Auswirkung des Geistes. Besser wäre mE hier wohl der Begriff der *forensischen Selbststigmatisierung*, der eine Unterscheidung zwischen dem Forum Gottes, von dem die betroffene Person Stand und Halt bezieht, und dem Forum der Menschen, von dem man sich notfalls auch niedermetzeln zu lassen bereit ist, impliziert. Mehr als der mE schillernde Begriff der Ek-

---

[41]Diese Beispiele bei W. Lipp, Selbststigmatisierung, S.40f.
[42]L.c. W. Lipp, Stigma, S.136.
[43]L.c. W. Lipp, Selbststigmatisierung, S.42.

stase betont der Begriff der *forensischen Selbststigmatisierung* zum einen
das Selbstgewählte und die Freiwilligkeit dieses Handelns und zum andern
das *konfliktbeladene Element* in dieser Verhaltensweise, wie es das Bild der
zwei sich (feindlich) gegenüberstehenden Welten ausdrückt sowie dies in der
grundsätzlichen Risikobereitschaft, für eine andere Welt bzw Wahrheit selbst
das eigene Leben zu riskieren, handlungspraktisch zum Ausruck kommt.

Gerade letzter Typ von Selbststigmatisierung, in dem der „Mensch . . . fä-
hig (wird), sich in neue, freie Wirklichkeiten zu heben, indem er sich aber (zugleich) in die Nichtung stellt"[44], jener „Akt . . . des Über-die-Grenze-Gehens"[45]
ist es, der Schuld und Anomie hinter sich läßt und so in Charisma und Strah-
lenglanz überzuführen in der Lage ist, wobei zugleich die Mittlerfunktion,
die Selbststigmatisierung im Prozeß des Übergehens von Stigma in Charisma
ausübt, aufgehoben wird.

Zugleich zeigt sich, wie der Typ der *defizistischen* Selbststigmatisierung
geradezu als Vorstufe der *forensischen* Selbststigmatisierung angesehen werden kann: erst wenn die Bedingungen für die erste Form erreicht sind, ist evt
auch die Bereitschaft gegeben, den weiteren Schritt – bis hin zur Vernichtung
– zu gehen und auf diese Weise für eine gänzlich andere Wahrheit Zeugnis
abzulegen. Aus diesem Grunde werden diese beiden Formen von Selbststigmatisierung im Verlauf der Arbeit auch stets zusammengesehen und unter
dem dann gemeinsamen Oberbegriff der *forensischen Selbststigmatisierung*
subsumiert[46].

Exkurs: Die Beschäftigung mit sozial abweichendem Verhalten in Zusammenspiel mit
einem daraus resultierenden Wertewandel ist Gegenstand nicht allein der *Soziologie*, sondern auch der *Sozialpsychologie* und der *Philiosophie*.

---

[44]L.c. W. Lipp, Stigma, S.225.

[45]L.c. ebd., S.227.

[46]Die Arbeit verzichtet hingegen im folgenden auf die von W. Lipp vorgenommene weitere Differenzierung der Typen „in kategorial strategische, einzelne Handlungsdimensionen"
(l.c. W. Lipp, Stigma, S.167), einer expressiven, dominativen und kognitiven Ebene (cf
ebd., S.168–188). So scheint mir bspw die der Provokation zugeordnete Dimension des Ban-
ditismus: „Provokateure statten sich . . . anspruchsforcierend etwa mit Waffen aus; zusätzlich zu den Stigmata, die sie inhaltlich vertreten, laden sie das Stigma der Gewalttätigkeit
auf sich. Mittels Äxten und Wurfgeschossen, Krawallen und Überfällen versuchen sie, ihre
Ziele gewaltsam durchzusetzen" (l.c. ebd., S.175) durchaus hinterfragbar zu sein: Muß Provokation hier so zwingend mit Gewalttätigkeit versehen werden? ME handelt es sich bei
diesem aufgezeigten Weg lediglich um *eine* Möglichkeit neben der grundsätzlich anderen,
daß eine Provokation auch rein inhaltlich von statten geht und somit friedlich Veränderungen zu evozieren in der Lage ist.

Erst in jüngster Zeit wandte sich erstere der Betrachtung von abweichendem Verhalten in Verbindung mit einer *Psychologie des sozialen Einflusses* zu[47]. Voraussetzung dafür war eine veränderte Sicht des sozialen Systems, die jenes bislang als fest vorgegeben ansah, an das sich die Individuen und Gruppen „lediglich" noch anzupassen hätten. Die im System vertretenen Normen gälten demnach für jeden gleichermaßen und abweichendes Verhalten erscheint als *Versagen* bzgl der intendierten Anpassung an das System. Sozialer Einfluß entspringt hier dem Bestreben, *abweichendes Verhalten zu reduzieren* und somit *das System zu stabilisieren*; abweichende Personen(gruppen) erscheinen als dysfunktional für das vorgegebene System. Deshalb seien auch Veränderungsprozesse stets von Führern und Vertretern des Systems angestrengt worden, da ja eine Stabilisierung desselben als Ziel dahinterstand.

Entgegengesetzt wurde diesem „funktionalistischen Modell" ein „genetische(s) Modell"[48], das das System und die Umwelt nicht mehr länger als gegeben, sondern als Produkt interaktionistischer Prozesse ansieht und die „wechselseitige Abhängigkeit" und die „soziale Interaktion in der Gruppe"[49] betont. Statt Anpassung vertritt es die Position des Wachsens in neuen Formen und damit eine grundsätzliche Offenheit und Bereitschaft für innovative, verändernde Vorgänge. Bedeutend an diesem Modell ist das „Entdecken" von Minoritäten sowie ihr Einfluß auf soziale Wandlungsprozesse, den das zuerst genannte Modell ja primär Führergestalten und Vertretern der Majorität des Systems zugestand.

Hier berühren sich die sozialpsychologischen Ergebnisse S. Moscovici's mit dem von W. Lipp entwickelten Konzept der Selbststigmatisierung, ja, der von S. Moscovici dargestellte Weg des sozialen Wandels durch Minoritäten läßt sich mE mühelos in den oben beschriebenen Vorgängen von Selbststigmatisierung sowie charismatischen Prozessen wiederfinden.

Von der Allgemeinheit abweichendes Verhalten wird jeweils positiv gewertet als Chance zu einer gesellschaftsverändernden Innovation. Hier wie dort bedarf es Einzelner oder kleiner Gruppen, die sich der Majorität entgegenstellen und ihre Angelegenheit mit *Autonomie, Konsistenz und Rigidität* vertreten[50]. „So (dient) ein Individuum, wenn es offen ein Verhalten wählt, das die meisten Individuen selbst gerne an den Tag legen würden, *als Beispiel ... und (hat) eine befreiende Wirkung*"[51].

Dieser Vorgang, der aus dem Blickwinkel der Mehrheit nur als Negation des Gesetzes angesehen werden kann und in dem die abweichende Minderheit dieses zu einem neuem Gesetz bzw zu einer neuen Form von Realität verwandelt[52], stellt mE nichts anderes als

---

[47]Exemplarisch und programmatisch zugleich die interessante Studie von S. Moscovici: Social Influence and Social Change, London 1976. Dt.: Sozialer Wandel durch Minoritäten, München 1979.

[48]L.c. ebd., S.11–12.

[49]L.c. ebd., S.15.

[50]Auf dem Weg zum sozialen Wandel nennt S. Moscovici folgende fünf Verhaltensstile, die bei den Minoritäten immer wieder begegnen: (a) Investition bzw innere Anteilnahme und Überzeugung, (b) Autonomie bzw Unabhängigkeit vom Urteil anderer, (c) Konsistenz, (d) Rigidität sowie (e) Fairneß (cf S.131–179).

[51]L.c. ebd., S.85. Psychologisch vorausgesetzt ist hierbei, daß die abgelehnte Verhaltensweise nicht ex nihilo erscheint, sondern bereits latent – zumindest im Geiste – oder im Privaten schon vorhanden war. Erst so haben Innovationsvorschläge überhaupt die Möglichkeit, positiv aufgenommen zu werden.

[52]Cf ebd., S.208.

Selbststigmatisierung dar. Und auch die dramatische Seite von Selbststigmatisierung, die ja bekanntlich nicht für sich alleine existiert, sondern zum Charisma hindrängt, begegnet in den sozialpsychologischen Überlegungen S. Moscovici's:

> „Wenn eine Minderheit tapfer genug ist, um die etablierte Ordnung ab-
> zulehnen, oder etwas vorzuschlagen, was früher für ‚verboten‘ oder ‚illegal‘
> gehalten wurde, beweist das, daß es noch andere annehmbare Möglichkeiten
> des Handelns und Lebens gibt und daß diese nicht notwendigerweise direk-
> te Konsequenzen haben. Die Minderheit beraubt dadurch die Normen und
> Institutionen ihrer Autorität, indem sie beweist, daß Weigerung möglich ist,
> und daß die Minderheit fähig ist, das volle Gewicht ihrer Weigerung zu tra-
> gen, selbst wenn dies solche Konsquenzen wie Ablehnung, Feindseligkeit usw.
> einschließt"[53].

Aber auch die gesellschaftlichen Sanktionen müssen nicht zwingend erfolgreich sein, denn „es wird immer wieder einige Leute geben, die das starke Empfinden haben", daß die Konsequenzen von seiten der Gesellschaft mit dem Ziel, das Alte, Bestehende zu recht-fertigen und zu konservieren, „nicht angemessen sind und die Belastung, die sie (scil.: die abweichenden Individuen) spüren, nur dadurch vermindert werden kann, daß sie sich mit der Lebensweise und dem Standpunkt dieser ausgeschlossenen Gruppe identifizieren, oder sie übernehmen"[54]. Diese Phase entspräche in unserem Modell der Selbststigmatisierung dem Punkt, an dem jene übergeht in charismatische Prozesse, an dem der Phönix sich emporhebt aus der Asche und von Strahlenkranz umgeben nunmehr eine Gefolgschaft um sich versammelt, die er für seine Sache gewonnen hat und nun zusammen mit ihm das „neue Experiment" vertritt[55].

---

[53]L.c. ebd., S.210.

[54]L.c. ebd., S.89.

[55]L.c. ebd., S.229: „Deshalb ist es notwendig, großangelegte soziale Bewegungen in der Welt als natürliche Experimente zu betrachten". Damit trifft S. Moscovici mE völlig zu-treffend den Charakter und va momentanen, labilen Zustand eines solchen Experiments. Denn über dessen Erfolgschancen ist damit noch nichts ausgesagt. Es kann sich lediglich um ein kurzes Aufleben handeln, das bald danach wieder verpufft; oder aber um eine ein-flußnehmende Bewegung, die andere Individuen, Gruppen, Gesellschaften, ja, die ganze Welt zu verändern im Stande ist.

ME faszinierend ist, wie S. Moscovici nicht nur die grundsätzliche Ambivalenz von ab-weichendem Verhalten – als Aufstand und Innovation –, sondern auch jene, die charis-matischen Prozessen innewohnt, erkannt hat. Die Gefahr *kontercharismatischer Prozesse* sieht er nun nicht allein in Opponenten, die außerhalb der abweichenden Minorität stehen, sondern auch in befreiten und gewonnenen Gefolgsleuten selbst. Dies wird deutlich, wenn er schreibt (S.255): „Jede Veränderung, jede Innovation beinhaltet eine gewisse Gewalt, einen Bruch mit einer Sache, an die man gebunden oder gewohnt war. Die für diesen Bruch verantwortliche Person oder Gruppe leidet für ihre Kühnheit, selbst wenn die kühne Tat von jedem als notwendig und heilsam beurteilt wird. Wer immer eine Wahrheit entdeckt und ein ungerechtes Gesetz bricht, wird dafür gefeiert, daß er den Irrtum berichtigt hat und sich bemüht hat, uns von Ungerechtigkeit zu befreien. Zur gleichen Zeit gibt es einen unwiderstehlichen Drang, ihn dafür zu rügen, daß er eine andere Wahrheit außer acht ge-lassen hat und das Gesetz gebrochen hat ... Auch der Held stellt schnell fest, daß man bei

Wie gesehen, kommen beide Ansätze – der sozialpsychologische wie der soziologische – zu gleichen Ergebnissen. Anschaulicher und damit nachvollziehbarer jedoch ist das Modell der Selbststigmatisierung allemal: Denn es befaßt sich grundsätzlich mit der Frage nach dem *Wie* vom Wertewandel und bietet dabei konkrete Verhaltensformen an. An dieser Stelle bleibt das sozialpsychologische, genetische Erklärungsmodell eigenartig undifferenziert. Zwar wird stets betont, daß „die Psychologie des sozialen Einflusses eine Psychologie des Konflikts und des Unterschiedes, sowohl im Sinne ihrer Erzeugung als auch ihrer Handlung"[56] ist; *wie* jener oft erwähnte Konflikt aber aussieht und sich handlungspraktisch darstellt, bleibt zumeist anonym. Hier sind wir dann wieder auf die soziologische Unterscheidung von direktem, frontalem Konflikt und seinem indirekten, dialektischen Pendant der Selbststigmatisierung[57] gewiesen.

Ein *philosophisches* Nachdenken über Werteveränderungen und soziale Neubestimmungen kreist dagegen va um die Frage nach dem *Wann und Warum* solcher Verschiebungen[58].

Zu „Prozesse(n) der Umwertung: der Abwertung des zuvor Hochgeschätzten und der Höherwertung des früher Geringgeachteten" haben offensichtlich „Perioden eines raschen Kulturwandels stets am meisten Anlaß geboten, Perioden, in denen sich Änderungen der Lebensverhältnisse bis in den Alltag hinein den Menschen aufdrängten und sie zu Fragen nach Rang und Ordnung ihrer Güter, Normen und Ideale herausforderten"[59].

---

ihm bestimmte Verantwortlichkeiten voraussetzt". So begegnet auch hier eine mysteriöse Ambivalenz, „nämlich auf der einen Seite das Neuartige und Außergewöhnliche anzunehmen und zu bewundern und es auf der anderen Seite zu mißbilligen und zu verleugnen und das Gewöhnliche und Normale wieder zuzulassen".

[56]L.c. ebd., S.258.

[57]Cf den Exkurs zur Schuldbewältigung oben.

[58]Der Begriff *Verschiebung* besagt in diesem Zusammenhang, daß hinter der auf F. Nietzsche zurückgehenden Formel von der „Umwerthung aller Werthe" (l.c. F. Nietzsche: Zur Genealogie der Moral. Dritte Abhandlung: Was bedeuten asketische Ideale?, Aphorismus 27; ders.: Werke. Kritische Gesamtausgabe VI,2, ed. G. Colli/M. Montinari, Berlin 1968) weniger ein „Vergehen" von alten und ein „Entstehen" von neuen Werten steht, sondern eher eine „Veränderung der Bewertung von Werten", sprich: „die Präferenz– und Rangordnung dieser Werte" (l.c. E. Oldemeyer: Zum Problem der Umwertung von Werten, H. Klager/P. Knieciak (Hg.): Wertwandel und gesellschaftlicher Wandel, Frankfurt/New York 1979, S.597–617:601). Diese Sichtweise wird in der vorliegenden Arbeit übernommen – auch dann, wenn an einigen Stellen der Begriff des *Wertewandels* beibehalten wird und nicht konsequent von *Werteverschiebungen* gesprochen wird. Schon jetzt sei darauf aufmerksam gemacht, daß Selbststigmatisierer weniger diejenigen sind, die mit allem Vertrauten brechen bzw es negieren, als vielmehr jene, die an gesellschaftlich vorgegebene Werte positiv anknüpfen und sie – dann freilich in Opposition zur vorgebenen Deutung – anders (re)definieren. Cf zu diesem Punkt die Überlegungen des amerikanischen Philosophen M. Walzer: Kritik und Gemeinsinn. Drei Wege der Gesellschaftskritik, Berlin 1990, bes S.81ff.

[59]L.c. E. Oldemeyer, Problem, S.597. Nach A. Anzenbacher: Einführung in die Philosophie, Wien / Freiburg / Basel, 2.Auflage 1982, S.15, sind solche Perioden, in denen „die alltägliche Welt plötzlich ihre Selbstverständlichkeit verliert und zum Problem wird", die

Verbunden sind Prozesse der Umwertung mit Orientierungskrisen und Konflikten der beteiligten Menschen. *Voraussetzung* für solche Prozesse sind „Zustände chronischen Mangelbefindens"[60] infolge der Inadäquatheit einer Lebensform samt ihrem Wert–und Normgefüge – und dies weniger *als objektiv* gegebene Tatsache denn *als subjektiv* empfundenes Erleben der betroffenen Personen(gruppen). „Da Menschen zukunftsoffene Wesen sind, kann auch ein antizipiertes Mangelbefinden ... oder können Entwürfe von Möglichkeiten (Wunschzustände), im Lichte derer das gegenwärtig Wirkliche erst als mangelhaft wahrgenommen wird, zu Kriterien der Inadäquatheit werden"[61]. Träger dieser Impulse zur Umwertung bestehender Werte sind nach E. Oldemeyer zumeist kleine und in ihren Interessen einigermaßen homogene Pioniergruppen[62].

Die Chancen zur Durchsetzbarkeit solcher Impulse zu einem Wertorientierungswandel werden unterschiedlich beurteilt: Zwar wächst die Bereitschaft zur Umorientierung proportional zu dem als solchen erlebten Mangelbefinden, doch bleibt eine Wandlung, die sich aufgrund von Druck – sei es von oben, sei es von unten – vollzieht, nur äußerlich, nicht aber real. Darüber hinaus kann es im mikrosozialen Umfang durchaus zu anhaltenden bekehrungsartigen Wandlungen der Lebens– und Bewußtseinshaltung kommen, wobei dies wiederum abhängt vom positiven Beispiel charismatischer Schrittmachergestalten. Für den makrosozialen Umfang hingegen gilt, daß die Majorität der Gesellschaft die von der Minorität so erfahrene chronische Mangelsituation, die nur noch durch eine veränderte Wahrnehmung der Wertepräferenzen zu bewältigen ist, als solche erst für sich antizipieren muß, um einen Wertewandel handlungspraktisch und andauernd vollziehen zu können.

Auch in diesen philosophischen Überlegungen begegnet als Voraussetzung für einen Wertewandel die Bereitschaft zum Verlassen vorgegebener Lebensformen, die Bereitschaft zur Selbststigmatisierung, die, so sie in der ihr eigenen Form indirekt–dialektisch vollzogen wird, jeder anderen Form von Gegenstigmatisierung bzgl ihres Änderungspotentials mitunter weit überlegen ist.

1.3 Vorläufer. „Selbststigmatisierung" und ihre Anwendung auf das Christentum

Das Modell der Selbststigmatisierung wurde nun auch auf das Christentum, namentlich auf Jesus bzw die Jesusbewegung angewendet: zuerst in kurzen Notizen bei W. Lipp[1], dann systematisch entfaltet von M.N. Ebertz[2]. Faßt

---

Geburtsstunde allen philosophischen Denkens überhaupt.

[60]L.c. E. Oldemeyer, Problem, S.611.

[61]L.c. ebd., S.610.

[62]Cf ebd., S.612.

[1]Die kurzen Notizen bei W. Lipp, Stigma, S.161.163f.179.251.253f sowie dems., Selbststigmatisierung, S.43

[2]Cf M.N. Ebertz: Das Charisma des Gekreuzigten. Zur Soziologie der Jesusbewegung (WUNT 45), Tübingen 1987.

man M.N. Ebertz' Ausführungen auf kurzem Raum zusammen, so besagen sie, daß das Charisma Jesu darin bestand, sich mit den stigmatisierten und marginalisierten Einwohnern Galiläas und ihrer Situation zu identifizieren, sich damit selbst zu stigmatisieren, indem er *ihre* Sache zu *seiner* Sache machte. Er vermochte es, dem Leben der Stigmatisierten Sinn zu verleihen und ihre Lebensweise als gottgefällig darzustellen, wodurch er eine Ent–Stigmatisierung der Stigmatisierten einleitete. Dh: Die damals geltenden Schuldzusammenhänge wurden dahingehend umdefiniert, daß die Schuld an die Adresse der Stigmatisierer zurückgegeben wurde. Jesu Mittel bzw „Waffen" waren zum einen die Umdefinition gesellschaftlicher Werte, eben die Selbststigmatisierung, sowie, eng damit verbunden, die Delegitimierung und Nihilierung seiner politischen und religiösen Gegner. Jesu physische Vernichtung am Kreuz wird verstanden als Endprodukt „kontercharismatischer Prozesse", denen die Jesusbewegung – wie jede charismatische Bewegung auch – unter- und zT erlag. MaW: Jesus konnte die verschiedenen Interessen in seiner Bewegung, die er ua selbst weckte, sowie die von außen auf ihn einströmenden Erwartungen und opponierenden Aktionen nicht länger kontrollieren und wurde so ihr Opfer[3].

Unerwähnt sowohl von W. Lipp wie auch von M.N. Ebertz hingegen bleibt, daß diese Deutung der Jesusbewegung (und des Christentums) als wertverändernder Bewegung nicht ohne Vorläufer ist[4].

Eine „Umkehrung der Werthe" durch die jüdisch–christliche Ethik hat schon F. Nietzsche herausgestellt.

> „Die Juden – ein Volk ‚geboren zur Sklaverei', wie Tacitus und die ganze antike Welt sagt, ‚das auserwählte Volk unter den Völkern', wie sie selbst sagen und glauben – die Juden haben jenes Wunderstück von Umkehrung der Werthe zu Stande gebracht, Dank welchem das Leben auf der Erde für ein Paar Jahrtausende einen neuen und gefährlichen Reiz erhalten hat: – ihre Propheten haben ‚reich' ‚gottlos' ‚böse' ‚gewaltthätig' ‚sinnlich'

---

[3]Es genügt hier eine kurze Zusammenfassung von M.N. Ebertz. Eine ausführliche Auseinandersetzung mit seinen Thesen erfolgt in Kap 3 über Formen von Selbststigmatisierung bei Jesus von Nazaret.

[4]Cf dazu G. Theißen: Jesusbewegung als charismatische Wertrevolution, NTS 35 (1989), S.343–360. G. Theißen bezeichnet hier „F. Nietzsches Analyse des jüdisch–christlichen Ethos als ‚Sklavenaufstand der Moral'" (S.356) als Wertrevolution, wie sie auch in den Arbeiten von W. Lipp und M.N. Ebertz begegnet.

in Eins geschmolzen und zum ersten Male das Wort ‚Welt' zum
Schandwort gemünzt. In dieser Umkehrung der Werthe (zu der es
gehört, das Wort für ‚Arm' als synonym mit ‚Heilig' und ‚Freund'
zu brauchen) liegt die Bedeutung des jüdischen Volkes: mit ihm
beginnt der *Sklaven – Aufstand in der Moral*"[5].

Aus F. Nietzsches ‚aristokratischer Perspektive' heraus muß er diese Umwertung der Werte von seiten der Juden (und Christen) natürlich negativ
bewerten; sie übertrifft jeden bisher vollzogenen „Anschlag" auf die aristo-
kratische Moral:

> „die Juden, jenes priesterliche Volk, (wußten) sich an seinen
> Feinden und Überwältigern zuletzt nur durch eine radikale Um-
> werthung von deren Werthen, also durch einen Akt der *geistigen*
> Rache Genugthuung zu schaffen. So allein war es eben einem
> priesterlichen Volk gemäss, dem Volke der zurückgetretensten
> priesterlichen Rachsucht. Die Juden sind es gewesen, die gegen
> die aristokratische Werthgleichung (gut = vornehm = mächtig
> = schön = glücklich = gottgeliebt) mit einer furchteinflössenden
> Folgerichtigkeit die Umkehrung gewagt und mit den Zähnen des
> abgründlichsten Hasses (des Hasses der Ohnmacht) festgehalten
> haben, nämlich „die Elenden sind allein die Guten, die Armen,
> Ohnmächtigen, Niedrigen sind allein die Guten, die Leidenden,
> Entbehrenden, Kranken, Hässlichen sind auch die einzig From-
> men, die einzig Gottseligen, für sie allein gibt es Seligkeit ... "[6].

Mit Hilfe von Jesus von Nazareth – so glaubt F. Nietzsche – haben die
Juden, trotz der augenscheinlichen Verwerfung von Jesus, ihr Ziel der Umkehrung der Werte endgültig erreicht:

---

[5]L.c. F. Nietzsche: Jenseits von Gut und Böse, Aphorismus 195. Die Unterscheidung
zwischen einer Herren– und einer Skalvenmoral behandelt F. Nietzsche ebd., Aph 260:
Der moralische Gegensatz zwischen „gut" und „schlecht" diente einst den Aristokraten
zur Unterscheidung ihres Lebensstiles von dem der Sklaven und bedeutet daher so viel wie
„vornehm" hier, „verächtlich" da. Um das Dasein jedoch überhaupt ertragen zu können,
bewertet die Sklavenmoral die aristokratischen Tugenden um, da sie für sie unmöglich
Ausdruck echten Glückes sein können; daher „werden die Eigenschaften herangezogen und
mit Licht übergossen, welche dazu dienen, Leidenden das Dasein zu erleichtern: hier kommt
das Mitleiden, die gefällige hülfsbereite Hand, das warme Herz, die Geduld, der Fleiss, die
Demuth, die Freundlichkeit zu Ehren –, denn das sind hier die nützlichsten Eigenschaften
und beinahe die einzigen Mittel, den Druck des Daseins auszuhalten".
[6]L.c. ebd., Zur Genealogie der Moral, Aph 7.

„Dieser Jesus von Nazareth ... war er nicht gerade die Verführung in ihrer unheimlichsten und unwiderstehlichsten Form, die Verführung und der Umweg zu eben jenen *jüdischen* Werthen und Neuerungen des Ideals? Hat Israel nicht gerade auf dem Umweg dieses ‚Erlösers‘, dieses scheinbaren Widersachers und Auflöser Israels, das letzte Ziel seiner sublimen Rachsucht erreicht? Gehört es nicht in die geheime schwarze Kunst einer wahrhaft *grossen* Politik der Rache, einer weitsichtigen, unterirdischen, langsam–greifenden und vorausrechnenden Rache, dass Israel selber das eigentliche Werkzeug seiner Rache vor aller Welt wie etwas Todfeindliches verleugnen und an's Kreuz schlagen mußte, damit ‚alle Welt‘, nämlich die Gegner Israel's unbedenklich gerade an diesem Köder anbeissen konnten? ... Gewiß ist wenigstens, dass sub hoc signo Israel mit seiner Rache und Umwerthung aller Werthe bisher über alle anderen Ideale, über alle *vornehmeren* Ideale immer wieder triumphirt hat- - "[7].

Hier ist bereits bei F. Nietzsche das Selbststigmatisierungskonzept angelegt: die Umkehrung der Wertvorstellungen und damit eine moralische Neuordnung sowie, damit verbunden, die Ent–Stigmatisierung der Sklaven. Wenn F. Nietzsche schreibt, daß „das Wort ‚Welt‘ zum Schandwort gemünzt" wird, so drückt er damit das aus, was W. Lipp im Zusammenhang mit forensischen Formen von Selbststigmatisierung ausdrückt: Formen dieser Art „stehen in unmittelbarer Nähe zu millenarischen ... Verhaltensweisen". Sie „springen ... in Bereiche des Phantastischen, des Irrealen ab: in eine „heile" Welt, in der die Reichen arm, in der die letzten die ersten und die Sünder rein sein werden"[8]. Der Unterschied zwischen F. Nietzsche und W. Lipp liegt freilich in der Bewertung dieser Umkehrung. Während F. Nietzsche diese negativ beurteilt als *priesterliche Rachsucht* bzw *grundsätzlichste aller Kriegserklärungen* und *Blutvergiftung* bzw *Intoxikation*[9], uzw in einer Situation, die die Juden nicht anders handeln ließ und die somit ein Haß der Ohnmacht ist, sieht W. Lipp darin im wesentlichen positive Aspekte zur Umgestaltung einer Gesellschaft und zur sozialen Umdefinition, besonders auch dann, wenn die Stigmata betont freiwillig übernommen werden.

---

[7]L.c. ebd., Aph 8.
[8]L.c. W. Lipp, Selbststigmatisierung, S.43.
[9]Cf F. Nietzsche, Genealogie, Aph 7;9.

In die Reihe der Vorgänger des Selbststigmatisierungskonzeptes sind endlich noch die Ausführungen P.L. Bergers[10] aufzunehmen. Für ihn errichtet
Religion stets eine „heilige Ordnung" angesichts des drohenden Chaos anomischer Mächte und damit eine Sinnstruktur, die das Leben als „richtig"
erscheinen läßt. In diese Sinnstruktur müssen auch die anomischen Phänomene des Leidens bzw Bösen (und natürlich auch des Todes) integriert werden. Eine Integration und damit Erklärung dieser anomischen Phänomene
bezeichnet P.L. Berger in Anschluß an M. Weber[11] als *Theodizee*. Damit eine
solche Integration anomischer Mächte gelingt, muß das Individuum zugunsten der ordnenden Macht der Gesellschaft seine Bedürfnisse und Probleme
hintanstellen und sich ein Stück weit selbst verleugnen.

> „Eine besonders intensive Form der Selbstverleugnung ge-
> genüber der Gesellschaft und ihrer Ordnung ist ... die *maso-*
> *chistische Haltung*, bei der sich das Individuum vis-à-vis seinen
> Mitmenschen, einzelnen, Kollektiven oder von diesen errichteten
> Nomoi, zu einem passiven, dinghaften Objekt reduziert"[12].

Schmerzen – körperlicher wie seelischer Art – indizieren hier das Maß der
Hingabe an einen anderen, im religiösen Bereich gesprochen: an den *totaliter*
aliter im heiligen Kosmos.

Sinn dieser Theodizee ist für P.L. Berger v.a. „die Erklärung der gesellschaftlichen Ungleichheiten und der Machtverhältnisse. In dieser Funktion
legitimiert sie die jeweilige gesellschaftliche Ordnung unmittelbar"[13], uzw
sowohl die Welt und die Ordnung der Mächtigen und Privilegierten als auch
die der Ohnmächtigen und Unterprivilegierten. Beide Male jedoch ist dabei
das Resultat dasselbe – Welterhaltung. Konkret: die Erhaltung der gegebenen gesellschaftlich–institutionellen Ordnung.

Bedeutsam ist, daß P.L. Berger die Wirkung dieser Theodizee aus dem
Diesseits in ein Jenseits hinausverlagert und Theodizee im Diesseits rein funktional versteht als Projektion anomischer Phänomene in ein Jenseits, das
dann irgendwann einmal einen Ausgleich schaffen wird für das Leid und
Unrecht im Diesseits. Dies alles geschieht zur Nomisierung der jetzigen Ordnung, die gleichzeitig das Jenseits unter diesem Aspekt betrachtet. Was von

---

[10]Cf P.L. Berger: Zur Dialektik von Religion und Gesellschaft. Elemente einer soziologischen Theorie, Frankfurt 1973, S.52–78.
[11]Cf M. Weber: Das Problem der Theodizee; Wirtschaft I., S.314–319.
[12]L.c. P.L. Berger, Dialektik, S.54. Hervorhebung vom Verfasser.
[13]L.c. ebd., S.58.

einer solchen Theodizee real in der Gegenwart bleibt, ist dann in der Tat die von P.L. Berger festgestellte enge Verwandtschaft zwischen *Masochismus und biblischer Theodizee*[14] und damit eine theologische Erklärung des Leidens.

P.L. Berger drückt mit seinen Ausführungen zwar den Akt der Selbststigmatisierung, wenn auch in anderer Terminologie, zutreffend aus: das augenscheinliche Annehmen und Hinnehmen der negativ priviligierten Situation. *Er verkennt aber gerade – durch die starre Festlegung auf das Theodizeeproblem – die eigentliche Funktion dieser Selbststigmatisierung bzw dieses Masochismus: Die Überwindung des Leides sowie der Stigmata und damit die revolutionäre, gesellschaftsverändernde Kraft von Selbststigmatisierung.* Selbststigmatisierung hat, anders als P.L. Berger's Masochismus, nicht „Welterhaltung" zum Ziel. Denn: Das Akzeptieren der negativen Situation geschieht ja im Akt der Selbststigmatisierung nur vordergründig; in Wirklichkeit aber wird die negative Situation dadurch gerade als solche erkannt und *will verändert werden*[15].

Wie bereits erwähnt, nimmt die vorliegende Arbeit ebenfalls das Konzept der Selbststigmatisierung auf und wendet es, in einer systematischen Zusammenschau, auf Johannes den Täufer, Jesus von Nazaret, Paulus sowie auf Ignatius von Antiochien an[16].

Dabei sind folgende Überlegungen leitend:

- *Wodurch* wird Selbststigmatisierung herausgefordert und *wie* vollzieht sie sich? (Die Frage nach dem Verhältnis von Stigmatisierung und Selbststigmatisierung)

---

[14]Cf ebd., S.71.

[15]Ohne Zweifel ist jedoch P.L. Berger darin zuzustimmen, daß der von ihm festgestellte *Masochismus* eine große Gefahr für das Handeln von Christen im Verlaufe der Kirchengeschichte darstellte. Dies gilt immer dann, wenn bei Selbststigmatisierung der beabsichtigte Zweck – durch Übernahme von Leid und Schuld diese aufzuheben – aus dem Blickwinkel des Handels verschwindet. Ob in einem solchen Fall dann von einem *Masochismus* oder aber von einer *destruktiven* oder *pathologischen* Form von Selbststigmatisierung gesprochen wird, ist einerlei.

[16]Dabei werden die einzelnen Personen nicht isoliert betrachtet, sondern konsequent in die Religionsgeschichte ihrer Zeit eingebettet. So erst werden spezifische Einzelzüge, aber auch übergreifende Verhaltensmuster deutlich.

- Konnte der intendierte *Sinn* von Selbststigmatisierung durchgehalten werden? (Die Frage nach dem Übergehen von Selbststigmatisierung in Entstigmatisierung bzw charismatische Prozesse)

- Das ,*Weiterleben*' von Selbststigmatisierung im Bezugsfeld (Die Frage nach der Rezeption von Selbststigmatisierung)

Mit der Behandlung dieser vier historischen Gestalten werden diejenigen *Individuen* gewählt, die in den urchristlichen Texten am deutlichsten hervortreten. Interessiert sich die soziologische Analyse vor allem für *typisches* menschliches Verhalten, so wird die grundsätzliche Generalisierbarkeit, an der die Soziologie interessiert ist, in dieser Arbeit dadurch erreicht, daß das bei allen vier historischen Gestalten erkennbare Verhaltensmuster als *typisch* bzw spezifisch (jüdisch–)christliches ausgewertet wird.

Diese Generalisierung begründet zugleich den Anspruch der Arbeit, ein Beitrag zur Soziologie des *Urchristentums* zu sein – es geht weder darum, eine umfassende ,Vita' der jeweiligen Person zu schreiben[17], noch darum, verschiedene thematische Einzelbeobachtungen für eine Soziologie des Urchristentums zu sammeln[18], vielmehr soll ein an historischen Einzelpersonen feststellbares Verhaltens*muster* in einen *übergreifenden* Zusammenhang gestellt werden.

Werden Formen von Selbststigmatisierung an verschiedenen historischen Gestalten und in verschiedenen Textgattungen festgestellt, so erlaubt diese Feststellung mE umso mehr deren Generalisierbarkeit. Dies gilt besonders dann, wenn man bedenkt, daß zumindest die Briefe des Paulus bzw des Ignatius hinsichtlich einer formgeschichtlichen Skepsis „unverdächtig" sind. Eine Relativierung der Quellen wäre allein beim historischen Jesus (und bei Johannes dem Täufer) möglich, doch wird eine solche radikale Skepsis, die von der Person Jesu nichts übrigläßt als deren Geschichtlichkeit, in der vorliegenden Arbeit nicht geteilt – zumal (wie oben bereits erwähnt) hier keine Viten geschrieben, sondern vielmehr *Strukturen und Verhaltensmuster* untersucht werden.

---

[17]Besonders die Arbeit von M.N. Ebertz, Charisma, erweckt mE den Eindruck, eine *Vita Jesu* darstellen zu wollen.
[18]Dieser ,Sammelcharakter' begegnet bspw bei W.A. Meeks (Hg.): Zur Soziologie des Urchristentums. Ausgewählte Beiträge zum frühchristlichen Gemeinschaftsleben in seiner gesellschaftlichen Umwelt (TB 62), München 1979.

Kapitel 2
Formen von Selbststigmatisierung bei Johannes dem Täufer

Untersucht man Formen von Selbststigmatisierung bei Johannes dem Täufer, so stellt sich – nicht zuletzt aufgrund der schmalen Quellenbasis – die Frage nach der Zuverläßlichkeit der über ihn berichtenden Quellen.

Ausführlicher als bei den im weiteren Verlauf der Arbeit behandelten Personen (Jesus von Nazaret, Paulus sowie Ignatius von Antiochien) sei daher auf die *Quellenlage über Johannes den Täufer* im folgenden eingegangen.

Genau wie bei Jesus von Nazaret[1] sind sämtliche Quellen über Johannes den Täufer indirekt. Er selbst hat nichts Schriftliches hinterlassen.

Von den nichtchristlichen Autoren berichtet allein Flavius Josephus über ihn: ant 18,116–119[2]. Weitere Berichte über den Täufer im sog *slavischen Josephus* (hinter bell 2,110.118) gelten als „christliche Interpolationen ohne Quellenwert"[3], die für „die historische Frage nach dem Profil des Täufers"[4] nichts hergeben[5].

---

[1]L.c. Chr. Burchard: Art. Jesus; Der Kleine Pauly. Lexikon der Antike, Bd. 2, Stuttgart 1967, Sp.1344–1354:1344: „Die Quellen sind alle indirekt; J. hat nichts Schriftliches oder Nachschriftliches hinterlassen".

[2]Cf dazu J. Ernst: Johannes der Täufer. Interpretation – Geschichte – Wirkungsgeschichte (BZNW 53), Berlin/New York 1989, S.253–257.

[3]L.c. O. Böcher: Art. Johannes der Täufer; TRE 17 (1988), S.172–181:172.

[4]L.c. J. Ernst, Johannes, S.261.

[5]Eine deutsche Übersetzung dieser Stellen findet sich bei E. Lohmeyer: Das Urchristentum. 1. Buch: Johannes der Täufer, Göttingen 1932, S.32–35 sowie bei R. Eisler: ΙΗΣΟΥΣ ΒΑΣΙΛΕΥΣ ΟΥ ΒΑΣΙΛΕΥΣΑΣ. Die messianische Unabhängigkeitsbewegung vom Auftreten Johannes des Täufers bis zum Untergang Jakobus des Gerechten. Nach der neuerschlossenen Eroberung von Jerusalem des Flavius Josephus und den christlichen Quellen, Bd. II (RWB 9), Heidelberg 1930, S.6–17. Das faszinierende und skurrile, gewiß aber mit ungemein viel Gelehrsamkeit gewonnene Täuferbild R. Eislers basiert im wesentlichen auf den Fragmenten des slavischen, hebräischen und arabischen sowie auf der Darstellung des Täufers im griechischen Josephus, wohingegen das Neue Testament als älteste Quelle über den Täufer nicht als Primär–, sondern lediglich als Bezugsquelle zur Bestätigung des aus Josephus eruierten Täuferbildes dient. R. Eislers Täuferbild gilt heute in seinen wesentlichen Punkten als widerlegt. Cf hierfür die Besprechung und Widerlegung der Eisler'schen Thesen von H. Lewy in DLZ III,1,11 (1930), Sp.484–494. Was von ihm aber – trotz aller auch berechtigten Kritik – bleibt, ist eine *stärkere Betonung des grundsätzlich politischen Charakters der Täuferbotschaft*. Ein Aspekt, der mE in der Forschung viel zu wenig beachtet wurde und an dem die vorliegende Arbeit besonders interessiert ist.

Hauptzeuge für den Täufer ist hingegen das Neue Testament, namentlich die synoptischen Evangelien[6].

Die Apostelgeschichte bestätigt im wesentlichen die Taufe bzw Wassertaufe des Johannes (Acta 1,5; 10,37; 11,16). Acta 1,22 wird er im Rahmen der Nachwahl des zwölften Apostels lediglich erwähnt. Acta 13,24f trifft ihn die auch schon aus dem Lk bekannte Negativbestimmung, nicht das zu sein, wofür er gehalten wird (cf Lk 3,15). Acta 18,24–19,7 ist ein Zeugnis für bereits aus den synoptischen Evangelien (Mt 11,2; Mk 2,18; 6,29; Lk 7,18) bekannte „Johannesjünger"[7], doch hat diese Notiz zur Erfassung des historischen Täufers keine Bedeutung.

Die paulinische sowie nachpaulinische Literatur erwähnt den Täufer nicht.

Zur Frage, ob sich hinter einem der beiden Zeugen aus Apk 11,3–14 Johannes der Täufer verbirgt[8] sei verwiesen auf die (jüngere und) umfangreiche Behandlung dieser Perikope bei K. Berger[9] (cf dazu unten).

Betrachtet man die neutestamentlichen Quellen genauer, so lassen sich bestimmte Tendenzen der Autoren herauslesen, die dazu dienen, den Täufer ihrer jeweiligen Intention dienlich zu machen: der der Unterordnung des Täufers unter Jesus. So sei hier auf einige dieser Tendenzen aufmerksam

---

[6]Die Arbeit setzt die Gültigkeit der Zwei–Quellen–Theorie voraus und hält die bspw von R. Riesner: Wie sicher ist die Zwei–Quellen–Theorie?; ThB 8 (1977), S.49–73 geäußerte Kritik für nicht ausreichend, diese Theorie grundsätzlich zu erschüttern.

[7]Cf dazu E. Käsemann: Die Johannesjünger in Ephesus; ZThK 49 (1952), S.144–154 = ders.: EVB I, Göttingen, 3. Auflage 1964, S.158–168. ME muß es sich dabei nicht zwingend um Johannesjünger handeln, sondern durchaus auch um Christen, die von Johannes getauft wurden, wobei deren Taufverständnis eine besondere Bindung an den, der die Taufe vollzog (scil.: Johannes den Täufer), konstituierte. Als Analogie wäre auf den Parteienstreit in Korinth zu verweisen (1 Kor 1f); auch dort scheint die Taufe eine Verbindung zwischen Täufling und Taufendem zu konstituieren. Redaktionsgeschichtlich orientiert versucht M. Wolter: Apollos und die ephesenischen Johannesjünger (Act 18,24–19,7); ZNW 78 (1987), S.49–73 zu zeigen, daß es sich bei dieser Perikope weniger um eine Abgrenzung von der Johannesbewegung als vielmehr um die Inferiorität des Apollos gegenüber Paulus und somit um den Vorrang des Letzteren gegenüber dem Erstgenannten handelt. Dies trifft für die lk Redaktion gewiß zu, berücksichtigt mE aber zu wenig die hinter dieser Perikope liegende Geschichtlichkeit und wird ihr mit dem Verweis auf eine „fiktive, beziehungsweise potentielle Wirklichkeit" (S.73) nicht gerecht.

[8]Cf O. Böcher: Johannes der Täufer in der neutestamentlichen Überlieferung; Rechtfertigung, Realismus, Universalismus in biblischer Sicht, FS A. Köberle, Darmstadt 1978, S.45–68:53–56.

[9]Cf K. Berger: Die Auferstehung des Propheten und die Erhöhung des Menschensohnes. Traditionsgeschichtliche Untersuchungen zur Deutung des Geschickes Jesu in frühchristlichen Texten (StUNT 13), Göttingen 1976.

gemacht, ohne daß dabei aber der Anspruch auf Vollständigkeit dieser Tendenzen erhoben wird.

Für den Markusevangelisten[10] ist Johannes der Täufer besonders „der Mal 3,1 und Jes 40,3 angesagte Vorläufer und Wegbereiter des Herrn"[11], wobei daran va dessen Tod wichtig ist. Ereilt schon Johannes als Wegbereiter Jesu ein gewaltsamer Tod, so stellt sich sogleich die Frage nach dem Schicksal des Angekündigten, wenn schon der Ankündiger nicht ertragen werden konnte. So wird der Täufer zum Prototypen des leidenden Menschensohnes Jesus. Im Schicksal des Täufers wird die Passion Jesu vorabgebildet. Die zentrale Bedeutung der Passion im Markusevangelium wird auf diese Weise betont: der großen Passion Jesu wird die kleinere des Täufers vorangestellt und beide Gestalten – ähnlich Mk 1,1–15[12] – parallelisiert. Die Superiorität Jesu gegenüber dem Täufer wird zu Beginn des Evangeliums durch den Empfang des Geistes und der Gottessohnschaft bei der Taufe (Mk 1,10f) begründet: Jetzt kann das Evangelium verkündet werden (Mk 1,14f).

Für Matthäus[13] ist Johannes der Täufer „im Guten wie im Bösen der Seitenmann Jesu; beide gleichen sich in ihrer Botschaft, beide erleiden das gleiche Geschick"[14]. Diese Parallelität von Johannes und Jesus zeigt sich in der redaktionellen Zusammenfassung beider Botschaften Mt 3,2 und 4,17: ἤγγικεν γὰρ ἡ βασιλεία τῶν οὐρανῶν sowie in der Parallelisierung von Inhalten: vgl. 3,10b mit 7,19 (Abhauen des nicht fruchttragenden Baumes); 3,7 mit 12,34 und 23,33 (Pharisäer und Sadduzäer bzw Schriftgelehrte als Schlangenbrut); 11,18f [par Lk 7,33] (Johannes und der Menschensohn als abgelehnte Boten der Weisheit). Neben dieser Parallelität ist zugleich die Tendenz spürbar, die Inferiorität des Täufers gegenüber Jesus zu unterstreichen: dies geschieht bes in dem eingeschobenen Gespräch zwischen beiden bei der Taufe Jesu (3,14f) sowie in der Bedeutung der Johannestaufe, die Mt ihr beimißt – der Sündennachlaß wird der Johannestaufe abgesprochen

---

[10]Programmatisch dazu W. Marxsen: Der Evangelist Markus. Studien zur Redaktionsgeschichte des Evangeliums (FRLANT 67), Göttingen, 2.Auflage 1959, S.17–32 mit Beschränkung auf Mk 1. Ausgeweitet auf alle Täuferstellen im Evangelium von Chr. Wolff: Zur Bedeutung des Täufers im Markusevangelium; ThLZ 102 (1977), Sp.857–865. Ferner J. Ernst, Johannes, S.4–38.
[11]L.c. J. Ernst, Johannes, S.37.
[12]Cf die gemeinsamen Stichworte *Wüste, Taufen, Jordan, Wasser, Geist und Verkündigung* sowohl in den Versen 4–8 als auch 9–15. Dazu: H.D. Preuß/K. Berger: Bibelkunde des Alten und Neuen Testaments II, Heidelberg, 2. Auflage 1984, S.266.
[13]Cf J.P. Meier: John the Baptist in Matthew's Gospel; JBL 99 (1980), S.383–405.
[14]L.c. J. Ernst, Johannes, S.183.

und dafür „christologisch" verankert: ein Vergeben der Sünden wird an das Kelchwort Jesu beim Abendmahl (26,28) gebunden.

Äußerst spannungsreich ist auch das Verhältnis des Lukas zum Täufer. In den ersten beiden Kapiteln ist eine weitgehende Parallelität zwischen dem Täufer und Jesus festzustellen (aber 2,49: die Sohnschaft Jesu als entscheidende Differenz gegenüber dem Täufer). Im folgenden bemüht Lk sich, Jesus vom Täufer zu entfernen, was dazu führt, daß Jesus seine Taufe zu einem Zeitpunkt empfängt, da der Täufer bereits gefangengenommen wurde (3,20.21f)[15]. Am Schluß seines Evangeliums faßt Lk die Predigt des Auferstandenen mit denselben Worten – unter Ausweitung auf alle Völker – zusammen, mit denen er die Funktion der Johannestaufe zu Beginn des Evangeliums beschrieben hat:

Lk 3,3   βάπτισμα μετανοίας εἰς ἄφεσιν ἁμαρτιῶν

Lk 24,47 κηρυχθῆναι ... μετάνοιαν εἰς ἄφεσιν ἁμαρτιῶν εἰς πάντα τὰ ἔθνη

Nach 3,18 erscheint der Täufer als der erste Prediger des Evangeliums, als Verkündiger des Heils (εὐηγγελίζετο) und somit als „Prototyp des christlichen Evangelisten"[16]. Von Geburt aber bis zum Tod ist der Täufer der Vorläufer Jesu, welcher ihm trotz aller Parallelität überlegen bleibt.

Im vierten Evangelium[17] endlich wird dem Täufer, ähnlich wie bei Lk, jede eschatologische Funktion abgesprochen (zBsp 1,6–8.20–21). Die einzige Funktion seiner Taufe ist die der „Proklamation Jesu vor Israel (Joh 1,31)"[18], ohne daß damit schon die Taufe Jesu berichtet wird. Der Täufer negiert im Evangelium Titel (1,8;5,35: φῶς; 1,20;3,28: χριστός; 1,21: Ἠλίας, ὁ προφήτης) mit denen er in späterer Zeit real gedeutet wurde. In den Anfang des 3.Jh nChr geschriebenen und ältere Traditionen aufnehmenden Pseudoclementinen[19] heißt es:

> et ecce unus ex discipulis Iohannis adfirmabat, Christum Iohannem fuisse, et non Iesum; in tantum, inquit, ut et ipse Iesus omnibus hominibus

---

[15]Diese Entzerrung Jesu vom Täufer bedeutet nicht den Ausschluß des Täufers aus der Heilsgeschichte, sondern „Luke has the Baptist bestride the two periods like a colossus, with one foot in each period. He is the clamp, the link, the bracket between the time of the law and prophets and the time of Jesus" (l.c. J.P. Meier, John, S.385).

[16]L.c. J. Ernst, Johannes, S.100.

[17]Cf dazu J.L. Martyn: We have found Elijah; Jews, Greeks and Christians: Religious Cultures in Late Antiquity. Essays in Honour of William David Davies, R. Hammerton-Kelly/R. Scroggs (ed.), Leiden 1976, S.181–219 sowie G. Richter: «Bist du Elias?» (Jo 1,21); BZ 6 (1962), S.79–92.238–256; 7 (1963), S.63–80.

[18]L.c. O. Böcher, Johannes, S.174.

[19]Cf J. Irmscher: Die Pseudo–Clementinen; E. Hennecke/W. Schneemelcher: Neutestamentliche Apokryphen II, Tübingen, 3. Auflage 1964, S.373–398:374.

et prophetis maiorem esse pronuntiaverit Iohannem. si ergo, inquit, maior est, omnibus sine dubio et Moyseo et ipso Iesu maior habendus est. quod si omnium maior, ipse est Christus. (PsClemRec I,60,1–3)

Hier wird direkt bezeugt, was im Joh indirekt anklingen könnte: die messianische Verehrung des Täufers. Zu fragen bleibt allerdings zweierlei: (1) Kann die messianische Verehrung des Täufers bereits für die Zeit des Joh vorausgesetzt werden? (2) Darf man die Täuferstellen im vierten Evangelium tatsächlich als bewußte „Polemik" des Evangelisten gegen den Täufer verstehen?

Gerade für den letzten Punkt darf mE die Feststellung J. Ernst's Geltung beanspruchen: „Das Verkündigungsanliegen des 4. Evangelisten: «Damit sie glauben, daß Jesus der Christus ist, der Sohn Gottes (20,31)», hat in der Gestalt des Täufers eine repräsentative Personifikation erhalten"[20]. Denn der Täufer wird Jesus im Evangelium zugeordnet und dienstbar gemacht, „eine kämpferische radikale Polemik ist nirgendwo zu erkennen . . . Johannes ist kein Gegenspieler oder gar Feind Jesu, sondern «sein bester Mann»"[21]. So korrespondiert der konsequenten Selbstverleugnung des Täufers auf der einen Seite auch eine massive Aufwertung auf der anderen: er wird zum Christuszeugen, der das Lamm Gottes vor Israel offenbar macht und – indem er von sich wegweist auf Jesus – für das Lamm Zeugnis ablegt bzw für ihn zeugt.

Wirft man abschließend einen Blick auf die Überlieferung des Josephus, so fällt auf, daß Josephus die eschatologische Botschaft des Täufers ausläßt. Er streicht konsequent alles Messianische[22]. Die Taufe des Johannes dient allein der ἀγνεία (ant 18,117). Der Grund hierfür ist mE im Wissen des Josephus zu sehen, daß dieser messianische Faktor letzlich zum 1. Jüdischen Krieg führte. Josephus schildert in den Antiquitates ein nicht–eschatologisches Judentum. Dies gilt dann konsequenterweise auch für die Zeloten.

---

[20]L.c. J. Ernst, Johannes, S.215.

[21]L.c. ebd., S.216

[22]Cf auch J. Becker: Johannes der Täufer und Jesus von Nazareth (BSt 63), Neukirchen 1972, S.19: „Leider verschweigt Josephus diese Komponente (scil.: die Eschatologie) nicht nur bei dem Täufer, sondern . . . auch bei den sonst von ihm erwähnten Propheten". Cf auch J. Ernst, Johannes, S.254: „Johannes ist nicht der eschatologische Gottesbote, der messianische Gerichtsprediger, sondern ein hellenistischer Moralist, dem es um Wohlanständigkeit und um Anmahnung bürgerlicher Tugenden geht". Fragend fährt er fort (ebd.): „Hat Josephus das prophetische Täuferbild unterdrückt und durch Züge einer hellenistischen Allerweltsethik ersetzt?" Ferner M. Dibelius: Die urchristliche Überlieferung von Johannes dem Täufer (FRLANT 15), Göttingen 1911, S.124 sowie J. Klausner: Jesus von Nazareth. Seine Zeit, sein Leben und seine Lehre, Jerusalem, 3. Auflage 1952, S.328f.

So uneinheitlich ein Blick auf die uns zur Verfügung stehenden Quellen auch ist, so lassen sich mE dennoch typische und authentische Züge Johannes des Täufers aus ihnen herausschälen. Gerade hierin besteht nicht zuletzt die Aufgabe historischer Arbeit, den in einer Quelle Verzeichneten wieder in seiner eigensten Intention darzustellen[23].

Das im folgenden dargestellte Täuferbild setzt seinen Schwerpunkt darauf, den Täufer sozialgeschichtlich zu erfassen. Dies geschieht, wie bereits erwähnt, indem er im Lichte des Selbststigmatisierungskonzeptes gedeutet wird.

Damit legt die hier dargelegte Betrachtung des Täufers ihren Schwerpunkt auf ein Feld, das in der bisherigen Forschung zumeist vernachlässigt wurde, versuchen doch gerade wieder jüngere Täufermonographien, ihn primär aus einem theologischen wie religiösen und weniger aus einen sozialen und politischen Interesse her zu verstehen[24].

---

[23]Zur „Metamorphose" des Täufers cf M.S. Enslin: John and Jesus; ZNW 66 (1975), S.1–18:4: „John is seen transformed from an independent preacher, who had made such an impression on the populace that the authorities did not dare to minimize him or Herod Antipas to permit him to stay alive, into naught but a forerunner of Jesus, his greater successor for whom he is but a welcoming voice: „Behold the Lamb of God"; „...this is the Son of God"" sowie die Aufforderung von R. Pesch: Das Markusevangelium I. Teil. Einleitung und Kommentar zu Kap. 1,1–8,26 (HThK II), Freiburg/Basel/Wien, 4. Auflage 1984, S.86: „Das Urchristentum war nicht in der Lage, Gestalt, Leistung und Bedeutung des Johannes selbständig zu würdigen. Heutige, geschichtlich orientierte Theologie kann sich von dieser Aufgabe nicht mehr dispensieren".

[24]Beispielhaft seien hier nur genannnt St. von Dobbeler: Das Gericht und das Erbarmen Gottes. Die Botschaft Johannes des Täufers und ihre Rezeption bei den Johannesjüngern im Rahmen der Theologiegeschichte des Frühjudentums (BBB 70), Frankfurt 1988 sowie J. Ernst, Johannes, der mE hinter seinem selbst formulierten Anspruch: „eine(r) Besinnung auf die in der neutestamentlichen Verkündigung erkennbare Weltverantwortung bis hin zu den ethischen und sozialen Bezügen" (S.263) zurückbleibt.

Im folgenden sollen nun die auf W. Lipp zurückgehenden Typen[25] von Selbststigmatisierung auf Johannes den Täufer bezogen werde.

Als Typen von Selbststigmatisierung, die bei Johannes dem Täufer zu erkennen sind, treten die Provokation, die Askese sowie die forensische Form von Selbststigmatisierung hervor.

Es sei noch einmal auf die idealtypische Typenbildung verwiesen, die natürlich jede Systembildung mit sich bringt. So ist selbstverständlich auch schon die Askese eine Form von Provokation, eine Umwertung von Werten. So sehr sich Askese und Provokation auf den ersten Blick voneinander unterscheiden – stellt diese Rückzug und Abkehr dar, so jene Angriff – so eng hängen sie auch wieder zusammen, insofern sich Individuen in beiden Fällen stigmatisieren. Und da „Stigmata letztlich «Schuld» anzeigen – Schuld aber nach Akten sozialer «Bestrafung» ruft – müssen Personen, die sich selbst stigmatisieren, gesellschaftlich gesehen als Provokateure wirken"[26]. Dasselbe gilt auch von der forensischen Selbststigmatisierung, der idealtypischen Zuspitzung der Dialektik von Charisma und Stigma. Sie subsumiert zugleich wiederum andere Formen von Selbststigmatisierung, wobei ihr stets defizistische Formen von Selbststigmatisierung vorausgehen, die sie – bis hin zur physischen Vernichtung des Selbststigmatisieres – radikalisiert.

Dennoch sollen die nun folgenden Punkte beim Täufer trotz der aufgezeigten Übergänge an einzelnen Typen von Selbststigmatisierung festgemacht werden, soweit dies das Quellenmaterial zuläßt.

Es werden im folgenden näher zu untersuchen sein:

- Der Verkündigungsort – die Wüste – sowie die Nahrung und äußere Erscheinungsweise des Täufers als Ausdruck *asketischer Selbststigmatisierung*

- Die Verkündigung des Täufers als Ausdruck *provokatorischer Selbststigmatisierung*

- Der Inhalt der Verkündigung des Täufers, die Taufe, sowie das Martyrium des Täufers als Ausdruck *forensischer Selbststigmatisierung*

---

[25]Cf Kap 1.2 dieser Arbeit S. 24–26.
[26]L.c. W. Lipp, Selbststigmatisierung, S.36.

2.1 Elemente asketischer Selbststigmatisierung im Auftreten Johannes des Täufers

Formen asketischer Selbststigmatisierung bei Johannes dem Täufer sind besonders anhand dessen Auftreten bzw äußerer Erscheinungsweise auszumachen.

So stehen Johannes' Wirkungsort, die Wüste, im Gegensatz zum bewohnten Kulturland und sein äußeres Erscheinungsbild – ein Gewand aus Kamelhaaren und ein lederner Gürtel um seine Hüften, wobei er sich von Heuschrecken und wildem Honig ernährte (Mk 1,6) – außerhalb des Rahmens gesellschaftlicher Normalität.

Diese offenkundig asketischen Momente im Auftreten Johannes des Täufers auch als *bewußten Akt asketischer Selbststigmatisierung*: also als Umdrehen bzw Neubewertung aktueller Zustände wahrscheinlich zu machen, soll im folgenden gezeigt werden.

2.1.1 Der Ort des Auftretens des Täufers als asketische Form von Selbststigmatisierung

Nach Mk 1,4 ist der Ort des Auftretens des Täufers die Wüste. Er tritt auf und verkündet ἐν τῇ ἐρήμῳ. Dieser Ausage schließen sich auch Matthäus (Mt 3,1) und Lukas (Lk 3,2), der diese Notiz in eine synchronistische Aussage bettet, an.

Die Wüste steht im Gegensatz zum Kulturland. Ein Logion der Jesusüberlieferung kontrastiert die Wüste mit den Häusern der Könige, den Repräsentanten der Gesellschaft: Mt 11,7–9[1]. Wüste erscheint hier als Ausdruck der Absage an Kultur und Gesellschaft. „Asketisches Verhalten weist insofern passive ... Komponenten auf, als es die Gesellschaft nicht unmittelbar, durch spezifischen Angriff, sondern mittelbar, durch Rückzug und

---

[1]Zur Lokalisierung und Datierung dieses Logions cf G. Theißen: Das „schwankende Rohr" in Mt 11,7 und die Gründungsmünzen von Tiberias. Ein Beitrag zur Lokalkoloritforschung in den synoptischen Evangelien, ZDPV 101 (1985), S.43–55 = ders.: Lokalkolorit und Zeitgeschichte in den Evangelien. Ein Beitrag zur Geschichte der synoptischen Tradition (NTOA 8), Freiburg (Ch)/Göttingen 1989, S.26–44.

Abkehr, diskreditiert"[2]. Zu diesen Asketen lassen sich schon die Wüsten-
propheten Israels „als Sprachrohr übergeordneter allgemeiner Prinzipien"[3]
rechnen.

So gesehen erscheint das Auftreten des Täufers ἐν τῇ ἐρήμῳ als eine asketische Form von Selbststigmatisierung, er rückt den „alten" *neuen Wert*:
die Wüste, in den Vordergrund und lehnt die kulturellen Werte und Errun-
genschaften der Gesellschaft, die sich in der Stadt finden, entschieden ab.

Das Auftreten Johannes' *in der Wüste* und damit sein Gegensatz zum Kulturland ist
in der Tat ein Charakteristikum seiner Verkündigung. Wenig überzeugend ist es daher,
die Verkündigung des Täufers lediglich in der Wüste beginnen, ihn dann in die bewohnten
Städte als Gerichtsprophet ziehen und endlich seine Taufe am Jordan üben zu lassen – und
das (abgesehen von Lk 3,2–3) nur, weil dies *jeder* Prophet so tat: Er ging selbst und ließ
nicht kommen[4]. Diesem modernen Wunschdenken widerspricht schon Josephus in seiner
Darstellung des Täufers, wenn er schreibt (ant 18,118), daß eine gewaltige Menschenmenge
zu Johannes *hinströmte* und er damit den Täufer in der Wüste beläßt.

Was aber, wenn in einem Volk wie Israel *die Wüste neben dem Ort des
Gerichts und der Versuchung* (Hi 24,5;39,5f; Jes 30,6; Jer 2,6.24) *als Ort
des Heiles, der Zuwendung Jhwh's, der Gottesnähe und Gottesgemeinschaft*
(Num 14,22; Dtn 32,10; Jer 2,2; Hos 2,16;9,10;13,5) erscheint? Besonders für
Hosea (8,13;9,3.6;11,11;2,16f;7,16) ist ja die Rede vom Zurückgehen Israels
in die Wüste und damit die traditionsgeschichtliche Vorbereitung der Rede
vom *neuen Exodus* bei Ezechiel und Deuterojesaja charakteristisch. Was,
wenn ein Auftreten in der Wüste positiv gesehen werden kann[5] und durchaus
heilvolle Assoziationen weckt?

Gerade im 1. Jh nChr hören wir von messianischen „Zeichenpropheten"[6],
die das Volk in die Wüste führen, alttestamentliche Wüstentypologien ver-
heißen und eine *große Affinität zum Exodusgeschehen* iwS aufweisen.

---

[2]L.c. W. Lipp, Selbststigmatisierung, S.38–39.

[3]L.c. ebd., S.39.

[4]L.c. P. Hollenbach: Social Aspects of John the Baptizer's Preaching Mission in the
Context of Palestinian Judaism; ANRW II,19,1, S.850–875:859: „Is it not more probable
that John went to preach his message in populated places, in the villages and cities, even
in Jerusalem itself? It would be in such places that he could adress directly those for whom
his message was intended".

[5]Während die Rede vom *neuen Exodus* bei Ezechiel (20,32–44) noch mit der Gerichts-
vorstellung verbunden ist, begegnet sie bei DtJes nur noch als *reine* Heilsbotschaft.

[6]L.c. P. W. Barnett: The Jewish Sign Prophets – A.D. 40–70. Their Intentions and
Origin; NTS 27 (1981), S.679–697:679: „In absence of existing descriptive titles we will
refer to them as the Jewish Sign Prophets".

- Josephus berichtet von einem Mann namens Theudas, der unter der Prokuratur von Cuspius Fadus (44–46 nChr) auftrat, sich als Prophet verstand und das Jordanwunder (Jos 3) wiederholen wollte. Theudas folgte eine große Anzahl von Menschen; *die römische Besatzungsmacht schritt ein, nahm ihn gefangen und enthauptete ihn (ant 20,97–99).* Sein Geschick fand auch einen kleinen Niederschlag in der Apostelgeschichte (Act 5,36).

- Unbekannte Propheten haben nach Josephus (ant 20,167–168; bell 2,259) das Volk in dämonische Begeisterung versetzt und es in die Wüste geführt, um mit Gottes Hilfe Wunderzeichen zu vollbringen, die ihnen ihre Befreiung ankündigen sollten. *Der Prokurator Antonius Felix (52–60 nChr) ließ viele von ihnen töten, da er diese Aktion als ersten Schritt in Richtung eines Aufruhres verstand.*

- Weiter berichtet Josephus von einem Ägypter (ant 20,169ff; bell 2,261–262) – wiederum unter der Prokuratur von A. Felix –, den auch der Verfasser der Apostelgeschichte kennt (Act 21,38 wird Paulus bei seiner Verhaftung für diesen gehalten), der eine große Menschenmenge durch die Wüste auf den Ölberg führte. Auf sein Geheiß hin sollen die Mauern Jerusalems zusammenstürzen, er bahne seinen Anhängern einen Weg in die Stadt. Daß es sich hierbei um eine Wiederholung des Jerichowunders handeln sollte, ist offensichtlich. Der Ägypter selbst entkam in den Wirren seiner *Verfolgung* und der seiner Anhänger.

- An anderer Stelle berichtet Josephus von einer Einzelgestalt, der ebenfalls *mit römischer Gewalt entgegengetreten wird.* Wenn dieser Prophet dem Volk die Befreiung von seinem Elend verheißt, wenn es ihm in die Wüste folgt, so ist klar, daß hiermit auf den neuen Exodus angespielt wird (ant 20,188).

- Endlich sei auf die gewiß älteren Qumran–Essener verwiesen, die sich als heiliges Volk in der Wüste ansahen und sich ebenso als Wegbereiter Gottes verstanden: 1 QS VIII,12–16 beziehen sie das Zitat aus Jes 40,3 auf ihre Gemeinschaft[7].

---

[7]Auch der samaritanische Prophet, der 36 nChr auftrat und dem Volk versprach, er werde die verschollenen Tempelgeräte, die Mose dort selbst vergraben hatte, vorzeigen (ant 18,85ff), kann aufgrund der grundsätzlichen Nähe zum Exodusgeschehen in diese Reihe aufgenommen werden.

In diese Reihe jüdischer Zeichenpropheten ist nun mE auch Johannes der Täufer aufzunehmen, der die Reihe damit zugleich chronologisch eröffnet[8]. Auch bei ihm begegnet die Exodussymbolik: zum einen in seiner Taufe, zum anderen in der Inanspruchnahme des Zitates aus Jes 40,3. Über die jeweiligen Intentionen dieser Zeichenpropheten kann nur spekuliert werden[9]. Die negative Wertung dieser Propheten bei Josephus – mit Ausnahme Johannes des Täufers! – als Betrüger und Verführer (ant 20,97.167.188; bell 2,261) ist natürlich auf dem Hintergrund des wahren und unüberbietbaren Exodus (ant 2,286.302.327.332.336) zu sehen. Den Zeichenpropheten gemeinsam ist eine grundsätzliche Kritik am bewohnten Gebiet. Es hat seine Selbstverständlichkeit als Wohnland verloren und muß daher wie Neuland behandelt werden.

Das Rekurrieren dieser Zeichenpropheten auf Wunderzeichen aus der geschichtlichen Periode des Exodus und der Landnahme läßt vermuten, daß bei ihnen die Erwartung bestand, die Heilsgeschichte ein zweites, endgültiges Mal auslösen zu können: „It is suggested that these Prophets believed that if only a ‚sign‘ of the Exodus–Conquest could be performed, then the wheels of God would be set in motion for a re–run of His Great Saving Act. Thus the Sign Prophets appear to have regarded their ‚Signs‘ as ‚levers‘ by which to activate, even force, the hand of God to speedily bring his ‚Salvation‘ "[10].

---

[8]P.W. Barnett, Sign Prophets, S.689–694 irrt mE, wenn er die Reihe der Zeichenpropheten unter Berufung auf Joh 10,41 (!) nicht mit dem Täufer, sondern erst mit Jesus beginnen läßt. Jesu Zeichen ist nach ihm bspw die in der Einsamkeit und Öde lokalisierte Speisung der 5000, die hier einen Anklang an die Exodusthematik hat. Deutlich aber ist doch, daß die Jesusüberlieferung nicht an Wüste und Leere gebunden ist, sondern Jesus vielmehr gerade das Kulturland – ganz im Gegensatz zum Täufer – aufsucht. Damit ist nicht ausgesagt, daß Jesus grundsätzlich *nicht* zu diesen Zeichenpropheten zu rechnen ist, auch bei ihm bleibt natürlich die Nähe zur Exodusthematik bestehen. Demgegenüber tritt als Zeichen des Johannes deutlich seine Taufe hervor, die das Volk ähnlich dem Passablut in der Wüste unmittelbar vor Israels Auszug (Ex 12) versiegeln soll.

[9]L.c. ebd., S.687: „The precise expectations of the Sign Prophets remain hidden from view. However, it is likely that they looked for ‚liberation‘ from their current political bondage and a re–acquisition of the land". Dies würde voraussetzen, daß das Land als verunreinigt und verderbt angesehen wird. Dieses Verständnis ist mE zumindest für das Handeln des Ägypters wahrscheinlich: so wie Josua damals Jericho mit dem Bann belegte, da die Stadt unrein war, so will auch er das Gericht – diesmal an Jerusalem – vollziehen, da diese Stadt heidnisch verunreinigt und dadurch von Jhwh abgefallen war. Gestützt werden könnte diese Deutung durch einen Hinweis auf 4 Q test.: hier steht entgegen Jos 6,26 Jerusalem und nicht Jericho.

[10]L.c. ebd., S.688. Ganz ähnlich auch Chr. Burchard: Jesus von Nazareth;

Haben (revolutionär–) *messianische* Bewegungen in Israel ihren Ursprung in der Wüste (cf Mt 24,26), dann stellt sich unsere Frage, ob es sich beim Auftreten des Täufers in der Wüste tatsächlich um eine Form von Selbststigmatisierung handelt, neu. Bedeutet sein Wirkungsort wirklich die Übernahme von ‚Schuld', von defektiven bzw kulpativen Stigmata, die nach Sanktionen rufen?

Viererlei gilt es hierbei zu beachten:

(1) Der vom Täufer gewählte Wüstenort kann nicht isoliert von seiner Verkündigung betrachtet werden. Der Radikalität seiner Botschaft korrespondiert die Radikalität der Wüste[11]. Gerade an ihr zeigt sich die provokatorische Komponente seiner Botschaft, das Sich–Beladen mit Stigmata, das die Wüste unterstreicht. Pointiert läßt sich der Ort seines Wirkens als Aufruf zum „Auszug aus dem Bestehenden"[12] verstehen.

(2) Weiter unterscheidet sich der Täufer von den oben beschriebenen Zeichenpropheten dahingehend, daß er nicht nur Heils–, sondern auch Gerichtsprophet ist. In seiner betonten Ablehnung des Kulturlandes und des Tempelkultes (cf dazu unten) steht er den Essenern am nächsten[13].

(3) Drittens zeigen uns die angeführten Parallelen von Gestalten in der Wüste, daß *diese stets hart sanktioniert wurden*. Strafe aber ist immer auch ein Indikator für Schuld[14]. Ihr Auftreten bedeutet somit auch stets Protest gegenüber dem Kulturland. Eine Ausnahme bilden hier die Qumran–Essener, die in neutestamentlicher Zeit nicht verfolgt wurden, was auch nahe liegt: sie sonderten sich ab, lebten in ihrer eigenen Welt und hatten so keinen dauerhaften Kontakt mehr zum Kulturland.

J. Becker (Hg.): Die Anfänge des Christentums. Alte Welt und neue Hoffnung; Stuttgart/Berlin/Köln/Mainz 1987, S.12–59:18. Zu verweisen wäre hier auf AssMos 9,7 (und evt Lk 19,11), in der eine vergleichbare Denkstruktur begegnet.

[11] J. Ernst, Johannes, S.279, übertreibt freilich mit dem Hinweis auf Gen 19 (Sodom und Gomorra) als Ort des „Strafgerichts" Gottes, den nun auch der Täufer wählt. Johannes ist nicht nur der finstere Gerichtsprediger, sondern seine Verkündigung enthält auch ein Heilsangebot, cf dazu unten.

[12] L.c. J. Becker, Johannes, S.26.

[13] War diese Gerichtskomponente in der Verkündigung des Täufers evt der Grund, weshalb Josephus ihn, verglichen mit den anderen Zeichenpropheten seiner Zeit, so positiv schildert?

[14] L.c. P.W. Barnett, Sign Prophets, S.688: „There can be little doubt that the Sign Prophets were both convinced and convincing in their prophetic claim. Frequently they paid for their convictions with their own lives ... The Romans, certainly, viewed the gathery of otherwise harmless prophets in ‚the wilderness' etc. as a very serious matter and reacted with speed and ferocity".

(4) Endlich bleibt mit dem Bezug auf die Wüste die Kritik am bewohnten Land trotz allem bestehen. Die Wüste zeigt somit ja gerade, daß *Heil* aus dem Kulturland nicht kommen kann. Ihm haftet der Makel der Unreinheit an, es muß wie Neuland behandelt werden. Dies zeigt besonders das Beispiel des Ägypters: Jerusalem ist für ihn eine feindliche Stadt (wie damals Jericho) und das Motiv der Wüste ist mit schärfster Kritik verbunden. Gilt Ähnliches auch für Johannes den Täufer, so mußte gerade dies den Protest der religiösen Repräsentanten hervorrufen (cf Mk 11,27–33 parr), wurden sie doch durch den Täufer und seine Anhänger inferiorisiert, diskreditiert und mit Stigmata beladen.

Unser anfangs formuliertes Ergebnis hält also auch einiger Kritik stand: Johannes' Wirken in der Wüste, seine Abkehr vom Kulturland, kann als *asketische Form von Selbststigmatisierung* begriffen werden. Die Makel, die er auf sich nimmt, ins leere, tote und kulturlose Land zu gehen, gibt er an die Gesellschaft mit ihren Repräsentanten zurück, indem er deren Kulturgüter ablehnt und die Wüste, nicht aber die Stadt, zum Ort der Erfahrbarkeit[15] und Wegbereitung Gottes macht, wobei er das alttestamentliche Zitat aus Jes 40,3 auf sich bezieht:

> *Stimme eines Rufenden in der Wüste: Bereitet dem Herrn den Weg, macht eben seine Steige (Mk 1,3 parr).*

2.1.2 Tracht und Speise des Täufers als Ausdruck asketischer Selbststigmatisierung

Ebenso wie der Wirkungsort des Täufers können auch sein äußeres Erscheinungsbild sowie seine Nahrung als bewußter asketischer Akt, als eine Form von Selbststigmatisierung verstanden werden[1].

---

[15]So doch der Gesamttenor *aller* hier erwähnten Zeichenpropheten: Heil ereignet sich in der Wüste bzw von der Wüste kommend.

[1]Gegen Chr. Burchard: Jesus, S.17, der Kamelhaar, Heuschrecken und Honig als Askese zunächst verneint, dann einschränkt und zuletzt den Begriff der „heilsgeschichtlichen Symbolik" entgegensetzt, ohne aber dabei mE die *drei Täuferattribute* zu erklären: Kamelhaar, Heuschrecken und wilder Honig – „keine Askese, jedenfalls nicht primär, sondern heilsgeschichtliche Symbolik, um augenfällig zu machen, was die Uhr geschlagen hat. So wie seinerzeit das Volk des Exodus aus der Wüste durch den Jordan in das heilige Land eingezogen war, so standen jetzt die Getauften (!) an der Grenze zwischen der sündigen Gegenwart und der Heilszeit". Zur Kleidung als erste Form von Widerstand sowie als wirksames Medium provokatorischer Selbststigmatisierung cf W. Lipp, Stigma, S.148.

Das Neue Testament berichtet über Tracht und Speise des Täufers in Mk 1,6 par Mt 3,4. Lukas läßt diese „Notizen ausgesprochen biographischer Art"[2], möglicherweise, um Doppelungen zu vermeiden, aufgrund von Lk 1,15 aus. Im Markustext heißt es:

καὶ ἦν ὁ Ἰωάννης ἐνδεδυμένος τρίχας καμήλου
καὶ ζώνην δερματίνην περὶ τὴν ὀσφὺν αὐτοῦ
καὶ ἐσθίων ἀκρίδας καὶ μέλι ἄγριον.

Mit dieser Kleidung, erst recht mit dieser Ernährungsweise, verläßt Johannes gänzlich den Bereich gesellschaftlicher Normalität. Seine kärgliche Kleidung und seine Eßgewohnheiten werden höchstens noch von dem in der Biographie des Josephus beschriebenen Wüsteneremiten Bannus *übertroffen*: dieser ernährt sich nicht nur von natürlichen Dingen, sondern kleidet sich auch noch bescheidener als der Täufer – nämlich rein «pflanzlich»: ἐσθῆτι μὲν ἀπὸ δένδρων χρώμενον (vita 2,11).

Weitere Analogien zeigen, daß prophetische Gestalten meist ungewöhnliche Kleidung tragen, ja daß sie geradezu auf ein deviantes Erscheinungsbild *programmiert* sind:

- Vom Propheten Jesaja (und Micha, Joel und Habakuk, dessen Sohn und weiteren Getreuen) heißt es: *sie waren alle mit einer Felltracht bekleidet und sie waren alle Propheten; sie hatten nichts bei sich, sondern waren alle nackt, und trauerten alle inbrünstig über Israels Verirrung. Sie hatten nichts zu essen außer Wüstenpflanzen, die sie auf den Bergen sammelten.* (MartJes 2,10–11a)

- Ferner begegnen im 1 Clem christliche Propheten mit ungewöhnlicher Kleidung: *Werden wir Nachahmer auch jener, die in Ziegenfellen und Schafspelzen* (ἐν δέρμασιν αἰγείοις καὶ μηλώταις) *umherzogen und die Ankunft Christi verkündigten: wir meinen Elia und Elisa, ferner Ezechiel, die Propheten* (1 Clem 17,1).

- Und auch im Neuen Testament selbst werden Propheten mit auffälliger Kleidungsweise geschildert: sie sind gesteinigt, zersägt, durchs Schwert getötet worden; *sie sind umhergezogen in Schafspelzen und Ziegenfellen* (περιῆλθων ἐν μελώταις, ἐν αἰγείοις δέρμασιν); *sie haben Mangel, Bedrängnis, Mißhandlung erlitten* (Hebr 11,37). Ebenso in Mt 7,15, dort

---

[2]L.c. H. Windisch: Die Notiz über Tracht und Speise des Täufers und ihre Entsprechungen in der Jesusüberlieferung; ZNW 32 (1933), S.65–87:66.

allerdings ausgesagt von falschen Propheten, die sich aber hinsichtlich der Kleidung nicht von «echten» Propheten unterscheiden. Es wird gewarnt vor falschen Propheten, οἵτινες ἔρχονται πρὸς ὑμᾶς ἐν ἐνδύμασιν προβάτων.

Wir sehen: Prophetische Gestalten, unter ihnen auch Johannes der Täufer, tragen ungewöhnliche Kleidung. Ob diese schon in Zusammenhang zu sehen ist mit einer Form von Selbststigmatisierung, zeigt sich, wenn wir uns nun der Ernährungsweise des Täufers zuwenden. Es geht hier um die Motivation des Täufers für sein augenfälliges Verhalten. Als spezifischer Grund und religiöser Sinn für die asketische Ernährungsweise des Täufers[3] wird immer wieder seine Kennzeichnung „als jüdische(r) homo religiosus in der Tradition der Nasiräer"[4] angegeben, sodaß seine Erscheinungsweise auch von Zeitgenossen durchaus positiv gesehen werden konnte. Dabei dienten ihm die blutlosen Heuschrecken als Fleischersatz und der wilde Honig als Weinsurrogat[5]. Zugleich findet sich die Vermutung, daß „Kamelhaarmantel, Heuschreckenspeise und Honigtrank als Attribute des Propheten Elia"[6] galten. Dies jedoch ist ein reines Postulat und hat mW weder im Alten Testament noch in der zwischentestamentlichen Literatur Anhalt[7]!

Bzgl der Sicht Johannes des Täufers als Nasiräer ist zu betonen, daß es sich beim Nasiräergelübde in Num 6,1–21 um etwas «Besonderes», fast schon im Sinne einer Zwei–Stufen–Ethik, handelt. Es heißt dort:

> Wenn ein Mann oder eine Frau etwas *Besonderes* tun will und das Nasiräergelübde ablegt, so daß er ein (dem) Jhwh geweihter Nasiräer ist ... (Num 6,2b)

Ferner nimmt das Nasiräergelübde nur auf Wein bzw andere gegorene Getränke Bezug und spricht nicht vom Fleisch[8].

Es ist mE unwahrscheinlich, daß sich der Täufer als Nasiräer, als etwas *Besseres* verstand. Das zeigt nicht zuletzt, daß Nasiräer mit dem Tempel

---

[3]Das ist sie doch! Gegen J. Ernst, Johannes, S.289: „Das Bemerkenswerte ist hierbei (scil.: an der Ernährungsweise des Täufers) der Verzicht auf das ausgeprägt Aszetische".

[4]L.c. O. Böcher, Johannes, S.173.

[5]L.c. ebd., S.173

[6]L.c. ebd., S.174.

[7]Allein der Mantel weist von dieser Trias auf Elia; so richtig M. Hengel: Nachfolge und Charisma (BZNW 34), Berlin 1968, S.39f Anm 71.

[8]L.c. O. Böcher, Johannes, S.173: „«Brot» ist Fehlübersetzung der Logienquelle für aram. l(e)hem «Fleisch»". Zugleich betont das Gelübde Schermesser und Haartracht, die beim Täufer offenbar keine Rolle spielen.

bzw mit dem Offenbarungszelt verbunden sind (Num 6,10.13ff; Act 21,23–26), Johannes aber – trotz des ihm zugeschriebenen Priesteramtes – jeden Bezug dazu vermissen läßt[9], ja, den Tempelkult sogar ablehnte (su).

Auch der Hinweis auf ein apotropäisches Fasten bzw Schutz vor dämonischer Befleckung[10] wirft mehr Fragen auf als er zu beantworten im Stande ist.

Erwähnt sei letztlich noch der Versuch, die Nahrung des Täufers weniger als Beleg für sein *Asketentum* denn dafür zu sehen, daß er mit den Essenern in Verbindung stand und deren Praxis einer „kashruth"[11] übte. Vorausgesetzt ist hierbei, daß der Täufer selbst ein Angehöriger der Essener „under the laws of *kashruth*"[12] war. „If ... John the Baptist spent a substantial portion of his life in close association with the Essene movement"[13] hätte er in der Wüste und den kleineren Städten im Jordantal gar nichts anderes essen können. „An Essene outside a major town and outside a settled Essene community like Qumran would be able to insure the complete purity of his food only by feeding such wild foodstuffs as grass, herbs, wild honey and locusts and preparing them himself"[14]. Als Schlüsselstelle aus der Qumranliteratur wird hier CD XII,11–14 angeführt, welche den Verzehr von Honig und Heuschrecken erlaubt:

> Keiner soll sich selber (kultisch) verunreinigen durch irgendein Tier oder Kriechtier, indem er davon ißt, von *Bienenlarven* bis zu allen Lebewesen, die im Wasser wimmeln ... *Heuschrecken* aller Art sollen ins Feuer oder Wasser kommen, während sie noch le[ben], denn das ist die Bestimmung für ihre Natur[15].

Problematisch an dieser Deutung der Nahrung des Täufers ist va die nur postularische und betont enge Bindung des Täufers an die Qumranbewegung, die ihn unter der Hand

---

[9]L.c. Chr. Burchard, Jesus, S.17: Johannes „war Priester ... Ob Johannes je amtiert und was er in der übrigen Zeit gemacht hat, wissen wir nicht. In dem Augenblick, in dem er ins Licht der Geschichte tritt, wirkte er am Ostufer des unteren Jordans, wohl nicht weit von Jericho, aber in Peräa".

[10]So J. Ernst, Johannes, S.287.

[11]Cf St.L. Davies: John the Baptist and Essene Kashruth; NTS 29 (1983), S.569–571. Ähnlich W. LaSor: The Dead Sea Scrolls and the New Testament, Michigan 1972, S.148, der allerdings die *Askese* des Täufers mit der der Essener vergleicht: „John's ascetic way of life has been compared with the ascetism of Qumran".

[12]L.c. St. L. Davies, John, S.569.

[13]L.c. ebd., S.570.

[14]L.c. ebd. Warum eigentlich? Josephus berichtet ausdrücklich (bell 2,8,4.13), daß in jeder Stadt viele Essener wohnen, die anderen Sektenangehörigen bereitwillig ihren Besitz zur Verfügung stellen. Auch bzgl der nicht–monastischen Gruppe der Essener schreibt Josephus, daß diese in Lebensart, Sitten und Gebräuchen mit der monastischen Gruppe ganz übereinstimmt und lediglich in der Ehefrage mit ihr differiert.

[15]L.c. ebd., S.569: „The Essenes, like most of the Jews of their day, ate certain locusts and were free to eat honey. The Damascus Rule requires that members of that community eat their honey carefully in order to avoid eating the larvae of bees (XII,13) and allows the eating of either roast or boiled locusts (XII,14)".

zu einem aktiven oder aber ehemaligen – oft mit dem Hinweis auf Josephus bell 2,143f –
Mitglied der Essener macht.

Heuschreckenverzehr ist nun nicht allein in Qumran erlaubt, und schon gar nicht als
ausschließliche Nahrung:

„Bei der Grabung in Qumran wurden an überdachten Plätzen Tierknochenossuarien gefunden, die die Knochen von gekochten oder gebratenen Tieren enthielten. Die Vermutung,
daß es sich dabei um die Knochen solcher Tiere handelt, über die vor dem Genuß ihres
Fleisches der Segen gesprochen worden war und deren Reste deshalb auch unter den sakra-
len Folgen dieses Segens standen, liegt sehr nahe. Man bestattete sie daher in Ossuarien,
da geheiligte Knochen nicht achtlos weggeworfen werden konnten"[16].
Wir sehen: ein willkürlich aus dem Schriftcorpus der Qumran–Essener herausgerissener
Passus vermag die ungewöhnliche Ernährungsweise des Täufers nicht zu erklären, stellen
doch Honig und Heuschrecken in Qumran nur *eine* mögliche Speise dar. Auch Lev 11,22
gewährt das Essen verschiedener Heuschreckenarten, uzw im Kontext der Reinheitsbestimmungen (Lev 11–15), um sich auf diese Weise von den unreinen Heidenvölkern abzusetzen.
So liegt mE die Vermutung näher, auch die Nahrung des Täufers unter dem Aspekt der
Reinheit bzw *Reinigung* zu sehen[17].

Einleuchtend ist hingegen die Vermutung, daß es sich bei der Ernährungsweise des Täufers um eine jüdische Bußform handelt, die auch in der zwischentestamentlichen Literatur belegt ist: in den Testamenten der Zwölf Patriarchen (TestXIIPatr)[18].

Nachdem Ruben seinen Tod nahen fühlt, versammelt er um sich herum
seine Söhne, Enkel und Brüder (TRub I,1–6). Er erzählt ihnen, wie er in
Hurerei und Unachtsamkeit der Jugend wandelte, daß Gott ihn mit Strafen
schlug und sein Vater Jakob bei Gott für ihn Fürbitte tat. Sieben Monate
war er sehr krank (I,7–8). Er fährt fort:

---

[16]L.c. J. Maier/K. Schubert: Die Qumran–Essener. Texte der Schriftrollen und Lebensbild der Gemeinde, München/Basel 1982, S.50.

[17]Ähnlich auch W.H. Brownlee: John the Baptist in the Light of Ancient Scrolls; K. Stendahl (ed.): The Scrolls and the New Testament, New York 1957, S.33–53:33: „One will note
that this food represents that which grows by itself in nature, without cultivation or bree-
ding. John the Baptist may have felt that by living with nature in the raw he was living
close to God. This may represent a reputation of civilization as corrupting". W.H. Brownlee gewinnt sein Täuferbild allerdings dadurch, daß er hier Aussagen über den Täufer mit
Hilfe von Informationen über Bannus ergänzt, über den Josephus (vita 2,11) schreibt, daß
er Speise ißt, die αὐτομάτως wächst.

[18]Auch der oben zitierte Text aus dem MartJes weist mE in die gleiche Richtung.

> *Und danach tat ich im (festen) Entschluß meiner Seele sieben*
> *Jahre Buße vor dem Herren: Wein und starkes Getränk trank ich*
> *nicht, und Fleisch kam nicht in meinen Mund, und jede begehr-*
> *enswerte Nahrung schmeckte ich nicht. Ich trauerte über meine*
> *Sünde ... (I,9–10)*

Ähnliches begegnet auch im TJuda. Auch bei Juda sind Wein– und
Fleischverzicht Ausdruck seiner Buße. Auch bei ihm sind diese Aussagen
eingebettet in einen Abschnitt über Hurerei:

> *Wer hurt, wird nicht gewahr, wenn er geschädigt wird, und*
> *empfindet keine Scham, wenn er entehrt ist. Denn wenn jemand*
> *König ist und hurt, geht er des Königtums verlustig. Er wird ein*
> *Knecht der Hurerei, wie auch ich es erlitt ... Und als ich dafür*
> *Buße tat, nahm ich Wein und Fleisch nicht zu mir bis ins Alter*
> *und sah gar keine Freude. (XV,1-2.4)*

Die Stellen aus den TestXIIPatr zeigen, daß Tracht und Speise des Täufers
nicht unmittelbar zusammengehören müssen: zwar sind beides asketische
Formen von Selbststigmatisierung, jedoch ist die besondere Ernährungsweise
kulpativ motiviert als Bußform, die Tracht hingegen wohl primär *defektiv*,
wenn man das Gewand nicht als Bußkleid erklären will.

Eine Deutung des Täufers unter dem Aspekt einer jüdischen Bußform,
und nicht als Nasiräer, kann die spezifische Verbindung seines Auftreten und
des Inhalts seiner Botschaft sehr gut erklären: die Nahrung des Täufers ist
nonverbaler Ausdruck seiner Buße, sein Kamelhaarmantel unterstreicht dies
und Johannes verkündet eine βάπτισμα μετανοίας εἰς ἄφεσιν ἁμαρτιῶν.

Gewiß sollte man die Parallele zu den TestXIIPatr nicht überstrapazieren, doch an
beiden Stellen steht die Bußpraxis in Zusammenhang mit Hurerei und auch Johannes der
Täufer kritisiert leidenschaftlich die Ehe seines Landesfürsten Herodes Antipas und dessen
Frau und Schwägerin, die für ihn ebenfalls πορνεία war.

Die oben gegebene Deutung des Täufers als Büßender besagt nicht, daß
er in späteren Zeiten nicht als Nasiräer gesehen wurde. Gerade Gemeinden,
die den Täufer als Messias verehrten, hatten Grund, ihren Messias nicht
als Sünder, sondern als Nasiräer, als *Besseren*, darzustellen. Analoges geschah ja auch hinsichtlich der Taufe Jesu durch Johannes: Die Vorstellung,
daß sich Jesus als Sünder verstand und sich deshalb von Johannes taufen
ließ, war für einige urchristliche Gemeinden so anstößig, daß sie die Taufe

Jesu entweder uminterpretierten (so etwa Mt oder das in der ersten Hälfte des 2.Jh entstandene, von Mt abhängige Ebionäerevangelium) oder gar ungeschehen machten (so evt das Joh und ganz sicher das zeitgleich zum Ebionäerevangelium entstandene Hebräerevangelium, in dem Jesus leugnet, Sünden begangen zu haben und deshalb die Johannestaufe ablehnt). So legt auch die lk Vorgeschichte nahe, Johannes in einem anderen Licht zu sehen: Die Berufung des Johannes im Mutterleib Lk 1,15 ist eine auffallende Parallele zum Nasiräer Simson (Ri 13,4–5). Die Perikope von der Ankündigung der Geburt des Johannes stammt wohl aus jüdischen Gemeinden, die den Täufer verehrten. Diese Gemeinden ersetzten mE eine anstößige Tradition, um ein spannungsfreies Bild von ihrem „Meister" zu bekommen.

Historisch jedoch scheint es mE zutreffender zu sein, von der Deutung des Täufers als Nasiräer abzukommen und sein Äußeres als Ausdruck einer jüdischen Bußform anzusehen, was auch ganz mit dem Inhalt seiner Botschaft zusammenpaßt.

Hierdurch erklärt sich auch das Urteil, das einige Zeitgenossen vom Täufer hatten: δαιμόνιον ἔχει (Mt 11,18). Der Täufer ist hier negativ gesehen. Sich freiwillig zu Sünden bekennen, ganz öffentlich Buße zu üben und andere Menschen im gleichen Licht wie sich zu sehen ist gewiß eine Provokation, ist eine freiwillige Übernahme kulpativer Stigmata, setzt sich der Täufer hier doch Schuldzuschreibungen aus. Er aber, dem der Dämon zugeschrieben wird, handelt angesichts der bestehenden Situation ganz im Sinne von Selbststigmatisierung: Er bekennt sich zu Sünden, tut Buße und fordert andere zur Buße auf und verteilt auf diese Weise wiederum Schuld an die Adresse derer, die seine Taufe nicht annehmen, da sie ja noch in ihren Sünden wandeln. Unter dem Blickwinkel der Selbststigmatisierung heißt dies: „Wenn es zutrifft, daß Stigmatisierung die Abdrängung Stigmatisierter in Rand– und Außenseiterlagen, ihre «Verbannung» und grundsätzliche soziale «Ächtung» impliziert, dann nimmt Selbststigmatisierung – wie namentlich eben Asketen zeigen – diese Konsequenzen gewissermaßen vorweg"[19]. Johannes stigmatisiert sich selbst und wartet nicht erst darauf, *in die Wüste geschickt zu werden*, sondern tritt dort selbst auf und stigmatisiert damit zugleich andere und verteilt so Schuld neu. Neben der asketischen Form von Selbststigmatisierung tritt hier zusätzlich ein forensisches Element hinzu, indem sich der Täufer ganz öffentlich als Sünder versteht, sich selbst «geißelt» und sich in Schuldzusammenhänge begibt, für die er selbst wohl nicht primär ver-

---

[19]L.c. W. Lipp, Selbststigmatisierung, S.39.

antwortlich ist, denn die Adressaten dieser Schuld sind natürlich die gesellschaftlichen Repräsentanten. Indem er sich demonstrativ als Sünder versteht und Buße tut, verweist er auf *Schuld* und *Vergehen* der Gesellschaft und ihrer Repräsentanten, die noch in ihren Sünden wandeln[20].

Gewiß sind Ort, Kleidung und Nahrung des Täufers rückgebunden an seine Verkündigung. Er reiht sich mit seiner Wüstentypologie in den „breiten Strom jüdischer Eschatologie"[21] ein, sodaß seine Kleidung und seine Nahrung durch die eschatologische Naherwartung eines neuen Exodus zusätzlich an Aktualität gewinnen[22]. Tracht und Speise des Täufers können aber als *asketische Form von Selbststigmatisierung* gesehen werden, die zumindest für die Ernährungsweise *kulpativ* motiviert war und mit seiner Botschaft von der Umkehr eng zusammenhängt.

Damit aber gilt es nun, sich dieser Botschaft des Täufers zuzuwenden.

2.2 Die Verkündigung des Täufers als Ausdruck provokatorischer Selbststigmatisierung

Ausgehend von der aus Q stammenden sog Täuferpredigt Mt 3,7–12 par Lk 3,7–9.15–18 läßt sich der Gesamtinhalt des Anliegens des Täufers gut erschließen. Ohne auf die Frage, ob die mt oder lk Fassung ursprünglicher ist, hier näher einzugehen, sei dies an der Matthäusüberlieferung illustriert.

Dem Täufer die Verse Mt 3,7–10 wie R. Bultmann abzusprechen, besteht kein Grund. Seine thetische Behauptung, „(d)aß dem Täufer diese Worte in Q in den Mund gelegt sind" und „es also als bloßer Zufall zu beurteilen (ist), daß Jesus nicht der Sprecher dieser Drohworte ist"[1], hat keinen Anhalt in den Texten: In der Jesusüberlieferung wird das gleiche Bildfeld verwendet wie beim Täufer, jedoch in charakteristisch anderer Weise. Lk 13,6–9 erzählt

---

[20]Zum forensischen Element cf W. Lipp, Stigma, S.161.

[21]L.c. Ph. Vielhauer: Tracht und Speise Johannes des Täufers; Aufsätze zum Neuen Testament (TB 31), München 1965, S.47-57:54.

[22]Diese zweifellos richtige Bemerkung Ph. Vielhauers, die auch Chr. Burchard, Jesus, S.17, aufnimmt, *erklärt* Tracht und Speise des Täufers nicht hinreichend aus sich selbst heraus und bedarf daher der hier zusätzlich gegebenen Deutung von Nahrung und Kleidung Johannes des Täufers.

[1]L.c. R. Bultmann: Geschichte der synoptischen Tradition (FRLANT 29), Göttingen, 9.Auflage 1979, S.123.

Jesus das Gleichnis vom unfruchtbaren Feigenbaum aus dem Bildfeld Baum–Frucht (cf Mt 3,10). War das Bild beim Täufer jedoch von einer Unentrinnbarkeit des Gerichts geprägt, so begegnet es bei Jesus als Verkündigung eines Aufschubs des Gerichts und einer Zeitgewährung (cf Lk 13,8f).

Ebensowenig wahrscheinlich ist aber G. Lindeskog's These, den Täufer für die Verse Mt 3,11–12 nicht verantwortlich zu zeichnen, da in ihnen die Rede von einer messianischen Gestalt ist, sich der Täufer aber als letzter Verkünder des Tages Jhwh's verstand, sodaß „es in seiner Botschaft keinen Platz für eine messianische Gestalt"[2] gab.

Exkurs: Letzterer Aussage sollte man mE zustimmen. Die Identifikation des Täufers mit dem für die Endzeit erwarteten Elia redivivus wird vom Neuen Testament selbst nahegelegt und hat dabei mE ein traditionelles und archaisches Täuferbild bewahrt, welches zu tilgen den neutestamentlichen Autoren nur schwer hätte gelingen können. In dieses historisch vorgegebene Bild des Täufers als Elia mußte nun jenes von Jesus als dem Messias integriert werden. Die Vorstellung des Elia redivivus als *Vorläufer* des Messias und das hieße in unserem Kontext der Täufer als Wegbereiter Jesu kann heute nicht mehr selbstverständlich als *common sense* angesehen werden. Vom Alten Testament (Mal 3,23f) her ist diese Vorstellung jedenfalls nicht zu decken – Mal 3,23f kann nicht als ein Indiz dafür angesehen werden, daß Elia der Vorläufer des Messias ist. Es geht hier um die Zeit und das Thema des *Tages Jhwhs* und nicht um Personen. Ähnliches gilt auch von JesSir 48,10. Auch die weiteren Stellen aus der zwischentestamentlichen Literatur (Henoch 90,31; Stellen aus den TestXIIPatr; aus der qumranischen Damaskusschrift oder aus den Werken des Philo) können dieses Konzept nicht als bekannt erweisen[3]. *Daß* Elia zur Zeit Jesu der notwendige Vorläufer des Messias war, scheint zumindest fraglich[4]. Erst Justin bezeugt diese Vorstellung in seinem um die Mitte des 2.Jahrhunderts verfaßten „Dialog mit Tryphon" (8,4; 49,1) als jüdische Allgemeinvorstellung. Aber: „Justin's statement that Elijah would anoint the Messiah is an attempt to explain Jesus' baptism by John. Justin had earlier identified John with Elijah (Dial 8:4), making it a natural progression from John's baptism of Jesus to Elijah's anointment of the Messiah"[5]. So muß auch mit der umgekehrten

---

[2]L.c. G. Lindeskog: Johannes der Täufer. Einige Bemerkungen zum heutigen Stand der Forschung; ASTI 12 (1983), S.55–83:64.

[3]Cf M.M. Faierstein: Why do the scribes say that Elijah must come first?; JBL 100 (1981), S.75–86, der die angegebenen Stellen auf ihre Evidenz hin untersucht. Schon J.A.T. Robinson, Elijah, John and Jesus, NTS 4 (1957/8), S.28–52:36 = Twelve New Testament Studies (SBT 34), London, 2. Auflage 1965, S.263-281, vertrat die Auffassung, daß die landläufige Vorstellung des Täufers als Elia und damit zugleich Vorläufer des Messias (=Jesus) korrigiert werden müsse, da sich für diese Vorstellung kein vor–christlicher Beleg finden ließe und sie daher als christliche Dogmatik, in der der messianischen Verehrung Jesu Rechnung getragen wurde, angesehen werden muß. Cf ferner J.A. Fitzmeyer: More about Elijah coming first, JBL 104 (1985), S.259–260 sowie als Gegenrede zu M.M. Faierstein – ohne damit jedoch überzeugen zu können – D.C. Allison: Elijah must come first, JBL 103 (1984), S256–258.

[4]So auch G. Lindeskog, Johannes, S.71.

[5]L.c. M.M. Faierstein, Elijah, S.86. Die in der rabbinischen Literatur zT begegnende

Möglichkeit, daß das Konzept des Elia als Vorläufer des Messias in den Evangelien ein *Novum*, uzw ein *christliches*, darstellt, gerechnet werden[6].

Historisch besagt dies allerdings, daß Johannes der Täufer mit seiner Verkündigung keine irgendwie zwischengeschaltete Größe erwartete, sondern *Gott* selbst[7].

Um es noch einmal deutlich auszudrücken: *Vorausgesetzt* bei diesen Überlegungen ist, daß sich Johannes der Täufer selbst als Elia redivivus verstand (Näheres dazu in Abschnitt 4 dieses Kapitels), der in Übereinstimmung mit Mal 3,23 das Kommmen Jhwh's zum Gericht ankündigte. Diese Sichtweise des Täufers wird von den Evangelien selbst nahegelegt und hat mE auch historisch eine hohe Plausibilität.

In dieser Konzeption ist die Vorstellung des Elia redivivus als Vorläufer des nach ihm kommenden Messias *Ausdruck erst christlicher Theologie*, welche ihre Erfahrung (Jesus als der Messias) in den vorgegebenen und nicht gänzlich umzustürzenden Rahmen zu integrieren hatte. Ergebnis dieser Theologie ist die Vorstellung von Elia als Vorläufer des Messias.

Nicht ausgedrückt ist mit diesen Überlegungen eine generelle Leugnung einer Messianologie, einer Messiaseschatologie, wie sie sich im Judentum des zweiten Tempels in einigen Kreisen entwickelte und die neben die traditionelle theozentrische Eschatologie trat. Diese führte zu der Vorstellung der Begrenztheit der Messiasherrschaft – das Reich des Messias wird der Herrschaft Gottes zeitlich vorgeordnet[8], wie dies im Neuen Testament zBsp in 1 Kor 15,23–28 begegnet, nicht aber dazu, daß der für die Endzeit erwartete Elia redivivus aus Mal 3,23 nunmehr nicht mehr Jhwh, sondern den Messias bzw eine dazwischengeschaltete Größe ankündigte, denn dies ist ja erst das Ergebnis christlicher Reflexion über Jesus.

Eine wie beim Täufer beschriebene Trennung von Spreu und Weizen begegnet auch in 4 Esra (um 90 nChr), wenngleich nicht mit demselben Bild. Diese Trennung ist aber noch nicht das Ende – der Tag des Gerichts steht noch aus:

> Das ist der Gesalbte, den der Höchste bis zum Ende der Tage aufbewahrt, der aus dem Samen Davids hervorgehen und kommen wird. Er wird mit ihnen reden, sie schelten wegen ihrer Frevel, ihnen ihre ungerechten Taten vorhalten und ihre Übertretungen vor Augen führen. Zunächst wird er sie lebendig vor Gericht stellen. Und wenn er sie überführt hat, wird er sie vernichten. Mein

---

Vorstellung scheidet als zu jung aus, um als Vorlage für die Evangelien angesehen zu werden.

[6] Cf M.M. Faierstein, Elijah, S.86. Ebenso sieht J.L. Martyn, Elijah, S.189 Anm 17, diese Vorstellung als ein christliches Novum an.

[7] So auch G. Lindeskog, Johannes, S.64; H. Thyen: Studien zur Sündenvergebung im Neuen Testament und seine alttestamentlichen und jüdischen Voraussetzungen (FRLANT 96), Göttingen 1970, S.137; W. Schenk: Gefangenschaft und Tod des Täufers. Erwägungen zur Chronologie und ihren Konsequenzen; NTS 29 (1983), S.453–483:455; J. Ernst, Johannes, S.51f

[8] Cf H. Groß: Art. Messias II. AT und Judentum; LThK 7 (1962), Sp.336–339:339.

übriggebliebens Volk aber, diejenigen, die in meinem Land gerettet wurden,
wird er gnädig befreien. Er wird ihnen Freude bereiten, bis das Ende, der
Tag des Gerichtes, kommt, über den ich am Anfang mit dir gesprochen habe.
(4 Esra 12,32–34)

Auch in Qumran ist eine ausgeprägte Messianologie mit zwei Messiassen
belegt:

> Sie sollen sich von keinerlei Rat des Gesetzes entfernen, um in aller Ver-
> stocktheit ihres Herzens zu wandeln und sollen nach den früheren Geset-
> zen gerichtet werden, denen sich die Männer der Einung zu verpflichten be-
> gannen, bis daß der Prophet kommt und die Messiasse Aarons und Israels.
> (1 QS IX,9–11)

Und auch das äthiopische Henochbuch kennt eine zwischengeschaltete
Größe, den Menschensohn, dessen eschatologische Funktion darin besteht,
der Weltrichter zu sein[9], wobei er damit eine ursprüngliche Funktion Gottes
übernimmt. Die 3. Bilderrede Henochs endet mit der Vision des Menschensohnes auf dem Thron:

> Und es herrschte große Freude unter ihnen, und sie priesen und lobten
> und erhoben, weil ihnen der Name jenes Menschensohnes offenbart worden
> war. Und er setzte sich auf den Thron seiner Herrlichkeit, und die Summe
> des Gerichts wurde ihm, dem Menschensohn, übergeben; und er läßt die
> Sünder und die, die die Welt verführt haben, verschwinden und vertilgen
> von der Oberfläche der Erde. Mit Ketten werden sie gebunden und an ihrem
> Versammlungsort der Vernichtung eingeschlossen, und ihr ganzes Werk wird
> verschwinden von der Oberfläche der Erde. Und von nun an wird nichts
> (mehr) dasein, was verdorben ist, denn der Menschensohn ist erschienen, und
> er hat sich auf den Thron seiner Herrlichkeit gesetzt, und alles Böse wird vor
> seinem Angesicht verschwinden und vergehen, und sie werden sprechen zu
> jenem Menschensohn, und er wird mächtig sein vor dem Herrn der Geister.
> (äth Hen 69,26–29)[10]

Wir können festhalten: Der vom Täufer angekündigte «Stärkere» war
weder eine *hoheitliche Gestalt*[11] noch ein *indifferentes „transzendentes Wesen"*[12] noch etwa der *Messias*, sondern *Gott* selbst, der sich aufmacht zum

---

[9]Zur eschatologischen Funktion des Menschensohnes im äthiopischen Henochbuch cf
E. Sjöberg: Der Menschensohn im äthiopischen Henochbuch (Acta reg. societatis humaniorum litterarum Lundensis 41), Lund 1946, S.61–82, bes S.66–74.
[10]Weitere Stellen mit dem Gerichtsthema bei ebd., S.70 Anm 45. Zum Gericht als ursprünglicher Funktion Gottes l.c. ebd., S.71: „(D)ie Ausführung des Gerichts wird hier als
eine Tat Gottes geschildert. Die Sünder setzen ihre Hoffnung auf den Menschensohn, aber
Gott vertreibt sie alle von seinem Angesicht".
[11]So A. Schlatter: Johannes der Täufer, Basel 1956, S.103.
[12]L.c. Ph. Vielhauer, Johannes, Sp.805.

Tag des Gerichts. Dies wird auch daran deutlich, daß die Geistverleihung
eine souveräne Tat *Gottes* darstellt[13]. Dem widerspricht auch nicht die Metapher vom Schuhetragen (Mt 3,11 par Lk 3,16 – dort wird vom Lösen der
Schuhriemen gesprochen): ähnlich anthropomorphe Gottesvorstellungen begegnen auch im Alten Testament (cf nur Gen 3,8) und gewinnen von hier
auch ihre Anschaulichkeit.

Die Verse Mt 3,11–12 müssen also nicht zwingend Ausdruck erst christlicher Theologie sein[14].

> Die von J. Becker angestrebte Entscheidung *Messias oder Menschensohn* entfällt;
> selbst bei der Annahme, daß der Täufer eine zwischengeschaltete Größe erwartete. ÄthHen
> 48,10 (*und am Tage ihrer Bedrängnis wird Ruhe auf Erden werden, und sie werden vor
> ihnen fallen und sich nicht erheben, und niemand wird dasein, der sie mit seiner Hand
> nimmt und aufrichtet, denn sie haben den Herrn der Geister und seinen Gesalbten ver-
> leugnet*) und äthHen 52,4 (*Und er sprach zu mir: All diese Dinge, die du gesehen hast,
> dienen der Herrschaft seines Gesalbten, damit er stark und mächtig auf Erden sei*) sind
> Belege dafür, „daß der Menschensohn gewissermaßen mit der nationalen Messiashoffnung
> verbunden werden konnte"[15]. Eine ähnliche Kombination des Messias mit Elementen der
> Menschensohnvorstellung begegnet auch in 4 Esra 13. Dieser Text schildert „eine Hand-
> lungsabfolge ... bei welcher das kriegerische Element der traditionellen Messiasvorstellung
> zum Durchbruch kommt"[16].
>
> Auszuschließen ist dann ebenso, daß eine besondere Eigenständigkeit in der Messia-
> nologie des Täufers der Grund für sein gesondertes Auftreten in der Wüste war, da, wie
> wir sahen, eine solche Eigenständigkeit bei ihm ja gar nicht vorliegt[17].

Zusammenfassend läßt sich sagen: trotz mancher Kritik müssen dem
Täufer die Verse Mt 3,7–12 par Lk 3,6–9.15–18 nicht abgesprochen werden;
daß die aus der Logienquelle stammenden Verse die Täuferpredigt richtig
wiedergeben, ist mE historisch vorstellbar.

Dann aber können wir uns Form und Struktur der Perikope zuwenden.
Sie zeigen, daß sich die Predigt des Täufers zweiteilen läßt in die (sog)

---

[13]Cf W. Schenk, Gefangenschaft, S.455.

[14]So aber G. Lindeskog, Johannes, S.64, obwohl auch er davon ausgeht, daß in der
johanneischen Verkündigung für eine weitere Person oder Größe kein Platz war und er
Gott selbst erwartete.

[15]L.c. E. Sjöberg, Menschensohn, S.144.

[16]L.c. U.B. Müller: Messias und Menschensohn in jüdischen Apokalypsen und in der
Offenbarung des Johannes (StNT 6), Gütersloh 1972, S.121.

[17]Gegen F. Lang: Erwägungen zur eschatologischen Verkündigung Johannes des Täufers;
Jesus Christus in Historie und Theologie, FS H. Conzelmann, Tübingen 1975, S.459–
473:471: „Das legt die Vermutung nahe, daß die Verschiedenheit in der Messianologie mit
ein Grund für das gesonderte Auftreten des Täufers war".

Bußpredigt des Täufers (Mt 3,7–10) und in die (angebliche) messianische Predigt des Täufers (Mt 3,11–12), wobei sich jeder Teil noch einmal untergliedern läßt:

So gliedert sich das prophetische Wort Mt 3,7–10 in ein Scheltwort (mit den Elementen der Forderung nach Frucht und der Kritik an der Abrahamskindschaft) und in ein Drohwort, welches durch ein an die alttestamentliche Botenformel erinnerndes λέγω γὰρ ὑμῖν eingeleitet wird (mit der doppelten Drohung, daß Gott ebensogut Abrahamskinder aus Steinen erwecken kann und daß ein Baum ohne Frucht im Feuer enden wird). Die Bußpredigt des Täufers ist somit ringkomponiert.

Genauso läßt sich die messianische Predigt in eine Ich–Aussage mit einer darauffolgenden Demutsaussage (die Metapher vom Schuhe tragen) und eine Er–Aussage mit einer sich anschließenden Hoheitsaussage (dem Sammeln des Weizens in der Scheune und dem Verbrennen der Spreu) zweiteilen.

Daß die sog Täuferpredigt eine in sich geschlossenen Einheit bildet und damit nicht willkürlich auseinandergerissen werden darf, zeigt auch ein Blick auf das in beiden Teilen vorkommende Leitwort πῦρ, das die zwei Einheiten rahmt.

Deutlich gibt diese Stelle Auskunft über das Gottesverständnis des Täufers. Immer wieder wurde Johannes als reiner Gerichtsprophet gesehen. In seiner Verkündigung findet sich der Heilsaspekt nicht, „sondern er ist zunächst als prophetischer Bußverkündiger hinreichend charakterisiert"[18]. Er gleiche hier am ehesten den alttestamentlichen Propheten Amos (Am 9,1–4) und Hosea (Hos 1,9), die das Ende ähnlich akzentuieren wie er. Demgegenüber ist zu betonen, daß es im Alten Testament *keinen einzigen* Propheten gibt, dem ausschließlich Unheilsworte, aber keine, wenn auch eschatologische, Heilsworte zugesprochen werden. Dies gilt nun konsequenterweise auch für Amos. Durch das abschließende Heilswort Am 9,7–15 „wird auch im Amosbuch, wie in allen anderen Prophetenbüchern, die Unheilsverkündigung in die eschatologische Heilsverkündigung einbezogen"[19].

Diese Bemerkung läßt sich auch schön am Täufer zeigen: gewiß dominiert in beiden Einheiten seiner Verkündigung der Gerichtsgedanke, doch in der „messianischen" Predigt steht ein heilvoller Ausgang – das Einsammeln des Weizens – neben der Unheilsaussage – dem Verbrennen der Spreu im

---

[18] L.c. J. Becker, Johannes, S.21.

[19] L.c. R. Rendtorff: Das Alte Testament. Eine Einführung, Neukirchen, 2.Auflage 1985, S.234.

Feuer[20]. In der sog Bußpredigt ist das positive Ende zwar nicht ausdrücklich erwähnt, jedoch virtuell vorhanden: stellt sich die geforderte Frucht ein, wird der Baum natürlich auch nicht abgehauen. Untersucht man das vom Täufer gewählte Saat–Ernte–Bild (Mt 3,11) genauer, so spiegelt sich darin auch eine quantitative Menge wider: ein Nebeneinander von Spreu und Weizen bedeutet doch wohl die große Masse auf seiten des Weizens und nur ein relativ geringer Teil an Spreu[21].

Auch in der Verkündigung des Täufers sind beide Aspekte, *Gericht und Heil, Mysterium tremendum und fascinans*[22] als Grunderfahrungen des Heiligen enthalten.

Wo lassen sich an der Perikope Mt 3,7–12 par Lk 3,7–9.15–18 Spuren von Selbststigmatisierung erkennen?

ME läßt sich eine Linie erkennen von der Fundamentalkritik des Täufers – der Erschütterung des Bewußtseins, Abraham zum Vater zu haben – bis zu seiner Kritik an der Oberschicht, insbesondere dem herodäischen Fürstenhaus, in der sich selbststigmatisierende Tendenzen zeigen.

Mit seiner Kritik am jüdischen Ethnozentrismus Mt 3,(7–)9 trifft Johannes das Selbstbewußtsein aller Juden: er spielt nicht Unter– und Oberschicht gegeneinander aus, sondern kritisiert ganz Israel, weil es in die Irre ging. Die Abrahamskindschaft – jüdisches Identitätskonstitutivum – schützt Israel nicht mehr vor Gottes Zorn. Im Gegenteil: *Gott vermag dem Abraham aus diesen Steinen Kinder zu erwecken (Mt 3,9).*

Die Anspielung ist klar: nach jüdischer Tradition galt Abraham (wie in anderen Religionen auch Mithras) aus einem Felsen geboren – mit ihm, einem Kind der Natur, begann damals etwas Neues[23]:

- Hört auf mich, die ihr der Gerechtigkeit nachjagt und die ihr Jhwh sucht. Blickt auf den *Felsen*, aus dem ihr gehauen seid, und auf den Schacht, aus dem ihr herausgebohrt wurdet. Blickt auf *Abraham, euren Vater*, und auf Sara, die euch gebar (Jes 51,1-2).

---

[20]So auch P. Wolf: Gericht und Reich Gottes bei Johannes und Jesus; Gegenwart und kommendes Reich (SBB), FS A. Vögtle, Stuttgart 1975, S.43-49:44. Allein die Spreu verbrennt, der Weizen hingegen fällt zur Erde, was als Heilszeichen gewertet werden muß.

[21]Ähnlich O. Böcher, Johannes, S.176 und F. Lang, Erwägungen, S.466.

[22]Dieses Begriffspaar ist entliehen aus der religionsphilosophischen Schrift von R. Otto: Das Heilige. Über das Irrationale in der Idee des Göttlichen und sein Verhältnis zum Rationalen, Breslau 1917 = München 1979/1987.

[23]Wenig überzeugend erscheint demgegenüber die Bemerkung von J. Ernst, Johannes, S.43: „Die Abrahamsabstammung ist tot wie ein Stein", allein Gottes Souveränität ist ausschlaggebend.

Aufgenommen in Pseudo–Philo's Liber Antiquitatum Biblicarum XXIII,4:

• So spricht der HERR: einen *Felsen* gab es, von wo ich euren Vater herausschnitt.

Kritisiert der Täufer mit seiner Rede also das «blinde Vertrauen», unter Berufung auf die Abrahamskindschaft Gottes kommenden Zorngericht zu entgehen, so setzt er dem Anspruch auf edle Abstammung und damit einer gewissen Heilsgarantie (Mt 3,9a) die Forderung nach guten Werken entgegen (Mt 3,10b).

Mit dieser Bestreitung der Heilsgarantie aufgrund der Abrahamskindschaft steht Johannes der Täufer nicht alleine da, sondern er reiht sich damit ein in eine schon bestehende Tradition, wie Kl. Berger aufgezeigt hat:

Es „wird nun diese ,Garantie' (scil: die Abrahams–Kindschaft als Stolz auf edle Abkunft: Philo: virt 187;197; Jos 216), die die Väter für das Heil ihrer Kinder darstellen, in einer dem apokalyptischen und hellenistischen Judentum gemeinsamen Tradition bestritten, und zwar in paränetischen Gattungen. Widerstreit zu den ,Verheißungen' besteht daher nicht prinzipiell etwa im Rahmen eines Systems, sondern ist gattungsbedingt. So haben denn nach dieser Konzeption für das Geschick Israels oder für das Ergehen im kommenden Gericht weder Abstammung von Abraham noch seine Fürbitte irgendeinen Wert (syr Bar 85,12; IV Esra 7,102–115; sl Hen 53,1; Lib Ant 33,5). Denn nur dann, wenn man den Vätern gleicht, nützen sie ihren Kindern (Lib Ant 33,5; Test Abr B9; Justin, Dial 44,1;119,5). Nach Philos Schrift *De Nobilitate* (Virt 206ff) ist Abraham selbst Prototyp derer, die wahren Adel nicht durch Abstammung, sondern allein aufgrund ihrer Gerechtigkeit besitzen ... Dieser wahre Adel läßt (jedes Sich–Rühmen auf) edle Abstammung verblassen (Philo, virt 187–206; von Lot: Abr 211). Typisch für diese Tradition ist der Gegensatz von Werk (Frucht) und Anspruch auf edle Abkunft"[24].

Eine Parallele zu dieser Konzeption: Heiligkeit Abrahams (und der Väter) – Kontinuität zu diesen allein dadurch, daß man ihnen gleicht, begegnet auch in der qumranischen Literatur (CD III,2ff). In Kontinuität zu den heiligen Vätern steht noch allein die Sekte, die an Gottes Geboten festhielt und Gott daher mit ihnen seinen Bund aufrichtete (CD III,12–14), während Israel von ihm abgefallen und irregegangen ist (CD III,14).

Der Verlust der Abrahamskindschaft in der Verkündigung des Täufers erklärt sich mE am ungezwungensten, wenn man annimmt, daß das Volk – *geführt von seinen religiösen Autoritäten* – in die Irre ging[25].

Diese Autoritäten und Repräsentanten, Garanten für die Reinheit des Volkes, haben versagt und daher das Volk nicht vor Unreinheit bewahrt[26].

---

[24]L.c. Kl. Berger: Art. Abraham II. Im Frühjudentum und Neuen Testament, TRE 1 (1977); S.371–382:377.

[25]Das Volk als Adressaten der Täuferverkündigung entspricht der lk Fassung, die den Rahmen der Täuferbotschaft weiter spannt. Die mt Wendung „Pharisäer und Sadduzäer" hingegen erweist sich als redaktionell (cf Mt 3,7;16,1.6.11.12). Dennoch richtet sich die wesentliche Kritik des Täufers natürlich nicht gegen das Volk schlechthin, sondern gegen die Verantwortlichen im Volk. Der Täufer *spricht* sie an, *redet* aber zum Volk. So auch P. Hollenbach, Aspects,S.853.861.862 uö.

[26]So auch ebd.,S.853: „Most of all, he attacked scathingly the Jerusalem social and

Dies gilt besonders auch für das herodäische Fürstenhaus; ihm haftete ein Hauch von Unreinheit an:

Zum einen ist zu verweisen auf die Gründung der Stadt Tiberias ca 19 nChr auf einem Friedhof (ant 18,37f)[27]. Es galten im Volk wohl nicht nur die Stadt und deren Einwohner als unrein, sondern auch die Verursacher dieser Stadtgründung.

Unzucht unter Verwandten wie die (nach Lev 18,16;20,21 verbotene) Schwagerehe zwischen Herodes Antipas und Herodias[28] war ebenfalls Ausdruck von Unreinheit. Den Protest gegen dieses Vorgehen können wir in der Täuferkritik deutlich fassen. Die Mk 6,17f begegnende Rede des Täufers gegen seinen Landesherrn Herodes Antipas hatte wohl *rechtliche* (wegen Lev 18,16;20,21 – dies betont das Neue Testament)[29], *moralische* (wegen H. Antipas' konspirativer Verstoßung der nabatäischen Prinzessin) und *politische* (wegen der nun aufkommenden Instabilität der Grenzen – dies betont Josephus) Bedeutung: „In view of these many factors, the conclusion is unavoidable that John's criticism was a massiv attack on the integrity of Antipas as a person *and* as a ruler"[30].

Auch H. Antipas' Neffe, König Agrippa I. ([37]41–44 nChr), stand in Verruf, kultisch unrein zu sein (obwohl er es nicht war). Ein Jerusalemer namens Simon bezeichnete ihn während seiner Abwesenheit in Caesarea als unrein (ant 19,332: ὡς οὐχ ὅσιος εἴη) und er könne daher nicht in den Tempel gelassen werden.

H. Antipas war aber nur *ein*, wenn auch der gefährlichste und mit den meisten Machtmitteln ausgestattete Gegner des Täufers. Zugleich übte der Täufer auch an den religiösen Autoritäten Kritik und pflegte, in ähnlicher

---

religious establishment for its impiety and injustice (MT 3:7–10)" und S.862: „These authorities in particular have it in their power to „bear fruits" of piety and justice, but instead they are so insufferable arrogant and complacent in their affluence that they are „not grieved over the ruin of Joseph" (Amos 6:6) which they are causing".

[27] Cf dazu G. Theißen, Jesusbewegung, S.344f.

[28] Zu dieser Ehe cf Jos ant 18,116-119.136.

[29] Ausdrücklich sei darauf hingewiesen, daß die *Schwagerehe* zwischen H. Antipas und Herodias der Kritikpunkt des Täufers war. So berichten es übereinstimmend Josephus und die neutestamentliche Überlieferung. Ein *Insistieren auf Monogamie* bzw die Scheidungsinitiative auf seiten der Frau werden dagegen nicht kritisiert. Gerade Letzteres ist zZt des Neuen Testaments als mögliche Praxis belegt. Cf hierzu B. Brooten: Konnten Frauen im alten Judentum die Scheidung betreiben? Überlegungen zu Mk 10,11–12 und 1 Kor 7,10–11; EvTh 42 (1982), S.65–80 sowie K. Müller: Gesetz und Gesetzerfüllung im Frühjudentum; Das Gesetz im Neuen Testament (QD 108), Freiburg/Basel/Wien 1986, S.11–27:12–14.

[30] L.c. P. Hollenbach, Aspects, S.863.

Weise wie später Jesus, demonstrativen Umgang mit negativ privilegierten Gesellschaftsgruppen:

- In der sog Vollmachtsfrage (Mt 21,23–27) treten Hohepriester und Älteste gegen Jesus auf und fragen ihn nach seiner Vollmacht. Jesu Antwort rekurriert auf den Täufer: er fragt die religiösen Autoritäten, woher die Johannestaufe war. Es geht daraus hervor, daß sie Johannes nicht glaubten, während das Volk ihn für einen Propheten hielt (V 25f).

- An das Gleichnis von den ungleichen Söhnen (Mt 21,28–31) schließt Jesus die Deutung an, daß eher Negativgruppen der Gesellschaft in die Gottesherrschaft eingehen werden als die Hohenpriester und Ältesten. Auch hier bezieht sich Jesus erneut auf den Täufer. Zöllner und Dirnen glaubten Johannes, Priester und Älteste hingegen nicht (V 32). Die Täufertradition wird hier augenfällig mit marginalen Gruppen verbunden.

- Dies begegnet ebenso in der sog *Standespredigt* des Täufers aus dem lk Sondergut Lk 3,10–14; auch dort ist die Täufertradition mit Zöllnern (und Soldaten) verbunden – wie später in Lk 7,29, wo alles Volk und die Zöllner Gott recht gaben, indem sie sich der Johannestaufe unterzogen. Mag man auch an der historischen Glaubwürdigkeit der Standespredigt zweifeln (und somit auch an Lk 7,29)[31], so sind diese Stellen doch

---

[31]L.c. Chr. Burchard, Jesus, S.18: „Ob die sogenannte Standespredigt (Lk 3,10–14) von Johannes ist, bleibt fraglich". Als eine späte hellenistische Bildung sieht R. Bultmann, Geschichte, S.155 die Standespredigt an; J. Ernst, Johannes, S.313, sieht in ihr eine Schulbildung. Dagegen halten K.L. Schmidt: Der Rahmen der Geschichte Jesu, Berlin 1919 = Darmstadt 1964, S.26f Anm 3 und T. Holtz: Die Standespredigt Johannes des Täufers; Ruf und Antwort, FS E. Fuchs, Leipzig 1964, S.461–474 die sog Standespredigt für historisch. Aufgrund dieser unsicheren Quellenlage halte ich auch die Gesamtdeutung des Täufers durch P. Hollenbach für zu hypothetisch. Er vergleicht das Auftreten des Täufers unter H. Antipas mit dem des Amos unter Jerobeam II in analogen sozialen und wirtschaftlichen Zeiten (S.870ff). Die Authentizität der Standespredigt vorausgesetzt konstatiert er (S.870): „the most important is that every one of these three cases of criticism has to do with economic matters; and each case assumes the distinction between a relatively wealthy class and a very poor class with the latter suffering oppression by the former". An diese ‚Klassen' wandte sich Johannes, um seine ‚Revolution' durchzuführen (S.874): „And for him that revolution begins ... with the middle classes of society who have some power to change affairs". Demgegüber bevorzuge ich eine Deutung des Täufers, die *religiöses* – und das heißt: *rituelles und ethisches* (die Acht auf Reinheit) – und *politisches* (Beseitigung bzw Diskreditierung der Verursacher der Unreinheit) Anliegen des Täufers ganz eng zusammensieht.

kompatibel mit den anderen angeführten Stellen, die Johannes mit
marginalisierten und stigmatisierten Menschen in Verbindung bringen.

- Endlich zeigt auch der Bericht des Josephus über den Täufer (ant
  18,116–119), daß sich Johannes gegen die Oberschicht, namentlich gegen H. Antipas wandte, das Volk ihm hingegen anhing: „*Da* nun infolge
  der wunderbaren Anziehungskraft solcher Reden eine gewaltige Menschenmenge zu Johannes strömte ...“(ant 18,118)

All dies zeigt mE deutlich, daß sich die Täuferbewegung gegen eine Oberschicht richtete, die sich mit ihrem Verhalten dem Verständnis des Volkes
entzog und sich so zunehmend vom Volk entfremdete[32].

Zusammenfassend läßt sich sagen, daß Johannes' aggressive Traditions-
verteidigung delegitimierend und destabilisierend auf die Oberschicht wirken
mußte – dies umso mehr, als er mit seiner Botschaft eine beachtliche und wohl
auch überregionale Resonanz erzielte[33]. Diese Oberschicht hatte versagt und
das Volk in Unreinheit gestürzt. Das Volk konnte sich von seiner Oberschicht
nicht länger vertreten bzw repräsentiert fühlen. Die Kritik des Täufers aber
ist grundsätzlich, fundamental: er war darauf aus „to attack society at its
heart, i.e., its powerful ones“[34]. Dazu bemerkt W. Lipp, „daß Provokationen
die Tendenz haben, in die Tiefenstruktur sozialer (moralischer) Ordnungen
selbst vorzustoßen ... Fordern sie die Gesellschaft zum einen zu Entscheidungen hier und jetzt, zu Antworten präzisester Art heraus, so versuchen sie
zum anderen, sie insgesamt aus den Angeln zu heben“[35].

Die Verkündigung des Täufers war von einer radikalen Nächsterwartung
geprägt und hatte zweifelsfrei *provokatorische und oppositionelle, damit aber
zugleich selbststigmatisierende Züge.* Das Volk konnte sich viel leichter auf
Johannes einstellen als auf die Oberschicht. Sein demonstrativer Umgang
mit gesellschaftlichen Negativgruppen ist Ausdruck dafür, daß die religiöse
Praxis der Oberschicht aus deren Sicht versagte. Tritt aber Johannes als
alternative Autorität zur Oberschicht mit dem Anspruch auf, „viel vorbildlicher als die herrschenden Kreise jene Werte“, nämlich die Reinheit des Volkes, zu „realisieren, welche diese zu realisieren vorgeben“[36], dann bewirkt

---

[32]Cf dazu auch G. Theißen, Jesusbewegung, S.344f.
[33]Cf Chr. Burchard, Jesus, S.18.
[34]L.c. P. Hollenbach, Aspects, S.875.
[35]L.c. W. Lipp, Selbststigmatisierung, S.37.
[36]L.c. G. Theißen, Jesusbewegung, S.17.

seine Abwendung vom Kulturland – und damit verbunden auch von den Kultstätten als traditionellen Orten der Reinheit – eine Umdefinition derselben. Was vorher als richtig und notwendig erschien, wird nunmehr in Frage gestellt; was vorher als unrein galt, das Auftreten eines Sünders im Wüstenland, erscheint nunmehr als echte Alternative zum Kult, der seinerseits vor Unreinheit nicht bewahrte.

Damit aber sind unsere Augen auf die *Taufe* des Johannes als forensischer Form von Selbststigmatisierung gewiesen.

2.3 Elemente forensischer Selbststigmatisierung bei Johannes dem Täufer

Als Aspekte forensischer Selbststigmatisierung bei Johannes dem Täufer begegnen zum einen dessen (freilich an anderen) praktizierte Taufe μετανοίας εἰς ἄφεσιν ἁμαρτιῶν sowie dessen Martyrium, das als „Verhaltensweise (erscheint), die, indem sie Eigenschaften sozialer Schuld – kulpative Merkmale – offen auf sich lädt, auf den Schuldcharakter der Gesellschaft insgesamt verweist"[1] und durch die der Täufer die ihm zugeschriebenen Schuldqualitäten an seine Täter zurückgibt.

Somit hat die Behandlung von Formen forensischer Selbststigmatisierung bei Johannes dem Täufer einmal eine *objektive* – die an anderen vollzogene Taufe, die diesen eine Form von Selbststigmatisierung zumutet – und eine *subjektive* Seite – das allein von ihm erlittene Martyrium als äußerste Steigerung des Konfliktes mit H. Antipas. Beide Handlungen des Täufers gehören natürlich in einen inneren Zusammenhang und sind voneinander losgelöst nicht hinreichend zu verstehen.

Beginnen wollen wir mit einer Betrachtung der Taufe des Johannes unter dem Aspekt der forensischen Selbststigmatisierung, die dann einmünden wird in einen Abschnitt über das Martyrium des Täufers.

2.3.1 Die Taufe des Johannes als Ausdruck forensischer Selbststigmatisierung

Die Taufe des Johannes wird in Mk 1,4 als βάπτισμα μετανοίας εἰς ἄφεσιν ἁμαρτιῶν bezeichnet.

---

[1]L.c. W. Lipp, Stigma, S.160.

Zwei Dinge sind hierbei mE wichtig:

(1) Zum einen ist die Johannestaufe eine symbolische Ersatzhandlung. In ihr zeigt sich der Ernst der geforderten Umkehr, da für eine ethische Bewährung der Umkehr angesichts des nahen Endes keine Zeit mehr verbleibt.

Exkurs: Daß eine solche Nah– bzw Nächsterwartung wie beim Täufer in der ersten Hälfte des 1.Jh nChr in Palästina durchaus denkbar war, zeigen Parallelen wie bspw AssMos 8–10: Dort wird eine Religionsverfolgung nach dem Vorbild der makkabäischen Drangsalszeit erwartet, die zugleich auch Zeit der Bewährung ist. Auf das Leiden der Gerechten hin erscheint Gott mit seiner Herrschaft und bringt letztes Heil und Gericht. Als Entstehungszeit dieser Schrift ist „eine Abfassung nur wenig nach 6 n.Chr. höchst wahrscheinlich"[1].

Aber auch die sog synoptische Apokalypse Mk 13 – oder zumindest ihr Grundbestand – kann mit guten Gründen in die Zeit der Caligula–Krise 40/41 nChr datiert werden[2]. Auch hier folgt auf Not und Schrecken das Ende.

Festzuhalten ist, daß beim Täufer das Ende als unaufhaltsam erscheint. Er kennt kein retardierendes Moment mehr, wie dies in SibOr 4,161–172 möglich ist:

Ach, ihr armen Sterblichen, ändert dies und bringt nicht zu jeglichem Zorne den großen Gott, sondern fahrend lassend die Schwerter und den Jammer und Männermord und die Frevelthaten, badet den ganzen Leib in immerfließenden Flüssen, und die Hände zum Himmel ausstreckend bittet um Vergebung für die bisherigen Thaten und sühnt mit Lobpreisungen die bittere Gottlosigkeit. So wird es Gott gereuen, und er wird (euch) nicht verderben; *er wird seinen Zorn wiederum stillen*, wenn ihr alle die hochgeehrte Frömmigkeit in eurem Geiste übt. Solltet ihr aber bösen Sinnes mir nicht gehorchen, sondern, ruchlosen Sinn liebend, dies alles mit bösen Ohren aufnehmen, so wird Feuer über die Welt kommen ...

Hier begegnet die Möglichkeit eines Aufschubs vom Gericht *durch Umkehr*. Will man wie H. Lichtenberger[3] diesen Text jüdischen Täufergemeinden in Rom zuschreiben, die sich auf Johannes den Täufer berufen, so müßte man annehmen, daß sich die Lehre bzw Vorstellung dieser Gruppe gegenüber der des Täufers dahingehend weiterentwickelte, daß die Taufe, die die Umkehr *symbolisiert*, nunmehr das *Gericht abzuwenden im Stande ist*.

---

[1]L.c. E. Brandenburger: Himmelfahrt Moses (JSHRZ V/2), Gütersloh 1976, S.60.

[2]Cf zur Datierung und Lokalisierung der synoptischen Apokalypse die Analyse bei G. Theißen: Lokalkolorit und Zeitgeschichte in den Evangelien. Ein Beitrag zur Geschichte der synoptischen Tradition (NTOA 8), Freiburg (CH)/Göttingen 1989, S.133–176.

[3]Cf H. Lichtenberger: Täufergemeinden und frühchristliche Täuferpolemik im letzten Drittel des 1.Jahrhunderts n.Chr; ZThK 84 (1987), S.36–57:38ff.

Die immer wieder diskutierte Frage, ob bei der Taufe des Johannes die Geistverleihung mit eingeschlossen gewesen ist[4] oder ob es sich um eine reine Wassertaufe handelte, muß hier auf sich beruhen. Denkbar ist mE, daß Johannes die Ezechielverheißung

> Ich gieße reines Wasser über euch aus, dann werdet ihr rein. Ich reinige euch von aller Unreinheit und von allen euren Götzen. Ich schenke euch ein neues Herz und lege einen neuen Geist in euch. Ich nehme das Herz von Stein aus eurer Brust und gebe euch ein Herz von Fleisch. Ich lege meinen Geist in euch und bewirke, daß ihr meinen Gesetzen folgt und auf meine Gebote achtet und sie erfüllt (Ez 36,25–27)

splittete und die Reinigung mit Wasser (V 25) durch seine Taufe verwirklicht sah, wohingegen die Geistverleihung als eschatologische Größe noch aussteht[5]. Klar ist auf alle Fälle die enge Beziehung zwischen beiden Taufen: wer jetzt die Wassertaufe empfängt, „hat die Gewißheit, daß er der Geistesausgießung, die vor dem Gericht kommt, teilhaftig wird und nachher als einer, der mit dem Zeichen der Buße gezeichnet ist, Sündenvergebung empfängt. Dieser Erlaß der Schuld ist proleptisch, auf das Gericht hin"[6].

(2) Zum anderen aber beinhaltet die Taufe des Johannes selbst *Elemente forensischer Selbststigmatisierung* – sie läßt sich verstehen als *bewußte Opposition zu den Sühneriten des Tempelkultes, insbesondere zum großen Versöhnungstag (Lev 16)*.

Ist dies vorstellbar? Hat der Täufer überhaupt *kultisch* gedacht[7]? „Bescheinigt" der Täufer der Oberschicht nicht vielmehr die „Untauglichkeit aller religiösen und kultischen Einrichtungen"[8]? Erinnern wir uns an unsere philosophischen Überlegungen zum Wertewandel und besonders an den Begriff der „Werteverschiebung", welcher ja besagt, daß alte Werte nie vollends neuen Platz machen, sondern daß es innerhalb eines Wertegefüges zu Änderungen in der Präferenzordnung kommt. Verweist die Taufe des Johannes als

---

[4]So O. Böcher, Johannes, S.175. Nicht nur Jesus habe bei der Taufe den Geist empfangen, sondern „Gott (wird) sein Volk durch reiche Wasserspenden vom «Geist der Unreinheit» reinigen und mit seinem neuen Geist begaben".

[5]Ähnlich F. Lang, Erwägungen, S.464.

[6]L.c. A. Schweitzer, Geschichte der Leben – Jesu – Forschung, Gesammelte Werke in fünf Bänden, Bd 3, Berlin o.J., S.607.

[7]L.A. Bernoulli: Johannes der Täufer und die Urgemeinde (Die Kultur des Evangeliums 1), Leipzig 1918, S.161 bestreitet dies mit Nachdruck.

[8]L.c. F. Lang, Erwägungen, S.462.

(symbolisch) reinigendes Wasserbad zunächst auf das Phänomen der Reinheit, so erscheint die Johannestaufe dabei bei näherem Hinsehen als Alternative zu *allen* Sühneriten des Tempelkultes – zu den kultischen Waschungen, den individuellen Sühneopfern bis hin zum Versöhnungstag, der zentralen Sühneinstitution. Der Zusammenhang von Tempelkult und Johannestaufe ist evt in der sog Vollmachtsfrage (Mt 21,23–27), falls sie ursprünglich zur Tempelaktion gehörte, noch greifbar. An der *Funktion des Versöhnungstages* läßt sich diese alternative Sicht der Johannestaufe mE klar aufzeigen. Dieser hat die Funktion, das Volk zu entsühnen, wieder rein werden zu lassen vor Jhwh[9]:

Denn an diesem Tag (scil.: dem Versöhnungstag) *entsühnt man euch, um euch zu reinigen. Vor Jhwh werdet ihr von allen euren Sünden wieder rein* (Lev 16,30).

Demselben Zweck aber dient auch die Johannestaufe: sie ist eine Taufe εἰς ἄφεσιν ἁμαρτιῶν (Mk 1,4).

Eine Deutung der Johannestaufe im Lichte dieses Verständnisses würde für die Selbststigmatisierung bedeuten: Übernahm beim Versöhnungstag ein Tier die Rolle des Sündenbocks, indem auf es durch Sprechen symbolisch alle Sünden der Israeliten geladen wurden und dieses dann in die Wüste getrieben wurde *für* den (nicht zum!) Wüstendämon Azazel[10], so übernimmt bei der Johannestaufe der Täufling selbst die Rolle des Sündenbocks, er geht freiwillig in die Wüste zum Täufer, bekennt sich durch sein Sündenbekenntnis zu Schuld (ἐβαπτίζοντο … ἐξομολογούμενοι τὰς ἁμαρτίας αὐτῶν Mk 1,5) und bringt sich selbst zum Opfer dar, indem er evt auch stellvertretend die Schuld der Gesellschaft trägt. Insofern bezweckt auch der „Sündenbockritus" der Johannestaufe Reinigung von Schuld, *Katharsis*. Ein solches Verhalten, demonstrativ Schuld auf sich zu laden, setzt forensische Züge, setzt ein Außer–sich–sein voraus. „Ekstase ist Katharsis hier in doppelter Hinsicht: Katharsis einmal im Sinne der Paradoxie, daß Einzelne, von Schuld primär nicht selbst betroffen, die Schuld aller aktiv auf sich laden – worin, ebenso extrem wie rein, sich Freiheit äußert –; und zum anderen, weil eben

---

[9]Ähnlich auch Chr. Burchard, Jesus, S.18: War die Johannestaufe „eine Sublimierung der Waschungen, durch welche die Priester und Leviten sich im Tempel heilig halten mußten und ohne die auch kein Laie das Heiligtum betreten durfte?"

[10]Hierzu cf B. Janowski: Azazel – biblisches Gegenstück zum ägyptischen Seth? Zur Religionsgeschichte von Lev 16,10.21f; Die Hebräische Bibel und ihre zweifache Nachgeschichte, FS R. Rendtorff, Neukirchen 1990, S.97–110. Ferner ders.: Sühne als Heilsgeschehen. Studien zur Sühnetheologie der Priesterschrift und zur Wurzel KPR im Alten Orient und im Alten Testament (WMANT 55), Neukirchen 1982.

sie, die Freiheit paradoxen Tuns, zum Medium wird, in dem die Ordnung des Daseins umschlagen, sich von Grund auf wandeln kann und Handlungen, die in das Übel, die Finsternis . . . gestiegen waren, in neuem Lichte, neu bewertet . . . wiederkehren"[11].

Für die Person des Täufers freilich bleibt festzuhalten, daß ihm als Mittler dieser Taufe und dh doch als Vermittler der Rettung von Schuld und damit vor dem göttlichen Zorngericht durchaus auch eine *soteriologische Qualität* zugesprochen werden muß, gleich, ob er sich selbst dahingehend verstand oder nicht[12].

Schuldig bzw weiterhin unrein bleiben freilich dann jene Kreise, die sich diesem neuen, veränderten Ritus widersetzen, ihn ablehnen, ihn für unnötig halten oder sich von ihm provoziert fühlen und dem Alten weiterhin anhängen. Sie werden zu Adressaten weiterer Vorwürfe der Unreinheit und des moralischen Vergehens. Dies zeigt sich deutlich an der Täuferüberlieferung. Der Täufer erscheint als Ankläger des Herodes Antipas und fordert ihn somit zur Reaktion heraus. Die Stigmatisierten geben ihre Stigmata an die Adressaten zurück und verteilen so Schuld neu. Die Reaktion des H. Antipas (und der mit ihm angeklagten religiösen Autoritäten) aber kann nur sein: Entweder dieser Neuverteilung zustimmen, oder sie dementieren, um die Opposition gegen ihn nicht noch mehr anwachsen zu lassen – notfalls mit der physischen Vernichtung des Täufers. Auf alle Fälle aber gilt: An der Reaktion des H. Antipas auf die Herausforderung von Johannes dem Täufer entscheidet sich nicht nur die Legitimität des Täufers, sondern auch die des H. Antipas selbst.

Bevor wir uns im folgenden dem *Martyrium des Täufers* zuwenden, soll zuvor in einem Exkurs versucht werden, die Taufe des Johannes religionsgeschichtlich einzuordnen.

Zur religionsgeschichtlichen Einordnung der Johannestaufe

Das Charakteristikum Johannes des Täufers wird mit Recht weniger in seiner Bußpredigt als vielmehr in seiner Taufe gesehen[1]. So erhält er auch über-

---

[11]L.c. W. Lipp, Stigma, S.163.

[12]Cf hierzu H. Merklein: Jesu Botschaft von der Gottesherrschaft. Eine Skizze (SBS 111), Stuttgart 1983, S.32.

[1]So auch H. Thyen: βάπτισμα μετανοίας εἰς ἄφεσιν ἁμαρτιῶν; Zeit und Geschichte, FS R. Bultmann, Tübingen 1964, S.97–125:97.

einstimmend von Josephus und den synoptischen Evangelien den Beinamen
der Täufer:

Jos ant 18,116   ὁ βαπτιστής
Mk;Mt;Lk   ὁ βαπτιστής

Allein im Mk wird er an drei Stellen als Ἰωάννης ὁ βαπτίζων bezeich-
net, ohne daß damit ausgesagt wäre, daß diese Form eine ursprünglichere
Tradition wäre[2]. Die Taufe des Johannes führt zu zwei weiteren Tauf– bzw
Waschbewegungen in seinem Umkreis im 1.Jh nChr.

Josephus berichtet in seiner Autobiographie von einem Wüsteneremiten
namens Bannus (κατὰ τὴν ἐρημίαν διατρίβειν; vita 2,11), der sich mit dem kleidet und sich von dem ernährt, was ihm die Natur gibt, sowie sich mehrmals
am Tag und bei der Nacht mit kaltem Wasser wäscht: ψυχρῷ δὲ ὕδατι τὴν
ἡμέραν καὶ τὴν νύκτα πολλάκις λουόμενοι. Als Zweck dieser Waschungen gibt
Josephus die Reinheit, die ἁγνεία an. Mit demselben Terminus bezeichnet er
aber auch die Funktion der Johannestaufe. Sie dient ἐφ᾽ ἁγνείᾳ τοῦ σώματος
(ant 18,117).

Beide Passagen machen deutlich, daß Josephus Johannes den Täufer und
den Wüsteneremiten Bannus parallelisiert – freilich auf Kosten der eschatologischen Dimension des Täufers, wie sie bspw in der Überlieferung der
Logienquelle (Mt 3,7–12 par) zu Tage tritt sowie der sündentilgenden Funktion der Johannestaufe. Hier gleicht Josephus der mt Fassung (cf Mt 3,1 mit
Lk 3,3), die ebenfalls die sündentilgende Funktion unterdrückt.

Unwahrscheinlich dagegen erscheint mir die Behauptung, Josephus habe mit seinem
Täuferbild „in eine Diskussion eingegriffen"[3] in der der Ausdruck ἀγαθὸς ἀνήρ, mit dem
Josephus den Täufer bezeichnet (ant 18,117), „einen ausgesprochenen polemischen Ton"[4]
erhält, da er sich gegen eine messianische Erhöhung des Täufers wende. ME wird hier aus
der richtigen Feststellung, nämlich daß das Bild des Johannes bei Josephus seinen Beinamen (ὁ βαπτιστής) nicht motivieren kann, da ja die Taufe keine sündentilgende Funktion
hat und daher allein zur Reinigung dient, sich dann aber Johannes in nichts mehr von den
Waschungen des Bannus bzw der Essener unterscheidet[5], der falsche Schluß gezogen: „daß
Josephus kritisch gegenüber Täuferjüngern seiner Zeit Stellung nimmt"[6]. Der Grund für
das Täuferbild des Josephus scheint mir hingegen viel schlichter zu sein. Bedingt durch

---

[2]Gegen G. Lindeskog, Johannes, S.59.
[3]L.c. H. Lichtenberger, Täufergemeinden, S.46.
[4]L.c. ebd., S.45.
[5]Cf ebd., S.45.
[6]L.c. ebd., S.45.

sein Interesse, ein unmessianisches und nichteschatologisches Judentum zu schildern, fällt auch die Eschatologie beim Täufer und somit die spezifische Bedeutung seiner Taufe unter den Tisch; sein Beinamen dagegen gehört für ihn zur Tradition, auf die er nicht mehr verzichten will bzw kann.

Waschungen, die der Reinheit dienen, sind auch aus Qumran bekannt. Die älteste Schilderung über die Qumran – Essener gibt Philo von Alexandrien in seiner Schrift *Quod omnis prober liber sit* §§ 75–91, ohne jedoch auf die dort geübten Waschungen zu verweisen.

In der kurzen Notiz Plinius' dÄ über die Essener (Hist nat V,73) werden die Waschungen der Essener ebenfalls nicht erwähnt. Sie fehlen ebenso in der Schilderung der Essener in den Antiquitates, finden sich jedoch in Josephus' Bericht über den Jüdischen Krieg (bell 2,129) sowie in den eigenen Schriften der Qumran – Essener.

Permanente Waschungen dienen in Qumran der Reinheit bzw Heiligung, wobei die Umkehr dieser vorausgeht. Geistgesühnte Menschen (cf 1 QS IV,20–23) reinigen ihre Körper durch wiederholte Waschungen. Die umgekehrte Richtung, daß die Waschung, die als Sühneritus angesehen wird, die Schuld bzw Sünden zu tilgen vermag, wird bestritten:

> *Nicht wird er schuldlos durch Sühneriten, kann sich nicht reinigen durch Reinigungswasser. Nicht kann er sich heiligen in Seen und Flüssen, noch sich reinigen in jeglichem Wasser der Waschung. Unrein, unrein bleibt er, solange er die Satzungen Gottes verachtet, sich nicht unter Zucht stellt in der Einung seines Rates. Denn durch den Geist des wahrhaftigen Ratschlusses Gottes werden die Menschen entsühnt, alle seine Vergehen, um das Licht des Lebens zu schauen. Durch heiligmäßigen Geist für die Einung in Seiner Wahrheit wird er gereinigt von allen seinen Sünden, durch rechtschaffenen Geist und durch Demut wird sein Vergehen gesühnt. Durch seine Unterwerfung unter alle Gesetze Gottes wird gereinigt sein Fleisch, sodaß er sich besprengen kann mit Reinigungswasser und sich heiligen mit Wasser der Reinheit. Er setze seine Schritte fest, um vollkommen zu wandeln auf allen Wegen Gottes.* (1 QS II,4–10)

An anderer Stelle heißt es:

> *Er komme nicht ins Wasser, die Reinheit der heiligen Männer anzutasten, denn man wird nicht rein, außer man kehrt um von*

seiner Bosheit, weil Unreines an allen Übertretern Seines Wortes (haftet). (1 QS V,13f)

Auch Josephus kannte die Waschungen der Qumran–Essener, er schreibt: ... ἀπολούονται τὸ σῶμα ψυχροῖς ὕδασιν, καὶ μετὰ ταύτην τὴν ἁγνείαν εἰς ἴδιον οἴκημα συνίασιν (bell 2,129). Josephus war über die Funktion der qumranitischen Waschungen informiert. Übereinstimmend sprechen die Texte von Reinigung.

Von Reinigung spricht Josephus auch im Zusammenhang mit der Johannestaufe, sie dient allein der Reinigung des Körpers: τὴν βάπτισιν ... φανεῖσθαι μὴ ἐπὶ τινῶν ἁμαρτάδων παραιτήσει χρωμένων, ἀλλ᾽ ἐφ᾽ ἁγνείᾳ τοῦ σώματος. Den Grund für dieses Verständnis liefert Josephus sogleich: ἅτε δὴ καὶ τῆς ψυχῆς δικαιοσύνῃ προεκκεκαθαρμένης (ant 18,117).

Daraus folgt, daß Josephus nicht allein die Taufe Johannes des Täufers und die Waschungen des Bannus parallelisiert, sondern auch Johannes und die Waschungen in Qumran. Stellt er die Essener als Philosophen dar[7], so ist Johannes für ihn ein ἀγαθὸς ἀνὴρ (ant 18,117), der den Juden die ἀρετή lehrt und auch Bannus ist in diesem Licht zu sehen. Josephus gibt an, eine gewisse Zeit bei den Essenern (vita 2,10) und bei Bannus (vita 2,11) zugebracht zu haben. Ziel seines Täuferbildes ist es mE, mit Johannes für ein *variantenreiches* und *gebildetes* Judentum zu werben. Dies zeigt sich auch daran, daß Josephus Johannes mit den beiden Hauptpunkten griechischer Ethik, der δικαιοσύνη und εὐσέβεια charakterisiert[8].

Gewiß ist dieses Bild, das Josephus von Johannes dem Täufer wiedergibt, verzeichnet[9]. Im Neuen Testament begegnet uns ein Johannes, der von einer radikalen Naherwartung bestimmt ist.

---

[7]Josephus bezeichnet die drei „Schulen" der Juden wahlweise als τρεῖς φιλοσοφίαι (ant 18,11; bell 2,119) bzw τρεῖς αἱρέσεις (ant 13,171; vita 2,10).

[8]Cf Chr. Burchard, Jesus, S.18.

[9]L.c. J. Ernst, Johannes, S.257: „Wenn schon über die historische Glaubwürdigkeit des von Josephus entworfenen Täuferbildes nachgedacht wird, scheinen am ehesten die ohne Zweifel tendenziös überzeichneten ethisch–moralischen und jüdisch–pharisäischen Einschläge der Predigt eine gewisse Chance zu haben ... Flavius Josephus hat ... einen Aspekt, der im traditionellen Täuferbild der Evangelien zwar unterentwickelt, aber dennoch immer schon latent vorhanden war, verdeutlichend und aktualisierend hervorgehoben ... Flavius Josephus hat mit dem Verweis auf Tugend, Gerechtigkeit und Frömmigkeit das Kernanliegen des Täufers zwar verfremdet, aber keinesfalls radikal verfälscht". Anzumerken bleibt hier, daß J. Ernst mit dieser eher positiven Aussage zum Täuferbild des Josephus sich selbst widerspricht, wenn er wenige Seiten zuvor (S.254) fragt, ob Josephus das prophetische Element des Täufers unterdrückt und ihn dadurch zu einem hellenistischen Allerweltsethiker gemacht hat.

Dennoch bleibt die Affinität des Johannes zu den anderen Tauf– bzw
Waschbewegungen des Judentums, va zum Verständnis in Qumran, bestehen, auch wenn man die drei spezifischen Unterschiede zwischen beiden her-
ausstellt:

- Gegenüber den wiederholten Waschungen in Qumran ist die *Einmaligkeit der Johannestaufe* zu betonen[10].

- Die Taufe des Johannes ist an seine Person gebunden. War die Taufe
  bzw Waschung in Qumran Verhaltensmuster, so gilt bei der Johannestaufe die *Einmaligkeit des Täufers*. Der Täufer war nicht der einzige
  seiner Zeit, der Waschungen anbot, wohl aber der einzige, der sie auch
  selbst vollzog[11].

- Auch der *Sinn* der beiden Handlungen ist unterschiedlich: die Johannestaufe kann als *eschatologisches Sakrament* bezeichnet werden, das
  den Menschen vor dem Endgericht bewahren soll. Es dient zum Eintritt in eine neue Welt, in einen neuen Äon. In Qumran dagegen wurden
  die Menschen durch die Waschungen kultfähig gemacht (cf Dam XI,21–
  22).

Exkurs: Die Bezeichnung „eschatologisches Sakrament" für die Johannestaufe geht auf
A. Schweitzer zurück[12], der sie verstand als „eine Gewähr ... unversehrt durchs Gericht
hindurchzugehen, in das Reich hinübergerettet zu werden, auf die kommenden Ereignisse
hin zur Bewahrung gezeichnet und versiegelt zu werden"[13]. Diese Vorstellung der *Zeichnung* und *Versiegelung* befand er als typisch für die gesamte apokalyptische Literatur,
in der sie immer wieder begegnet: Ez 9,4.6 (Zeichen auf der Stirn); PsSal 15,6–7 („Denn
das Zeichen Gottes ist auf den Rechtschaffenen zum Heil. Hunger und Schwert und Tod
(werden) fern (sein) von den Gerechten, denn sie werden fliehen von den Frommen wie
Verfolgte im Krieg"); sodann bei Paulus (Gal 6,17; 2 Kor 4,10); im Hirten des Hermas
(vis 3 und sim 9,16) und zuletzt in der Offenbarung des Johannes (Apk 14,1).
Analog zu der von A. Schweitzer dargelegten – auf Ez 9,4ff zurückgehenden – Versiegelung

---

[10]So auch L. Goppelt: Theologie des Neuen Testaments, Göttingen, 13.Auflage 1981,
S.89. Die Einmaligkeit gilt auch für die Proselytentaufe.
[11]Cf J. Becker, Johannes, S.38 in Anschluß an H. Thyen, Studien, S.131f.
[12]L.c. A. Schweitzer: Geschichte, S.608: „Die vom Täufer geübte Waschung war also ein
eschatologisches Sakrament auf die Geistausgießung und das Gericht hin, eine Veranstal-
tung, welche errettete".
[13]L.c. ebd., S.605.

der Gerechten[14] bildete sich nach und nach die Vorstellung von der Siegelung der Ungerech-
ten heraus: cf PsSal 15,9; Apk 7,3;9,4[15]. Sprach A. Schweitzer also von der Johannestaufe
als einem „eschatologischem Sakrament", so im Sinne dieser angegebenen Versiegelung auf
das Gericht hin: „Wer von ihm (scil.: dem Täufer) jetzt getauft ist, hat die Gewißheit, daß
er der Geistausgießung, die vor dem Gericht kommt, teilhaftig wird und nachher als einer,
der mit dem Zeichen der Buße gezeichnet ist, Sündenvergebung empfängt"[16].

Die Bezeichnung der Johannestaufe wurde von der ihm nachfolgenden Forschung rasch
aufgegriffen[17], ohne aber dabei den von A. Schweitzer betonten Aspekt der *Versiegelung*
mitzuerwähnen, sodaß die Bezeichnung „eschatologisches Sakrament" heute als „schillernd
und wenig förderlich"[18] abgelehnt wird. Stattdessen wird darauf abgehoben, daß die „Taufe
des Johannes ... Umkehrenden die feste Zusage der Sündennachlassung ... im kommenden
Gericht"[19] vermittelt, was doch nichts anderes ausdrücken soll als A. Schweitzers Begriffe
der Versiegelung und Zeichnung.

Es bleibt also dabei: Die Taufe des Johannes ist mit der Bezeichnung *eschatologisches
Sakrament* auf dem Hintergrund des unmittelbar bevorstehenden Gerichts und der damit verbundenen Suche nach einem Rettungsanker, in eben diesem Gericht bestehen zu
können, ausreichend charakterisiert.

Mit all dem ist jedoch nicht gesagt, daß die Johannestaufe religionsgeschichtlich von den Tauf– bzw Waschriten speziell der Essener abhängig ist.
Vielmehr sind die Johannestaufe, die Waschungen der Essener sowie die des
Wüsteneremiten Bannus ein Beleg für ein heterodoxes Judentum, in dem
verschiedene Riten entwickelt wurden und nebeneinander bestehen konnten.

Dies gilt nicht zuletzt auch für das Verhältnis der Johannestaufe zur
Proselytentaufe.

Trotz J. Jeremias' Versuch, die Johannestaufe unter Berufung auf die ältere Traditionen aufnehmende Textstelle 1 Kor 10,1ff aus der Proselytentaufe zu erklären[20], diese

---

[14]Cf ebd., S.605-606.

[15]Cf F. Perles: Zur Erklärung der Psalmen Salomos, OLZ 5 (1902), S.269–282.335–
342.365–372.

[16]L.c. A. Schweitzer, Geschichte, S.607.

[17]MW zuerst von R. Bultmann: Jesus, München/Hamburg, 4.Auflage 1970, S.20; sodann
von R. Eisler, IHΣΟΥΣ, S.97; R. Otto: Reich Gottes und Menschensohn. Ein religionsgeschichtlicher Versuch, München 1934, S.61; H. Thyen, βάπτισμα, S.98; ders., Studien, S.132.
Dort (Anm 3) auch weitere Vertreter dieser Deutung.

[18]L.c. J. Becker, Johannes, S.39.

[19]L.c. J. Ernst, Johannes, S.335.

[20]Cf J. Jeremias: Der Ursprung der Johannestaufe; ZNW 28 (1929), S.312–323. Weitere
Vertreter eines zeitlich früheren Ursprungs der Johannestaufe bei G.R. Beasley-Murray:
Baptism in the New Testament, London 1962. Dt.: Die christliche Taufe. Eine Untersu-
chung über ihr Verständnis in Geschichte und Gegenwart, Kassel 1968, S.35f Anm 41.

somit bereits in vorchristlicher Zeit zu einem Initiationsritus zu machen, muß am späteren Alter der Proselytentaufe festgehalten werden[21]. Sie ist letztlich „erst in der Zeit nach Ende des 1. Jahrhunderts n.Chr."[22] zu belegen. Bedenklich stimmen muß doch auf jeden Fall neben dem Schweigen des Neuen Testament jenes von Philo von Alexandrien und Flavius Josephus, und dies „um so mehr, wenn man bedenkt, wie interessiert sie alle am Verhältnis der Juden zu den Heiden waren"[23].

Als Differenzpunkte zur Johannestaufe[24] bliebe in jedem Fall
(a) ihr initiatorischer Charakter (für Heiden),
(b) ihre Autopraxie sowie
(c) das Fehlen einer sündentilgenden Funktion.

Will man dennoch J. Jeremias folgen, müßte man annehmen, Johannes hätte dieses einmalige Tauchbad in zweifacher Weise verändert[25]:

- Er hätte der Taufe ihren kultischen Rahmen genommen, in dem Heiden im Zusammenhang mit der Beschneidung zum Judentum wechselten und sie eschatologisch umrahmt[26].

- Johannes hätte die Richtung der Proselytentaufe völlig verändert und Juden wie Heiden gleich behandelt: Beide bedürfen der Umkehr, um zum wahren Israel zu gehören; wozu es aber mE nicht der Anknüpfung an die Proselytentaufe bedarf.

Beide Veränderungen sind mE denkbar, doch errichtet man dadurch ein Hypothesengebäude, dessen Wahrscheinlichkeit eher ab– als zunimmt[27].

---

[21] Cf W. Michaelis: Die jüdische Proselytentaufe und die Tauflehre des NT; Kirchenblatt für die reformierte Schweiz 105 (1949), S.17–20.34–38 sowie ders.: Zum jüdischen Hintergrund der Johannestaufe; Judaica 7 (1951), S.81–120 (als Antwort auf J. Jeremias: Proselytentaufe und Neues Testament; ThZ 5 (1949), S.418–428. Weitere Literatur bei H. Thyen, Studien, S.134 Anm 2.

[22] L.c. W. Michaelis, Hintergrund, S.100.

[23] L.c. G. R. Beasley-Murray, Taufe, S.36. Das Schweigen über die Proselytentaufe bei *Joseph und Aseneth* ist aufgrund der Unsicherheit bei der Datierung der Schrift lediglich ein kompatibles Argument. Cf dazu Chr. Burchard (ed.): Joseph und Aseneth (JSHRZ II/4), Gütersloh 1983, S.614: „(Z)wischen dem späteren 2. Jahrhundert v.Chr. und dem Bar Kochba–Aufstand 132–135 n.Chr. muß JosAs wohl geschrieben sein". Ein Anklang an die Proselytentaufe ließe sich – dann aber sehr versteckt – evt in JosAs 18,8f finden.

[24] Cf dazu H. Thyen, Studien, S.134.

[25] Cf G. Bornkamm, Jesus, S.43.

[26] Für C.A. Bernoulli: Johannes der Täufer und die Urgemeinde (Die Kultur der Evangelien 1), Leipzig 1918, S.161, ist der charakteristische Differenzpunkt zwischen der Johannes– und Proselytentaufe der, daß erstgenannter jeder „Gedanke(n) an eine Propaganda oder Ausbreitung" abgeht und sie damit ganz im Judentum verwurzelt bleibt.

[27] Ganz abgesehen von dem impliziten Versuch, Johannes zum Vorreiter der Heidenmission zu machen, wenn er Juden und Heiden gleichermaßen behandelt. Seine Verkündigung zielt mE deutlich auf das Judentum. Den umgekehrten Schluß über das Verhältnis der Johannestaufe zur jüdischen Proselytentaufe zog hingegen R. Reitzenstein: Die Vorgeschichte der christlichen Taufe, Berlin/Leipzig 1929, S.239: „Wo sie (scil.: die Proselytentaufe) eine tiefere Bedeutung annimmt, werden vermutlich Einflüsse judaisierter Täufersekten mitge-

Doch auch mit den Waschungen der Essener bleibt die Johannestaufe verwandt, trotz Betonung der Unterschiede. Und Johannes und Qumran verbindet neben der räumlichen Nähe auch der eschatologische Gesamtrahmen (cf 1 QS IV,18; 1 QpHab VII,1–10). Mit ebensolchen Gründen könnte man sich auch für eine religionsgeschichtliche Abhängigkeit der Johannestaufe von den qumranischen Waschungen entscheiden[28].

Daher sollte man wohl eher darauf verzichten, religionsgeschichtliche Abhängigkeiten zu postulieren bzw zu vermuten und es mit dem Hinweis auf Parallelen belassen.

Die alttestamentlichen Reinheitsbestimmungen wurden in nachexilischer Zeit im Rahmen einer *Theologie der Abgrenzung* dafür verwendet, das Judentum nicht im hellenistischen Synkretismus aufgehen zu lassen. Die ursprünglich nur für Priester gültigen Reinheitsvorschriften werden nun auf das ganze Volk übertragen[29]. Aus diesen Vorstellungen erwuchsen verschiedene Auffassungen über eine Taufe, zu der auch die Johannestaufe zu ziehen ist. In diesem Verständnis ist ausreichend Platz für individuelle Ausprägungen, ohne daß damit zugleich eine religionsgeschichtliche Abhängigkeit postuliert werden muß. So wenig die Taufe des Johannes eine originale Schöpfung des Täufers ist, so sehr gab er ihr einen „spezifischen Sinn"[30]: den einer βάπτισμα μετανοίας εἰς ἄφεσιν ἁμαρτιῶν (Mk 1,4).

2.3.2 Das Martyrium des Täufers als Ausdruck forensischer Selbststigmatisierung

Auch das Martyrium des Täufers läßt sich als bewußte forensische Form von Selbststigmatisierung begreifen, als Um– bzw Neuverteilung von Schuld.

Das provokatorische Auftreten des Täufers forderte Herodes Antipas zum Handeln heraus. Er konnte ihn nicht anders zum Schweigen bringen als durch seinen Tod, sein Martyrium, das Johannes wohl bewußt auf sich nahm – besonders dann, wenn er sich selbst als Elia redivivus verstand (cf 2.4).

---

wirkt haben".

[28]Zum Verhältnis des Täufers zu Qumran cf H. Braun: Qumran und das Neue Testament II, Tübingen 1966, S.1–29.

[29]Cf L. Goppelt, Theologie, S.88. Beispielhaft bekannt ist dies va von den Pharisäern und Essenern.

[30]L.c. Ph. Vielhauer: Art. Johannes der Täufer; RGG, 3. Auflage 1959, Sp.804–808:806.

Johannes begab sich mit seiner Strategie der Selbststigmatisierung in Schuldzusammenhänge. Hier erreicht Selbststigmatisierung einen Höhepunkt: Die Schuld des H. Antipas und dessen Frau Herodias, auf die Johannes wies, schlug in den Augen seiner Gegner um in eigene Schuld. Seine „Gegenmoral", die er dem herodäischen Fürstenhaus entgegensetze, wurde von ihnen als Schuld des Johannes erlebt – *er* macht sich nunmehr schuldig, uzw an ihnen. „Die Übel, auf die sie (scil.: die Märtyrer) zeigen, werden ihnen selbst verübelt, ja mit ihnen exekutiert"[1]. So gilt, was W. Lipp grundsätzlich über Märtyrer schreibt, natürlich und auch speziell für Johannes den Täufer: Der Märtyrer hat Stand und Halt nicht in dieser Welt, sondern in Gegenwelten. Das Ende des Täufers aber war kein „Sieg" für H. Antipas, sondern für den „Schuldigen" Johannes. Erneut können W. Lipp's Aussagen leicht auf den Täufer bezogen werden: „Indem sie Schuld, Generalschuld also, bis hin zur Konsequenz des Todes auf sich laden – Todesfolgen aber als gewollten, positiven Wert bezeugen –, kehren sie sie gleichsam um; sie heben sie – in höchstgesteigertem Anspruch – symbolisch am Ende auf"[2].

Diese Umverteilung der Schuld zeigt sich auch an der neutestamentlichen Überlieferung vom Martyrium des Täufers. Über das Ende des Johannes berichten Mk 6,14–29 parr Mt 14,1–12; Lk 9,7–9;3,19–20.

Die Frage, *wer* die Träger dieser Überlieferung vom Tod des Täufers sind, spielt dabei insofern in unsere Fragestellung hinein, als daran festzustellen wäre, wie groß der Kreis derjenigen wäre, für die diese hier stattfindende Umverteilung von Schuld *real* ist. So könnten die Überlieferungsträger dieser Passage in Täuferkreisen vermutet werden[3]. Dagegen ist freilich einzuwenden, daß der Täufer in diesem Bericht auffallend passiv erscheint und nicht noch ein letztes Mal mit seinen Gegenübern konfrontiert wird[4], was zu erwarten wäre, falls hier eine Überlieferung aus Täuferkreisen vorliegt. Aus denselben Gründen scheint auch ein christlicher Trägerkreis nicht wahrscheinlich zu sein. Daher spricht viel für die Annahme, daß Mk 6,17–29 seine Trägergruppen im Volk besaß und die Perikope somit eine *allgemeine Volksüberlieferung* darstellt[5]. Aber auch dann, wenn man dieser Annahme nicht zwingend folgen will, läßt sich zusammen mit der Darstellung des Josephus sagen, daß diese Umver-

---

[1]L.c. W. Lipp, Stigma, S.160.

[2]L.c. W. Lipp, Stigma, S.161.

[3]So bspw H. Windisch: Kleinere Beiträge zur evangelischen Überlieferung. 1. Zum Gastmahl des Antipas; ZNW 18 (1917), S.73–83:80, dem es darüber hinaus um die Geschichtlichkeit der Perikope geht, die er mit Hilfe orientalischer Parallelen zu belegen sucht. Ferner Kl. Berger: Exegese des Neuen Testaments. Neue Wege vom Text zur Auslegung, Heidelberg, 2.Auflage 1984, S.220f.

[4]Cf dazu M. Dibelius, Überlieferung, S.79.

[5]So G. Theißen, Lokalkolorit, S.85–102.

teilung von Schuld nicht allein auf einen kleinen Kreis beschränkt war, sondern daß sie von vielen geteilt wurde; auch von Angehörigen verschiedener gesellschaftlicher Schichten[6].

Ausgangspunkt für unsere Überlegung ist der älteste Bericht des Markus. Ihm folgt noch relativ getreu Matthäus, während Lukas sehr stark in die Überlieferung eingriff, sie splittete und die Hofszene strich.

Auffallend am mk Bericht ist, „daß in einer Erzählung über das Ende des Täufers dieser eigenartig im Hintergrund steht, während Herodes Antipas, Herodias und deren Tochter die Szene beherrschen"[7]. In der Tat: der Täufer ist in der ganzen Perikope allein in V 18 das Subjekt und rückt sonst – in *seinem* Bericht – eigentümlich zurück.

Dies fällt bes dann auf, wenn man das Martyrium des Johannes mit anderen Märtyrerberichten vergleicht, bspw dem des Eleazar. Ähnlich wie Johannes macht auch er sich schuldig (uzw am Gebot des Antiochus, Schweinefleisch zu essen), und auch bei ihm wird die Schuld umgewertet[8].

> *Er aber hielt die Schmerzen aus, verachtete den Zwang und ertrug die Mißhandlungen, und wie ein braver Athlet sich schlagend überwand der Greis seine Peiniger.* (4 Makk 6,9–10)

Doch steht Eleazar in diesem Bericht im Mittelpunkt und nicht am Rande. Auch im Bericht vom Martyrium der sieben Söhne und ihrer Mutter (2 Makk 7,1–41) beherrschen die Märtyrer deutlich das Geschehen.

Diese Tatsache macht es auch schwer, die *Gattung* dieser Überlieferung zu bestimmen. Bezeichnete die „klassische" Formgeschichte den mk Bericht als *nichtchristliche Legende*[9] bzw als *Anekdote über Herodes*, da ihm sein Schwur zum Verhängnis wurde[10], so fällt es auch heute nicht leicht, „die

---

[6]Zur Frage der Schuldumwertung im Bericht des Josephus cf unten.

[7]L.c. J. Gnilka: Das Martyrium Johannes' des Täufers (Mk 6,17–29); Orientierung an Jesus, FS J. Schmid, Freiburg/Basel/Wien 1973, S.78–92:79.

[8]Anzumerken ist natürlich, daß wir hier wie auch beim Bericht über das Ende des Täufers die „Brille" derer aufhaben, denen wir diese Berichte überhaupt verdanken. Die Logik eines H. Antipas sieht gewiß ganz anders aus. Die bei Josephus gegebene ausgesprochene staatspolitische Argumentation für die Hinrichtung des Täufers hätte auch Gründe für sich – ein Verständnis für Antipas' Handeln wäre also durchaus gegeben. Und dennoch: Auch die Josephusüberlieferung zielt darauf ab, H. Antipas zu be– und den Täufer zu entlasten und deckt sich in dieser Hinsicht (trotz vielfacher Unterschiede) augenfällig mit der evangelischen Überlieferung.

[9]Cf R. Bultmann, Geschichte, S.328f.

[10]Cf M. Dibelius, Überlieferung, S.80.

Intention auszumachen"[11]. Kl. Berger rechnet die Perikope in seiner „neuen" Formgeschichte zu den Märtyrerberichten, räumt aber zugleich ein: „Das Martyrium Johannes des Täufers in Mk 6 parr gehört auch zur Gattung der Hofgeschichten"[12]. Hierin könnte der Schlüssel zum Verständnis des Berichts liegen. *Die eigenartige Kombination der Geschichte des Endes des Täufers und des übermütigen Treibens am Königshof zielt darauf ab, das Fürstenhaus in seiner Schlechtigkeit zu entlarven, es anzuklagen und zu beschuldigen und den Täufer gleichzeitig zu exkulpieren.* Er, der sich vorher noch am Hof schuldig machte durch seine oppositionelle Haltung, wird jetzt gesehen als einer, dem Unrecht angetan wurde, als einer, der es vermochte, Schuld umzubewerten und die Ankläger ins Unrecht zu setzen. Mit seinem Martyrium gestand Johannes nicht sich selbst Schuld zu, kriminalisierte nicht sich, sondern seine Richter, die Mächtigen und Einflußreichen am Hof.

Sieht man die Geschichte vom Ende des Täufers so, ist es unnötig, aus dem Markusbericht einen Text, der „der Kurzform eines jüdischen Martyriums entspricht"[13], zu rekonstruieren und die Hofszene der folkloristischen Tradition zuzurechnen. Im Gegenteil: Gerade die Hofszene zeigt, worauf das Gewicht liegt – auf der Belastung des Herodäerhauses durch den Täufer, was es wahrscheinlich macht, daß Hofszene und Martyriumsbericht von Anfang an zusammen gewesen sind[14].

Gesondert behandelt sollen hier die *Verse Mk 6,14–16* werden, die nach Kl. Berger[15] weniger belegen, daß Jesus erst nach dem Tod des Täufers öffentliche Bekanntheit erlangte[16], sondern vielmehr, daß Jesus *göttlich legitimiert* ist.

Gleich, ob man die Verse nun als Einleitung zur folgenden Geschichte über das Ende des Täufers (Vv 17–29)[17] oder aber diese Verse als Kommentar zu den vorangehenden Versen 14–16[18] ansieht: inhaltlich geht es dabei um die Legitimation des Täufers und seiner Botschaft, die mit Hilfe des anschließenden Märtyrerberichts erzielt wird. „In der Struktur diese Satzes (scil.: Mk 6,14.16) sind antithetisch die Schuld des Herodes und das von Gott

---

[11]L.c. J. Gnilka, Martyrium, S.84.

[12]L.c. Kl. Berger: Formgeschichte des Neuen Testaments, Heidelberg 1984, S.334.

[13]L.c. J. Gnilka, Martyrium, S.86.

[14]So auch St. v. Dobbeler, Gericht, S.215.

[15]Cf Kl. Berger, Auferstehung, S.17–22.

[16]So aber J. Ernst, Johannes, S.344f.

[17]So St.v. Dobbeler, Gericht, S.218

[18]So W. Schenk, Gefangenschaft, S.471ff.

gewirkte Legitimationsgeschehen gegenübergestellt". So liegt in V 16 „das fast „exhomologetische" Eingeständnis vor, daß Gott die eigene Ungerechtigkeit erwiesen habe ... Herodes war demnach nach Mk 6,16 der Meinung, Gott habe durch die Auferweckung des Ermordeten dessen Gerechtigkeit erwiesen und so zugleich ihn, Herodes selbst, sichtbar verurteilt. Die Auferweckung ist daher ... hier als Rechtfertigung und Legitimationsgeschehen aufgefaßt"[19].

Auch hier in Mk 6,14–16 zeigt sich dasselbe Bild, das schon bei der Behandlung von Mk 6,17–29 gewonnen wurde: intendiert ist eine *Schuldverteilung*, die das bisherige Schuldverhältnis zwischen Herodes Antipas und dem Täufer durch das „legitimierend – rehabilitierende(s) Eingreifen"[20] Gottes umwertet, sodaß sichtbar wird, „daß Gott auf seiten des Täufers steht"[21], sich zu seinem Märtyrer bekennt und ihn gerechterklärt. Nunmehr ist es unnötig, „noch eine Rechtfertigung des grausamen Schicksals" zu erwarten, „sei es durch ein Wort des Sterbenden, sei es durch die Bestrafung der Gottlosen", da dies „jüdischem Empfinden"[22] entspräche, nachdem die Rechtfertigung des Täufers bereits in den Versen 14–16 geschah.

Zuletzt zeigt auch der Josephusbericht, daß sich H. Antipas nach Meinung mancher Juden mit der Hinrichtung des Täufers ins Unrecht setzte: seine im Jahre 36 nChr erlittene Niederlage gegen den Nabatäerkönig Aretas IV wurde von ihnen als Gotttes Zorn und Eingreifen gegen Herodes Antipas gedeutet[23]. Auch Josephus wertet also – wie die neutestamentliche Überlieferung – die Schuldzusammenhänge um, exkulpiert Johannes den Täufer und belegt dafür Herodes Antipas mit Schuld.

Welches *Selbstverständnis* jedoch hinter dem Auftreten des Täufers steht und in welcher Tradition er sich mE verstand, die sein selbststigmatisierendes Verhalten verständlich erscheinen läßt, dieser Frage wenden wir uns im folgenden Kapitel zu.

---

[19]L.c. Kl. Berger, Auferstehung, S.17f. Formgeschichtliche Belege für die Existenz eines solchen Legitimationsschemas bei ebd., S.253 Anm 51.

[20]L.c. W. Schenk, Gefangenschaft, S.471.

[21]L.c. Kl. Berger, Auferstehung, S.22.

[22]L.c. J. Gnilka: Das Evangelium nach Markus 1. Teilband Mk 1–8,26 (EKK II/1), Neukirchen 1978, S.251.

[23]Nach Kl. Berger, Auferstehung, S.18, ist die in Kürze folgende schwere Strafe für den Täter Bestandteil der Tradition des Legitimationsschemas. Belege hierfür cf S.344 Anm 361.

2.4 Die Vorstellung des «Elia redivivus» als Verstehenshintergrund für das selbststigmatisierende Verhalten des Täufers

Die Elia–redivivus–Vorstellung war im Frühjudentum weit verbreitet[1]. Ausgangspunkt dieser Vorstellung waren die alttestamentlichen Stellen über die Entrückung Elias (2 Kön 2,11) sowie Mal 3,1.23f und JesSir 48,9–12. Der wiederkommende Elia erscheint hier als der Wegbereiter Gottes, der den göttlichen Zorn abwenden wird, indem er die Umkehr im Sinne der Friedenstiftung predigt und damit Israel auf den Empfang des Heiles vorbereitet[2].

Spricht Mal 3,24 allein von der inneren Restitution Israels:

> Der (scil.: Elia) soll das Herz der Väter *bekehren* zu den Söhnen und das Herz der Söhne zu ihren Vätern, auf daß ich nicht komme und das Erdreich mit dem Bann schlage,

so begegnet in JesSir 48,10 zusätzlich die äußere Restitution Israels und die Funktion des Elia redivivus wird um den national – eschatologischen Aspekt erweitert: unter Rückgriff auf das zweite Lied vom Gottesknecht (Jes 49,6) wird der wiederkommende Elia noch zusätzlich die Stämme Israels wiederherstellen:

> Von dir sagt die Schrift, du stehst bereit für die Endzeit, um den Zorn zu beschwichtigen, bevor er entbrennt, um den Söhnen das Herz der Väter zuzuwenden und *Jakobs Stämme wieder aufzurichten.*

Hat sich an dieser Stelle das ursprünglich prophetische Bild des Elia redivivus zu dem einer messianischen Gestalt gewandelt und modifiziert? Zu betonen bleibt, daß Elia auch hier – wie sonst auch – die eschatologische Gestalt bleibt, sie bekommt und trägt daneben

---

[1]Cf im folgenden F. Hahn: Christologische Hoheitstitel. Ihre Geschichte im frühen Christentum (FRLANT 83), Göttingen, 2.Auflage 1964, S.354–356 sowie St. v. Dobbeler, Gericht, S.169–171.

[2]L.c. J. Jeremias: Art. ’Ηλίας; ThWNT 2 (1954), S.930–943:935: „Das Kommen des Elias kündigt die Heilszeit an. Seine Aufgabe ist die Apokatastasis ... die restitutio in integrum des durch die Sünde von seinem Gott geschiedenen Gottesvolkes. Er rüstet die Heilsgemeinde für den Empfang des Heiles".

noch messianische Züge, während der Messias dagegen stets eine nationale politische Größe ist[3].

Über die Auffassung, ob in Johannes dem Täufer der – nach Mal 3,1.23 – für die Endzeit erwartete Elia redivivus gesehen wurde, herrscht keine einheitliche Meinung.

Das Spektrum reicht von der positiven Möglichkeit, daß sich Johannes „(a)ller Wahrscheinlichkeit nach ... mit dem letzten endzeitlichen Propheten, Elia redivivus, gleichgesetzt"[4] hat über die vorsichtige Möglichkeit einer Identität zwischen beiden[5] bis hin zu deren Ablehnung: „Ebensowenig wird man die Vorstellung eines Elia redivivus auf die historische Gestalt des Johannes übertragen dürfen". Für eine solche Behauptung „fehlt jeder wirklich tragfähige Beweis", da die Botschaft „des wiederkommenden Elia im politisch – nationalen Bereich beheimatet"[6] ist, die des Täufers jedoch nicht.

Die Vorstellung des Täufers als Elia redivivus begegnet explizit an einigen Stellen der synoptischen Evangelien: Die Diskussion zwischen Jesus und Petrus, Jakobus und Johannes Mk 9,11–13 spricht davon, daß Elia gekommen ist und ihm angetan wurde, was geschrieben steht. Lukas unterdrückt diese Diskussion, doch der andere Seitenreferent des Markus, Matthäus, bezieht diese Diskussion konsequent auf den Täufer. Mt 17,10–12.13: τότε συνῆκαν οἱ μαθηταὶ ὅτι περὶ Ἰωάννην τοῦ βαπτιστοῦ εἶπεν αὐτοῖς (V 13).

Auch in der Perikope Mt 11,11–14 wird Johannes explizit mit dem wiederkommenden Elia gleichgesetzt (cf V 14).

Erneut fehlt ein solcher Bezug auf Elia bei Lukas.

---

[3]L.c. F. Hahn, Hoheitstitel, S.355: „Nach Sir 48,10 soll er ... die Stämme Israels wieder aufrichten. Hier ist gegenüber der älteren Auffassung, die dem wiederkommenden Elias ein rein religiöses Amt zuschreibt, insofern ein gewisser Wandel erkennbar, als ihm eine mehr politische Funktion aufgetragen ist. Jedoch darf nicht gleich von der Übertragung einer Aufgabe des königlichen Messias gesprochen werden, denn es ist nicht von der Ausübung herrscherlicher Macht die Rede. Wesentlich ist auch, daß Elia jeweils als unmittelbarer Vorläufer Jahwes gilt und für einen königlichen Messias in dieser Konzeption kein Platz ist".

[4]L.c. O. Böcher, Johannes, S.176.

[5]L.c. J. Ernst, Johannes, S.297: „Mit allem Vorbehalt darf zum Mindesten mit der Möglichkeit, daß der Täufer sich selbst in der Tradition des Propheten Elia gewußt hat, gerechnet werden."

[6]L.c. J. Becker, Johannes, S.54. Hier übersieht J. Becker freilich die nach Mal 3,24 zur Aufgabe des wiederkehrenden Elia gehörende innere Restitution Israels und betont allein die gemäß JesSir 48,10 äußere Restitution.

Dieses Fehlen elianischer Züge im lk Täuferbild ist in der Theologie des dritten Evangelisten begründet[7]. G. Richter hat wahrscheinlich gemacht, daß es Lukas va deshalb um eine „Eliminierung der elianischen Züge an der Gestalt des Täufers" geht, „weil Elias in bestimmten, im Blickfeld des dritten Evangelisten liegenden Kreisen als messianische Gestalt betrachtet worden ist". Indem Lukas Ort und Zeit des Auftretens des Täufers sowie den Inhalt seiner Verkündigung scharf von Jesus trennt, beugt er „jeder Überbewertung des Täufers (vor), die aus der zeitlichen Priorität vor Jesus entstehen könnte oder schon entstanden war"[8]. Unterstützt wird die Annahme der Eliminierung der elianischen Züge des Täufers zum Zwecke der Negierung seiner Messianität dadurch, daß „Lukas umgekehrt die Gestalt und das Werk *Jesu* mit elianischen Zügen ausstattet, vgl. besonders Lk 4,25f, wo sich Jesus direkt auf das Beispiel Elias (1 Kö 17,7ff) beruft". Lukas tilgt die Vorstellung eines Elia redivivus also nicht aus seinem Evangelium, sondern lagert sie um: er nimmt sie weg von Johannes dem Täufer und charakterisiert damit Gestalt und Werk Jesu und zeigt damit „den in seinem Blickfeld liegenden Kreisen, daß der von ihnen als Heilsgestalt erwartete Elia nicht der Täufer, sondern Jesus ist"[9].

Zur Beantwortung der Frage, ob sich Johannes der Täufer selbst als der für die Endzeit erwartete Elia redivivus hielt, stehen sich zwei Möglichkeiten gegenüber:

- zum einen, daß sich Johannes der Täufer unabhängig von der christlichen Konzeption des Vorläufers des Messias (wie es in Mk und Mt begegnet)[10] als der Elia redivivus verstand bzw dieser Titel zumindest von außen an ihn herangetragen wurde und

- zum andern, daß er diese Rolle als seiner nicht angemessen von sich wies.

Optiert man für die zweite Möglichkeit, hätte bspw Joh 1,21 ein sehr archaisches Täuferbild bewahrt. An dieser Stelle verneint Johannes explizit die Frage, ob er der erwartete Elia ist.

---

[7]Cf dazu die Darlegungen von G. Richter, Elias.

[8]L.c. ebd., S.253. Zum jeweiligen Umgang der vier Evangelien mit dem Phänomen, daß der Täufer *zeitlich vor Jesus* ist und damit eigentlich auch – antik-jüdischem Denken entsprechend – *inhaltlich vor Jesus* zu stehen kommen mußte cf die mE jedoch allzu konstruiert wirkenden Gedankengänge (mit Ausnahme des Johevg) von O. Cullmann: 'O 'ΟΠΙΣΩ ΜΟΥ 'ΕΡΧΟΜΕΝΟΣ; Vorträge und Aufsätze 1925–1962, Tübingen/Zürich 1966, S.169–175.

[9]L.c. G. Richter, Elias, S.253f.

[10]So unser in Abschnitt 2, S. 56ff dieses Kapitels gewonnenes Ergebnis.

Für historisch glaubwürdig hält J.A.T. Robinson[11] diese Stelle: „It (scil.: the fourth Gospel) may, therefore, predispose us to credit that there is after all historical truth, and not merely polemic, when this Gospel makes John answer the question, ‚Are you Elijah?‘ with a laconic and uncompromising ‚No‘ (1.21)"[12]. Er hält die traditionelle Auffassung, Johannes der Täufer habe sich selbst als Vorläufer = Elia des nach ihm kommenden Messias = Christus Jesus gehalten, mE völlig zurecht für eine frühe christliche Dogmatik (cf dazu oben). Die Negativantwort des Täufers erklärt er dadurch, daß der Täufer erst den Elia redivivus ankündigte, den er in Jesus Christus vermutete (cf die Täuferanfrage). Jesus selbst konnte in einem frühen Stadium die Rolle des wiederkommenden Elia akzeptieren, es reifte in ihm aber allmählich der Schluß (cf die Versuchungsgeschichte), daß er nicht der Elia, sondern vielmehr der Messias sei[13].

Trotzdem bleibt mE zu fragen, ob es nicht doch historisch zutreffend sein kann, daß Johannes von Zeitgenossen als Elia redivivus gesehen wurde und daß er sich selbst auch als dieser verstand. Dann aber muß nach Übereinstimmungen zwischen der *Erinnerung* an den alttestamentlichen Elia sowie den *Erwartungen* an den wiederkommenden Elia (Mal 3,24; JesSir 48,10) auf der einen Seite und Johannes den Täufer auf der anderen Seite gesucht werden.

Dagegen hat schon Ph. Vielhauer darauf aufmerksam gemacht, daß die Theorie, Johannes sei der Elia redivivus, „ausschließlich auf einer einzigen Übereinstimmung der beiden Notizen"[14] Mk 1,6 und LXX 4 Reg 1,8 beruht. So heißt es an diesen Stellen:

Mk 1,6 καὶ ἦν Ἰωάννης ἐνδεδυμένος τρίχας καμήλου καὶ ζώνην δερματίνην περὶ τὴν ὀσφὺν αὐτοῦ.
LXX 4 Reg 1,8 Ἀνὴρ δασύς καὶ ζώνην δερματίνην περιεζωσμένος τὴν ὀσφὺν αὐτοῦ.

Es läßt sich aber mE zeigen, daß die Übereinstimmungen zwischen dem Elia des AT und Johannes dem Täufer sehr viel weiter gehen, als es diese einzige Übereinstimmung zeigt. Voraussetzung dafür ist, daß man sich mehr auf den *Inhalt der beiden Traditionen* konzentriert als im Wortlaut dieser Tradition Ausschau zu halten, die meist ein Glücksfall sind, deshalb aber auch noch lange nicht historisch unzutreffend sein müssen.

---

[11]Cf J.A.T. Robinson, Elijah, S.28–52.

[12]L.c. ebd., S.32.

[13]Dieses Herausfiltern psychisch und zeitlich bedingter einzelner Leben–Jesu–Phasen ist mE jedoch nicht haltbar.

[14]L.c. Ph. Vielhauer, Tracht, S.48.

An 7 Stellen läßt sich mE eine *strukturelle Analogie* zeigen, die es wahr-scheinlich macht, in Johannes dem Täufer den für die Endzeit erwarteten Elia redivivus zu sehen:

- Die Täufer– wie die Eliatradition sind mit der Wüste verbunden. LXX 3 Reg 19,4ff berichten von einer vierzigtägigen Wanderung Elias durch die Wüste bis zum Gottesberg Horeb, an dem er Gott begegnet, um neue Aufträge zu erhalten (LXX 3 Reg 19,4 ἐν τῇ ἐρήμῳ : Mk 1,4 ἐν τῇ ἐρήμῳ).

- Johannes wie Elia treten als Einzelgestalten auf, wobei Elia als einziger Prophet Jhwhs übrigblieb (LXX 3 Reg 18,22;19,10).

- Johannes wie Elia tragen ähnliche Kleidung. Auf den ledernen Gürtel um die Hüfte wurde bereits hingewiesen (LXX 4 Reg 1,8; Mk 1,6). Hinzukommt, daß beide einen Mantel oder ein Gewand tragen:
  Mk 1,6 ἐνδεδυμένος τρίχας καμήλου;
  LXX 3 Reg 19,13 καὶ ἐπεκάλυψεν τὸ πρόσωπον αὐτοῦ ἐν τῇ μηλωτῇ ἑαυτοῦ (auch V 19).

- Johannes wie Elia treten als Kritiker der Mächtigen auf und kritisieren ihr verwerfliches Verhalten gegenüber Jhwh: „Unnachsichtig war Elia im Kampf um den alleinigen Herrn der Völker dem König und der fremdländischen Königin entgegengetreten, um den Weg für das Heil zu erkämpfen, ehe Gottes Zorn heranbricht"[15]. Ähnlich kompromiß-los agierte auch der Täufer und machte sich so zum Sprachrohr einer innenpolitischen Opposition. Im Falle von Elia führte seine Kritik zu einer Reue des israelitischen Königs Ahab (LXX 3 Reg 20,27–29; nach der Drohung durch Elia wegen der Ermordung Nabots)[16].

- Bei Johannes wie bei Elia wird die Kritik in eine Ehegeschichte ein-gebettet: Herodes Antipas – Herodias – (Salome) – Täufer : Ahab – Isebel – Elia. In beiden Fällen trägt die Frau die Schuld:
  LXX 3 Reg 20,25 Ahab gab sich wie kein anderer dafür her, zu tun,

---

[15]L.c. J. Schütz: Johannes der Täufer (AThANT 50), Zürich/Stuttgart 1967, S.8.

[16]Eine solche Möglichkeit zur Umkehr für Herodes Antipas nimmt auch W. Schenk, Ge-fangenschaft, S.471ff an und geht damit über Kl. Berger, Auferstehung, S.18.344 Anm 361 hinaus, der die in Kürze folgende schwere Strafe als konstitutiv zum Legitimationsschema, wie es in Mk 6,14–16 vorliegt, ansieht. Zum Gegenüber von Prophet und König im Alten Testament cf ferner 1 Sam 13,11–14; 2 Sam 12,1–14; 1 Kö 14,6–16; Jer 3,6–13;21,1–10; 22,13–19; dann aber bes 1 Kö 16,29–22,40.

was Jhwh mißfiel ὡς μετέθεκεν αὐτὸν Ἰέζεβελ ἡ γυνὴ αὐτοῦ.
Herodes Antipas warf Johannes den Täufer ins Gefängnis διὰ Ἡρω-
διάδα (Mk 6,17).

- Johannes wie Elia wird nach dem Leben getrachtet, da sie sich schuldig
  machten:
  LXX 3 Reg 19,2 ταύτην τὴν ὥραν αὔριον θήσομαι τὴν ψυχήν σου καθως
  ψυχὴν ἑνὸς ἐξ αὐτῶν.
  Mk 6,24 erbittet Herodias τήν κεφαλὴν Ἰωάννου τοῦ βαπτίζοντος.
  Auch Elia wird von Ahab mit kulpativen Stigmata belegt – er wird als
  Verderber Israels (LXX 3 Reg 18,17) bezeichnet.

- Nun könnte der gewaltsame Tod – das Martyrium – des Täufers einer
  Deutung des Johannes als Elia redivivus widersprechen: Elia entging
  den Nachstellungen Isebels und wurde entrückt (LXX 4 Reg 2,11f),
  der Täufer aber wurde ein Opfer seiner Nachstellungen.

Schon A. Schweitzer erkannte die hinter Mk 9,11–13 sowie hinter dem
gewaltsamen Tod des Täufers liegende Problematik: „Es ist unmöglich, daß
der wiederkommende Elias jemals als leidende Figur dargestellt wurde"[17]
und macht darauf Jesus selbst zum dogmatischen Denker:

> „Zugleich erkennt man hier, wie bei Jesus die messianische Dogmatik in
> die Geschichte hineinragt und das Historische der Ereignisse einfach aufhebt.
> Der Täufer hatte sich selbst nicht für den Elias gehalten; das Volk hatte
> nicht daran gedacht, ihm diese Würde zuzuerkennen; das Signalement des
> Elias paßte in keiner Weise auf ihn, da er von dem, was jener ausrichten
> sollte, nichts getan hatte: und dennoch erkennt Jesus ihm diese Würde zu,
> eben weil er seine Offenbarung als Menschensohn erwartet und der Elias
> zuvor dagewesen sein muß. Und als der Täufer gar gestorben war, sagte
> er den Jüngern dennoch, daß in diesem der Elias gekommen, obwohl der
> Tod dieser Persönlichkeit in der eschatologischen Dogmatik nicht vorgesehen
> und tatsächlich undenkbar war. Aber Jesus mußte eben das eschatologische
> Geschehen in die Ereignisse *hineinzerren und hineinpressen*"[18],

Nun ist es nicht nötig, so weit wie A. Schweitzer zu gehen und Jesus
dafür verantwortlich zu machen, daß man den Täufer – trotz seines Todes
– mit Elia in Verbindung bringen konnte. Zwar kannte auch das Judentum
die Vorstellung eines leidenden und auferstehenden Elia, dies aber *nicht* als
Einzelgestalt, sondern in Kombination mit dem ebenfalls entrückten Henoch

---

[17]L.c. A. Schweitzer, Geschichte, S.603 Anm 17.
[18]L.c. ebd., S.603. Hervorhebungen vom Verf.

(cf Gen 5)[19]. Vielmehr sollte man aus der Tatsache, daß die Vorstellung eines (als Einzelgestalt!) leidenden Elia in jüdischer Tradition nicht begegnet, folgenden Schluß ziehen: Der gewaltsame Tod des Täufers *widerspricht* gerade einer späteren Deutung des Täufers als Elia redivivus. Das Martyrium des Täufers wird auf diese Weise gerade zum Indiz für das hohe Alter der Annahme, daß Johannes als der erwartete Elia redivivus angesehen wurde oder noch wahrscheinlicher sich selbst als diesen verstand.

Die oben aufgeführten Parallelen zeigen mE, daß sich ein Verständnis von Johannes dem Täufer als des für die Endzeit erwarteten Elia redivivus durchaus nahelegt. Auf diese Weise erklärt sich auch die Mk 6,14–16 gegebene Volksdeutung Jesu ganz natürlich. War der Name des Täufers schon relativ fest mit dem wiederkommenden Elia verbunden, so war sein gewaltsamer Tod ein Unding. Er mußte ja leben und konnte nicht tot sein – diese Annahme lag ja durch die Entrückung Elias nahe, worauf es eben zur Vorstellung des göttlichen legitimierenden, rehabilitierenden sowie entstigmatisierenden Eingreifen Gottes zugunsten seines Propheten, der nun auferstanden ist in Jesus, kam. Umgekehrt heißt dies nun wiederum, daß Herodes eben nicht *irgendeinen* Provokateur oder Propheten hinrichten ließ, sondern eben den letzten und eschatologischen Propheten vor dem Eingreifen Gottes, den *Elia redivivus*.

Die an 7 Stellen aufgeführte strukturelle Parallelität zwischen Elia und Johannes dem Täufer zeigt mE überzeugend, daß Johannes im Volk als der Elia redivivus der Endzeit gesehen werden konnte. Nimmt man seine eschatologische Verkündigung hinzu, so ist es wahrscheinlich, daß er sich selber als Elia verstand, ohne daß er Elia dabei in allem kopieren wollte, wohl aber darin, daß er genau wie dieser gegen die Mächtigen für die Gültigkeit der Tora eintrat, wie dies ja auch den Erwartungen an den Elia redivivus entsprach.

Geht es dem Täufer als Elia der Endzeit wie dem Elia des Alten Testaments um einen Konflikt mit den Mächtigen (aufgrund deren widergöttlichen Verhaltens), so ist das auch für die Strategie entscheidend. Elia wurde auch in dieser Hinsicht zum Modell des Täufers[20]:

---

[19]So heißt es in der Elia–Apokalypse über den Kampf zwischen dem Antichristen auf der einen und Elia und Henoch auf der anderen Seite (34,724ff): *Der Unverschämte wird es hören und zornig werden und kämpfen mit ihnen auf dem Markt der großen Stadt. Und er wird sieben Tage kämpfend mit ihnen zubringen. Und sie werden drei und einen halben Tag tot auf dem Markt liegen, wobei das ganze Volk sie sieht. Am vierten Tag aber werden sie auferstehen und ihn schelten.*

[20]Ausdrücklich sei darauf verwiesen, daß der Täufer auch eine grundsätzlich gewaltsame

(1) So wie Elia den Konflikt mit Ahab bewußt riskierte – mit möglicher Todesfolge, so *riskierte* auch der Täufer *bewußt* die Tötungsabsicht seines Gegners, was sein Martyrium als *bewußte und freiwillige Selbststigmatisierung* und nicht als passiv erduldetes Schicksal erscheinen läßt und

(2) er wirkte bewußt in politische Zusammenhänge hinein! Denn blickt man auf die Funktion von Selbststigmatisierung, nämlich die „Schuld– und Kontrollmechanismen"[21] einer Gesellschaft zu relativieren und umzuwerten, dann kann der Botschaft des Täufers auch die *politische Dimension* nicht länger abgesprochen werden.

Zu blaß klingen dann eben solche Formulierungen, daß der Täufer „gewollt oder ungewollt politischen Einfluß" nahm, daß er „in seiner Predigt gelegentlich auch weltliche Töne angeschlagen und aktuelle Mißstände kritisiert (hat), aber die Gerichtsbotschaft ... bei all dem ihren Vorrang"[22] behielt, daß sich der Täufer allein „um seiner Verkündigung willen den politischen Dingen"[23] zuwandte oder gar, daß die „Königsschelte in einer Krisenzeit ... leicht als Angriff auf die Staatsautorität mißverstanden werden" konnte, sodaß dem Täufer die „politischen Implikationen der Moralpredigt"[24] zum Verhängnis wurden. Mit all dem ist der Täufer noch nicht in die Nähe der Zeloten gerückt[25], wohl aber zum Sprecher einer innenpolitischen Opposition gemacht. Was der Täufer verkündet, ist der – politische wie religiöse – Anspruch, die Werte und Wertvorstellungen seiner Gegner glaubhafter realisieren zu können, als diese es taten[26] und somit sich und seine Anhänger –

Konfliktstrategie hätte wählen können. Daß er dies nicht tat, hängt mE mit der zeitgeschichtlichen Situation zusammen, in der er wirkte. Es war dies eine Zeit (die erste Hälfte des 1.Jh nChr), in der man besonders auf gewaltlose Konfliktstrategien setzte. Mehr dazu im folgenden Kapitel über Formen von Selbststigmatisierung bei Jesus von Nazaret.

[21] L.c. W. Lipp, Selbststigmatisierung, S.37.

[22] L.c. J. Ernst, Johannes, S.314f.

[23] L.c. E. Lohmeyer, Johannes,, S.111f.

[24] L.c. J. Ernst, Johannes, S.342. Ganz ähnlich auch M. Hengel: Nachfolge, S.39, der annimmt, daß die Botschaft des Täufers lediglich *politisch mißverstanden* werden konnte.

[25] So aber P. Hollenbach, Aspects, S.856, der schon die Familie des Täufers zelotenfreundlich einschätzt: „he (scil.: Johannes) came from a family of rural priests which had Zealot leanings. These sympathies were most likely the result of the alienation the lower rural priesthood commonly felt towards the political–social–economic–religious Jerusalem establishment". Trotz dieser Kritik halte ich es für die Stärke der Arbeit von P. Hollenbach (und auch des Eisler'schen Werkes), der politischen Dimension der Täuferbewegung, aus der später die Jesusbewegung hervorging, Rechnung getragen zu haben.

[26] Cf G. Theißen, Jesusbewegung, S.357. G. Theißen bezeichnet diesen Aspekt als den tragenden Punkt, der sE Selbststigmatisierung überhaupt motivieren kann: „Die Umwertung wird m.E. verständlicher, wenn die bisherigen Außenseitergruppen in plausibler Weise

allen begangenen Vergehen zum Trotz – zu exkulpieren und zu entstigmatisieren, während die Gegner mit Schuld belegt werden.

Besonders das Martyrium des Täufers (bzw die davon erhaltenen Berichte) zeigen, daß Johannes der Täufer auf diese Weise ‚gerechtfertigt‘, daß seine Botschaft als ‚wahr‘ erkannt wurde. Und dies trotz aller Versuche H. Antipas’, seinen unbequemen Kritiker zum Schweigen zu bringen. Dieser konnte ihn nur physisch vernichten, nicht aber seine Botschaft aus der Welt schaffen. Die *Identität* des Täufers blieb somit über sein Martyrium hinaus gewahrt. Ebenso seine Botschaft: Auch sie und damit seine Person selbst lebte fort, davon zeugt nicht nur die urchristliche Überlieferung, die ihm einen exponierten Platz in ihrer Heilsgeschichte zuwies, sondern auch und besonders sein Schüler Jesus von Nazaret, der sich nicht nur in verschiedenen Logien positiv zu ihm bekannte, sondern auch innerhalb seines Wirkens handlungspraktisch ein Erbe des Täufers fortführte: dessen Strategie der Selbststigmatisierung. Doch ehe wir uns mit *Formen von Selbststigmatisierung bei Jesus von Nazaret* befassen, gilt es, die *Ergebnisse* zu Johannes dem Täufer zusammenfassend zu formulieren.

2.5 Ergebnisse und Auswertung

Thesenartig möchte ich folgende Ergebnisse festhalten, wie sich mir das überlieferte Material von Johannes dem Täufer zu einem historisch kohärenten Bild darstellt:

(1) Die wenigen überlieferten Daten zum Leben und zur Verkündigung des Täufers lassen sich mühelos im Lichte und Verständnis der Strategie der Selbststigmatisierung deuten, ja, Johannes darf hierin (nach Ausweis der Quellen) geradezu eine gewisse Virtuosität bescheinigt werden.

(2) Johannes eigen ist die Verbindung von Rückzugsverhalten (und damit asketischen Tendenzen) mit einem offenkundig offensiven, aggressiven (und damit provokatorischen) Verhalten.

(3) Beide sich auf den ersten Blick scheinbar widersprechende Verhaltensweisen haben den gemeinsamen Nenner, sich als vehemente Kritik an der (politischen wie religiösen) Oberschicht zu verstehen, die die Reinheit

---

den Anspruch vertreten können, viel vorbildlicher als die herrschenden Kreise jene Werte realisieren, welche diese zu realisieren vorgeben. Erst dies Bewußtsein, die Werte der Oberschicht in anderer (und besserer) Form zu realisieren, verleiht Selbstbewußtsein, Überlegenheitsgefühl und Durchschlagskraft".

des Volkes nicht zu wahren wußte und daher für die Unreinheit des ganzen Volkes letztendlich Verantwortung trägt.

(4) Johannes der Täufer kann als Exponent einer (größeren) innenpolitischen Fundamentalopposition gegen den Tetrarchen H. Antipas verstanden werden, gegen dessen Ehe*politik* sich im Volk ein breiter konservativer Protest formierte (cf Josephus). Darüber hinaus stand Johannes auch dem Jerusalemer Tempel kritisch gegenüber, da auch dieser nicht mehr die Reinheit des Volkes garantierte. Beide Beobachtungen können mE als Indizien für einen fundamentalen Gegensatz zwischen Ober– und Unterschicht gewertet werden.

(5) Umso interessanter ist es dagegen, daß der Täufer in seiner Verkündigung nicht (eine gute) Unter– gegen (eine schlechte) Oberschicht ausspielt, sondern von der Verlorenheit ganz Israels ausgeht (cf bes Mt 3,9ff). Dieser Tatbestand muß mE so gewertet werden, daß Johannes auf diese Weise eine Bewegung in Gang setzte, die von unten her eine (politische) Umwälzung: das Ende der Herrschaft des H. Antipas, intendierte. *Ansatzpunkt* der Verkündigung des Täufers ist das Volk mit dem Ziel, daß es im kommenden Gericht Gottes besteht, *Zielpunkt* jedoch die Oberschicht, bes H. Antipas, dessen Legitimität auf diese Weise von unten unterlaufen werden sollte. Indirekt bestätigt wird diese Sicht dadurch, daß auch H. Antipas Halbbruder Archelaos aufgrund einer massiven Opposition innerhalb des Volkes letztendlich abgesetzt wurde. Zwar wird dort die Absetzung von den Vornehmen des Volkes betrieben, doch drückt sich hierin eventuell ein Charakteristikum der Täuferbewegung (wie später auch der Jesusbewegung) aus, wenn sich Vertreter der Unterschicht Aufgaben zu eigen machen, die traditionell zu denen der Oberschicht gehören. Auf alle Fälle aber kann das Beispiel des Archelaos die Hoffnung geweckt haben, daß sich ähnliches auch bei H. Antipas wiederholen könnte.

(6) Wüstenaufenthalt sowie das kulpative (wie defektive) äußere Erscheinungsbild des Täufers knüpfen an traditionelle jüdische Topoi an, die auf diese Weise seine Legitimität positiv unterstützen. Daß der Täufer an der Peripherie der Gesellschaft auftritt und von hier aus agiert, unterstreicht nicht nur seine gesellschaftliche Rand– und Außenseiterstellung, sondern ist „Programm": *Heil* kommt für Johannes den Täufer aus der Wüste und gerade nicht aus dem Kulturland.

(7) Von besonders provokatorischer Schärfe waren dagegen des Täufers Verkündigung sowie deren Inhalt, die Forderung einer Taufe zur Vergebung der Sünden, welche ihrerseits einen doppelten Zweck erfüllte. *Subjektiv* für alle Getauften die Rettung im Gericht und *objektiv* für die religiösen Auto-

rität Israels deren Delegitimierung und grundsätzliche Infragestellung.

(8) Johannes der Täufer wird mE zu wenig verstanden, sieht man seine Verkündigung sowie seine Taufe rein unter dem Gesichtspunkt einer *Individualisierung* (da hier ein Individuum vor die Entscheidung gestellt wird). Vielmehr bleibt diese zweifelsfrei vorhandene Individualisierung rückgebunden (und erfährt hier erst ihr eigentliches Ziel!) an eine *Kollektivierung* bzw Sammlung der Anhänger des Täufers und damit der Gegner H. Antipas', um dessen Herrschaft zu beenden. Anhängerschaft ist hier nicht nur verstanden im Sinne einer persönlichen Jüngerschaft, sondern vielmehr einer (politischen) Protestbewegung. Daß der Täufer eine solche Anhängerschaft hatte, zeigt deutlich der Bericht des Josephus, nach dem H. Antipas mit der Tötung des Täufers einem Aufstand gegen sich zuvorkommen wollte.

(9) Der gesamte Protest des Täufers verlief friedlich bzw gewaltlos. Obwohl der Täufer ein politisches Anliegen vertrat, sollte aus ihm kein gewaltsamer Oppositioneller gemacht werden. Charakteristisch für ihn ist der indirekt–dialektische Protest in Form von Selbststigmatisierung, der mit dem vermeintlichen Auf-sich-verweisen und damit dem angeblichen Bekennen eigener Schuld gerade von sich weg und auf die Schuld und Verfehlung anderer verweist. Dabei sind die Adressaten seiner Schuldverweisung H. Antipas sowie die Jerusalemer Tempelaristokratie.

(10) Hilfreich für das Verständnis des Täufers scheint die Vorstellung des für die Endzeit erwarteten *Elia redivivus* zu sein. Diese weist nicht nur auf den Konflikt zwischen Prophet und Oberschicht bzw König, sondern auch auf die empfundene und hinter aller Kritik stehende Anomie, die einen guten Gottes–Dienst nicht mehr als möglich erscheinen ließ. Dabei ist es mE gut denkbar, daß die Deutung des Täufers als Elia redivivus einer Selbstdeutung des Johannes entspricht. Daß er in jedem Fall auch vom Volke so verstanden werden konnte, wird daran deutlich, daß zu den Aufgaben des Elia der Endzeit die Apokatastasis, die Versöhnung des durch Sünde von Jhwh getrennten Volkes (LXX Mal 4,5), gehörte. Das Bild des Elia redivivus ist auch für das Verständnis des Martyriums des Täufers hilfreich: Johannes der Täufer hat sein Martyrium nicht (passiv) vorbildlich als Schicksal erduldet, sondern wie Elia die *Tötungsabsicht* seines Gegners *bewußt provoziert*. Dies erweist sein Martyrium als *bewußte und freiwillige Form von Selbststigmatisierung*.

(11) Die vom Täufer intendierte und angestrengte Umwertung hielt dieser (nach Ausweis der Quellen) auch dann durch, als die Botschaft des Täufers und die damit verbundenen Folgen – die wachsende Zahl von Anhängern – H. Antipas zum Handeln herausforderte. So schildern die Evangelien und der Bericht des Josephus übereinstimmend die Hinrichtung des Täufers als

Verfehlung bzw Schuld des H. Antipas. Die das gesamte Wirken des Täufers
umspannende Umwertung von Schuld (wie auch von Reinheitsvorstellungen)
wurde hier definitiv bestätigt; in der neutestamentlichen Überlieferung von
Gott her (Mk 6,14ff), im Bericht des Josephus vom Volke. Die Stigmata des
Täufers, die er zT selbst wählte, ihm zum anderen aber massiv zugefügt
wurden, sind hier endgültig von ihm genommen – wider allen Augenschein,
nach dem die Täuferbewegung scheiterte.

(12) Die Anhängerschaft des Täufers, zu der ja auch Jesus von Nazaret zu
zählen ist, weist mE darauf hin, daß seine Strategie der Selbststigmatisierung
Erfolg zeitigte, dh, im Kreise seiner Anhänger wurde er schon bald exkulpiert
und im Gegenzug charismatisiert, also als (politische wie religiöse) Gegenautorität akzeptiert, die die Werte der jüdischen Sinnwelt überzeugender zu
vertreten im Stande war als die legalen Autoritäten (cf Mk 11,27–33).

(13) Johannes' Konflikt–Strategie der Selbststigmatisierung ist bei al-
ledem kein *Selbstzweck*, sondern sie ist eng geknüpft an die *Botschaft* des
Täufers. Dieses ist die Verkündigung des nahen Gerichtes, vor dem allein die
Johannestaufe zu retten vermag. Jede Form von Selbststigmatisierung, die
beim Täufer begegnet, erfüllt daher zugleich eine delegitimierende Funktion, uzw für die direkten Adressaten der Botschaft des Täufers. Provokation
einerseits, Delegitimierung andererseits bleiben stets aufeinander bezogen –
Provokationen erscheinen nur dann als sinnvoll, wenn sie zugleich delegitimierend wirken. Für beide Seiten: für Johannes als Provokateur wie auch
für H. Antipas als Provozierten (und Delegitimierten) aber gilt: An der jeweiligen Aktion bzw Re–Aktion entscheidet sich in wesentlichem Maße die
eigene Legitimität und damit auch Autorität.

(14) Die hier gegebene (Gesamt)Deutung Johannes des Täufers und der
von ihm entfachten Bewegung verankert diese im Wertesystem des Judentums, sie verbindet in sich religiöse, politische und soziale Komponenten und
betont dadurch zugleich die grundsätzliche Sprengkraft, die der Verhaltensweise der Selbststigmatisierung als indirekt–dialektischer Weg, Schuld– und
Werteverschiebungen zu artikulieren, innewohnt.

Kapitel 3
Formen von Selbststigmatisierung bei Jesus von Nazaret

Untersucht man *Formen von Selbststigmatisierung* bei Jesus von Nazaret, so stellt sich, mehr noch als bei Johannes dem Täufer[1], die Frage der historischen Zuverlässigkeit der Quellen über ihn. Kurz: *Welche* Überlieferungen der synoptischen Tradition dürfen begründet den Anspruch erheben, entweder wörtlich mit Aussagen des historischen Jesus übereinzustimmen (sog ipsissima verba) oder aber zumindest seine Einstellung und Absicht treffend widerzuspiegeln (sog ipsissima vox)?

Da es in unserer Untersuchung ferner nicht darum gehen kann, soll und wird, für jeden im folgenden begegnenden neutestamentlichen Beleg hinsichtlich von Aussagen oder Verhaltensweisen Jesu einen ausführlichen Nachweis einer (ohnehin immer hypothetisch bleibenden) Authentizität zu führen, sei deshalb eingangs ein methodologisches Kriterium genannt, anhand dessen der Fortgang der Untersuchung bestimmt sein wird: Anspruch auf Historizität haben solche Überlieferungen, die im allgemeinen Rahmen des Frühjudentums verständlich erscheinen und darüber hinaus einen besonderen Akzent aufweisen, der auch die spätere Entwicklung des Urchristentums verständlich erscheinen läßt. Wichtig ist also nicht nur eine *doppelte Differenz Jesu*, einmal zum Judentum, andererseits zum Urchristentum, sondern genauso eine *doppelte Kontinuität Jesu*[2]. Als primäre Quellen der Jesusüberlieferung dienen die vormarkinische Tradition sowie die Tradition der Logienquelle (Q), die das Ethos Jesu relativ treu bewahrten[3]. Für die Formulierung von Ergebnissen über Jesus – hier natürlich zur Frage der Selbststigmatisierung – gilt: „The method which is being followed more and more, and the one which it seems necesarry to follow in writing about Jesus, is to construct hypothesis which, on the one hand, do rest on material generally considered

---

[1] Cf oben S.37–42.

[2] Cf hierzu W.G. Kümmel: Die Theologie des Neuen Testaments nach seinen Hauptzeugen Jesus – Paulus – Johannes (Grundrisse zum Neuen Testament; NTD–Ergänzungsreihe 3), Göttingen 1969, der von einem praktizierbaren Kriterium fordert (S.24), „daß sich aus der Zusammenordnung der so gewonnenen Überlieferungsstücke ein geschichtlich verständliches, einheitliches Bild Jesu und seiner Verkündigung ergibt, das auch die weitere Entwicklung des Urchristentums verständlich macht". So auch S. Schulz: Neutestamentliche Ethik (Zürcher Grundrisse zur Bibel), Zürich 1987, S.23.

[3] Cf hierzu R.A. Horsley: Sociology and the Jesus Movement, New York 1989, S.131.

reliable without, on the other hand, being totally dependent on the authenticity of any given pericope"[4].

Damit ist zugleich die *Art und Weise* unseres Vorgehens genannt: Anhand der allein schon quantitativ besseren Quellenlage bei Jesus gegenüber dem Täufer wird es darum gehen, die jeweilige Form von Selbststigmatisierung bei Jesus von verschiedenen Seiten „abzusichern". Dh: Formen von Selbststigmatisierung bei Jesus von Nazaret werden anders als beim Täufer (und zT auch bei Paulus) eingebettet in seine gesamte Wirksamkeit und anhand mehrerer Texte zur gleichen Thematik behandelt. Dies erfüllt dann auch nicht zuletzt den Zweck, sich von der Frage der Authentizität dahingehend frei zu machen, als es bei der Untersuchung des *Phänomens der Selbststigmatisierung* eben nicht um die Frage der Authentizität bestimmter Texte als Zeugnis eines historisch einmaligen Verhaltens gehen soll, sondern um die *Praxis eines Verhaltensmusters.*

Als Formen von Selbststigmatisierung bei Jesus von Nazaret begegnen uns asketische, provokatorische sowie forensische. Entsprechend gliedert sich dieser Abschnitt in

- Aspekte *asketischer Selbststigmatisierung* bei Jesus von Nazaret (das Ethos Jesu: Besitz–, Heimat– und Schutzlosigkeit sowie Jesu Worte zu Feindesliebe und Gewaltverzicht)

- Aspekte *provokatorischer Selbststigmatisierung* bei Jesus von Nazaret (Jesu Stellung zu Tempel und Tabus: Tempelaktion und –wort, die Frage der Tischgemeinschaft mit Zöllnern und Sündern sowie nach „Rein und Unrein")

- Aspekte *forensischer Selbststigmatisierung* bei Jesus von Nazaret (die Konsequenz des Ethos Jesu: das Martyrium Jesu)

Was für Johannes den Täufer gilt, gilt natürlich auch für Jesus selbst. Asketische, provokatorische und defizistisch–forensische Elemente können nicht idealtypisch geschieden werden, sondern gehen ineinander über. So stellt jede asketische Handlung bereits eine Provokation dar, und jeder provokatorische Akt mündet – wird er konsequent durchgehalten – in defizistisch–forensische Formen von Selbststigmatisierung. Dieses Ineinanderübergehen der verschiedenen Formen von Selbststigmatisierung wird hier nicht übergangen, sondern ihm soll durch die Vorgehensweise der Schilderung Rechnung getragen werden.

---

[4]L.c. E.P. Sanders: Jesus and Judaism, London, 2.Auflage 1987, S.3.

Diesen drei Aspekten gilt im folgenden unser Interesse.

Exkurs: An dieser Stelle soll auf die Behandlung des Themas der Selbststigmatisierung durch M.N. Ebertz eingegangen werden[5]. Dabei ist keine ausführliche Auseinandersetzung und schon gar keine Rezension seiner Arbeit geplant[6], vielmehr möchte ich kurz die Punkte berühren, die – bei Behandlung des gleichen Themas – eine unterschiedliche Vorgehensweise samt anders akzentuierten Ergebnissen mit sich bringen. Im wesentlichen betrifft dies fünf Punkte:

(1) Auffallend ist an M.N. Ebertz' Jesusbild zuerst einmal, wie Jesus in der Betrachtung *völlig isoliert* wird. Er erscheint mit seinem selbststigmatisierenden Verhalten als quasi monolithischer Block inmitten eines eher militanten, zumindest aber *zelotenorientierten* Judentums[7], wodurch Jesus auf der dunklen Folie des Judentums umso heller strahlen kann. Doch ist dieser Aspekt mE mindestens so fragwürdig wie (2) M.N. Ebertz' Sichtweise der (von ihm selbst so bezeichneten) pharisäisch–rabbinischen Bewegung als hervorragender Vertreterin eines *gesetzlichen Judentums* bzw einer jüdischen Leistungsreligion[8]. Auch hier können sich wiederum alte, von antijüdischen Vorurteilen bestimmte Klischeevorstellungen mit dem Konzept der Selbststigmatisierung verbinden, um Jesus auf einer dunklen Folie des Judentums umso heller erscheinen zu lassen[9]! Der zeitgeschichtliche Blick auf ähnliche selbststigmatisierende Strategien von jüdischer Seite unterbleibt in der Darstellung M.N. Ebertz'. Deshalb ist ihm auch (3) die falsche Behauptung möglich, von einer „spezifisch jesuanischen Strategie" der Selbststigmatisierung zu sprechen (S.143) – mE ein Zug schlechter Apologetik, die Identität immer noch auf dem Weg der Abgrenzung suchen möchte. Von einer spezifisch jesuanischen Strategie von Selbststigmatisierung kann keine Rede sein. Vielmehr gilt (4): Selbststigmatisierung ist ein gemeinkulturelles Phänomen, das in *allen* Gesellschaften begegnet. So natürlich auch im damaligen Bereich: Nicht

---

[5]Cf dazu die Anmerkung im einleitenden Kapitel 1.2, S.31.

[6]Diese wurde bereits kompetent von anderer Stelle gemacht; cf G. Baumbach: Rezension zu Ebertz, M.N.: Das Charisma des Gekreuzigten. Zur Soziologie der Jesusbewegung (WUNT 45), Tübingen 1987; ThLZ 114 (1989), Sp.556–558.

[7]L.c. M.N. Ebertz, Charisma: Die Jesusbewegung stand mit dem „Zelotentum(s), der negativen Bezugsgruppe ... in ständiger Berührung" (S.191); „Die Zeit ... war permanent von revolutionären und terroristischen Guerilla–Aktionen gezeichnet, wobei sich Morde derart täglich gehäuft haben sollen ... " (S.119).

[8]Cf die Schlagworte bei ebd.: „Leistungselite" (S.220), „Der jüdische Bildungshochmuth (sic!) hat in dieser Kaste (scil.: der pharisäisch–rabbinischen) seine hervorragendsten Vertreter" (S.221). Später bezieht er diese Haltung auch auf das gesamte Judentum, wenn er vom „populäre(n) jüdische(n) Lohnegoismus" (S.255) spricht.

[9]Gegen eine solche Vorgehensweise und damit Vernutzung der pharisäischen Bewegung insistiert mE völlig zu Recht P. Lapide: Jesus – ein gekreuzigter Pharisäer?, Gütersloh 1990, S.96: „Mir scheint, daß Rabbi Jeschua und seine Botschaft hell genug aufleuchten, so daß sie keinen schwarzen pharisäischen Hintergrund als Kontrast benötigen".

nur bei Jesus, sondern schon beim Täufer und in anderen jüdischen Kreisen wie auch im hellenistischen Bereich und dann auch bei Paulus und weiteren Personen innerhalb des Urchristentums. *Auch* bei Jesus begegnet das Handlungsmuster der Selbststigmatisierung und nicht *nur* bei Jesus, darüber hinaus aber auch an anderen Stellen im Judentum wie Christentum. Endlich sei (5) auf einen Punkt in der Analyse von M.N. Ebertz aufmerksam gemacht, auf den bereits die neutestamentliche Wissenschaft reagierte[10]: In concreto geschieht sein Versuch, die gesamte Wirksamkeit Jesu unter dem Aspekt der Selbststigmatisierung zu sehen, oftmals zu flächig und in Rundumschlägen, ohne daß dabei näher darauf eingegangen wird, gegen *wen* konkret sich die jeweilige Form von Selbststigmatisierung denn richtet, weshalb man in seiner Studie auch keinerlei (graduelle) Abstufungen bzgl Formen von Selbststigmatisierung erblickt. So sind für M.N. Ebertz die Zöllner pauschal von *allen* Juden und „in der öffentlichen Meinung der gesamten jüdisch–palästinischen Gesellschaft als schwerste >Sünder< gebrandmarkt und ausgestoßen" (S.255; ähnlich S.246) und damit stigmatisiert, was freilich eher plakativen Stereotypen denn der Realität entspricht; richtete sich doch die Stigmatisierung der Zöllner und der Kontakt Jesu mit ihnen als einer Form provokativer Selbststigmatisierung *allein* gegen die Pharisäer[11]. Selbststigmatisierung vollzieht sich auch *graduell*, nicht immer gleichrelevant. Entscheidend bzgl des Grades der jeweiligen Form von Selbststigmatisierung ist dabei der Faktor, wie es um die Machtverhältnisse bei der provozierten Seite bestellt ist; konkret: Über wieviel (politisches) Sanktionspotential die angesprochene Seite verfügte, um ihrerseits der Provokation zu begegnen. Weitere Kritikpunkte, bspw die Konstruktion einer charismatischen Karriere Jesu (samt überindividuellem Schema) oder aber die Annahme, Jesus habe sich enttäuscht vom Täufer abgewandt und er sei daher als konvertierter Charismatiker auf Umwegen (wieder mit dazu passendem Schema) anzusehen, seien nur erwähnt[12], da sie die hier vorliegende Arbeit nur am Rande berühren.

3.1 Elemente asketischer Selbststigmatisierung in der Verkündigung Jesu

Als asketische Formen von Selbststigmatisierung bei Jesus bzw in dessen Verkündigung seien im folgenden das äußere Auftreten Jesu und seiner Jünger

---

[10]Cf hierzu F. Herrenbrück: Zum Vorwurf der Kollaboration des Zöllners mit Rom; ZNW 78 (1987), S.186–199. Ausführlicher zur Problematik der Zöllner ders.: Jesus und die Zöllner. Historische und neutestamentlich–exegetische Untersuchung (WUNT 2/41), Tübingen 1990.

[11]L.c. F. Herrenbrück, Vorwurf, S.198f: So „stoßen wir *nur* im pharisäischen Einflußbereich auf eine solch radikale Ablehnung des τελώνης".

[12]Hierzu cf W.G. Kümmel: Jesusforschung seit 1981, II. Gesamtdarstellungen; ThR 54 (1989), S.1–53:50–53.

und Jüngerinnen als besitz-, heimat- und schutzlose Wanderprediger, wie dies bspw die sog Aussendungsrede oder aber die synoptischen Berufungsgeschichten widerspiegeln, sowie Jesu Mahnung zu Feindesliebe und Gewaltverzicht (Mt 5,38–48 par) näher untersucht.

Vorausgreifend sei formuliert, daß sich mE in der äußeren Erscheinungsweise Jesu und seiner Jünger ein Erbe des – defektiv wie kulpativ motivierten – asketischen Auftretens Johannes des Täufers wiederfindet, wenngleich dies bei Jesus und seinen Anhängern nicht ganz so deutlich zu fassen ist wie beim Täufer.

Aufgrund dieses Anknüpfungspunktes an Johannes den Täufer sei auch mit dieser asketischen Form von Selbststigmatisierung bei Jesus begonnen.

3.1.1 Besitz-, Heimat- und Schutzlosigkeit als asketische Formen von Selbststigmatisierung als Realisierung von wahrer Nachfolge

Eine deutliche Form asketischer Selbststigmatisierung bei Jesus begegnet in der von ihm praktizierten – wie auch in der als Handlungsanweisung von den ihm nachfolgenden Jüngern und Jüngerinnen geforderten – demonstrativen *Besitz-, Heimat- und Schutzlosigkeit.*

Daß Jesus als wandernder Prophet und Charismatiker durch Galiläa zog und die nahe Ankunft der βασιλεία τοῦ θεοῦ verkündigte, wird heute allgemein anerkannt[1]. Ebenso, daß er dies nicht alleine tat, sondern Menschen in seine unmittelbare Nachfolge rief[2]. Umstritten und in unserem Kontext der Frage der *Selbst*-Stigmatisierung besonders interessant hingegen ist die Frage der sozialen (und damit ökonomischen) Bedingtheit der Existenz Jesu und seiner Nachfolger. Kurz: die Frage, inwieweit sich begründet von einem freiwilligen

---

[1]Eine konsequente Ausarbeitung dieser These verbunden mit weitreichenden Folgen für eine Geschichte des frühesten Christentum findet sich bei G. Theißen: Wanderradikalismus. Literatursoziologische Aspekte der Überlieferung von Worten Jesu im Urchristentum; ders.: Studien zur Soziologie des Urchristentums (WUNT 19), Tübingen, 3.Auflage 1989, S.79–105. Cf ferner ders.: „Wir haben alles verlassen" (Mc. X.28). Nachfolge und soziale Entwurzelung in der jüdisch–palästinischen Gesellschaft des 1. Jahrhunderts n.Chr.; ebd., S.106–141. T. Schmeller: Brechungen. Urchristliche Wandercharismatiker im Prisma soziologisch orientierter Exegese (SBS 136), Stuttgart 1989, S.50ff verweist forschungsgeschichtlich auf Tendenzen in der neutestamentlichen Wissenschaft, die auf das Phänomen urchristlicher Wandercharismatiker auch schon *vor* den Analysen G. Theißens hinwiesen.

[2]Grundlegend hierfür immer noch die detaillierten Ausführungen von M. Hengel, Nachfolge S.41ff.

Schritt in die Nachfolgeexistenz sprechen läßt bzw bereits das wandernde Leben Jesu selbst als bewußte Handlung, aus der ein bestimmtes Ethos spricht, angesehen werden kann. Diese Frage, die die Existenz urchristlicher Wandercharismatiker, zu denen als deren Initiator und Begründer natürlich auch Jesus von Nazaret selbst zu zählen ist, in beiden Fällen nicht leugnet (und die Differenz zwischen beiden Ansätzen damit auf die Genese urchristlichen Wandercharismatikertums reduziert), ist hingegen für die hier verhandelte Frage der Selbststigmatisierung von eminenter Bedeutung: denn allein dann, wenn der Schritt in die Existenz eines bettelnden Wanderpropheten (im Falle Jesu) bzw in dessen Nachfolge (im Falle der Jünger) als freiwillige ethische Handlung und somit auch als eine *aktive* Tat wahrscheinlich gemacht werden kann, läßt sich auch begründet von einer Form von Selbststigmatisierung sprechen. Andernfalls wäre zu konzedieren, daß die Jesusbewegung[3] einem stigmatisierenden Druck von außen aufgrund selbst nicht zu beeinflussender Faktoren – gezwungen und damit *passiv* – nachgab bzw nachgeben mußte oder aber, vorsichtiger formuliert, von außen aufgeprägte Stigmata lediglich positiv umdeutete[4], statt diese Stigmata selbst freiwillig zu wählen.

Ehe wir uns aber näher mit dieser Frage befassen, sei zuvor grundsätzlich auf die *Phänomenologie* der wandernden Charismatiker eingegangen. So gliedert sich das folgende Kapitel in die beiden Abschnitte:

- *Wo* begegnen in Jesu und seiner Anhänger Ethos der Besitz–, Heimat– und Schutzlosigkeit asketische Elemente, die zugleich in deren Umwelt *negativ* – sei es defektiv oder aber kulpativ – besetzt waren?

- Läßt sich diese Erscheinung als betont *freiwillige und aktive Tat* verstehen und inwiefern handelt es sich um eine *asketische Form von Selbststigmatisierung? Wie* werden gesellschaftlich zugeschriebene Stigmata aufge– und übernommen und zugleich positiv gewendet, damit der Intention von Selbststigmatisierung folgend?

Die neutestamentliche Überlieferung schildert das Leben Jesu als das eines umherziehenden Menschen, der seinem gelernten Beruf nicht nachgeht, ohne festen Wohnsitz ist und in einem gespannten Verhältnis zur eigenen Familie (Mk 3,21; 6,4) lebt. Ebenso werden die ihm nachfolgenden Jünger

---

[3]Der Begriff umschließt im folgenden sowohl Jesus von Nazaret als deren Begründer wie auch die ihm nachfolgenden Jünger und Jüngerinnen, die die Lebensform der Wanderapostel auch noch nach dessen Tod praktizierten.

[4]Es ließe sich hier dann auch sagen: Aus der Not eine Tugend machen.

geschildert: Sie werden aus ihren vertrauten Lebensverhältnissen – der Bindung an Eltern und Haus – herausgerissen bzw –gerufen und in die Nachfolge Jesu gestellt. Diese Nachfolgeexistenz kann man wohl kaum als zeitlich relativ befristet ansehen. Die Berufung des Petrus und Andreas (Mk 1,16–18 parr) zu *Menschenfischern* (ἁλιεῖς ἀνθρώπων) impliziert (zumal zur damaligen Zeit) wohl einen endgültigen Berufswechsel und kaum das Verlassen eines Berufs, in den man ohne weiteres wieder zurückkehren konnte[5]. Die Biographie des Petrus bestätigt diese Vermutung: Zu seinen ursprünglichen Netzen fand er als urchristlicher Missionar nicht mehr zurück[6]. Desgleichen verlassen auch die beiden Zebedaidensöhne (gleichfalls Fischer) wie auch der Zöllner Levi ihren Beruf und folgen Jesu Ruf (Mk 1,19f;2,14), der für alle mit einer heimatlosen Existenz verbunden war (cf Mk 3,14f). Einen Schriftgelehrten, der Jesus nachfolgen will, klärt dieser auf:

> *Die Füchse haben Gruben und die Vögel unter dem Himmel haben Nester; aber der Menschensohn hat nichts, wo er sein Haupt hinlege.* (Mt 8,20 par)

Der Ruf in die Nachfolge impliziert für die Folgenden damit auf alle Fälle auch einen *ökonomischen Abstieg*. Was vorher selbstverständlich war, wird nun fraglich. Nachfolge heißt *Verzicht*. Verzicht auf etwas, das zumindest im begrenzten Umfang vorher noch da war. Nachfolge heißt aber auch *Bruch*; Bruch mit Beruf, Elternhaus und Pietät. Denen, die Jesu Ruf in die Nachfolge Folge leisten möchten, aber vorher noch den Vater begraben[7] bzw sich von den Zurückzulassenden verabschieden möchten, antwortet Jesus:

> *Laß die Toten ihre Toten begraben. Du aber geh hin und verkündige das Reich Gottes ... Wer seine Hand an den Pflug legt und sieht zurück, der taugt nicht für das Reich Gottes.* (Lk 9,60.62)

---

[5]An einen zeitlich befristeten Berufswechsel denkt hingegen R.A. Horsley, Sociology, S.44. Angesichts der Naherwartung der Jesusbewegung (cf Mt 10,23b) scheint mir diese Annahme eher unwahrscheinlich. Richtig dagegen A. Sand: Art. ἄνθρωπος; EWNT I (1980), Sp.240–249:242: „Der Ruf Jesu („Auf, hinter mich!") drückt aus ... daß den Jüngern ein neuer Beruf übertragen wird".

[6]Anders liegen die Dinge freilich bei Paulus: als handwerkender Zeltmacher konnte er sein Arbeitsbündel leicht mit sich tragen.

[7]Die Verletzung der Begräbnispflicht war ein extremer Verstoß gegen jedwede jüdische Pietät. Cf M. Hengel, Charisma, S.9ff. Als Beispiel aus dem Bereich der griechischen Antike sei nur auf Sophokles' *Antigone* verwiesen: Nichtbestattung entspricht hier einer betonten Verachtung des Toten.

Nachfolge bedeutet zuletzt auch Angewiesensein auf Gönner bzw Mäzene sowie ein Leben in radikaler Sorg– (Mt 6,25) und Schutzlosigkeit. Wer so mit allem Vertrautem gebrochen hat, kann sich am ehesten mit den Lilien auf dem Feld bzw den Vögeln vergleichen. Wenn schon Gott, der Schöpfer, so wundersam für das Kleine sorgt, um wieviel mehr dann nicht auch für die Nachfolger Jesu? Allein: Die Vögel haben ihr zuhause. Wer so mit allem Vertrautem gebrochen hat, der kann auch in demonstrativer Schutzlosigkeit das Reich Gottes, movens aller Nachfolge, verkündigen. Er weiß, daß bei ihm „nichts zu holen" ist. Was auch? Die sog Aussendungsregel[8] zeigt die „Besitzverhältnisse" der Jesusjünger überdeutlich auf.

> *Ihr sollt weder Gold noch Silber noch Kupfer in euren Gürteln haben, auch keine Reisetasche, auch nicht zwei Hemden, keine Schuhe, auch keinen Stab.* (Mt 10,9f)

Motiviert wird diese demonstrative Armut mit dem Verweis darauf, daß der Arbeiter seine Speise wert ist. Kranken– bzw Totenheilungen und Exorzismen: Das ist die Arbeit der Nachfolger Jesu, die sie umsonst weiterzugeben haben oder besser: Für die sie aktuell, Tag für Tag aufs neue, entlohnt werden sollen, nicht aber auf Vorrat. So spricht es auch die lk Version der Vaterunser–Bitte aus (Lk 11,3).

Ohne das gesamte neutestamentliche Material in extenso aufzuführen, zeichnet sich doch ein gewisser *Phänotyp* ab, der in seinen Umrissen deutlich erkennbar ist. Simon Petrus kann für ihn herangezogen werden. Er formuliert stellvertretend für diese Gruppe (Mk 10,28):

> *Siehe: wir haben alles verlassen und sind dir nachgefolgt.*

Im folgenden wird es darum gehen, diesen Typ umherziehender Wanderapostel als eine *Form asketischer Selbststigmatisierung* wahrscheinlich zu machen. Dabei soll auch kurz auf *Ursache und Intention* dieser devianten Lebensform eingegangen werden.

Ein erster Zug von Selbststigmatisierung begegnet offenbar in der Bezeichnung des Petrus und Andreas als *Menschenfischer* durch Jesus. Die „Verheißung", ἁλιεῖς ἀνθρώπων (Mk 1,17 par) zu werden bzw künftig Menschen zu fangen (ἀπὸ τοῦ νῦν ἀνθρώπους ἔσῃ ζωγρῶν, Lk 5,10), mußte für

---

[8]Cf hierzu die gründliche Analyse der Botenrede durch P. Hoffmann: Studien zur Theologie der Logienquelle (NTA 8), Münster 1972, S.235–334.

antike Ohren zunächst einmal jene negative Konnotation wachrufen, die das Wort im Alten Testament (cf Jer 16,16 im Rahmen eines Gerichtsvollzugs; Ez 13,18, wo von Menschenjagd gesprochen wird) oder aber bspw auch im qumranischen Schrifttum besaß. Gerade dort begegnet ein *Verfluchter, einer von Belial, der auftritt, um seinem Volk ein Fan[gne]tz zu werden und ein Schrecken für alle seine Nachbarn* (4 Q test 23f). Ferner wird von den Netzen Belials gesprochen, der auf diese Weise versucht, Israel zu fangen (CD 4,12ff) oder aber ganz allgemein auf das Grauen verwiesen, das *viele Fischer, die das Netz ausbreiten auf der Wasserfläche zusammen mit den Jägern für die Söhne des Unrechts*, anstiften (1 QH 5,8)[9]. Wenn man sich in der Jesusbewegung ein solches negativ bewertetes Wort zu eigen macht und darüber hinaus auch noch gegenüber der ursprünglich negativen Besetzung *positiv* wertet[10], läßt sich diese Eigenbezeichnung als betonte Form von Selbststigmatisierung verstehen, die damit ein Wort, das traditionell negative Assoziationen weckt, positiv *umdeutet*. So will es letztlich ausdrücken: Ja, wir sind Menschenfischer – stehen aber im Dienst der unmittelbar bevorstehenden Gottesherrschaft und einer positiven Sache. Der *provozierende* Unterton des Logions ist unverkennbar. Mit dieser Aufnahme negativer Attribute erinnert das Wort zugleich an die Selbstbezeichnung der Jesusbewegung als Gewalttäter bzw Räuber in Mt 11,12f par Lk 16,16[11]. Auch diese Metapher der Jesusbewegung als Räuber ist Ausdruck von Selbststigmatisierung, indem sie sich hier selbst einen Status außerhalb der Norm zuschreibt. Im Spruch könnte sich uU eine Anspielung an die Widerstandsbewegung[12]

---

[9]Cf ferner 1 QH 2,29;3,26. Selbst im Neuen Testament begegnet das Bildwort vom Menschenfänger in negativer Konnotation: Der Teufel wird dargestellt als ein Menschenfänger, der sich Menschen in seinem Netz gefügig macht (2 Tim 2,26). Zur negativen Klangfärbung des Wortes im griechischen Bereich etwa im Sinne von „Menschenfänger" bzw „Sklavenräuber" cf M. Hengel, Nachfolge, S.86 Anm 151.

[10]Dies vermutet schon M. Hengel, ebd., S.86f und erkennt ebenso die paradoxe und zugleich provozierende Spitze des Logions.

[11]Zu dieser Deutung des sog Stürmerspruches, die den Gewalttätern einen positiven Sinn gibt cf G. Theißen, Jesusbewegung, S.359f. Auch G. Häfner: Gewalt gegen die Basileia? Zum Problem der Auslegung des »Stürmerspruches« Mt 11,12; ZNW 83 (1992), S.21–51 versteht das Logion *in bonam partem* und mißt dem Verständnis von βιάζεσθαι eine paradox–positive Bedeutung (S.47) bei.

[12]Zu den Zeloten cf das grundlegende Werk von M. Hengel: Die Zeloten. Untersuchungen zur jüdischen Freiheitsbewegung in der Zeit von Herodes I. bis 70 n.Chr. (AGJU 1), Leiden/Köln, 2.Auflage 1976. Die Existenz einer *einheitlichen* zelotischen Gruppe (nicht die Existenz verschiedener Widerstandsgruppen auch über einen längeren Zeitraum) wird dagegen auch bestritten. Auf diese differenziert zu behandelnde Sachlage kann hier lediglich verwiesen werden. Cf hierzu M. Smith: Zealots and Sicarii. Their Origin and Relation;

befinden: Gewalttäter werden von der Jesusbewegung im übertragenen Sinne verwendet. Sie sind Gewalttäter im Sinne der Selbststigmatisierung und nicht im Sinne eines gewalttätigen Widerstandes. *Sie*, und nicht jene, gehen in die Gottesherrschaft ein.

Weiter belegt va die sog Aussendungsrede und – hierin besonders aufschlußreich – ihre jeweilige redaktionelle Verwendung in der entsprechenden Überlieferungsschicht asketische und damit auch selbststigmatisierende Aspekte der Jesusbewegung[13].

Die Aussendungsrede begegnet sowohl in der mk Überlieferung wie auch in Q: Mk 6,7–9 par Lk 9,1ff; Mt 10,5ff par Lk 10,3ff. Interessant ist nun die jeweilige Verwendung der Ausrüstungsregel[14].

Lukas übernimmt die strenge Regel aus der Logienquelle (10,4). Er weist sie aber zugleich einer vergangenen Epoche zu, wenn er die Ausrüstungsregel in 22,35f relativiert: galten *früher* noch die asketischen Bestimmungen von 10,4 (bzw 9,3), so gilt *jetzt: Aber nun, wer einen Geldbeutel hat, der nehme ihn, ebenso eine Reisetasche und wer es nicht hat, der verkaufe sein Oberkleid und kaufe sich ein Schwert* (22,36). Lukas kann die Verbindlichkeit bzw „Historizität" der (einstigen) Regel problemlos übernehmen, da er zugleich ihre zeitliche Bedingtheit festhält – nunmehr hat diese alte Regel ausgedient und muß einer aktuelleren Platz machen.

Ganz ähnlich gestaltet sich auch der Befund bei Matthäus. Der Ausrüstungsregel voran steht die Sendung der Jünger *allein* zu den verlorenen Schafen Israels, nicht aber zu den Heiden oder Samaritanern (10,5f). Wie Lukas gehört auch für Matthäus demnach die Regel, eingebunden in den Kontext der Israelmission, einer nunmehr vergangenen Epoche an. Für die Zeit nach Ostern gilt vielmehr: Gehet hin und machet zu Jüngern πάντα τὰ ἔθνη (28,19).

Dagegen mildert Markus die harten Forderungen bereits innerhalb der Überlieferung und konzediert Stab sowie Schuhe. Dies muß offenbar als bewußte Korrektur einer anderslau-

---

HThR 64 (1971), S-1–19; R.A. Horsley: Popular Messianic Movements around the Time of Jesus; CBQ 46 (1984), S.459–471; ders.: The Zealots: Their Origin, Relationships and Importance in the Jewish Revolt; NovTest 28 (1986), S.159-192. Weitere Literatur bei ebd., Sociology, S.63f Anm 15 und 16.

[13]Was hier als Jüngerinstruktion hinsichtlich den Verboten bzgl des Besitzes verhandelt wird, gilt natürlich auch für Jesus selbst: es ist kaum wahrscheinlich, daß er hier seine Jünger unter einen besonderen Anspruch stellte, den er nicht erfüllte. Vielmehr ist von einem tatsächlichen Entsprechungsverhältnis in der Lebensführung und damit auch von einer echten „Schicksalsgemeinschaft" zwischen Jesus und seinen Nachfolgern auszugehen. Zusammenfassend cf U. Luz: Das Evangelium nach Matthäus 2.Teilband Mt 8–17 (EKK I/2), Neukirchen 1990, S.89: „Der urchristliche Wanderradikalismus ist aber nur verständlich als Fortsetzung des Wanderlebens der Jünger mit Jesus".

[14]Cf hierzu die Analyse bei P. Hoffmann, Studien, S.237ff.

tenden Überlieferung verstanden werden, andernfalls wäre eine Erwähnung solch selbstverständlicher Dinge wie Stab oder Schuhe unmotiviert.

Deutlich wird am verschiedenen Umgang mit der Ausrüstungsregel mE besonders eines: ihre *Historizität*. Sie muß einmal praktiziert worden sein, uzw in einer radikalen Form[15], die nun nicht mehr gelten soll.

Daß die Ausrüstungsregel ein betont asketisches Ethos widerspiegelt, ist mE klar. *Wie* aber ist diese asketische Form hinreichend zu verstehen?

Zwei Aspekte sind hierbei wichtig:

(1) Die Ausrüstungsregel steht in unmittelbarem Kontext der Reich-Gottes–Verkündigung[16]. Diese wiederum ist mit der Forderung der μετάνοια verbunden. Dies gilt für alle drei synoptischen Evangelien. Besonders einsichtig ist dies bei Markus: Verkündigung und Bußforderung gehören bei ihm konstitutiv für das Verständnis Johannes des Täufers (1,3f), Jesu (1,14f) sowie der Jünger (6,12) zusammen. Auch Matthäus parallelisiert (redaktionell) nicht nur die Verkündigung von Täufer und Jesus (3,2;4,17), sondern bindet darüber hinaus auch noch die Jünger an Täufer und Jesus zurück (10,7[17]). Nicht ganz so deutlich stehen die Dinge bei Lukas. Die Botschaft der Nähe des Gottesreiches verbindet aber auch bei ihm die Jünger mit Jesus (10,9.11;11,20) und aufs engste bezieht er die christliche Verkündigung vom Auferstandenen, die μετάνοιαν εἰς ἄφεσιν ἁμαρτιῶν (24,47), auf den Inhalt der Taufe des Täufers zurück.

Wahrscheinlich ist demnach, daß das defektive Auftreten der Jünger wie auch Jesu *auch* kulpativ motiviert zu sein scheint, wenngleich dieser Zug hier nicht so wie beim Täufer demonstrativ nach außen gekehrt wird bzw sich ostentativ gegen andere gerichtet wiederfindet (Mt 11,7–9). *Festzuhalten bleibt indes, daß in der asketischen Tendenz der Ausrüstungsregel offenbar ein Erbe des Täufers in der Jesusbewegung fortlebt.*

(2) Doch ist die Ausrüstungsregel nicht nur mit dem Bußruf verbunden. Nicht allein der Bußruf trug die wandernden Missionare von Ort zu Ort, sondern auch ihr positves Verständnis als *Friedensbringer*, die den Häusern den Frieden zusprechen (Lk 10,5f par Mt 10,13) verbunden mit Heilungen und der Ansage des Reiches Gottes. Dafür sollen sie von dem Haus, auf dem ihr Friedensgruß bleibt, versorgt werden. Auch hier zeigt sich der (nahrungs)-

---

[15] Selbst die mk Konzessionen stellen ja nur eine vermeintliche „Erleichterung" der Regel dar; im Grunde sind sie immer noch sehr hart und asketisch.

[16] Cf U. Luz, Matthäus, S.89.

[17] Die Bußforderung, motiviert durch die Nähe des Reiches Gottes, wird hier nicht explizit ausgesprochen; im unmittelbaren Kontext ist sie aber deutlich vorausgesetzt (cf 10,15).

asketische Zug der Jesusbewegung: Versorgung wird zwar als Recht vorausgesetzt, kann aber nicht als solches eingeklagt werden. Damit unterscheidet
sich die Jesusbewegung grundsätzlich von den reisenden Essenern, die von
den jeweils Ortsansässigen ihrer Zunft versorgt werden (Jos bell 2,124ff). Der
Unterschied ist va institutionell erklärbar: Waren die Anhänger Jesu eine
sich erst durch ihren charismatischen Führer formierende Bewegung, so jene
bereits eine institutionalisierte Gruppe, die auf ein übergreifendes Kommunikationsnetz zurückgreifen konnten – genau, wie dies das frühe Christentum
schon bald ebenso konnte.

Vergleichbar bleibt aber besonders ein charakteristischer Zug der reisenden Essener wie der Wandercharismatiker: Josephus betont explizit, daß jene bei ihren Wanderungen zum Schutz vor Räubern Waffen mitnehmen (διὰ
δὲ τοὺς λῃστὰς ἔνοπλοι). Dieser Zug fehlt in der Jesusüberlieferung. Wenn
der Stab verboten wird, bedeutet dies in krassester Form ein Zeichen von
Schutzlosigkeit, der man sich hier (freiwillig) aussetzt. Umgekehrt – durch
das Hervorheben seiner Schutzlosigkeit – betont man freilich auch betont seine Friedfertigkeit. Äußerer Habitus und Verkündigung korrespondieren hier
eng miteinander ebenso wie die Tatsache, daß die verkündete Gottesherrschaft *friedlich* kommt – ein Punkt, der nicht ohne Weiteres vorausgesetzt
werden darf (cf 1 QM oder aber OrSib III,753ff).

Exkurs: Eine wesentliche Ursache zur Erklärung des devianten Lebensstiles Jesu sowie
das seiner Jünger wurde zu Recht in der ökonomischen (und politischen) Krisensituation
Palästinas im 1. Jh nChr gesehen. Diese wurde ausreichend oft beschrieben und muß hier
deshalb nicht erneut dargestellt werden[18]. Festzuhalten bleibt: diese Krisensituation traf
Palästina als Ganzes – weder war Galiläa, die Heimat der Jesusbewegung, davon im besonderen Maße betroffen[19], noch kann man Galiläa unter Verweis auf die lange Regierungszeit

[18]Cf bspw S. Applebaum: Economic Life in Palestine; S. Safrai/M. Stern (ed.): The
Jewish People in the First Century (Compendia Rerum Iudaicarum ad Novum Testamentum) vol 2, Assen 1976, S.631–700; H. Kreisig: Die landwirtschaftliche Situation in
Palästina vor dem jüdischen Krieg; Acta Antiqua 17 (1969), S.223–254; H.G. Kippenberg: Religion und Klassenbildung im antiken Judäa. Eine religionssoziologische Studie
zum Verhältnis von Tradition und gesellschaftlicher Entwicklung (StUNT 14), Göttingen, 2.Auflage 1982; S.146ff; ders.: Agrarverhältnisse in Vorderasien und die mit ihnen
verbundenen politischen Mentalitäten; W. Schluchter (Hg.): Max Webers Sicht des antiken Christentums. Interpretation und Kritik, Frankfurt 1985, S.151–204; G. Theißen:
Soziologie der Jesusbewegung. Ein Beitrag zur Entstehungsgeschichte des Urchristentums,
München, 5.Auflage 1988, S.34ff; ders., Wir haben alles verlassen, S.112ff. Zur ökonomischen wie auch politischen Bedeutung der Steuern in Palästina cf W. Stenger: „Gebt dem
Kaiser, was des Kaisers ist ...!" Eine sozialgeschichtliche Untersuchung zur Besteuerung
Palästinas in neutestamentlicher Zeit (BBB 68), Frankfurt 1988.
[19]Hierauf zielt – mE deutlich apologetisch veranlaßt – die Darstellung von M.N. Ebertz,

des Tetrarchen H. Antipas als betont friedlich und wenig revolutionär darstellen[20]. Gegen letztere Sicht sprechen mE mehrere Gründe: (1) Das Auftreten der Täuferbewegung als explizit gegen H. Antipas gerichtete Bewegung ist in sich ein Zeichen sozialer Unruhe. Man muß sich vor Augen halten, daß der Täufer wie auch Jesus einen *Herrschaftswechsel* erwarteten – was ja ein deutliches Zeichen von Kritik an der bestehenden Herrschaft darstellt. (2) Ferner die Tatsache, daß H. Antipas – in Rom denunziert, aber zumindest zT nicht unbegründet – über seine eigenen Waffenlager stolperte, dabei seine Regierungsmacht verlor und ins gallische Lyon verbannt wurde (ant 18,240–256). Dieses Waffenlager dürfte H. Antipas kaum nur als Schutz gegen äußere Feinde gesammelt haben: Galt ihm diesbzgl nicht der Schutz Roms? ME spricht einiges für die Annahme, daß H. Antipas hier ein Stück weit gegen das eigene Volk aufrüstete. (3) Sodann könnte H. Antipas' Verlagerung der Hauptstadt von Sepphoris in das von ihm gegründete Tiberias ein Indiz dafür sein, daß er sich in Sepphoris nicht mehr sicher genug fühlte und er sich daher in Tiberias eine loyalere Bevölkerung suchte (ant 18,37f). (4) Auch der Bericht von den galiläischen Pilgern (Lk 13,1–5) drückt mE die Stimmung aus, daß Galiläa so gewaltlos und ungefährlich doch nicht gewesen sein konnte. (5) Ferner verheißt die apokalyptische Schrift AssMos den zwei verbliebenen Herodessöhnen Philippus und H. Antipas (Archelaos wurde 6 nChr abgesetzt, kurz danach entstand die Schrift[21]) für die nahe Zukunft nichts Gutes. Da Philippus aber mit der Verwaltung der Nord–Ostgebiete für die wahrscheinlich in Judäa entstandene Schrift geographisch eher am Rande steht, dürften in der AssMos in der Tat eschatologische Träume vom Ende des H. Antipas begegnen – erneut ein Zeichen dafür, daß die Herrschaft des H. Antipas nicht ganz unbestritten war, wenngleich die AssMos von einer relativen Friedfertigkeit zeugt, zumindest, was eine menschliche Aktivität angeht[22]. (6) Daß eine lange Regierungszeit im übrigen nicht gleichbedeutend mit einer guten zu sein braucht, belegt mE hinlänglich das Beispiel Herodes dGr[23]. Diese politische wie ökonomische Krisensituation Palästinas war es, die traditionelle Werte in Frage stellte und Brüche in der Welt– wie Selbsterfahrung bei den davon betroffenen Menschen wachrief. Das bislang Vertraute verlor seine Selbständigkeit und die Welt wurde als *anomisch* erfahren. Ausdruck

---

Charisma, S.122–126.161–164.224f ab.

[20]Dies versucht besonders S. Freyne in seinem umfangreichen Werk: Galilee from Alexander the Great to Hadrian. 325 B.C.E. to 135 C.E. A Study of Second Temple Judaism, Notre Dame 1980.

[21]Cf E. Brandenburger, Himmelfahrt Moses, S.60.

[22]Cf hierzu D.M. Rhoads: The Assumption of Moses and Jewish History: 4 B.C. – A.D. 48; G.W.E. Nickelsburg (ed.): Studies on the Testament of Moses Seminar Papers (Septuagint and Cognate Studies 4), Society of Biblical Literature 1973, S.53–58.

[23]Zu ihm cf M. Stern: The Reign of Herod and the Herodian Dynasty; S. Safrai/M. Stern: The Jewish People in the First Century (Compendia Rerum Iudaicarum ad Novum Testamentum) vol 1, Assen 1974, S.216–307 sowie E. Schürer: The History of the Jewish People in the Age of Jesus Christ 1; rev. G. Vermes/F. Millar, Edinburgh 1973, S.287–335.

dieser Krisensituation und Erfahrung von Anomie war ein wohl überdurchschnittlich hohes
Maß an sozial entwurzelten Menschen in devianten Lebensformen[24]. Diese Welterfahrung
wurde aber nicht bloß passiv als Fatum erlebt. So wie umfassende gesellschaftliche Krisenzeiten zugleich der Nährboden für erneuernde charismatische Bewegungen sind, so stellte
diese Krisensituation Palästinas zugleich ein Experimentierfeld für neu aufbrechende Bewegungen dar, die – durch den gesellschaftlichen Druck ohne Zweifel mitbedingt – neue
Lebensformen als Weg zurück in die *Eunomie* kreierten[25]. Letzteres: Der Versuch der Überwindung der anomischen Erfahrung in Richtung Eunomie als *freiwilliger Akt asketischer
Selbststigmatisierung* steht im Vordergrund auch der devianten Lebensform der wandernden Charismatiker um Jesus – nicht die zweifellos vorhandene ökonomische Bedingtheit
dieser Lebensform. Allein so läßt sich die Aussage des Petrus (Mk 10,28): *Siehe, wir haben alles verlassen* (ἡμεῖς ἀφήκαμεν πάντα [Aor. Akt.]) *und sind dir nachgefolgt* mE richtig
erfassen[26].

Daß die als anomisch erfahrene Situation von der Jesusbewegung (subjektiv bzw kognitiv) überwunden werden sollte, zeigt sich auch an ihrem
Verhältnis zur Armut. Sie wird (in Verbindung mit Sorglosigkeit) umgedeutet als der momentanen Situation – kurz vor Anbruch des Reiches Gottes –
entsprechend. Religiöse Bettelei, das Sich-Belegen mit defektiven Stigmata,
wird hier zur Grundlage der Jesusbewegung. Augenscheinliche Sinnlosigkeit
wird in Sinnhaftigkeit umgedeutet. Armut *garantiert* geradezu den Eingang

---

[24]Cf hierzu die Analyse von G. Theißen, Wir haben alles verlassen, S.112ff, der zwischen Emigranten und Neusiedlern, Räubern, Bettlern und Vagabunden, prophetischen
Bewegungen, Widerstandskämpfern sowie der Qumrangemeinde unterscheidet.

[25]Ich übernehme den Begriff der „Eunomie" von H. Bianchi: Alternativen zur Strafjustiz. Biblische Gerechtigkeit, Freistätten, Täter–Opfer–Ausgleich, München 1988, S.45–48,
der die Eunomie (als Rechtssystem) der Anomie, die „zu den Hauptursachen von Kri-
minalität gezählt" (S.47) wird, entgegensetzt. Eunomie bezeichnet nach H. Bianchi „ein
Rechtssystem, bei dem die Menschen selber wieder mit Regeln umgehen können, sich selbst
mit ihren Konflikten beschäftigen, durch das sie Unterstützung bei der Einrichtung ihres
Lebens erfahren; gerade weil sie hier selbst miteinbezogen sind, können sie verhindern, daß
die abscheulichen Gefühle des Bedrohtseins und der Entfremdung entstehen" (S.45).

[26]Der ökonomische Faktor wird mE bei W. Stegemann: Wanderradikalismus im Urchristentum? Historische und theologische Auseinandersetzung mit einer interessanten These;
W. Schottroff/W. Stegemann: Der Gott der kleinen Leute. Sozialgeschichtliche Bibelauslegungen Bd.2 Neues Testament, München 1979, S.94–120 überbetont. Nach ihm kann von
einem freiwilligen Besitzverzicht der Nachfolger Jesu keine Rede sein. Das Folgen des Rufes
in die Nachfolge entspricht hier nur noch einem Sich-Beugen der sozialen Situation. Damit
deutet er mE nicht allein die synoptischen Berufungsgeschichten unangemessen, sondern
weiß auch mit der von der Jesusbewegung demonstrativ praktizierten Armut und Schutzlosigkeit (ohne Stab und Sandalen) nichts anderes anzufangen denn sie als ‚normale' Armut
darzustellen. Cf ferner L. Schottroff/W. Stegemann: Jesus von Nazareth – Hoffnung der
Armen, Stuttgart/Berlin/Köln/Mainz, 2.Auflage 1981, S.64–67.

in die Gottesherrschaft (Lk 6,20ff). Entsprechend begegnet auch eine vehemente Kritik des Reichtums (Lk 6,24ff[27];16,19ff;Mt 19,23f uö), die als direkte Form – im Gegensatz zur indirekt–dialektischen Form der Selbststigmatisierung – von Gegenstigmatisierung angesehen werden kann.

Getragen aber wurde das asketische und selbststigmatisierende Verhalten der Jesusbewegung vom Bewußtsein, *wie Schafe unter die Wölfe gesandt zu sein* (Mt 10,16 par Lk 10,3). Dies war nicht unbedingt ein Bild für Mastfutter, steht doch auch den Jüngern die Möglichkeit der Flucht zu (Mt 10,23), wohl aber ist es ein Indiz dafür, daß sie ihr Auftreten selbst als *provozierend* verstanden – ebenso, wie dies die Adressaten ihrer Botschaft taten, die sich von ihnen distanzierten oder mitunter mit ihnen auch in Konflikt geraten konnten[28].

Exkurs: Mit diesem Selbstverständnis erinnert die Jesusbewegung in frappierender Weise an das Auftreten *kynischer Wanderphilosophen*, die in ähnlicher Weise ihren Protest gegen eine zugrundegehende Gesellschaft kundtaten. Auf die Beziehungen zwischen beiden Gruppen wurde immer wieder aufmerksam gemacht[29], ja, Jesus wurde sogar ganz im Lichte des Kynismus, frei von aller Apokalyptik, gesehen[30]. Ob beide Bewegungen über-

---

[27] Der innere Zusammenhang von Lk 6,20ff (mE aber noch mehr von Lk 16,19–31) mit den apokalyptischen Gerichtsdrohungen, wie sie bes im äth Henochbuch stehen (cf nur äth-Hen 94,6–10), wurde schon von R. Bultmann, Geschichte, S.133, gesehen. Statt die Verse aber mit R. Bultmann der jüdischen Tradition, in der Jesus stand, zuzuweisen und sie dadurch zu relativieren, sie enthalten „nichts für die Predigt Jesu spezifisch Charakteristisches" (ebd), sollte deutlich auf die *Traditionslinie* von Selbst– und Gegenstigmatisierung verwiesen werden, in der Jesus als Jude stand. Vorbildlich hier (allerdings mit anderen – negativen – Konsequenzen) die Analyse des Judentums und Christentums durch F. Nietzsche (cf Kap 1.3. dieser Arbeit). Darüber hinaus hat G.W.E. Nickelsburg: Riches, the Rich, and God's Judgment in 1 Enoch 92–105 and the Gospel according to Luke; NTS 25 (1979), S.324–344 auf die Unterschiede zwischen äthHen und Lk aufmerksam gemacht: So begegnet bei Lk für die Reichen die Möglichkeit der Umkehr, außerdem hat Lk auch mehr Empathie für die Notlage der Armen.

[28] Was P. Hoffmann, Studien, S.326, für die Boten Jesu formuliert, gilt mE genauso bereits für Jesus selbst: „Es gelingt ihnen, auf die zwei wesentlichen Probleme der Zeit, das der Gewaltanwendung und das der Armut, in der Aufnahme und Weiterführung der Botschaft Jesu eine Antwort zu finden und diese im Auftreten zur Darstellung zu bringen. Dadurch gewinnt ihr Verhalten gesellschaftliche Relevanz; die Verfolgung, die sie vielerorts trifft, zeigt, daß man die Herausforderung ihres Wirkens verstanden hat".

[29] Cf bspw L.E. Vaage: Q: The Ethos and Ethics of an Intinerant Intelligence, Ann Arbor 1987; F.G. Downing: Christ and the Cynics. Jesus and other Radical Preachers in First-Century Tradition; Sheffield 1988; ders.: Cynics and Christians; NTS 30 (1984), S.584–593 oder schon M. Hengel, Nachfolge, S.31ff.

[30] Diese – wohl unhaltbare – kynische und enteschatologisierte Deutung Jesu wird vertreten von B.L. Mack: A Myth of Innocence. Mark and Christian Origins, Philadelphia 1988,

haupt voneinander wußten, geschweige denn persönlich je in irgendeinen wie auch immer
gearteten Kontakt traten oder ob die Parallelisierung erst für die Arbeit der synoptischen
Evangelisten – bes für Lukas – anzunehmen ist, ist zwar umstritten[31], für unseren Kontext
hingegen ohne größere Bedeutung: Nicht, ob sich die Jesusbewegung analog den kynischen
Wanderpredigern verstand ist wichtig, sondern daß sie aufgrund gleicher und ähnlicher
Verhaltensweisen wie diese gesehen werden konnte. Daß sie mit ihnen verglichen werden
konnte, zeigen unsere Evangelien. Auch die Kyniker wollten durch ihr Auftreten zuallererst
provozieren. Ohne ein bestimmtes (politisches) Programm zu vertreten, ging doch auch
von ihnen eine politische Botschaft aus: „Cynics do not look very 'political' ... They didn't
organise political parties, they didn't ... have political programmes. But they certainly
got up the noses of people in authority, and were likely to find themselves in exile. They
seem to have been political (and subversive) in their own way ... They favoured passive
resistance. And the authorities often saw this as a very political threat, and took it very
seriously indeed"[32].

Wie sich die vagabundierenden Friedensbringer allerdings im Konflikt-
fall zu verhalten haben, um somit ihrem eigenen Anspruch auch gerecht zu
werden, zeigt Jesu Mahnung zu *Feindesliebe und Gewaltverzicht*, der wir uns
im folgenden zuwenden.

3.1.2 Jesu Mahnung zu Feindesliebe und Gewaltverzicht als Ausdruck asketischer Form von Selbststigmatisierung zur Überwindung gegnerischer Aggressivität (Mt 5,38–48 par Lk 6,27–36)

Eine weitere Form *asketischer Selbststigmatisierung* begegnet in Jesu Wort
von der Feindesliebe, das eng verknüpft ist mit der Forderung des Gewaltverzichtes, genauer: Der Ablehnung der Talionsformel, der zugleich ein paradoxes Eingehen auf die Forderungen des Gegenübers entgegengestellt wird
(Mt 5,38-48 par Lk 6,27-38).

S.67ff. Er faßt die Botschaft Jesu wie folgt zusammen (S.73): „The invitation (scil.: in die
verkündete Gottesherrschaft) would have been to something like the Cynic's „kingdom",
that is, to assume the Cynic's stance of confidence in the midst of confused and contrary
social circumstances. Simply translated, Jesus' „message" seems to have been, „See how
it's done? You can do it also"".

[31]Ablehnend R.A. Horsley, Sociology, S.118. Besonders W. Stegemann, Wanderradikalismus, S.104 rechnet mit der Parallelisierung beider Bewegungen va auf der Ebene lk
Redaktion. Mit der Möglichkeit der Kenntnisnahme einiger Kyniker durch Jesus rechnet
dagegen F.G. Downing, Christ, S.X.

[32]L.c. ebd., S.vii.

Allgemein wird angenommen, daß Jesu Wort von der Feindesliebe in seinem Grundstamm auf den historischen Jesus zurückgeht[1].

Ob dies auch für den unmittelbaren Kontext dieses Gebotes gilt und somit für die Worte Jesu zum Gewaltverzicht, die Matthäus in Form einer Antithese einkleidete (5,38-42), die dann auf das Gebot der Feindesliebe klimaktisch zulaufen und bei Lukas unter Bezugnahme auf die Weherufe das vorausgehende Gebot (6,27) exemplifizieren, wird aufgrund der inneren Zusammengehörigkeit der Worte für die Verse Mt 5,39b.40.42 par Lk 6,29.30 bejaht; soll aber erst im Anschluß an diesen Abschnitt in einem eigenen Exkurs über *Aggressionsüberwindung durch Selbststigmatisierung* näher behandelt werden.

Bzgl des Wortlautes schöpfen Matthäus und Lukas aus einer gemeinsamen – wohl schriftlichen – Quelle, die das radikale Ethos Jesu treffend wiedergibt und daher neben der vormarkinischen Tradition als die Hauptquelle für unser Wissen über Jesus von Nazaret angesehen werden darf. Unklar hingegen bleibt die Abgrenzung des Logions. Sprich: Wo begegnen sekundäre Erweiterungen der Logienquelle selbst, wo redaktionelle zum einen von Matthäus, zum andern von Lukas[2].

---

[1]Cf hierzu D. Lührmann: Liebet eure Feinde (Lk 6,27-36/Mt 5,38-48); ZThK 69 (1972), S.412–438, bes 427ff; ferner J. Piper: Love your enemies. Jesus' love command in the synoptic gospels and in the early Christian paranesis. A history of the tradition and interpretation of its uses (MSSNTS 38), Cambridge 1979, bes S.66–99. Jetzt auch N.A. Røsæg: Jesus from Galilee and Political Power. A Socio–Historical Investigation. Traces of his actual ‚relations‘ and ‚attitudes‘ towards four ‚components‘ of ‚common‘ or ‚secular‘ contemporary ‚political power‘ from a Galilean socio–historical perspective; Diss Oslo 1990, S.358-381. Eine Ausnahme bzgl der Frage der Authentie bilden L. Schottroff: Gewaltverzicht und Feindesliebe in der urchristlichen Jesustradition Mt 5,38–48; Lk 6,27–36; Jesus Christus in Historie und Theologie, FS H. Conzelmann, Tübingen 1975, S.197-221:216 (zu ihrer historischen Skepsis cf auch dies.: Der Mensch Jesus im Spannungsfeld von Politischer Theologie und Aufklärung; ThP 8 (1973), S.243–257) sowie neuerdings J. Sauer: Traditionsgeschichtliche Erwägungen zu den synoptischen und paulinischen Aussagen über Feindesliebe und Wiedervergeltungsverzicht; ZNW 76 (1985), S.1–28, der den traditionsgeschichtlichen Ausgangspunkt für die Gebote nicht in einem authentischen Jesuswort, sondern in Röm 12,14 vermutet.

[2]Zur verschiedenen Abgrenzung des Logions cf D. Lührmann, Feinde, S.416ff; H. Merklein: Die Gottesherrschaft als Handlungsprinzip. Untersuchung zur Ethik Jesu (FzB 34), Würzburg 1978, S.222ff; ders: Jesu Botschaft von der Gottesherrschaft. Eine Skizze (SBS 111), Stuttgart 1983, S.114; D. Zeller: Die weisheitlichen Mahnsprüche bei den Synoptikern (FzB 17), Würzburg 1977, S.101ff sowie S. Schulz: Q. Die Spruchquelle der Evangelisten; Zürich 1972, S.127ff und P. Hoffmann(/V. Eid): Jesus von Nazareth und eine christliche Moral; QD 66 (1975), S.147–185. Ihre verschiedenen Abgrenzungen verändern die Substanz der Worte freilich nicht.

Während zumeist vermutet wird, daß Lukas die Reihenfolge der in Q gesammelten Logien ursprünglicher bewahrte als Matthäus[3], genießt bzgl des Wortlautes meist Matthäus mehr Vertrauen als Lukas – ein Punkt, der uns hier nicht weiter zu interessieren braucht: stimmen doch beide hinsichtlich der sprachlichen Formulierung des Gebotes der Feindesliebe überein. Differenzen begegnen erst ab der anschließenden Verheißung.

Das Gebot in einem sehr alten Stadium seiner Überlieferung dürfte lauten[4]:

> Ich sage euch:
> Liebet eure Feinde,
> bittet für die, die euch verfolgen[5],
> damit ihr Söhne eures Vaters werdet,
> denn er läßt seine Sonne aufgehen über Bösen und Guten
> und läßt regnen über Gerechte und Ungerechte.
> Werdet barmherzig,
> wie euer Vater barmherzig ist.

Hinsichtlich unserer Untersuchung des Gebotes der Feindesliebe als asketischer Form von Selbststigmatisierung sollen hier drei Fragen besonders interessieren:

- Wer sind die *Adressaten* des Gebotes (ὑμῖν)?

- Wer ist mit den Feinden (τοὺς ἐχθροὺς) gemeint? In welchem (übergreifenden) Rahmen wurde das Wort seinerzeit verstanden?

---

[3]L.c.D. Zeller: Kommentar zur Logienquelle (SKKNT 21), Stuttgart 1984, S.15: „Die *Abfolge* der Logien ist nach der Meinung der modernen Forscher bei Lk besser bewahrt". Cf aber R. Bultmann, Geschichte, S.100 oder S. Schulz, Q, S.120f.

[4]Cf hierzu H. Merklein, Gottesherrschaft, S.229 sowie ders., Botschaft, S.114,

[5]Dieser Teil wird öfter der jeweiligen Redaktion zugeschrieben; für Mt cf D. Lührmann, Feinde, S.426, für Lk cf H. Merklein, Gottesherrschaft, S.229. Damit aber bleibt das Gebot Jesu ohne jedwede Konkretion, die dann freilich quasi nachträglich erbracht werden muß. So findet zBsp D. Lührmann, Feinde, S.436ff, die Konkretion von Jesu Gebot in dessen Verhalten zu Sündern – ein Befund, der dem mt oder lk Text wohl kaum gerecht wird. Die Feinde werden schon in Q als die bezeichnet, die verfolgen (διωκόντων ὑμᾶς) bzw mißhandeln (ἐπηρεαζόντων ὑμᾶς). Dieser konkrete Bezug dürfte mE durchaus ursprünglich sein. Cf hierzu die erhellenden Ausführungen von L. Schottroff, Gewaltverzicht, S.213–216. Einen Zusammenhang zwischen Feindesliebe und Jesu Hinwendung zu den Sündern vermutet auch W. Wolpert: Die Liebe zum Nächsten, zum Feind und zum Sünder; ThGl 74 (1984), S.262–282.

- Inwiefern liegt in diesem Wort eine *bewußte Form von Selbststigmatisierung* vor?

Das Gebot Jesu zur Feindesliebe steht im jetzigen Kontext innerhalb der sog Bergpredigt (bei Mt)[6] bzw der sog Feldrede (bei Lk). In beiden Kompositionen richtet Jesus seine Worte sowohl an das *Volk* wie auch an *seine Jünger*. Dies freilich ist in beiden Fällen das Ergebnis einer *bewußten Komposition*[7], haben doch beide mit der Bergpredigt bzw Feldrede die markinische Vorlage nachhaltig verändert.

Für Matthäus gilt: Er schiebt Jesu Rede zwischen Mk 1,21 (cf Mt 5,2) und V 22 (cf Mt 7,28f) und „beschafft" mit dem die Bergpredigt einleitenden Summarium 4,23–25 aus Mk 1,39;3,7–10 ein Publikum für die nun folgende programmatische Rede Jesu, durch die er sich als Lehrer des Wortes erweist. Ganz ähnlich bei Lukas: Er stellt die Berufung der Zwölf (aus Mk 3,13–19) *vor* den Bericht über den Zulauf des Volkes zu Jesus (aus Mk 3,7–12) und gewinnt auf diese Weise unmittelbar vor der nun einsetzenden Feldrede 6,20ff eine Zuhörerschaft für dieselbe.

Beide Autoren richten die Worte Jesu und somit das darin enthaltene Gebot zur Feindesliebe sowohl an die Jünger Jesu wie auch an eine größere Zuhörerschaft. Dies freilich ist das Ergebnis einer redaktionellen Bearbeitung der beiden zugrundeliegenden Quelle Q. Darf man auch schon bei Q einen erweiterten Adressatenkreis voraussetzen? Macht man Ernst mit der Annahme, daß die Jesusbewegung ursprünglich eine innerjüdische Erneuerungsbewegung war, die das Judentum mit ihrer universalen Botschaft von

---

[6]Zur Bergpredigt cf P. Lapide: Die Bergpredigt. Utopie oder Programm?, Mainz 1982; G. Barth: Art. Bergpredigt I. Im Neuen Testament; TRE 5 (1980), S.603–618 (Lit.!); H.D. Betz: Studien zur Bergpredigt, Tübingen 1985; G. Strecker: Die Antithesen der Bergpredigt; ZNW 69 (1978), S.36–72 und H. Weder: Die „Rede der Reden". Beobachtungen zum Verständnis der Bergpredigt; EvTh 45 (1985), S.45–60. Ferner Chr. Burchard: Versuch, das Thema der Bergpredigt zu finden; Jesus Christus in Historie und Theologie, FS H. Conzelmann, Tübingen 1975, S.409–432. Reiche Literaturangaben auch bei N.A. Røsæg, Jesus, S.359 Anm 7 sowie bei U. Luz, Das Evangelium nach Matthäus (EKK I/1), Neukirchen 1985, S.244.

[7]Cf zu den Adressaten der Bergpredigt sowie zu deren Komposition va J. Lambrecht: Ich aber sage euch. Die Bergpredigt als programmatische Rede Jesu (Mt 5–7; Lk 6,20–49), Stuttgart 1984, S.23–24; O. Betz: Bergpredigt und Sinaitradition; ders.: Jesus. Der Messias Israels. Aufsätze zur biblischen Theologie (WUNT 42), Tübingen 1987, S.333–384. Ferner M. Hengel: Die Bergpredigt im Widerstreit; ThB 14 (1983), S.53–67; A. Strobel: Die Bergpredigt als ethische Weisung heute. Vier Thesen für Nachfolger Jesu Christi in einer modernen Welt; ThB 15 (1984), S.3–16; als Gegenrede zu A. Strobel cf H. Burchardt: Die Bergpredigt – eine allgemeine Handlungsanweisung?; ThB 15 (1984), S.137–140 sowie U. Luz: Matthäus, S.183–197.

Liebe und Versöhnung aus einer tiefempfundenen Krise herauszuführen suchte, ist diese Annahme mE unausweichlich. Jesu Botschaft gilt nicht einem
elitären Jüngerkreis, sondern dieser *realisiert sie eben schon jetzt* und wird
daher auch – nach dem Einbruch der in Kürze erwarteten βασιλεία τοῦ θεοῦ
– herrschaftlichen Anteil am Richten der zwölf Stämme Israels haben (Mt
19,18 par)[8].

Es läßt sich also schließen: Jesu Wort zu Gewaltverzicht und Feindesliebe richtet sich an all diejenigen aus dem Judentum, die sich von seinem
Wort treffen lassen. Der Anspruch ist damit umfassender als dies die Zahl
derer ist, die diesen Anspruch auch handlungspraktisch realisiert. Darüber
herrscht freilich Klarheit: Die Jesusbewegung blieb aufs Ganze gesehen eine Minorität im Judentum. Ihr Programm war zugleich ein Angebot zum
Experimentieren[9] innerhalb einer Gesellschaft, die sich in ihrer Identität als
bedroht erlebte. Dabei griff sie natürlich auch auf frühere Erfahrungen im
Judentum zurück. In Jesu Jüngerkreis, der in dieser Hinsicht grundsätzlich
offen war für weitere Anhänger, sollte dieses Experiment exemplarisch gelebt
werden *als Ausdruck der eigenen Identität sowie als missionarisches Mittel*,
das hierbei gerade auch den Feind nicht ausschloß.

Die Frage der Feinde (τοὺς ἐχθροὺς) läßt sich – folgt man der exegetischen
Diskussion – in der Alternative: *Privatfeind oder Volksfeind* beschreiben.
Wendet sich das Wort Jesu demnach also an eine innerjüdische Gegnerschaft,
so kann man formulieren: „The focus of ‚love your enemies‘ and the related
sayings, however, is *not* on the Romans or even on domestic political power
enemies. Rather they call for *innovating solidarity*, for radical realization
of the will of God and for imitation of the mercy of God in the immediate
and concrete ‚bilateral‘ socio–economic relations“[10], oder aber *inkludiert* das
Wort einen weiteren Horizont als den dörflich–lokalen, sodaß es auch offen
ist für eine Interpretation, die über diesen engeren hinausweist[11]?

---

[8]Gegen M. Hengel, Nachfolge, S.81, der festhalten will: „schließlich konnte auch kein
besonders wertvoller – gewissermaßen über dem Durchschnitt liegender – himmlischer
Lohn das Motiv und Ziel der Nachfolge sein“.

[9]Cf hierzu die sozialpsychologischen Ausführungen von S. Moscovici im einleitenden
Kap 1.2.

[10]L.c. N.A. Røsæg, Jesus, S.395. Ähnlich ebd., S.366: „Thus, certainly from the perspective of the historical Jesus at least, the logion of enemy–love and its sequence ... is *not*
related *directly* or *explicitly to the Roman question, or to the ‚zealot‘ issue*“. Er folgt hier
den Ausführungen von R.A. Horsley: Ethics and Exegesis: „Love your Enemies“ and the
Doctrine of Non–Violence; JAAR 54 (1986), S.3-31; cf ferner S.Schulz: Ethik, S.45ff.

[11]An eine umfassendere Bedeutung des Wortes ἐχθρός denken bspw U. Luz, Matthäus,
S.309; W. Huber: Feindschaft und Feindesliebe. Notizen zur Problematik des »Feindes« in

Richtig ist, daß Jesu Wort weder einen *direkten* Bezug nimmt auf solche Feinde, die man als jüdische Nationalfeinde bezeichnen könnte (also die römische Besatzungsmacht), noch augenscheinlich auf seinen Landesherrn und Verwalter der römischen Staatsmacht in Galiläa, Herodes Antipas. Sind die genannten Feinde demnach eher in der Dorfbevölkerung Chorazins, Betsaidas oder Kapernaums (Lk 10,13ff par) zu suchen als hinter den Regierungsmauern von Caesarea (bzw Jerusalem) oder Tiberias?

Ein Blick auf die Rahmung des Gebotes könnte diese Vermutung in doppelter Weise relativieren. Denn das Logion ist einmal motiviert durch das Vorbild Gottes und ruft zur *imitatio Dei* auf, der seine Sonne über alle Menschen in gleichem Maße scheinen läßt. War das Sonnenbild bei Kohelet noch Anlaß zu abgrundtiefer Resignation (cf Koh 1,3.9;2,11.18;4,11), so begegnet es in der Verkündigung Jesu geradezu als Motivation der Feindesliebe: So wie Gott über allen Menschen die Sonne scheinen läßt, so soll auch der Mensch unterschiedslos Gott nachahmen und seine Zuwendung nicht gewissen Menschen vorenthalten, sondern gleich Gott ebenfalls seine „kleine Sonne (der Liebe)" über allen scheinen lassen, auch über dem Feind, der so in seiner feindliche Grundhaltung überwunden werden soll (dazu unten).

Zum andern aber weist zumindest die mt Komposition darauf hin, daß der Feind weniger zur in–group als vielmehr zur out–group der Betroffenen gehört: So gestaltet Matthäus die ersten vier Antithesen als Verhältnis zu Gliedern der in–group, während in den beiden letzten Antithesen diese Grenze wohl bewußt – klimaktisch – überschritten werden soll. Ganz offenbar geht es auch Mt darum, das Feindesliebegebot als ein Gebot Jesu darzustellen, das über den unmittelbaren Bezug zum Nächsten hinausweist. Denn die Beziehung zum Bruder wie auch das Verhältnis zum andern der in–group wird ja bereits in der ersten Antithese geregelt (5,21ff). Die Annahme, daß in den letzten beiden Antithesen also der unmittelbare Bezugsrahmen zu einem in–group–Mitglied aufgegeben wurde zugunsten Verhaltensanweisungen gegenüber einer Person, die nicht zu dieser gehört, hat daher mE mehr Wahrscheinlichkeit für sich. Endlich sei auch darauf verwiesen, daß das Gebot der Feindesliebe dem alttestamentlichen Gebot der Nächstenliebe gerade *nicht* parallel gestaltet ist: Bezieht sich das Gebot im Alten Testament auf die (in der Antike ganz normale) Clansolidarität, so könnte mit der betonten Verwendung des Plurals im Gebot der Feindesliebe auch tatsächlich eine

---

der Theologie; ZEE 26 (1982), S.128-158 oder auch W. Schrage: Ethik des Neuen Testaments (Grundrisse zum Neuen Testament; NTD–Ergänzungsreihe 4), Göttingen, 5.Auflage 1989, S.81.

Überwindung der Gruppendeutung intendiert sein.

In beiden Fällen scheint demnach eher ein umfassenderer Rahmen vorausgesetzt zu sein. Entscheidend dagegen ist die Frage: *Wie sind die zur Feindesliebe Aufgerufenen sozial überhaupt zu bestimmen*[12]?

Wer zur Feindesliebe (und zum Vergeltungsverzicht) aufgefordert wird, könnte dieser Forderung (1) aus *Klugheit* nachkommen: seine grundsätzliche Abhängigkeit einem Stärkeren gegenüber empfiehlt geradezu die Hinnahme des Unrechts, um so das erlittene Unrecht zu beschränken[13]. Hier wäre dann das offenkundige Hinnehmen des Unrechts durch die jeweilige *Abhängigkeitssituation* und die daraus resultierende Ohnmacht begründet – ein Aspekt, der Mt 5,38ff kaum vorliegen dürfte und auf den ja auch nicht angespielt wird.

Sodann könnten Feindesliebe und Gewaltverzicht (2) Ausdruck einer *überlegenen Haltung eines Siegers* sein, der auf diese Weise die Niederlage des Gegenübers erträglich erscheinen lassen möchte. Gerade die von römischen Caesaren geübte *clementia principis* ist auf diesen Gesichtspunkt hin zu befragen, wußte doch schon Seneca, daß Rache– und Zornverzicht das *imperium* erhält, weshalb er fragen konnte: *Was ist ruhmvoller als den Zorn in Freundschaft umzuwandeln? Wen hat das römische Volk zu treueren Bundesgenossen als die, die seine hartnäckigsten Feinde waren? Was wäre heute das Reich, wenn nicht heilsamer Weitblick Besiegte verschmolzen hätte mit Siegern?* (cf de ira II,34,4). Auch bekräftigt er das Ertragen von Schmähungen als nicht zu unterschätzende Hilfe in der Aufrechterhaltung von Macht und Herrschaft. Dies gilt sowohl für die allgemeine staatliche Macht (de ira II,32,3) wie auch für die des pater familias (de ira III,23,2). Ähnliche Überlegungen begegnen auch in der jüdisch–hellenistischen Ethik, so bspw in JosAs 28,5.10.14, wo Gewaltverzicht als Gnade gegen niedergeworfene Feinde verstanden wird[14]. Doch scheint auch dieser Fall für die urchristliche Tradition nicht zuzutreffen, wird doch damit die soziale Situation Jesu bzw der ersten Christen kaum getroffen sein.

---

[12]Cf hierzu die wichtigen Ausführungen von L. Schottroff, Gewaltverzicht, S.208ff, in denen sie drei verschiedene soziale Haltungen des Racheverzichtes differenziert, um die in Mt 5,38ff geforderte Haltung auch in ihrer sozialen Bedingtheit näher zu bestimmen.

[13]Ein solches Beispiel erzählt bspw Seneca: De ira II,33,3f: Einem römischem Ritter wird aus nichtigem Anlaß vom Kaiser sein Sohn hingerichtet und dieser daraufhin vom Kaiser zu einem Essen geladen. Der Ritter erhob sich nicht gegen den Kaiser, sondern ertrug sein Schicksal – wohlbegründet, hatte er doch noch einen zweiten Sohn.

[14]Weiter Stellen zum Racheverzicht, bes aus den TestXIIPatr, bei A. Nissen: Gott und der Nächste im Judentum. Untersuchungen zum Doppelgebot der Liebe (WUNT 15), Tübingen 1974, S.308ff. Cf auch J. Piper, Love your enemies, S.35ff.

Zuletzt begegnen Feindesliebe und Racheverzicht innerhalb der nicht-christlichen Ethik (3) als *Haltung des Protestes* des ohnmächtigen Philosophen, der damit auf eigene Weise dem ihm widerfahrenden Unrecht widersteht. Das bekannteste Beispiel hierfür ist wohl das Hinnehmen von Verurteilung und Tod durch Sokrates. Aber auch und gerade von *Kynikern* ist diese Protesthaltung belegt – uzw nicht als Ausdruck einer *masochistischen Grundhaltung*, sondern eines Verhaltens, das *trotz des augenscheinlichen Annehmens von Bestrafungssanktionen dieses als Unrecht brandmarken und zugleich überwinden will* (cf bspw Epiktet, diss III,22,54), wenngleich einschränkend hinzugeführt werden sollte, daß das Verhalten der Kyniker auch im Dienst der *Selbstüberwindung* steht.

Wird hier bewußt öffentliche und soziale Ächtung im Bewußtsein hingenommen, um diese so als Unrecht zu brandmarken (und damit letztlich eine soziale Umdefinition vorzunehmen), läßt sich diese Vorgehensweise als eine bewußte und aktive Form des Protestes und somit als eine *Form von Selbststigmatisierung* verstehen, die sich am besten als *provokatorische bzw (gewalt-)asketische* erfassen läßt.

Läßt sich diese letzte Haltung zur Frage der Feindesliebe und zum Vergeltungsverzicht auch als die Mt 5,38ff vorausgesetzte wahrscheinlich machen?

Deutlich ist, daß die Jesusbewegung bzw die ersten Nachfolger Jesu keine Mächtigen waren, die dann mit dem Gebot die eigene Macht unterstreichen wollten. Eher scheint das Gegenteil der Fall zu sein: Die Erfahrung von Herrschaftsferne, die dennoch nach gesellschaftlicher und sozialer Einflußnahme sucht. Dies scheint ein kleiner Hinweis zu bestätigen: Die jeweilige Formulierung des Gebotes der Feindesliebe bei Mt und Lk greift zurück auf die Seligpreisungen: Mt preist die selig, die um Jesu willen beschimpft, verfolgt und verleumdet werden (5,11), Lk spricht vom Haß (6,22); beide gestalten entsprechend das Feindesliebegebot. Deutlich wird in beiden Fällen, daß Feindesliebe hier den *Verfolgten* zugemutet wird. Dann aber wäre Jesu Gebot analog dem oben beschriebenen Protest des ohnmächtigen Philosophen zu verstehen, der auf diese Weise das Unrecht, das ihn bedroht, zu unterlaufen sucht, sprich: *Als bewußte Form von Selbststigmatisierung.*

Diese Vermutung hat durchaus historische Wahrscheinlichkeit. Denn *Ohnmacht als Widerstand* – der deshalb noch lange nicht ohnmächtig und wirkungslos zu sein braucht – begegnete damals auch in zwei Fällen im zeitgenössischen Judentum. In beiden Fällen wurde das Ethos einer demonstrativen Gewaltlosigkeit praktiziert, um der jeweils als überlegen erlebten Macht, den Römern, verzweifelt entgegenzutreten[15].

Als Pilatus im Jahre 26 nChr sein neues Amt als Präfekt von Judäa
von Kaiser Tiberius übertragen bekam, ließ er nachts heimlich Kaiserbilder
nach Jerusalem hineinbringen (bell 2,169–174;ant 18,55-59). Dies stellte wohl
eine bewußte Provokation für die jüdische Bevölkerung dar, verbot doch ihr
Gesetz Bilder. So strömte sowohl die Jerusalemer Stadtbevölkerung wie auch
die Landbevölkerung zu Pilatus nach Caesarea am Meer, um ihn zu bitten,
die Kaiserbilder wieder aus der Stadt zu entfernen. Dieser aber verwehrte
die Bitte, so daß sich die protestierenden Juden auf ihr Angesicht warfen
und so fünf Tage und Nächte vor der Residenz des Pilatus ausharrten. Am
darauffolgenden (sechsten) Tag ließ Pilatus das Volk in eine Rennbahn führen
in der Hoffnung, daß die Angelegenheit nun entschieden werde. Statt dessen
aber – so der Bericht des Josephus – gab Pilatus seinen bewaffneten Soldaten
ein Zeichen, die Juden zu umzingeln und sie töten zu lassen, falls sie die
Kaiserbilder nicht doch tolerieren würden. Dann gab er seinen Soldaten das
Zeichen, ihre Schwerter zu ziehen. Josephus berichtet weiter (bell 2,174):

> Die Juden aber warfen sich wie auf Verabredung hin dicht-
> gedrängt auf den Boden, *boten ihren Nacken und schrieen, sie
> seien eher bereit zu sterben*, als daß sie die väterlichen Gesetze
> überträten. Zutiefst erstaunt über die Glut ihrer Frömmigkeit
> gab Pilatus den Befehl, die Feldzeichen sofort aus Jerusalem zu
> entfernen.

Wollte Pilatus mit dieser Aktion ursprünglich *seine* Macht testen, so
widerfuhr ihm letztlich genau das Gegenteil: nicht er testete *seine Macht*,
sondern die Juden testeten *seine Ohnmacht*! Das Ergebnis war auf alle Fälle
eine unerwartete Niederlage des Pilatus gleich zu Beginn seiner Präfektur.
Dies wiegt umso mehr, als er nicht seinesgleichen, sondern der Gewaltlosigkeit der jüdischen Demonstranten unterlag.

Dieses Ereignis mußte damals einen enormen Eindruck in der jüdischen
Bevölkerung gemacht haben. Jedenfalls blieb dieses Vorgehen in den Köpfen
der Juden lebendig. Etwas über zehn Jahre nach diesem Vorfall wiederholte
sich ein ähnliches Geschehen, das bzgl seiner Dramatik und Bedeutung das
frühere Ereignis noch überragt.

---

[15]Für das Folgende cf G. Theißen: Gewaltverzicht und Feindesliebe (Mt 5,38–48/Lk 6,27–
38) und deren sozialgeschichtlicher Hintergrund; ders.: Studien, S.160–197, der zuerst auf
diese beiden auffälligen Parallelen zu Jesu Gebot der Feindesliebe aufmerksam machte und
letzteres damit in Verbindung brachte.

Tiberius' Nachfolger auf dem Kaiserthron, G. Caligula (37–41 nChr), kündigte den Juden in Palästina aufgrund einer Provokation ihrerseits, als einige Juden einen heidnischen Altar in Jamnia zerstörten, die Religionstoleranz auf und gab Befehl, als Strafe für dieses Geschehen sein Standbild in den Jerusalemer Tempel stellen zu lassen (bell 2,184–203;ant 18,261–309;Philo legGai 197–337). Ein lokaler Konflikt eskalierte so zu einer die jüdische Identität bedrohenden Provokation von seiten des römischen Kaisers. Der neu entsandte syrische Legat Petronius war mit der Errichtung der Statue beauftragt. Erneut regte sich gegen ein solches Vorgehen, das im Widerspruch zu den väterlichen Gesetzen stand, der Widerstand in der jüdischen Bevölkerung. Diese zog zu Petronius nach Ptolemäus und riet ihm, falls er tatsächlich an seinem Plan festhalten wolle, möge er doch zuerst das hier versammelte Volk umbringen, das zum Sterben durchaus mit Freuden bereit war. Beeindruckt von der jüdischen Entschlossenheit zieht Petronius nach Tiberias. Dort kommt es zu weiteren Verhandlungen mit den jüdischen Demonstranten. Josephus fährt fort (ant 18,271f):

> „Wollt ihr also", sagte Petronius, „mit dem Kaiser Krieg führen, ohne an *seine Rüstungen* und an *eure Ohnmacht* zu denken?" Sie aber entgegneten: „Wir wollen ganz und gar keinen Krieg führen, sondern lieber sterben, als wider das Gesetz zu handeln", *und bei diesen Worten warfen sie sich zur Erde, boten ihren Nacken dar und erklärten sich bereit, denselben Augenblick zu sterben.* So fuhren sie vierzig Tage lang fort, ohne das Land zu bestellen, obschon es Saatzeit war, und sie blieben fest bei ihren Worten und dem Entschluß, eher zu sterben als die Bildsäule aufrichten zu sehen.

Wieder war das Gegenüber der Juden, Petronius, von deren entwaffnenden Gewaltlosigkeit und Opferbereitschaft derart beeindruckt, daß er schließlich um die Rücknahme (!) des kaiserlichen Befehles bat. Erneut hatte die schon ca 13 Jahre zuvor erfolgreiche gewaltlose Strategie Erfolg.

Zwischen beiden erfolgreichen Ereignissen liegt das Wort Jesu zu Feindesliebe und Gewaltverzicht. Drückt sich in den drei Geschehnissen der gleiche gewaltlose Geist bzw dasselbe geistige Klima aus?

Nun ließe sich einwenden, daß gerade die angeführten Parallelen auch selbst die Grenzen dieses Vergleiches aufzeigen, denn in beiden Fällen geht es um eine grundsätzliche *Martyriumsbereitschaft* der betroffenen Juden. Ihr

Festhalten an den väterlichen Sitten und damit ihre *Wahrheitstreue* motiviert ihr Verhalten den römischen Befehlshabern gegenüber. Die hier begegnende *Martyriumsbereitschaft* und die von Jesus geforderten Handlungen der *Feindesliebe wie des Gewaltverzichtes* lassen sich, könnte man behaupten, so nicht vergleichen[16].

Gewiß, die jüdische Konfliktstrategie spricht nicht explizit von Feindesliebe. Genausogut könnte die Demonstranten ein tiefer Haß zum Widerstand getrieben haben. Doch dies wissen wir nicht. Zugleich läßt sich aus dem Wort Jesu kein expliziter Bezug zur römischen Besatzungsmacht herauslesen; es ist vielmehr absolut formuliert (dazu u) Wichtig ist aber va die hier *gemeinsam praktizierte Strategie*, die nicht ohne weiteres vorausgesetzt werden darf. Übereinstimmung herrscht jedenfalls in zwei Punkten:

(1) Hier wie dort geht es *nicht* um eine Selbstaufopferung im Sinne eines Masochismus, sondern um eine durchaus *erfolgversprechende Strategie*, aus der Position des Unterlegenen heraus den Stärkeren zu beeinflussen, in der *das Gegenüber und dessen Veränderung* im Blickpunkt steht. Für das Handeln der jüdischen Demonstranten ist diese Absicht offenkundig, für die Tradition der Jesusbewegung wird diese Absicht durch das kompositorische Nebeneinander von Feindesliebe und Vergeltungsverzicht nahegelegt (cf u).

(2) Hier wie dort soll eine aggressive gegnerische Haltung überwunden werden, indem sie leerläuft, dh nicht erwidert wird. Dies mag auf den ersten Blick durchaus paradox anmuten. Doch zeigen die Beispiele jüdischer Demonstrationstechnik, daß auch von einer demonstrativen Gewaltlosigkeit, die sich augenscheinlich ohnmächtig einer fremden Aggression fügt und sie gerade dadurch negierend überschreitet, eine Macht ausgehen kann, die selbst die gezückten Schwerter eines Pilatus besiegen kann. In diesem Fall hatte Selbststigmatisierung durchschlagenden Erfolg. Erinnern wir uns zurück an die von W. Lipp formulierten Ziele der Selbststigmatisierung: „Selbststigmatisierer ... testen am Ende nicht nur die Gewalt, die Macht, sondern die Ohnmacht ihrer Adressaten ... (Sie) laden Schuld, also Ächtung, auf sich und sie versuchen, diese Schuld umzudefinieren, sie neu zu verteilen und an die ächtenden Instanzen zurückzugeben"[17]. Jesu Mahnung zur Feindesliebe und zu Gewaltverzicht hätte dann durchaus eine *politische Dimension*, die in ihrer Wirkung alles andere als unterschätzt werden darf: Vermag doch selbst eine irenische Form von passivem Widerstand Konflikte zu beenden und über

---

[16]So die Kritik von F. Neugebauer, Die dargebotene Wange und Jesu Gebot der Feindesliebe. Erwägungen zu Lk 6,23–36/Mt 5,38–48; ThLZ 110 (1985), Sp.865–876:868.

[17]L.c. W. Lipp, Selbststigmatisierung, S.37.

Sieg und Niederlage zu entscheiden. Doch ehe wir uns der politischen Dimension dieser *asketischen Form von Selbststigmatisierung* näher zuwenden, soll auf einen weiteren Einwand gegen diese Deutung des jesuanischen Gebotes eingegangen werden.

Das Gebot Jesu steht in keinerlei Kontext zu einer konkreten Situation. Es scheint absolut formuliert zu sein – hierin besteht wohl der wichtigste Unterschied zu den von Josephus (und Philo) berichteten gewaltfreien Widerstandsaktionen, die sich zudem auch noch konkret gegen die römische Besatzungsmacht bzw deren provokatorische Handlungen richteten. Mißt man also Jesu Gebot nicht zuviel Bedeutung zu, wenn man es in einen solchen übergreifenden Kontext hineinstellt? Stellt es nicht doch viel eher eine Universalisierung des alttestamentlichen Gebotes der Nächstenliebe (Lev 19,18) dar, das sich allein auf den zwischenmenschlichen (und damit in–group–)Bereich bezieht?
Wichtig ist dabei der Hinweis auf die in den Jahren 26 bzw 40 nChr geübte jüdische Demonstrationstechnik, die ja ebenso wie Mt 5,38ff nichts anderes als eine Form (asketischer) Selbststigmatisierung darstellt und die mit der Bereitschaft zum Sterben für die väterlichen Gesetze, also der *Martyriumsbereitschaft*, zugleich Elemente einer forensischen Selbststigmatisierung in sich trägt. Das Bewußtsein, daß diese Strategie durchaus erfolgversprechend sein kann, mußte zur damaligen Zeit lebendig gewesen sein, wie ihre Wiederholung zur Zeit der sog Caligula–Krise zeigt. Zeitgeschichtlich läßt sich das Wort Jesu demnach sehr gut in diesem geistigen Klima gewaltloser Konfliktstrategien – hier gegen Pläne und Vorhaben der römischen Besatzungsmacht – wahrscheinlich machen[18]. Warum sollte sich diese Situation aber nicht auch auf Jesu gesamte eigene Situation beziehen können? Auch er und die von ihm ausgelöste Bewegung blieb innerhalb des Judentums eine Minorität, die aufgrund der von ihr ausgehenden Provokationen mit gesellschaftlichen Pressionen zu rechnen hatte. In dieser zeitgeschichtlichen Situation: der Situation einer bedrängten Minorität gegenüber ihren Bedrängern, wird man Jesu Gebot daher kaum als *zeitlose Weisheit*[19] verstehen können, sondern als einen *Appell, der seinen konkreten Ort und seine konkrete Zeit*

---

[18]L.c. G. Theißen, Gewaltverzicht, S.192: „Feindesliebe und Gewaltverzicht (insbesondere letzterer) passen ausgezeichnet in die zeitgeschichtliche Situation Jesu ... Die Idee des Gewaltverzichtes lag zum mindesten in der Luft ... Denn bald schon verschärften sich die Spannungen zwischen Römern und Juden, Widerstandsbewegung und Aristokratie und förderten mehr und mehr eine Bereitschaft zu Krieg und Gewalt". Auch die apokalyptische Schrift AssMos paßt in dieses geistige Klima relativer Friedfertigkeit, sofern sie von Menschen ausgeht. Die Schrift verarbeitet wohl die Erfahrungen der gewalttätigen und gescheiterten Aufstände nach dem Tode des Herodes, uzw dahingehend, daß nunmehr Veränderungen auf dem Wege passiven Widerstandes erzielt werden sollen. Hierin drückt sich derselbe Geist aus, der mE auch das Handeln Jesu wie auch der demonstrierenden Juden bestimmte. L.c. D.M. Rhoads, Assumption S.58: „The Assumption of Moses may thus bear witness to a spirit and a milieu which pervaded the Jewish nation from 4 B.C. to A.D. 48, a spirit which predominated over the revolutionary impetus of the times and a milieu which formed the cradle of the Christian faith".

[19]So aber bspw J. Becker: Feindesliebe–Nächstenliebe–Bruderliebe. Exegetische Beobachtungen als Anfrage an ein ethisches Problemfeld; ZEE 25 (1981), S.5–17:8: „Dieser Menschheitshorizont (scil.: der universalen Ausdehnung des Liebesgebotes aus Lev 19,18) entspricht der israelitischen Weisheit mit ihrer internationalen Prägung". Ebensowenig ist die Mahnung Jesu zu verstehen als Verlassen oder gar „Sprengen" des Rahmens der Tora

hatte[20].

Innerhalb dieser zeitgeschichtlichen Bedingtheit ist es aber durchaus legitim, das Gebot Jesu in *Kohärenz und Differenz* zu weiteren Wegen der Konfliktbewältigung anderer jüdischer Erneuerungsbewegungen zu untersuchen. Dabei steht – wie gezeigt – die Jesusbewegung keinesfalls als monolithischer Block innerhalb des Judentums, sondern sie reiht sich ganz offensichtlich ein in einen breiteren Strom, der aufkommende Konflikte gewaltlos zu lösen suchte. Es wäre ein Zug schlechter Apologie, diese anderen Kräfte totzuschweigen. Auf der anderen Seite sollte aber nicht übergangen werden, daß diese irenische Haltung durchaus eine Alternative darstellte sowohl zu den kriegslüsternen Phantasien der Qumran–Essener (cf 1 QM: abwechselnd erringen die ‚Söhne des Lichtes' und die ‚Söhne der Finsternis' im endzeitlichen Kampf je drei mal Sieg und Niederlage; im entscheidenden siebten Kampf jedoch siegen die ‚Söhne des Lichtes' dank Gottes starker Hand) wie auch zur Widerstandsbewegung, die sich nach dem Tode Herodes' dGr 4 vChr bzw nach der Übernahme der direkten römischen Verwaltung Judäas 6 nChr formierte.

Wenn unsere obigen Ausführungen wahrscheinlich sind, dann ging es allen drei Gruppen um eine Identitätsfindung angesichts bedrohter Identität. Agierten die einen im Stil von Sozialbanditen, so sparten sich die anderen ihre aggressiven Phantasien für den endzeitlichen Kampf auf und lebten solange als friedliebende Menschen abgeschieden in der Wüste. Eine dritte Gruppppe dagegen suchte ihre bedrohte Identität über die gewaltlose, deshalb aber politisch nicht ungefährliche *Strategie der Selbststigmatisierung* zu finden. Will man Jesu Wort zu Feindesliebe und Vergeltungsverzicht demnach in betonter Opposition zu Aktionen gewalttätigen Widerstandes sehen[21], so muß diese dahingehend verstanden werden, daß Jesu Wort in der sozialen und politischen Zielsetzung solchen Aktionen nicht nachstand. Freilich gab es einen ganz entscheidenden Differenzpunkt: wählte die Jesusbewegung als

---

(gegen J. Piper, Love your enemies, S.89 uö), vielmehr bleibt diese doch der Bezugsrahmen der Mahnung Jesu.

[20]Die Erhellung der konkreten zeitgeschichtlich–sozialen Situation des Gebotes Jesu als unabdingbare Voraussetzung eines echten Verstehens des Gebotes Jesu, auch in seinem Verhältnis zum damaligen Judentum (das bzgl dieses Wortes allzu oft als negative Folie verwendet wird), betont mit vollem Recht L. Schottroff, Gewaltverzicht, S.206 uö. Einen zeitgeschichtlichen Hintergrund hinter Jesu Gebot vermutet auch H. Merklein, Jesu Botschaft, S.117, findet ihn aber *rein theologisch* in der erwählenden Hinwendung Gottes zu seinem sündigen Volk, die die Kategorie der Feindschaft weit hinter sich läßt bzw in der „Barmherzigkeit des eschatologisch handelnden Gottes" (Gottesherrschaft, S.236).

[21]So bspw M. Hengel: War Jesus Revolutionär? (CwH 110), Stuttgart 1970, S.20/1 mit Anm 74. M. Hengel spricht dann freilich im folgenden richtig vom anderen Weg Jesu, „dem des gewaltfreien Protests und der Leidensbereitschaft" (S.23), war Jesus doch alles andere als „ein Rechtfertiger des jeweils Bestehenden" (S.29).

Konfliktstrategie den *Weg der Selbststigmatisierung*, so war sie auf ihrem Weg der Überwindung und Lösung von Konflikten eher bereit, Fremdaggression erst einmal hinzunehmen (um sie dann in einem zweiten Schritt zu überwinden) als nun ihrerseits ihrem Gegenüber handlungspraktisch mit Aggressionen entgegenzutreten. Damit: mit der *Überwindung fremder Aggression durch Selbststigmatisierung*, wollen wir uns – unter Hinzunahme des unmittelbaren Kontextes von Jesu Gebot der Feindesliebe – im folgenden befassen.

Aggressionsüberwindung durch Selbststigmatisierung

Schon mehrfach wurde die Vermutung geäußert, daß das Gebot Jesu zur Feindesliebe intentional darauf angelegt sei, fremde Aggressionen, die sich entweder schon entluden oder aber kurz vor ihrer Entladung standen, ins Leere laufen zu lassen. Diese These soll im folgenden an den in unmittelbarem Kontext der Feindesliebe stehenden *Worten Jesu zum Gewaltverzicht* (Mt 5,39bf.42 par Lk 6,29f) näher begründet werden.

Selbständige Betrachtungen der Worte Jesu unter dem Blickwinkel einer *konstruktiven Verarbeitung* (eigener wie aber besonders) fremder *Aggression* hat die Forschung der letzten Zeit lediglich peripher beschäftigt[1]. Deutlich ist aber bei allen Versuchen, daß es nicht zuletzt an einer *geeigneten Terminologie* wie auch übergreifenden Begrifflichkeit fehlt, um die Intention der Worte Jesu zu Feindesliebe und Gewaltverzicht näher zu fassen.

G. Theißen[2] bedient sich in seiner Analyse des funktionalen Entwurfes der Jesusbewegung, den er va in der Aggressionsverarbeitung und –überwindung sieht, bes *psychoanalytischer Terminolgie*. Dabei unterscheidet er zwischen vier Formen der Aggressionsverarbeitung: (1) dem *Aggressionsausgleich*, bei dem bzgl der Eigenaggression Energie, die sich ursprünglich gegen ein Objekt richtet, transformiert wird und nun zum Zweck der Gegensteuerung eingesetzt wird, indem der aggressiven Neigung gegenüber einem anderen ein dieses überbietendes Maß entgegengesetzt wird, wie sich dies sE in der Forderung

---

[1] Cf hierzu besonders G. Theißen, Soziologie, S.93–103, der sich sowohl mit der Eigenwie auch Fremdaggression auseinandersetzt. Zu ihm cf den folgenden Exkurs. Sein Ansatz wurde scharf kritisiert von R.A. Horsley, Sociology, bes S.58–64.166-170 (cf ebenfalls u). Einen eigenen Abschnitt widmet H. Merklein, Jesu Botschaft, S.122–124 dem Thema Aggression („Jesu Weisung zur Überwindung gegnerischer Aggression").

[2] Cf Anm 1.

der Feindesliebe zeigt: radikalisierte Spannungen werden subjektiv mit dem radikalisier-
ten Liebesgebot beantwortet. Hinsichtlich der Fremdaggression geschieht Ähnliches: Die
Antwort auf Verfehlungen und damit verbundenen Spannungen ist die ständige Bereitschaft zur Vergebung (Mt 18,21f). Vom Aggressionsausgleich unterscheidet er sodann (2)
die *Aggressionsverlagerung*, bei der bzgl der Eigenaggression Aggressionen entweder einem
stellvertretenden Subjekt (dem Menschensohn) überantwortet oder aber an einem stellvertretenden Objekt (bspw Dämonen, cf Mk 5,1ff) ausgelassen werden. Aber auch erlittene
Fremdaggression kann durch Verschiebung des Subjektes (letztlich auf Gott) oder aber
des Objektes (des erniedrigten Menschensohnes) bewältigt werden. Eine weitere Form der
Aggressionsverarbeitung bildet (3) die *Aggressionsrückwendung* bzw *Verinnerlichung und
Introjektion von Aggression*, um auf diese Weise zum Verzicht auf (weitere) Aggression zu
appellieren (bei der Eigenaggression bspw Lk 13,1ff; bei Fremdaggression zB Jesu Gebote
zum Gewaltverzicht Lk 6,39). Als letzten Typ der Aggressionsverarbeitung unterscheidet
G. Theißen (4) die *Aggressionssymbolisierung*, bei der zur Reduzierung von Spannungen
der gekreuzigte Herr Jesus Christus als stellvertretender Sündenbock fungierte und er damit potentielle reale Sündenböcke, die in jeder Gesellschaft „auserkoren" werden, am Leben
ließ. Soweit G. Theißens Analyse zur Aggressionsverarbeitung der Jesusbewegung.

Selbst wenn man an der psychoanalytischen Terminologie keinen Anstoß nehmen will
(psycho–soziale Prozesse steuern unwillkürlich unser Handeln, wenngleich darauf hingewiesen werden soll, daß diese Sicht va am *innermenschlichen Energieausgleich* interessiert ist und weniger an der *zwischenmenschlichen Interaktion*), so liegt die unverkennbare
Schwäche der Analyse G. Theißens darin, daß seine vier Formen der Aggressionsverarbeitung doch scheinbar beziehungslos nebeneinanderstehen[3]. So stehen mE natürlich auch
Aggressionsausgleich und Aggressionsrückwendung bzw die Introjektion von Aggression in
einem sehr intimen Verhältnis zueinander; denn auch Letztere ist natürlich eine Form des
Aggressionsausgleiches (wie auch die Aggressionsverlagerung und –symbolisierung). Die
verschiedenen Spielarten des Aggressionsausgleiches zusammenzusehen ist mE mit Hilfe der hier verwendeten Stigmatiserungsterminolgie sehr gut möglich. Der *soziologische
Strukturbegriff der Selbststigmatisierung* mit seiner hohen integrativen Kraft bietet mE
die Möglichkeit, für die hier stattfindende Interaktion der Aggressionsverarbeitung eine
geeignete Begrifflichkeit zur Verfügung zu stellen, da er sozialpsychologisch beide Seiten –
sowohl das Objekt der fremden Aggression wie den Aggressor selbst und somit Intention
und jeweils beabsichtigte Wirkung der beiden Handelnden – im Blick behält. Seine Ver-
wendbarkeit zeigt sich auch innerhalb der urchristlichen Symbolbildung in der Vorstellung
von Jesus als stellvertretend Leidendem, da hier mE Jesu aktive Form der Selbststig-

---

[3]Allein zwischen Aggressionsausgleich und –verlagerung wird zu Recht ein Zusammenhang angenommen, l.c. S.94: „Aggression, die nicht durch entgegengesetzte Impulse aus-
geglichen werden kann, erscheint ... als Impuls, der einem stellvertretendem Subjekt zugeschrieben wird ... oder als Impuls, der sich gegen ein stellvertretendes Objekt richtet".

matisierung auch in die urchristliche Symbolik einging[4], wie auch hinsichtlich der Aggressionsverlagerung, da diese als *frontal–direkte Form der Gegenstigmatisierung* von der *indirekt–dialektischen Form der Gegenstigmatisierung in Form der Selbststigmatisierung* unterschieden werden kann. Dagegen spielt die frontal–direkte Form der Gegenstigmatisierung bei der Jesusbewegung mE unmöglich die Hauptrolle bei der Aggressionsverarbeitung, wie dies R.A. Horsley vermutet[5]. Er verkennt mE in seiner Analyse die soziale Sprengkraft, die dem Phänomen der Selbststigmatisierung innewohnt, wenn er G. Theißens Form des Aggressionsausgleiches der Introjektion deshalb ablehnt, weil sie für ihn ein zu quietistisches Verständnis beinhaltet. Dieses Verständnis aber lehne ich ab: Introjektion von Aggression (als *einer* Form von Aggressionsverarbeitung) kann durchaus gesellschaftlich wirksam sein. Die von R.A. Horsley vertretene Auffassung, daß „the Jesus movement anticipated (and proclaimed) the termination of its aggressor opposition by means of the imminent judgment of God (or the Son of man)" (S.170) und es der (rein verbale) Verweis auf das Gericht Gottes war, der die aggressiven Neigungen des Gegenübers zu überwinden imstande war, ohne daß dies auch *handlungspraktisch* vollzogen wurde, scheint mir hingegen mehr als zweifelhaft.

Doch nun zum Text, an dem sich das Phänomen der Selbststigmatisierung ja letztendlich zu bewähren hat. Sachlich gehören die Worte Jesu zum Verzicht auf das Talionsrecht trotz ihrer Formulierung in einer eigenen Antithese aufs engste mit dem darauffolgenden Gebot der Feindesliebe zusammen[6]: Mt gliedert die (insgesamt sechs) Antithesen in zwei gleich große Gruppen – jeweils gleichlautend eingeleitet durch ein ἠκούσατε ὅτι ἐρρέθη τοῖς ἀρχαίοις (5,21.33). Dabei stehen jeweils die beiden letzten Antithesen in einem inhaltlichen Zusammenhang. Ihrer formalen Selbständigkeit entspricht hier also gerade *keine* inhaltliche. Dieser Befund bestätigt sich auch beim Blick auf die lk Anordnung: auch dort laufen beide Abschnitte – Feindesliebe wie Gewaltverzicht – auf die Goldene Regel zu. Dann aber ist von vornherein zu vermuten, daß auch das Gebot zum Verzicht auf Widerstand durch die abschließende Verheißung des Feindesliebesgebotes motiviert ist[7]!

Scheidet man die Verse aus, die Mt über Lk hinaus bzw umgekehrt Lk über Mt hinaus hat, so schälen sich als Grundbestand, wie er in der Logienquelle vorlag und zumindest intentional auch auf den historischen Jesus

---

[4]Cf hierzu Kap 5.2.2. dieser Arbeit: „Soteriologische Sinndeutungen des Todes Jesu als Konsequenz kulpativer Selbststigmatisierung".

[5]Cf R.A. Horsley, Sociology, S.166ff.

[6]Cf hierzu G. Strecker, Antithesen, sowie G. Theißen, Gewaltverzicht, S.176.

[7]Gegen D. Zeller, Mahnsprüche, S.59. Auch J. Lach: Die Pflicht zur Versöhnung und Liebe (Mt 5,43–48); CollTheol 57 (1987), S.57–69 plädiert für die sachliche Zusammengehörigkeit der beiden Teilaspekte.

zurückgehen dürfte, die Verse Mt 5,39bf.42 par Lk 6,29f heraus[8]. In ihnen heißt es[9]:

> Dem, der dich auf die rechte Wange schlägt,
> dem kehre auch die andere zu.
> Und dem, der dir das Untergewand wegnimmt,
> dem verwehre auch nicht den Mantel[10].
> Gib dem, der dich bittet,
> und von dem, der dich um Geld bittet
> wende dich nicht ab.

Man sollte die Verse in ihrer Schärfe und provokatorischen Härte erst einmal stehen-

---

[8]D. Zeller, Mahnsprüche, S.55–60 isoliert Mt 5,39b.40 von V 42. Dies ist mE nicht nötig. Gerade dann, wenn man die Verse in ihrer Gesamtheit als Formen bewußter Selbststigmatisierung versteht, löst sich der scheinbare Widerspruch zwischen V 39bf und V 42: in beiden geht es ja nicht allein um ein bloßes Nachgeben, sondern darüber hinaus um ein positives Eingehen auf die Forderungen des Gegenübers, das diesen verändern soll: einmal durch eine Überwindung seiner aggressiven Haltung, zum andern aber durch einen Verzicht, der nicht aus Überfluß stammt. Cf in diesem Zusammenhang F. Bovon: Das Evangelium nach Lukas 1.Teilband (EKK III/1), Neukirchen 1991, S.318, der darauf aufmerksam macht, daß sich ἀπελπίζω (Lk 6,35) nicht mit „davon/dafür erhoffen" übersetzen läßt, sondern die Bedeutung „verzweifeln/die Hoffnung verlieren" hat. F. Bovon bezieht nun die Mahnung, nicht die Hoffnung zu verlieren, auf die zu unterstützende Person: an seiner Zukunft soll man nicht verzweifeln. ME bezieht sich die Mahnung aber auf den Geber selbst: Bettelarme Menschen werden angehalten, auch noch ihr Letztes zu geben – und daran nicht zu verzweifeln, da sie nun überhaupt nichts mehr besitzen! In jedem Fall drückt sich dann auch hier die grundsätzliche Bereitschaft zur Selbststigmatisierung aus.

[9]Zur Rekonstruktion des Q–Bestandes cf A. Polag: Fragmenta Q. Textheft zur Logienquelle, Neukirchen 1979, S.34f; S. Schulz, Q, S.120–123 ; P. Hoffmann, Jesus, S.147ff oder auch L. Schottroff, Gewaltverzicht, S.213–219 wie auch H. Merklein, Gottesherrschaft, S.269–275. Die jeweiligen Differenzen zwischen den einzelnen Analysen sind in unserem Fall unerheblich, da sie die Intention der Worte nicht in relevantem Sinn verändern.

[10]Hier unterscheidet sich die mt von der lk Reihenfolge: Lk hat die im Alltag als logischer empfundene Reihenfolge (erst Mantel, dann Untergewand). Er denkt dabei offensichtlich an einen Überfall und hat den Rechtsfall nicht im Blick. Nicht zwingend muß er damit auch die ursprünglichere Reihenfolge bewahrt haben – so aber P. Hoffmann, Jesus, S.158f oder G. Theißen, Gewaltverzicht, S.184. Va Letzter hat ein Interesse an der Ursprünglichkeit der Lk–Fassung, geht es ihm doch darum, zu zeigen, daß sich das Gebot speziell an den unmittelbaren Jüngerkreis Jesu wendet (ebd., S.176). ME muß dagegen die Mahnung Jesu zum Gewaltverzicht nicht exklusiv für die Jüngerschar reserviert werden, vielmehr sind doch auch Worte des umherziehenden Jesus an seßhafte Menschen (Anhänger oder Symphatisanten) vorstellbar. Zu diesem Komplex cf auch T. Schmeller, Brechungen, S.69f. Der *grundsätzliche Sinn* jedoch wird durch die beiderseitige Differenz nicht aufgehoben, zumal es Mt ja nicht nur um einen Rechtsverzicht geht (cf Chr. Burchard, Versuch, S.424 Anm 62) – vielmehr begegnet die Forderung bei Mt auf mehreren Gebieten.

lassen. Wenig sinnvoll ist dagegen mE die Behauptung, Mt 5,39 spreche nicht von der anderen Wange, sondern davon, dem andern den Rücken zuzuwenden sowie die Vv 40f als Interpolationen eines Verfassers anzusehen, der unter der paulinischen Tradition von 1 Kor 6,7;13,5–7; Röm 12,17–21 (und 1 Petr 3,8f) stand und daher das Ethos vertrat, um des Friedens willen eher Unrecht zu erleiden. Ob damit exegetisch schwierige Stellen treffend geklärt werden, scheint mir zweifelhaft[11].

Die Verse sind im jetzigen Kontext durch die Verheißung, die sich dem Gebot der Feindesliebe anschließt, motiviert. Nur wer die Verse gänzlich isoliert, muß daher deren fehlende Motivation vermissen[12]. Zumindest aber in der *lukanischen Komposition* sind Gewaltverzicht und Feindesliebe durch ein weiteres Moment motiviert: Lukas fügt an die Mahnung zum Gewaltverzicht die sog „Goldene Regel" an[13]. Damit scheint doch zumindest die Hoffnung ausgedrückt zu sein, daß das geforderte Verhalten auf eine gewisse Gegenseitigkeit hoffen darf; sprich: das feindliche Gegenüber nicht ganz unverändert bleiben soll. Die Goldene Regel könnte auch schon in Q an dieser Stelle gestanden haben[14]. Damit brächte Lukas explizit zum Ausdruck, was sich ohnehin nahelegt und in der Forschung auch nicht ernstlich bestritten wird: daß das geforderte Verhalten auch auf eine Veränderung des Gegenübers abzielt[15].

Dann aber bleibt die Frage: wie sind die Worte Jesu zum Gewaltverzicht als Form von Selbststigmatisierung zu verstehen und inwiefern drückt sich hier ein konstruktiver Umgang mit Fremdaggression aus, der auf deren Überwindung abzielt?

Deutlich ist, daß die Worte Jesu über ein passives Nachgeben hinausgehen. Verlangt wird kein Sich–fügen in eine bedrängte Situation, die ohnehin unveränderbar erscheint, sondern vielmehr eine paradoxe Aktivität, die das geforderte Maß noch deutlich übersteigt. In beiden Fällen, dem Wangenschlag wie dem Geben des letzten Kleidungstückes, geht es um ein augen-

---

[11]Zu der oben genannten Deutung von Mt 5,39–42 cf H. Sahlin: Ett svårt ställe i Bergspredikan (Mt 5:39–42); SEÅ 51/52 (1986/7), S.214–218.

[12]So D. Zeller, Mahnsprüche, S.55ff.

[13]Zur Goldenen Regel cf A. Dihle: Die Goldene Regel. Eine Einführung in die Geschichte der antiken und frühchristlichen Vulgärethik (SAW 7), Göttingen 1962. Mit seiner indikativischen (statt imperativischen) Deutung der Goldenen Regel, die das Gebot der Feindesliebe dann im Kontrast zur Goldenen Regel sieht, hat sich A. Dihle hingegen nicht durchgesetzt.

[14]Dies vermutet S. Schulz, Q, S.121: sie folgte dort evt auf Lk 6,29f.

[15]So auch H. Merklein, Gottesherrschaft, S.272, der im übrigen eine soziologische Auslegung der Textpassage, wie sie bspw L. Schottroff, Gewaltverzicht, vertritt, ablehnt.

scheinliches Bejahen des erlittenen Unrechtes, das sogar noch als zu gering
ausgefallen erscheint. Eine potentielle Strafe wird damit quasi im Vorgriff
vorweggenommen und ins Extrem gesteigert. Ziel dieses Handelns ist mE
jedoch keine aufs höchste gesteigerte Philanthropie, sondern vielmehr die
indirekt-dialektische Strategie der Selbststigmatisierung, die so ein wider-
fahrenes Ereignis als Unrecht diagnostiziert, es dadurch unterläuft und den
Aggressor so zur Besinnung kommen lassen bzw ihn beschämen will.

Daß eine Beschämung des Gegenübers durchaus die ürsprüngliche Intention der Worte gewesen ist, läßt sich evt noch aus der grammatikalischen Konstruktion der Imperative
erschließen, denn hierin unterscheiden sich die Formulierungen von Mt und Lk[16]. Denn
während Mt die Imperative in der Aoristform formuliert, begegnen sie bei Lk als präsentische Imperative. Wie ist dieser Unterschied zu erklären? Gibt Mt dabei bloß eine schärfere
Befehlsform wieder oder aber sind die Imperative für Lk *iterativ* zu verstehen, für Mt
dagegen *einmalig*? Die Differenz ist für das Gesamtverstehen der Mahnung Jesu zum Gewaltverzicht beträchtlich: Das iterative und auf grundsätzliche Wiederholung angelegte
Verständnis des Lk repräsentiert dabei wohl auch die konkrete soziale Situation seiner Gemeinden, in der es ihm um eine Wohltätigkeitspflege geht – dies wird deutlich an seiner
wiederholten Mahnung zum Geldverleih. Das iterative Verständnis entspricht daher auch
der konkreten lk Situation, in der es ihm um einen bestimmten (christlichen) Gerechtig-
keitstypus geht[17].

Doch wo dürfte ein einmaliges Verständnis seinen konkreten Sitz im Leben gehabt haben? Im *einmaligen* Verständnis des Matthäus könnte sich
durchaus eine konkrete Situation von Wandercharismatikern und deren missionarisches Ethos widerspiegeln, denn hier könnten sich konkreter Ort und
Zeit von Jesu Weisung wiederfinden. Diese erscheint als eine grundsätzlich
begrenzte (dh: einmalige) Tat, die man (anders als das Beispiel der Kyniker)
nicht zur Selbstüberwindung, sondern zur Überwindung des anderen und
damit zum Zwecke einer missionarischen Ethik zu praktizieren hat. Wird
der Gegner jedoch nicht durch das Hinhalten auch der anderen Wange (bzw
das Geben des letzten Kleidungsstückes) überzeugt und beeindruckt, so kann
sich der wandernde Missionar seinem Aggressor immerhin noch durch Flucht
entziehen (cf Mt 10,23). Deutlich ist auf alle Fälle, daß die hier praktizierte
Form von Selbststigmatisierung ihren sozialen Ort und ihre konkrete Zeit
hat, daß eben „jene überraschenden Reaktionen der Jünger in ihrer Zei-

---

[16]Cf hierzu die erhellenden Ausführungen von F. Neugebauer, Die dargebotene Wange,
Sp.867–870.
[17]Cf hierzu H. Bolkestein: Wohltätigkeit und Armenpflege im vorchristlichen Altertum. Ein Beitrag zum Problem „Moral und Gesellschaft", Utrecht 1939 = 1967.

chenhaftigkeit etwas situativ Einmaliges haben"[18] und sich ihr Verständnis gerade nicht in einem permanenten Nachgeben erschöpft[19].

Das Gebot, die andere Wange hinzuhalten, hat seine Parallele in der Bereitschaft, als ‚menschlicher Abschaum' gleich einem Tier getreten zu werden. Dies erzählt Epiktet als Ethos des wahren Kynikers:

> *Denn auch diese ist schön mit dem Kyniker verwoben: er muß sich treten lassen wie ein Hund und unter den Tritten eben die, die ihn treten, auch noch lieben – wie ein Vater aller, wie ein Bruder.* (Diss III,22,54)

Auffällig ist hier, daß das Verhalten des Kynikers durch eine allgemeine menschliche Verwandtschaft motiviert ist – ein Aspekt, den die evangelische Überlieferung nicht in Anspruch nimmt. Eher das Gegenteil: nicht grundsätzliche Gleichheit zwischen Menschen motiviert das Verhalten, sondern ein grundsätzliches Superioritätsbewußtsein (cf das Sonnenbild)[20].

Wo hingegen mag die Bereitschaft zur totalen Expropriation ihren Realitätsbezug bei den Hörern dieses Wortes gehabt haben? Man wird das Wort nicht zwingend wörtlich zu verstehen, sondern es erst einmal in seiner ganzen Provokation zu hören haben[21]. In dieser Härte hat es dann primär eine *schockierende Komponente*. Denn das Nehmen der einzigen Decke soll ja nach dem alttestamentlichen Gebot (Ex 22,25f) unmöglich gemacht werden – sie ist bis zum Sonnenuntergang wieder zurückzugeben und somit de facto unpfändbar. Wörtlich verstanden hieße das Wort dann: Durch das paradoxe und aktive Eingehen auf die Forderung des Gegenübers wird aus diesem unter der Hand ein Unrechtstäter! Dies kann aber doch dann nichts anderes heißen als daß bereits dessen erster Zugriff als eine Tat des Unrechts angesehen werden soll. Wie schon in der ersten Antithesenreihe (Mt 5,21–32) geht es also auch hier um ein *Vorverlegen* der Unrechtsschranke, hier bzgl eines ökonomisch bedingten Unrechtes. *Ziel* dieses Handelns ist demnach die

---

[18]L.c. F. Neugebauer, Die dargebotene Wange, Sp.868.

[19]Das iterative Verständnis des Lk sollte indes auch nicht absolut gesetzt werden. Vielmehr scheint auch Lk die Imperative durch die präsentische Verwendung betont überspitzt zu formulieren. Deutlich aber bleibt, daß er die Situation von Ortsgemeinden reflektiert.

[20]Auch das Superioritätsmotiv begegnet im kynischen Bereich (zB Seneca: De beneficiis 4,26). Weitere Parallelen zwischen Kynikern und den Trägern der Q–Überlieferung bringt L.E. Vaage, Q, S.402–430.

[21]Die provokatorische Komponente der Worte, die nicht unbedingt auch wörtlich zu verstehen sind, betont auch J. Lambrecht: The Sayings of Jesus on Nonviolence; LouvStud 12 (1987), S.57–69.

Bewußtmachung einer Tat des Unrechtes auf der Seite des Fordernden. *Mittel* dafür ist der Weg der Selbststigmatisierung, der Weg einer bedrängten und augenscheinlich rechtlosen wie herrschaftsfernen Minderheit, die sich auf diese Weise doch ihr Recht verschaffen möchte. Getragen ist diese Verhaltensweise aber von einem Bewußtsein, das die Selbststigmatisierer weit über die erhebt, die zu Unrecht an ihnen handeln, gilt ihnen doch die Verheißung, Söhne des Vaters zu sein (Mt 5,45 par).

Wir können nun unsere Überlegungen zu Gewaltverzicht und Feindesliebe zusammenfassen: Jesu Worte können als Handlungsanweisung für eine bedrängte (minoritäre) Gruppe verstanden werden, im Gerangel von (gegenseitigen) Spannungen und Aggressionen gegnerische fremde Aggression dadurch zu überwinden, daß man sich selbst demonstrativ wehrlos verhält.

Dieses Verhalten wird falsch interpretiert, wenn man es rein passiv verstehen will. Vielmehr sind Gewaltverzicht und Feindesliebe durchaus aktive und zielgerichtete „Gegenstrategien"[22], denen, in ihrem paradoxen Tun, ein großes Überraschungsmoment innewohnt[23]. An ähnlichen Verhaltensweisen aus der jüdischen (wie hellenistischen) Umwelt Jesu fehlt es nicht – sie alle zeigen, wie sich hier ein ohnmächtiger Protest äußert, der von einem Superioritätsbewußtsein geprägt ist. Analog hierzu sollte man die Weisung Jesu auch nicht als eine Universalisierung des alttestamentlichen Gebotes der Nächstenliebe (Lev 19,18) verstehen, sondern viel eher als einen *sublimen Versuch* von ‚marginalen Gruppen', sich innerhalb eines Herrschaftsgefüges *Einfluß und damit auch Macht*[24] zu sichern. Dabei sollte man beim Wort Jesu zuerst an die unmittelbar zwischenmenschlichen Interaktionen denken, diese aber nicht ganz privatisieren. Dies macht der Bezug auf die jeweils letzte Seligpreisung von Mt und Lk deutlich – hier wird aus der Perspektive einer verfolgten und bedrängten Gruppe (!) gesprochen und betont ihnen Gewaltverzicht und Feindesliebe zugemutet. Sind es aber nicht die herrschenden Kreise, sondern eine marginale Gruppe, von denen die ethische Weisung Jesu gefordert wird, so läßt diese sich als eine bewußte Form asketischer Selbststigmatisierung verstehen, um so das Gegenüber von seinem aggressi-

---

[22]L.c. P. Hoffmann, Jesus, S.189.

[23]L.c. F. Neugebauer, Die dargebotene Wange, Sp.867: „Der überraschende Gegenangriff der Liebe will leiden, um zu siegen".

[24]Der Begriff der *Macht* wird hier im Sinne M. Webers verstanden. L.c. M. Weber, Wirtschaft 1, S.28: „*Macht* bedeutet jede Chance, innerhalb einer sozialen Beziehung den eigenen Willen auch gegen Widerstreben durchzusetzen, gleichviel worauf diese Chance beruht".

ven Vorhaben abbringen und es beschämen zu wollen. Feindesliebe und Gewaltverzicht haben damit auch durchaus eine missionarische bzw gewinnende
Dimension; ein Element, das die Christen aus Missionsgründen schon früh
auch nach außen trugen[25]. Selbststigmatisierung – der indirekt–dialektische
Weg, zugeschriebene Schuld umzudefinieren – drückt sich hier insofern aus,
als das Stigma der Unterwerfung auf diese Weise noch verstärkt wird und
hierin die feindliche Aggression nur augenscheinlich hingenommen wird, in
Wahrheit aber wird ihr massiv getrotzt und sie letztlich unterlaufen. Wird
Feindesliebe so als eine bewußte Konfliktstrategie verstanden, ist es deutlich,
daß es sich hierbei nicht um einen Masochismus oder etwa um eine „Selbst-
quälung"[26] handelt, sondern vielmehr um die Handlungsstrategie einer mi-
noritären Gruppe, die so einen sozialen Definitionsprozeß rückgängig machen
möchte. Ebenso verhält es sich mit dem Verzicht auf Vergeltung, dem ein
paradoxes Eingehen auf die feindlichen Forderungen entgegengestellt wird.
Wird hier (nach außen) demonstrativ auf die Ausübung von Macht verzichtet und diese bei den Handelnden somit unterlaufen, so drückt sich hierin
freilich das innere Bewußtsein aus, denen, die Macht ausüben wollen und
können, faktisch doch überlegen zu sein, da sie, die bedrängte Gruppe, es
ja letztendlich in der Hand hat, die Anwendung physischer Gewalt und die
damit verbundene Aggression abprallen zu lassen.

Abschließend soll noch kurz auf die Verwendung des *Numerus* in Jesu Gebot zu Feindesliebe und Gewaltverzicht eingegangen werden. Während das Feindesliebegebot pluralisch formuliert ist, ist Jesu Mahnung zum Gewaltverzicht singularisch formuliert. Überhaupt begegnet in den weisheitlichen Mahnsprüchen Jesu öfter die pluralische als die sin-
gularische Wendung[27], obwohl letztere die häufigere Form des Mahnspruches in der Weis-

---

[25] Zur christlichen ‚Verwendung' der Gebote nach außen cf W. Bauer: Das Gebot der
Feindesliebe und die frühen Christen; ders.: Aufsätze und kleine Schriften, Tübingen 1967,
S.235–252 sowie W.C. v Unnik: Die Rücksicht auf die Reaktion der Nicht–Christen als
Motiv in der altchristlichen Paränese; Judentum, Urchristentum, Kirche, FS J. Jeremias,
Berlin 1964, S.221–234.
[26] So völlig unverständlich M.N. Ebertz, Charisma, S.144. Auch R. Bultmann, Jesus,
S.77–84:79 uö sowie ders.: Das christliche Gebot der Nächstenliebe; ders.: Glauben und
Verstehen. Gesammelte Aufsätze 1, Tübingen, 5.Auflage 1964, S.229–244 sieht in Gewaltverzicht und Feindesliebe va die höchste Form menschlicher „Selbstüberwindung" und hat
dabei allein das *Subjekt* der Liebe im Blick, nicht aber auch das *Objekt*, das durch die
Tat der Liebe überwunden werden soll. Zur Deutung R. Bultmanns cf L. Schottroff, Gewaltverzicht, S.197–199. Auch A. Dihle: Art. Ethik; RAC 7 (1966), Sp.646–796:703 will
festhalten, daß Jesu Forderung einer Überwindung der menschlichen Natur gleichkommt
und somit in einem unüberbrückbaren Gegensatz zur griechischen Ethik mit deren Ziel
der Erfüllung der menschlichen Natur bzw der εὐδαιμονία steht.
[27] Cf D. Zeller, Mahnsprüche, S.170.

heitsliteratur darstellt[28]. Will man den unterschiedlichen Gebrauch des Numerus nicht traditionsgeschichtlich erklären, daß sich in Jesu Gebot zu Feindesliebe und Gewaltverzicht zwei unterschiedliche Traditionen (mit verschiedenen Numeri) zu einer einzigen Mahnung Jesu verbanden, so ließe sich mE die doppelte Mahnung auch verstehen im Sinne von „Allgemeinem und Konkretem". Jesu Gebot zur Feindesliebe wäre dann eine allgemeine Handlungsanweisung, die sich in den oben beschriebenen Beispielen konkretisieren *könnte*. Folgt man dieser Deutung, würden die singularisch formulierten Mahnsprüche Jesu die pluralischen exemplifizieren. Daß die singularischen Mahnsprüche Jesu dabei in der Minderheit sind, muß nicht überraschen. Sie zeigen ja lediglich eine Variationsbreite auf, die weitaus größer ist. Singularisch und pluralisch formulierte Mahnsprüche verhielten sich dann wie Zähler (der variiert werden kann) und Nenner (der invariabel ist), und die beide eng aufeinander bezogen bleiben. Für Jesu Mahnung zu Feindesliebe und Gewaltverzicht hieße dieses Verständnis: Das Gebot zur Feindesliebe ruft *allgemein* dazu auf, gegnerische Aggression zu unterlaufen, die Mahnung zum Gewaltverzicht dagegen stellt *eine* (von vielen) möglichen Konkretionen dieses Gebotes dar.

Die Bereitschaft, sich gegnerischer Aggression auszusetzen, war bei Jesus und seinen Anhängern *grundsätzlich* vorhanden. Sie läßt sich nicht auf bestimmte Aktionen der Wirksamkeit Jesu beschränken. Hervorgerufen aber wurde diese „gegnerische" bzw „feindliche" Aggression nicht zuletzt auch durch *provokatorische Elemente* der Verkündigung Jesu, die ja dadurch auch (traditionelle) Werte bzw Wertvorstellungen in Frage stellten[29]. Diesem Komplex der Verkündigung Jesu gilt im weiteren unser Interesse.

3.2 Elemente provokatorischer Selbststigmatisierung im Handeln Jesu

Provokationen, konkret: das Sich–Beladen mit primär kulpativen Stigmata, sind *per se* als Herausforderungen, als Form von Selbststigmatisierung und damit auch als Neu– bzw Umbewertung zu verstehen. Sie verfügen über eine deutlichere Selbstevidenz als bspw Akte asketischer Selbststigmatisierung.

Wer provoziert, provoziert Vorhandenes und Vorgegebenes und stellt ihm sein neues Bild entgegen. Wer provoziert, stellt damit unmittelbar auch vor-

---

[28]Cf ebd., S.31.48.151.

[29]Zu diesen provokatorischen Aktionen Jesu und seiner Anhänger sind natürlich auch schon seine – besonders im vorigen Abschnitt beschriebenen – asketischen Tendenzen zu ziehen. Zum inneren Zusammenhang von *Askese* und *Provokation* cf die Darlegungen im einleitenden Kapitel.

handene Identität in Frage[1]. Provokationen haben dadurch ein *prinzipiel-les Gewicht*. Freilich ist auch hier mit *graduellen* Unterschieden zwischen den verschiedenen Formen provokatorischer Selbststigmatisierung zu rechnen: nicht jeder provokatorische Akt trifft das ‚Herz'des Gegenübers, nicht jede Provokation ist gleichermaßen grundsätzlich. Wohl aber gilt: jede Provokation ist an ein bestimmtes Gegenüber gerichtet, das damit provoziert werden soll – gleich, wie groß dessen sozialer Einfluß ist, der gemachten Provokation energisch entgegenzutreten[2]. Versteht man – wie wir es oben definierten – Selbststigmatisierung va als ‚sticheln', dann wird Selbststigmatisierung im Falle von Provokationen ganz konkret. Für die Betroffenen sind Akte provokatorischer Selbststigmatisierung – treten die Täter den Provozierten *offen*[3] entgegen – zumeist mit Gegendruck verbunden, den die Provokateure freilich hervorrufen. Am jeweiligen Verhalten der Angesprochenen gegenüber den Provokateuren kann sich letztendlich nicht allein die Legitimität der Selbststigmatisierer erweisen, sondern umgekehrt auch die der Provozierten, was die *grundsätzliche Bedeutung* gesellschaftlich provokatorischer Aktionen nur noch unterstreicht.

Als Formen provokatorischer Selbststigmatisierung im Handlungsbereich Jesu sind im folgenden näher zu untersuchen:

- Jesu Umgang mit definierten Tabus in der Frage nach „Rein und Unrein" (Mk 7,15 par) und

- Jesu Stellung zum Jerusalemer Heiligtum: die »Tempelaktion« sowie das Tempellogion

3.2.1 Jesu Reinheitsverständnis als Akt provokatorischer Selbststigmatisierung

Eine erste im folgenden näher zu behandelnde Form *provokatorischer Selbststigmatisierung* bei Jesus von Nazaret bildet dessen *Reinheitsverständnis*,

---

[1]Cf W. Lipp, Stigma, S.146.

[2]Dieser Differenzierung soll in diesem Abschnitt dadurch Rechnung getragen werden, daß den verschiedenen hier dargestellten Akten von provokatorischer Selbststigmatisierung von Jesus von Nazaret auch eine verschiedene Intensität und Grundsätzlichkeit zugeschrieben wird.

[3]Findet der Protest hingegen versteckt oder nur in der Peripherie statt, wäre dieser Typ unter der Askese – dem Rückzugsverhalten – zu subsumieren.

wie es die synoptische Überlieferung in Mk 7,1–23 par Mt 15,1–20 bewahrt hat[1] samt dessen Folgen und Auswirkungen auf weitere Sozialkontakte Jesu, besonders im Umgang mit als unrein qualifizierten Menschen[2].

Exegetisch umstritten ist die Rückführung der mk Perikope – ganz oder teilweise – auf Jesus selbst. Während die einen in ihr Charakteristisches von Jesus selbst erkennen wollen, sprechen die anderen den gesamten Kontext Jesus ab. Interessant ist dabei besonders die jeweilige Begründung, die letztendlich zu der exegetischen Entscheidung führt samt der (zu vermutenden) dahinterliegenden Intention.

So führt die überwiegende Mehrzahl der Ausleger die Perikope, besonders aber deren Spitzensatz V 15, aufgrund des sog Differenzkriteriums auf Jesus selbst zurück, da Jesus hier in grundsätzlicher Weise die Torabestimmungen, wie sie bspw in Lev 11 bzw Dtn 14 formuliert sind, außer Kraft setzt, ja diese sogar sprengt[3]. Auf der anderen Seite erkennen einsame Stim-

---

[1] Als Aussage Jesu begegnet ein Wort zum Verständnis von rein und unrein außerhalb des Schriftencorpus' des Neuen Testaments auch im Thomasevangelium Log 14 (Denn was hinein gehen wird in euren Mund, wird euch nicht beflecken; aber das, was herausgeht aus eurem Mund, das ist es, was euch beflecken wird). Dagegen fehlt ein vergleichbares *Jesus*wort im lk Doppelwerk, der statt dessen dieselbe Problematik in Form einer Vision des Petrus (Act 10) behandelt.

[2] Zu den Kategorien „rein und unrein" cf – kulturanthropologisch – B.J. Malina: Clean and Unclean: Understanding Rules of Purity; ders.: The New Testament World. Insights from Cultural Anthropology, Atlanta 1981, S.122–152 sowie J.H. Neyrey: Unclean, Common, Polluted, and Taboo. A Short Reading Guide; Forum 4 (4/1988), S.72–82. Grundsätzlich zum Thema cf J. Neusner: Geschichte und rituelle Reinheit im Judentum des 1. Jahrhunderts n.chr.; Kairos 21 (1979), S.119–132 = ders.: Das pharisäische und das talmudische Judentum. Neue Wege zu seinem Verständnis (Texte und Studien zum Antiken Judentum 4), Tübingen 1984, S.74–92.

[3] Als Vertreter dieser Richtung seien nur genannt R. Bultmann, Geschichte, S.110.158; E. Käsemann: Das Problem des historischen Jesus; ZThK 51 (1954), S.125–153 = ders.: EVB I, Göttingen 1960, S.187–214 bes S.206ff; W.G. Kümmel: Äußere und innere Reinheit des Menschen bei Jesus; Das Wort und die Wörter, FS G. Friedrich, Stuttgart/Berlin/Köln/Mainz 1973, S.35–46; H. Hübner: Mark. VII.1–23 und das *jüdisch-hellenistische* Gesetzesverständnis; NTS 22 (1976), S.319–345; G. Klein: Art. Gesetz III. Neues Testament; TRE 13 (1984) S.58–75 [zu seiner karikierenden Darstellung eines gesetzlichen Judentums samt eines sich hierüber erhebenden Jesus cf P. Fiedler: Die Tora bei Jesus und in der Jesusüberlieferung; Das Gesetz im Neuen Testament (QD 108), Freiburg/Basel/Wien 1986, S.71–87] sowie J. Gnilka: Markus 1, S.284, der stellvertretend für viele formuliert: „Wenn es keine äußere Einwirkung gibt, die den Menschen wirklich verunreinigen könnte, ist in der Tat der levitische Reinheitskodex im Kern erledigt". Zur Forschungsgeschichte von Mk 7,15 bis 1968 cf H. Merkel: Mk 7,15 – das Jesuswort über die innere Verunreinigung; ZRGG 20 (1968), S.340–363:341ff. H. Merkel selbst führt allein V 15a auf Jesus zurück, der hier sE ohne Begründung die levitischen Reinheitsgebote ka-

men eine grundsätzliche *Inkompatibilität* der gesamten Perikope Mk 7,1–23 für innerjüdische Auseinandersetzungen, weshalb sie als eine Schöpfung (aus Galiläa stammender) judenchristlicher Missionare angesehen wird, die sich der Heidenmission zuwandten und die Perikope deshalb, nicht zuletzt aufgrund einer fehlenden Wirkungsgeschichte des Wortes, Jesus absprechen[4].

Differenz zum Judentum und *Abhebung* auf der einen Seite, Jesu *Verwurzelung* im Judentum auf der anderen Seite sind demnach die ausschlaggebenden Kriterien, Mk 7,(1–)15 Jesus entweder zu– oder aber abzusprechen.

Eine dritte Gruppe von Auslegern versucht dagegen, das Jesuswort in der Spannung von *Differenz* und *Kontinuität* zu verstehen, das Wort in V 15 Jesus durchaus zuzusprechen und in ihm lediglich einen *weiteren Auslegungstyp* des in der Tora geoffenbarten Gotteswillen zu sehen, der sich auch weiterhin im kultisch–rituellen Denkbereich bewegt[5].

Bedeutsam ist, daß das Wort Jesu hier als (Diskussions–)Beitrag oder aber Lösungsvorschlag *innerhalb* eines *gemeinsamen* jüdischen Denk– und Handlungsbereich angesehen wird. Nicht die Auflösung der Tora steht bei diesem Verständnis im Mittelpunkt, sondern der Versuch ihrer Erfüllung auf einem freilich neuen, untraditionellen Weg. Gerichtet ist das Wort Jesu dabei besonders gegen die politische Laienbewegung der Pharisäer mit ihrem Ideal des heiligen Lebens auch im Alltag, so als wäre man Tempelpriester. Um die provokatorische Bedeutung des Wortes Jesu richtig einschätzen zu können, sei im folgenden exkursartig auf das rituelle Anliegen der Pharisäer eingegangen. Ziel soll es mE dabei sein, Verständnis für die faszinierende pharisäische Auffassung zu wecken, die sich ja auch nach der Katastrophe

---

tegorisch ablehnt; V 15b stammt aus der mk Gemeinde, die dieses harte Jesuswort nicht ertragen konnte und eines positiven und erbaulichen Zusatzes bedurfte.

[4]So in jüngster Zeit besonders H. Räisänen: Jesus and the Food Laws: Reflections on Mark 7.15; JSNT 16 (1982), S.79–100 sowie ders.: Zur Herkunft von Markus 7,15; LOGIA. Les paroles de Jésus – The Sayings of Jesus (BEThL 59), FS J. Coppens, Leuven 1982 S.477–484. Ferner, allerdings mit einer fragwürdigen Methodik, S. Schulz: Die neue Frage nach dem historischen Jesus; Neues Testament und Geschichte, FS O. Cullmann, Zürich/Tübingen 1972, S.33-42:39. Für nachösterlich hält V 15 auch P. Fiedler, Tora, S.74 mit Anm 10.

[5]Cf hierzu besonders D. Lührmann: ... womit er alle Speisen für rein erklärte (Mk 7,19); WuD 16 (1981), S.71–92; Chr. Burchard, Jesus, S.46ff sowie Kl. Berger: Jesus als Pharisäer und frühe Christen als Pharisäer; NovTest 30 (1988), S.231–262. Cf ferner auch G. Dautzenberg: Gesetzeskritik und Gesetzesgehorsam in der Jesustradition; Das Gesetz im Neuen Testament (QD 108), Freiburg/Basel/Wien 1986, S.46–70. Auch E.P. Sanders: Jesus, Paul and Judaism; ANRW II,25,1, S.390–450:416f, der das in Mk 7,15 liegende Konfliktpotential allerdings betont gering ansetzt.

des Jahres 70 innerhalb des Judentums behaupten und durchsetzten konnte. Das bedeutet nicht, beide Beiträge zum Thema der Reinheit – den pharisäisch–rabbinischen wie den jesuanisch–christlichen – *wertend* nebeneinanderzustellen, wohl aber, in angemessener Weise jene Offenheit und Gesprächsbereitschaft zu schaffen, die auch innerhalb der mk Überlieferung noch vorausgesetzt ist: zwar sind auch für Markus die jüdischen Speisegebote fremd und letztendlich aufgehoben[6], doch sind Jesus und die Pharisäer (und einige Schriftgelehrte) noch im Gespräch über dasselbe rituelle Anliegen der Reinheit. Ein Zug, der nicht zuletzt auch für die hier zu behandelnde Frage der Selbststigmatisierung relevant ist – Selbststigmatisierung ist mE da am wirksamsten und effektivsten, wo sie in Interaktion und damit direkt stattfindet und es damit um Werte geht, die beide Gruppen *gemeinsam* vertreten[7]. Wer provoziert und dabei Werte vertritt, die sich jenseits eines gemeinsamen Wertegefüges oder einer Werteskala bewegen, wird es mE äußerst schwer haben, Gehör zu finden. Zwar ist eine solche Form von *grundsätzlicher* Selbststigmatisierung mit einem ganz eigenen Wertehorizont nicht auszuschließen, mE aber bei Jesus (wie überhaupt bei den im Neuen Testament begegnenden Formen von Selbststigmatisierung) nicht aufweisbar. Vielmehr läßt sich formulieren: Selbststigmatisierer vertreten gesellschaftlich schon immer anerkannte Werte; sie relativieren sie freilich in ihrer Bedeutung und in ihrem jeweiligen, aktuellen Ausmaß. Gleiches läßt sich hier für Jesus am Beispiel der rituellen Reinheit zeigen. Auch Jesus geht es um Reinheit und Heiligkeit und er bewegt sich damit durchaus innerhalb des extensivierten pharisäischen Reinheitsdenkens[8], allein sein neuer Lösungsvorschlag ist dabei werteverschiebend und daher provokativ[9].

Wie Jesu Reinheitsverständnis konkret zu verstehen ist, soll weiter unten aufgezeigt werden; zuerst aber – wie bereits erwähnt – soll jenes Reinheitsverständnis skizziert werden, gegen welches sich Jesu richtet[10].

---

[6]Zur mehrstufigen Behandlung des ursprünglichen Jesuswortes durch Markus cf bes D. Lührmann, Speisen, S.75ff.

[7]Cf hierzu auch die Überlegungen von M. Walzer: Kritik, S.81ff, der diesen Aspekt bereits am Beispiel alttestamentlicher Prophetie betont.

[8]Dies betont mE zu Recht Kl. Berger, Jesus, S.238 uö.

[9]Dasselbe gilt später natürlich auch für Jesu Stellung zum Jerusalemer Tempel, ohne daß dies erneut betont werden muß. Infragestellung des Tempels und Identifikation mit ihm gehen bei Jesus Hand in Hand. Umgekehrt heißt dies aber: gesellschaftlich relevante Werte (der Tempel als Ort der Gegenwart Gottes und der Sühne) werden von Jesus nicht grundsätzlich abrogiert, sondern *innerhalb* eines gemeinsamen jüdischen Wertegefüges neu verstanden und interpretiert.

[10]Die folgende Skizze stützt sich auf J. Neusner: Judentum, S.25ff, der seinerseits selbst

„Der hervorstechendste Zug des Pharisäismus vor 70, wie er in den späteren rabbinischen Traditionen über die Pharisäer und in den Evangelien beschrieben wird, besteht im Interesse für rituelle Dinge. Insbesondere betonen die Pharisäer, daß Essen im Status ritueller Reinheit, so als wäre man Tempelpriester, zu erfolgen habe, und daß höchste Sorgfalt beim Verzehnten und bei den Abgaben für die Priesterschaft erforderlich sei ... ihr Hauptpunkt war die Einhaltung der rituellen Reinheitsgesetze außerhalb und innerhalb des Tempels ... Die Pharisäer glaubten, daß man die Reinheitsgesetze auch außerhalb des Tempels einhalten müsse. Andere Juden – und damit folgten sie der klaren Aussage von Leviticus – waren der Meinung, daß Reinheitsgesetze nur im Tempel eingehalten werden mußten ... außerhalb des Tempels wurden die Gesetze der rituellen Reinheit im allgemeinen nicht befolgt, und nichtkultische Tätigkeiten mußten nicht im Zustand kultischer Reinheit ausgeführt werden. Aber die Pharisäer vertraten das Gegenteil, nämlich daß man sogar außerhalb des Tempels, zuhause, den Gesetzen der rituellen Reinheit folgen mußte, eben an der Stelle, an der sie anwendbar waren, nämlich bei Tisch. Sie vertraten daher die Auffassung, daß man sein »weltliches« Essen, d.h. normale, tagtägliche Mahlzeiten im Zustand ritueller Reinheit einzunehmen habe, als wäre man Tempelpriester. Die Pharisäer forderten daher für sich selbst und darum in gleicher Weise für alle Juden den Status und die Verpflichtungen der Tempelpriester. Der Tisch im Haus eines jeden Juden ist wie der Tisch des Herrn im Jerusalemer Tempel[11]". „Das Gebot »ihr

---

eine Korrektur des Pharisäerbildes, wie es zT die Evangelien, bes aber die christliche Exegese bietet, anstrebt. Die im folgenden längeren Zitate sollen dabei besonders zeigen, daß sich christliche Identität heute nicht mehr in einseitiger Abgrenzung zu anderen Bewegungen bestimmen kann. J. Neusner geht bei seinem gewonnenen Bild des Pharisäismus von einer *grundsätzlichen Kontinuität* zwischen der pharisäischen Bewegung vor 70 und der rabbinischen nach 70 aus. Diese Vorgehensweise und damit verbunden die Annahme einer Kontinuität zwischen beiden Bewegungen wird in jüngster Zeit va aufgrund der Quellen selbst problematisiert. Es wird darauf verwiesen, daß die Pharisäer im rabbinischen Schrifttum zumeist keine positive Identitätsgröße darstellen, sondern sie ihrerseits selbst zum Gegenstand der Kritik von Rabbinen wurden. Statt dessen sieht man in den Rabbinen nach 70 eher eine Sammelbewegung, die nicht *nur*, sondern vielmehr *auch* pharisäisches Erbe bewarte. Die Sachlage und die hieraus für die neutestamentliche Exegese resultierenden Folgen können hier nicht erschöpfend behandelt werden. Ich verweise nur auf G. Stemberger: Pharisäer, Sadduzäer, Essener (SBS 114), Stuttgart 1991 sowie auf P. Schäfer: Der vorrabbinische Pharisäismus; M. Hengel/U. Heckel (Hg.): Paulus und das antike Judentum (WUNT 58), Tübingen 1991, S.125–175. Dagegen geht die mW jüngste Monographie zum Pharisäismus von M. Pelletier: Les Pharisiens. Histoire d'un parti méconnu (lire la Bible 86), Paris 1990 wieder vom (Neusner'schen) Kontinuitätsgedanken aus. Eine Umorientierung der Forschung scheint zZt noch nicht stattzufinden.

[11]L.c. ebd., S.24.25. Man vergleiche diese Aussage mit der von E. Käsemann, Problem,

sollt mir sein ein Königreich von Priestern und ein heiliges Volk« wurde
wörtlich genommen. Das ganze Land galt als heilig ... Es war nicht bloß
Phantasie, daß die Pharisäer glaubten, sie verhielten sich wie Priester. Ihre
Botschaft vor 70 war, daß das Heilige nicht auf den Tempel begrenzt ist.
Das Land ist heilig, das Volk ist heilig. Das Leben des Volkes, nicht nur
der Tempelkult, kann geheiligt werden. Wie dienen Priester Gott? Sie reinigen sich und bringen Opfer dar. Wie sollte das heilige Volk Gott dienen?
Sie sollen sich heiligen – heiligen durch ethisches und moralisches Verhalten ... Die pharisäische Ordnung bedeutete eine ständige Ritualisierung des
täglichen Lebens und das immer gegenwärtige Bewußtsein der gemeinschaft-
lichen Ordnung des Seins"[12].

Halten wir fest: Das pharisäische Denken zZt Jesu war bestimmt von
einer Intensivierung der Phänomene von Heiligkeit und Reinheit. Diese wurden nicht nur im Bereich des Tempels praktiziert, sondern auf das gesamte
Leben ausgedehnt, der Alltag quasi durch fortwährende Riten geheiligt. Umgekehrt ausgedrückt: es wurde versucht, einer drohenden *Profanisierung* und
Entheiligung des Alltags durch verschiedene Riten, ua das rituelle Händewaschen, entgegenzuwirken, indem das priesterliche Reinheitsideal befolgt
wurde. Gekennzeichnet war diese pharisäische Reinheit demnach durch ihre
Verletzlichkeit, die immer aufs neue verteidigt bzw gewahrt werden mußte.

Stellt Jesus dieses Reinheitsverständnis in Frage (Mk 7,15), so doch nicht,
um damit die Torabestimmungen außer Kraft zu setzen, so als ob er „erlaubt hätte, Schweinefleisch oder Krabben zu essen, weil sie dem Menschen
äußerlich bleiben, wenn er sie schluckt"[13]. Ein solches Verständnis legt erst
die sekundäre mk Aktualisierung der Perikope in V 19 nahe, die in diesem
Kontext wohl an Heidenchristen gerichtet ist[14]. Im innerjüdischen Bereich
kann sich das Wort Mk 7,15 wohl nur auf den Geltungbereich der Tora beziehen; sprich: es geht hier um das (relative) *Wie* des Essens, nicht aber

---

S.207, zum Thema: Jesus „hebt die für die gesamte Antike grundlegende Unterscheidung
zwischen dem Temenos, dem heiligen Bezirk, und der Profanität auf". Was bei E. Käsemann die Originalität Jesu (und damit die Authentie von Mk 7,15) garantierte, wird
nunmehr zu einem Anliegen, das Jesus mit den Pharisäern grundsätzlich teilte – ihm wie
ihnen ging es um eine Ausweitung der Heiligkeit; ihm ethisch, jenen rituell.

[12]L.c. ebd., S.25.26.28.

[13]L.c. Chr. Burchard, Jesus, S.47.

[14]Zum sekundären Charakter von V 19 cf D. Lührmann, Speisen, S.86; E.P. Sanders,
Jesus, Paul and Judaism, S.416f oder G. Dautzenberg, Gesetzeskritik, S.58. Auch für
H. Räisänen, Herkunft, S.483, ist V 19 sekundär, substantiell unterstreicht er sE aber nur
den ohnehin torakritischen Vers 15.

um das (absolute) *Was* – denn ein anderes Problem oder eine andere Frage hinsichtlich des Essens konnte sich in Palästina lebenden Juden überhaupt nicht stellen[15]. Jesus sagt hier (nur) in bezug auf die von der Tora erlaubten Speisen, daß sie nicht Kraft irgendeiner äußeren Qualität rein sind, sondern allein aufgrund der von innen kommenden Haltung des Menschen. Es geht also nur um die Frage, *wodurch* die als rein geltenden Speisen rein sind und nicht darum, *welche* Speisen überhaupt rein sind.

Wird mit diesem Verständnis des Jesuswortes die Differenz zwischen Jesus und den Pharisäern kräftig relativiert, so doch nicht die gegen die Pharisäer gerichtete provokatorische Spitze des Wortes. Denn was Jesus dem pharisäischen Reinheitsverständnis *positiv* entgegensetzt, ist keine Form von Selbststigmatisierung um jeden Preis[16], sondern ein Verständnis von Reinheit bzw Heiligkeit, welches in Anschluß an Kl. Berger als *offensive Reinheit/Heiligkeit* anzusehen ist: unter ,offensiver Reinheit/Heiligkeit' ist zu verstehen „eine Reinheit/Heiligkeit, die nicht durch Unreinheit verletzt und bedroht wird, die nicht eine passive Qualität ist, die es nur zu bewahren gilt … Sondern offensive Reinheit/Heiligkeit ist im Gegenteil eine Reinheit, die sich von ihren Trägern aus verbreitet, die ,ansteckend' ist, die Unreines rein machen kann … Sie ist etwas Dynamisches, in jedem Fall Siegreiches, das bei Berührung alle Unreinheit vertreibt und nicht etwa durch sie bedroht wird. Diese Reinheit/Heiligkeit wirkt so, wie früher Unreinheit wirkte. Die Machtverhältnisse sind jetzt und hier umgekehrt worden"[17].

Dieses neue und möglicherweise spezifisch jesuanische Reinheitsverständnis[18] sprengt nun keinesfalls die Tora, sondern es läßt sich als ein eigener – ethischer – Beitrag zur Lösung eines rituellen Problems – dem der Reinheit und Heiligkeit – verstehen, der, wie Vorstufen zeigen (cf bes Lev 6,11.20 im Kontext der Opfer), sich ganz auf dem Boden der Tora bewegte. Ethik ersetzt dabei nicht kultische Kategorien, sondern begreift sie neu[19].

---

[15]Cf D. Lührmann, Speisen, S.86. Anders als hier zerlegen bspw W.G. Kümmel, Reinheit; H. Hübner, Mark. VII.1-23 oder aber J. Gnilka, Markus, S.276f und R. Pesch, Markus I, S.367 die mk Perikope in *zwei* Teile mit den Themen a) Händewaschen (Vv 1–13) und b) Nahrungsmittel (Vv 14–23). Diese Zweiteilung ist mE nur möglich auf der Ebene der mk Redaktion, nicht aber für die dahinterliegende Tradition. Ähnlich auch H. Räisänen, Herkunft, S.478.

[16]So aber wohl M.N. Ebertz, Charisma, S.245 Anm 245.

[17]L.c. Kl. Berger, Jesus, S.240.

[18]Cf ebd., S.240, der zugleich auch auf traditionsgeschichtliche jüdische Vorstufen verweist (Anm 13), die aber an Gewicht und Bedeutung weit hinter dem Verständnis Jesu zurückbleiben.

[19]Daß sich Jesus auch weiterhin im kultischen Denkbereich bewegt, wird bei der (zu

Gleichwohl läßt sich dieses Verständnis als eine *Form provokatorischer Selbststigmatisierung*, als Weg, sich mit kulpativen Stigmata zu beladen, verständlich machen. Dies vor allem dann, wenn man auf die zT nicht unmittelbar intendierten *Folgen* dieses neuen Reinheitsverständnisses blickt. Denn es bedingt, daß definierte Tabus und Schranken nicht nur auf dem Gebiet des Essens fallen. War das pharisäische Reinheitsdenken bestimmt von einer stets lauernden Gefährdung dieser Reinheit, weshalb soziale Grenzen aufgestellt werden mußten, die die Reinheit garantieren sollten (und den Pharisäern, hebr.: p(e)ruschim; dh Abgesonderte, letztendlich ihren Namen gaben[20]), so ist das Reinheitsverständnis Jesu nicht von Berührungsängsten bestimmt und deshalb ausgrenzend, sondern im Gegenteil positiv ansteckend und grenzüberschreitend. Beide Verständnisse aber haben dasselbe Ziel vor Augen – differierend ist allein der Weg zum gemeinsamen Ziel. Trennten sich die einen vom sog Am–ha–arez[21], um so ihre Reinheit zu verteidigen (cf auch Mk 2,16;Lk 7,39), so konnten jene, Jesus samt seinen Anhängern, diese Schranken missionarisch überschreiten. Das pharisäische Reinheitsverständnis wurde hier direkt getroffen und hinterfragt. Im wahrsten Sinn des Wortes läßt sich diese Form provokatorischer Selbststigmatisierung von Jesus als ein *Sticheln* der Pharisäier verstehen, das in die *Tiefenstruktur* des pharisäischen Reinheitsverständnisses eindringt und damit gewissermaßen prinzipiell wird[22]. Jesus erscheint mE in dieser Frage um die wahre Reinheit alles andere als „merkwürdig in der Defensive"[23], da angeblich nicht er einen

---

einseitigen) Gegenüberstellung von Ethik versus Kultus oft nicht genügend beachtet. Cf bspw R. Pesch, Markus I, S.373 oder M. FitzPatrick: From Ritual Observance to Ethics: The Argument of Mark 7.1–23; ABR 35 (1987), S.22–27.

[20]Cf E. Schürer, History, S.396. Anders dagegen A.I. Baumgarten: The Name of the Pharisees; JBL 103 (1983), S.411–428, der den Namen der Pharisäer auf hebr.: paroschim; dh Genaue (hinsichtlich des Gesetzes), zurückzuführen versucht.

[21]Mit diesem Begriff wurde von Pharisäern jeder diskriminiert bzw stigmatisiert, der ihre Heiligkeitsforderungen nicht erfüllte. Auch hier wird deutlich, wie Identität oft durch Abgrenzung gesucht wird. Der Begriff des Am–ha–arez selbst stammt aus dem Alten Testament, in welchem bereits eine Entwicklung bzgl dieses Begriffes festzustellen ist: bezeichnete Am–ha–arez in den Büchern Jer; Ez; 2 Kö und 2 Chr zuerst das *Volk* im Unterschied zum König und der Oberschicht, zu der auch Priester gehörten (cf Jer 1,18;34,19), so ändert sich der Sinn in den Büchern Esra und Nehemia und bezeichnet dort *Heiden* (cf Esr 9,1;Neh 9,30). Gemeint sind dort in Palästina lebende Nichtjuden. Wird dieser Begriff nunmehr – über drei Jh später – auf *Juden* übertragen, so zeigt dies, daß man diese wie Fremde behandelte, mit denen die Sozialkontakte eingeschränkt waren. Zur Begriffsgeschichte des Am–ha–arez cf auch E. Schürer, History, S.398 Anm 59.

[22]Zu diesem Zweck von Selbststigmatisierung cf das einleitende Kapitel oder W. Lipp, Selbststigmatisierung, S.37.

[23]L.c. D. Lührmann, Speisen, S.89.

Streit provoziert, sondern ein eher beiläufiger Fall zum Anlaß für die Auseinandersetzung wird. Vielmehr ist es doch gerade jenes dann auch tatsächlich
praktizierte Reinheitsverständnis, das so ungeheuerlich provokativ wirken
mußte, da hier *auf dem Boden* der Tora gleichsam *wider* sie gehandelt wurde, indem der Begriff der Reinheit bzw Heiligkeit neu definiert wurde[24].

Diese Differenz in der Gemeinsamkeit wird nicht zuletzt auch an Jesu
Stellung zum Sabbat (Mk 2,23ff; 3,2; Lk 13,10ff;14,1ff) bzw am demonstrativen Umgang Jesu mit Sündern (Mk 2,15f; Lk 19,7) und unreinen Menschen (Mk 1,40; Lk 17,11–17) als Formen provokatorischer Selbststigmatisierung deutlich. Gerade bei den provokativen Sabbatbrüchen Jesu[25] wird
ein bewußter Normverstoß als Gehorsam gegen Gott verstanden (Lk 6,9),
wobei sich die Verstöße Jesu gegen die pharisäische Praxis auf „ein bestimmtes Maß von 'natürlicher' Einsicht"[26] beziehen, welche von den Pharisäern offenbar verdeckt wurde (Lk 11,52). So beinhalten Jesu Sprüche zum
Sabbat (Mk 2,27) oder aber zur Reinheit (Mk 7,2) einen „weisheitliche(n)
. . . Realismus, dessen Eigenart Distanz zu kultischer Denkweise und Nähe
zur Einschätzung der Wirklichkeit nach 'profanen' Gesichtspunkten ist"[27].
Gemeinsam jedoch ist sowohl Jesus wie auch dem pharisäischen Denken die
Prämisse, daß der Sabbat den Menschen von Gott gegeben wurde. Umstritten ist dagegen die Ausgestaltung dieser Prämisse; sprich: wie die humane
Intention des Sabbats am besten deutlich zu machen ist. Auch Jesu Stellung
zum Sabbat entspricht demnach keiner Sprengung jüdischen Denkens, sondern Jesus lehrt lediglich auf einer gemeinjüdischen Grundlage „liberaler"
als andere jüdische Autoritäten. Die gemeinsame Wertung des Sabbats als
Gottes Gabe ist stets vorausgesetzt.

---

[24]Das damalige Judentum kannte parallel zum Reinheitsverständnis Jesu ein verinner-
lichtes Reinheitsverständnis, das frei vom Kult praktiziert wurde. Jesus stand also innerhalb des Judentums nicht alleine da. Zu verweisen wäre bspw auf das Täuferbild des
Josephus, der damit explizit ein magisches Reinheitsverständnis ablehnt oder aber auf
PseuPhok 228. Dort heißt es, Reinigungen beziehen sich auf die Heiligung der Seele, nicht
des Körpers.
[25]L.c. Chr. Burchard, Jesus, S.48: „Jedenfalls heilte Jesus auch am Sabbat, mindestens
manchmal demonstrativ . . . Auch das Ährenraufen (als Sabbatverstoß, m.Erg.) paßt zu
einer Gruppe, die vom Spenden lebt". Eine grundsätzliche Ablehnung des dritten Gebotes
wird man Jesus hingegen kaum unterstellen dürfen. Ähnlich auch D. Flusser: Die letzten
Tage in Jerusalem. Das Passionsgeschehen aus jüdischer Sicht – Bericht über neueste
Forschungsergebnisse, Stuttgart 1982, S.30: „Ganz offensichtlich exponierte sich Jesus in
seinen Auseinandersetzungen manchmal, um seine Gesprächspartner zu ärgern".
[26]L.c. Kl. Berger: Die Gesetzesauslegung Jesu I (WMANT 40), Neukirchen 1972, S.576.
[27]L.c. ebd., S.576f.

Ganz ähnlich verhält es sich bei Jesu demonstrativem Umgang mit Sündern und unreinen Menschen. Auch hier ist der Unterschied zwischen Jesus und den Pharisäern lange nicht so fundamental wie oft angenommen wird[28]. Nicht darin, *daß* Jesus überhaupt Mahlgemeinschaft mit diesen Menschen hatte und ihnen ihre Sünden vergab, ist die Provokation, die von Jesus ausging, zu sehen, sondern vielmehr darin, daß Jesus nicht mit *reuigen* Sündern aß. Denn der Weg zurück in die Gemeinschaft stand jedem Juden offen, den seine Sünden reuten und der umkehren wollte[29]. Provokativ an Jesu Gemeinschaft mit Sündern war demnach allein, daß er deren Umkehr nicht zur *Voraussetzung* der Gemeinschaft machte, sondern sie irgendwie nachfolgend aus der Begegnung mit ihm ‚erhoffte'. Auch dieses provokative Handeln Jesu wird also erst verständlich auf der im Judentum allgemeinen Rede von der Barmherzigkeit Jhwhs, der Sündern den Weg zurück zur Gemeinschaft mit ihm ermöglicht und damit auf einem gemeinsamen Wertehorizont, innerhalb dessen durch Akte provokatorischer Selbststigmatisierung Werteverschiebungen erreicht werden sollen[30].

Eine letzte, bewußte Identifikation mit den religiös Stigmatisierten und damit eine Form von kulpativer Selbststigmatisierung begegnet dort, wo Jesus als Ungebildeter (γράμματα ... μὴ μεμαθηκώς Joh 7,15) den Ungebildeten und körperlich Arbeitenden Anteil an der Weisheit gibt und auf diese Weise das Bildungsstigma umdefiniert[31]. Wirbt in dem wohl in sadduzäischen Kreisen entstandenen Oberschichtswerk JesSir die Weisheit um die oberen Schichten bzw um die, die keine körperliche Arbeit verrichten (cf JesSir 38,24;39,4;51,27), so wendet sich Jesus im sog Heilandsruf Mt 11,28f unter Aufnahme des Werberufes der Weisheit aus dem Buche Sirach betont an die Arbeitenden (οἱ κοπιῶντες καί πεφορτισμένοι). Denen, die nach JesSir eigentlich von der Weisheit ausgeschlossen sein sollten, wird in paradoxer Weise der Besitz derselben – zugleich aber auch eine religiöse Gegenautorität, hier gegen ein elitäres, auf die Oberschicht begrenztes Bildungsverständnis – in Aussicht gestellt.

Auf alle Fälle aber sollte man sich mE davor hüten, die Differenz im Reinheitsverständnis zwischen Jesus und den Pharisäern *überzubewerten*, etwa in dem Sinn, daß dieses Verständnis ein wesentlicher Baustein für Jesu spätere

---

[28]Cf hierzu E.P. Sanders, Jesus, S.174ff.

[29]L.c. ebd., S.204: „Jesus said, God forgives you, and now you should repent and mend your ways; everyone else said, God forgives you if you will repent and mend your ways".

[30]Schon bei Markus dagegen ist dieser gemeinsame Wertehorizont verlassen: bei ihm wurde aus einem Konflikt *im* Judentum ein Konflikt *mit* dem Judentum – ist bei ihm doch die Tendenz feststellbar, Jesu innerjüdische Gegner zu den Repräsentanten des Judentums zu stilisieren (cf 3,6;7,3).

[31]Hierzu cf G. Theißen, Jesusbewegung, S.353–356.

Kreuzigung gewesen sei[32], was nicht zuletzt allein schon deshalb unwahrscheinlich ist, da Pharisäer innerhalb der Passionsgeschichte nicht als aktiv Handelnde auftreten. Viel vorsichtiger sollte man daher diese Differenz als *ein* Trennungs– bzw Entfremdungselement zwischen dem Pharisäismus und Jesus ansehen, eben als ein Sticheln – und gleichzeitiges Werben für eine neue Sichtweise eines rituellen Problems, dessen Lösung sich beide Gruppen zum Ziel gesetzt haben, wie dies ja selbst die Evangelien zeigen, schildern sie doch Jesus und die Pharisäer als *Interaktionspartner*, denen es um die gleiche Sache geht. Insofern läßt sich diese Differenz tatsächlich noch als eine „innerpharisäische" verstehen[33].

Wirft man abschließend noch einen Blick auf die *Wirkungsgeschichte* des Jesuslogions, nachdem das frühe Christentum auch kulturelle Schranken überschritten hatte, so zeigt sich, wie der einst *selbst*stigmatisierende Zug Jesu im weiteren Verlauf dazu verwandt wurde, die (transformierte) Haltung Jesu dazu zu nutzen, seinerseits selbst in der Frage von rein und unrein Andersdenkende zu stigmatisieren. Besonders deutlich sichtbar wird dies am Beispiel von Kol 2,20–22, wo innerchristlich Gegner bekämpft werden, die sich bzgl der Frage der Speisegebote an jüdische Vorstellungen anlehnen und von Tit 1,14f, wo eine ähnliche Haltung als jüdische Mythologie und als Menschengebot (Ἰουδαικοῖς μύθος καὶ ἐντολαῖς ἀνθρώπων) abgetan und damit stigmatisiert wird. Dort, wo sich das frühe Christentum rasch als eigene Größe mit einem eigenen definierten Sinn– und Wertehorizont im Gegensatz zum Judentum bzw zu judenchristlichen Traditionen verstand, griff es bald selbst auf jene Abgrenzungsmittel zurück, gegen die es früher in

---

[32]So aber W.G. Kümmel, Reinheit, S.41 oder J. Gnilka, Markus, S.286; allerdings unter der mE falschen Prämisse, daß es sich hierbei um eine Torakritik Jesu handelt. Auch R.A. Horsley, Sociology, S.134–137, gewichtet den (sE grundsätzlichen) Gegensatz zwischen der Dorferneuerungsbewegung um Jesus und den Pharisäern, die für ihn zu den „central ruling groups" (S.136) gehören, mE zu stark. Ähnlich auch M.N. Ebertz, Charisma, S.256. Moderater dagegen, was einen fundamentalen Gegensatz zwischen Jesus und den Pharisäern betrifft, E.P. Sanders, Jesus, S.270ff.318. Ferner D. Flusser: Jesus in Selbstzeugnissen und Bilddokumenten, Hamburg 1968, S.S.54.117 uö sowie ders., Tage, S.28–35.100 uö.

[33]Zur grundsätzlichen Nähe aufgrund des gleichen Anliegens cf auch das Wort Jesu aus der Logienquelle Lk 11,39–41 par Mt 23,25f. J. Neusner: First Cleanse the Insight. The 'Halakhic' Background of a Controversy–Saying; NTS 22 (1976), S.486–495, hat zeigen können, daß Jesus hier (innerpharisäisch) gegen die Position des (strengeren) Rabbi Schammai polemisiert und der des Hillel nahesteht. L.c. S.494: „The metaphor built upon criticizes current Pharisaic (=Shammaitic) practice ... The homily assigned to Jesus thus took up a debate current in Pharisaism", wobei Jesus „turned the debate into a moral matter, so showed its true implications".

Form der Selbststigmatisierung – gegen eine vorangehende Stigmatisierung
– aufbegehrt hatte[34].

Für Jesus selbst ist diese Haltung natürlich noch nicht vorauszusetzen.
Als innerjüdischer bzw innerpharisäischer Lösungsbeitrag zum rituellen Problem wahrer Reinheit läßt sich sein Reinheitsverständnis als echte Form provokatorischer Selbststigmatisierung verstehen – als Selbststigmatisierung,
die, so provokant und revolutionär sie auch war, für Jesus selbst folgen-
los blieb. Ungleich anders sehen die Dinge allerdings aus, wenn wir uns im
folgenden Jesu Stellung zum Jerusalemer Heiligtum zuwenden. Hier – so
scheint es – ,kratzt' Jesus an ,heiligeren' Dingen, besonders aber trifft er
hier auf Opponenten, die auch tatsächlich ausreichend (politische) Sankti-
onsmaßnahmen besaßen, dieser Form von provokatorischer Selbststigmatisierung äußerst wirksam entgegenzutreten.

3.2.2 Tempelaktion und Tempelwort Jesu als Akte provokatori-
scher Selbststigmatisierung

Eine – verglichen mit dem Reinheitsverständnis – ungleich folgenreichere
Form von provokatorischer Selbststigmatisierung bei Jesus begegnet, wenn
wir uns nun Jesu Stellung zum Jerusalemer Heiligtum zuwenden, dem er ja
aktional (in der Tempelaktion) wie auch *verbal* (im sog Tempelwort) entgegentrat.

Folgt man der synoptischen, letztendlich aber auch der johanneischen
Überlieferung, so steht die Tempelaktion Jesu (Mk 11,15–19; Mt 21,12–17;
Lk 19,45–48; Joh 2,13–22) – wie auch das Tempellogion (Mk 14,58 parr)
– in unmittelbarem Zusammenhang mit seiner späteren Hinrichtung. Die
Grundsätzlichkeit der Tat Jesu tritt damit offen zutage. Doch ist dies das
Bild der neutestamentlichen Überlieferung und es bleibt die Frage, ob dies
auch einer historischen Realität entspricht; konkret: ob sich eine so dargestellte Tat auch historisch als so grundsätzlich und gravierend darzustellen
vermag.

Dabei besteht eine erste Schwierigkeit darin, wie die Tempelaktion Jesu
adäquat verstanden werden kann: als zelotische Tat; als Hinzunahme der

---

[34]Natürlich ist diese Reaktion innerhalb des Urchristentums nicht normativ bzw konstitutiv, wie das Beispiel des Paulus in 1 Kor 8–10 bzw Röm 14 zeigt. Cf dazu das folgende
Kapitel.

Heiden zum Gottesvolk; als Relativierung oder gar grundsätzliche Ablehnung des im Tempel geübten Kultes bzw dessen Sinnhaftigkeit; als symbolische Zeichenhandlung und wenn ja, als Zeichenhandlung wofür: für die Zerstörung des Tempels oder aber – in Verbindung mit dem Tempelwort – für die Erwartung eines neuen Tempels, *der nicht von Händen gemacht ist?* Letztlich wissen wir ja explizit nur, wie die Evangelisten die Tempelaktion verstanden[1].

Folgendes gilt es mE zu einem besseren Verständnis zu beachten. Man sollte die sog Tempelreinigung bzw – seine Echtheit vorausgesetzt – auch das Tempellogion (Mk 14,58) nicht allzu schnell als grundsätzliche Ablehnung des Jerusalemer Tempels verstehen. Eine solche Deutung ließe zwar sehr gut deren Verständnis als provokatorischer Akt im Sinne von Selbststigmatisierung zu, fragt mE jedoch zu wenig nach dem im Text überlieferten sowie nach dem hinter der Tempelaktion und dem Tempellogion stehenden ‚neuen Wert‘, der Akten von Selbststigmatisierung innewohnt. Dennoch kann ein Verständnis, das Jesu Haltung zum Tempel als grundsätzlichen Angriff gegen jedweden Kult ablehnt, nicht ausgeschlossen werden, doch könnte allein schon der zweite Teil des Tempellogions zur Vorsicht mahnen, läßt sich dieser Part doch durchaus als Identifikation mit dem Heiligtum verstehen. Die Tempelaktion weist somit zum einen auf den vorhandenen Tempel, weist aber zugleich kritisch auch über diesen hinaus.

Mit aller Vorsicht läßt sich mE formulieren, daß sich der Tempel in Jerusalem zZt Jesu in einer Legitimitäts–Krise befand. Dies geht nicht nur aus Jesu, sondern bereits aus der dem Tempel gegenüber kritischen Stellung Johannes des Täufers hervor. Und nicht zuletzt beklagen einerseits Josephus die Ausbeutung der Landpriester durch den Jerusalemer Priesteradel (ant 20,181.206f) bzw die Zusammenarbeit der Sadduzäer mit den Römern

---

[1]Zum Verständnis der Tempelaktion Jesu bei den Evangelisten cf T. Söding: Die Tempelaktion Jesu. Redaktionskritik – Überlieferungsgeschichte – historische Rückfrage (Mk 11,15–19; Mt 21,12–17; Lk 19,45–48; Joh 2,13–22); TThZ 101 (1992), S.36–64:39ff oder auch M. Trautmann: Zeichenhafte Handlungen Jesu. Ein Beitrag zur Frage nach dem geschichtlichen Jesus (FzB 37), Würzburg 1980, S.81–105. Zu Markus speziell cf jetzt D. Lührmann: Das Markusevangelium (HNT 3), Tübingen 1987, S.190ff. Eine eigene Deutung zum Johannesevangelium geben E. u W. Stegemann: Zur Tempelreinigung im Johannesevangelium; Die Hebräische Bibel und ihre zweifache Nachgeschichte, FS R. Rendtorff, Neukirchen 1990, S.503–516: der Johannesevangelist will jede politisch–messianische Interpretation der Aktion als Mißverständnis abweisen, *entpolitisiert* die Tat Jesu damit und stellt Jesus als Juden dar, dessen Eifer gegen eine Profanisierung des Tempels eigentlich Beifall und Respekt erwarten dürfte.

(ant 20,205)[2] und andererseits der babylonische Talmud die Käuflichkeit und damit Simonie des Hohenpriesteramtes (b Yoma 18a) sowie diverse Lehrgegensätze zwischen Sadduzäern und Pharisäern[3]. Möglicherweise wird auch in der apokalyptischen Schrift AssMos Kritik an der sadduzäischen Priesterschaft geübt (5,3;7,3ff).

Zugleich begegnet in der Jesusüberlieferung aber die Tendenz, Sünde und Schuld von Gott her zu beenden (cf Mt 6,14;18,21f), ohne daß dabei der Tempel eine Rolle spielt. All dies weist mE auf die Tatsache, daß die ursprüngliche Funktion des Tempels in Jerusalem als Ort der Gegenwart Jhwhs und der Sündenvergebung, aber auch als religiöses Zentrum des Judentums in gewissen Kreisen als durchaus gefährdet oder bedroht angesehen wurde.

Zu fragen bleibt in unserem Kontext indes zweierlei:
(1) Wie läßt sich die Tempelaktion als bewußte Form provokatorischer Selbststigmatisierung verständlich machen? und
(2) wogegen richtete sich dann Jesu Protest in Wort und Tat?
Beide Fragen lassen sich natürlich nicht isoliert voneinander, sondern allein ineinander hinreichend beantworten.

So wenig Klarheit und Einigkeit über das *Verständnis der Tempelaktion* herrscht, die im übrigen nicht ernsthaft in ihrer Historizität bestritten wird[4],

---

[2]Diese Zusammenarbeit war von seiten der Sadduzäer weniger selbstgewählt als vielmehr das Ergebnis der politischen Zwangslage, in der man sich befand. Zusammenarbeit war geboten, wollte man nicht sämtlichen politischen Einfluß verlieren. Diese ‚Zweckehe' wird im übrigen dadurch bestätigt, daß zu Beginn des 1. Jüdischen Krieges der Hohepriester Ananos die erste Phase des Krieges gegen Rom mitorganisiert. Diesem Tatbestand trägt bspw P. Lapide: Wer war schuld an Jesu Tod?, Gütersloh 1987, keine Rechnung, wenn er schreibt (S.103): „Die Sadduzäer bildeten die Gruppe der hohepriesterlichen Aristokratie ... die sich vom gemeinen Volk distanzierten, jedoch bereitwillig mit den Römern kollaborierten, um ihre politische Machtstellung zu untermauern und die Vorteile zu sichern, die sie als Hüter des Tempels besaßen".

[3]So bspw die Forderung der Pharisäer, daß das Räucherwerk am Versöhnungstag *vor* dem Eintritt des Hohenpriesters in das Allerheiligste auf das Kohlefeuer geschüttet werde, cf b Yoma 19b.

[4]Cf hierzu J. Roloff: Das Kerygma und der irdische Jesus. Historische Motive in den Jesus–Erzählungen der Evangelien, Göttingen 1970, S.89–110. J. Roloff weist zwei Fehldeutungen der Tempelaktion zurück: (1) die Aktion sei Ausdruck gemeindlicher Kritik am Tempelkult in Weiterführung der Kultkritik der älteren Propheten (bspw Amos) und (2) eine ekklesiologische Deutung der Aktion auf die Kirche als wahren Tempelkult, in deren Mittelpunkt die gegenwärtige Macht des Erhöhten im Bekenntnis der nachösterlichen Gemeinde steht, und hält die Perikope im Gegenzug zumindest in ihrem Grundbestand (ohne V 17) für historisch. Ferner V. Eppstein: The Historicity of the Gospel Account of the Cleansing of the Temple; ZNW 55 (1964), S.42–58 oder jetzt auch D. Lührmann:

so sehr dagegen doch über deren *begrenztes Ausmaß* im Tempelbezirk. „Jeder größere Tumult hätte unweigerlich zum Eingreifen der Besatzung geführt, zumal Pilatus in diesem Punkt nicht zimperlich war"[5]. Dies verstärkt wiederum eine Ansicht, die in der Aktion Jesu eine Zeichenhandlung sieht.

Ein weiterer Punkt betrifft die landläufige Bezeichnung der Tempelaktion Jesu als „Tempelreinigung". Wer die Aktion im Tempel als *Reinigung* versteht, setzt damit zugleich (meist stillschweigend) dessen *Profanisierung bzw Verfilzung* voraus[6]. Ist aber eine solche Profanisierung im Text überhaupt vorausgesetzt? Hierauf könnte man sich allein auf V 17 stützen – indes wird der Vers übereinstimmend der mk Redaktion zugewiesen[7]. Damit fehlt der Perikope aber nicht nur ihre *ursprüngliche Deutung*, sondern auch jeder Hinweis auf eine vorausgesetzte Profanisierung[8]. Denn unmöglich wird man die Tat Jesu: das Vertreiben der Händler und Verkäufer und das Umstoßen der Tische der Geldwechsler und Taubenhändler (V 15) als reinigende Tat eines vormals unreinen Treibens verstehen können (allein V 16 ließe sich uU als Eifern für die Reinheit des Tempels verstehen). Reinigung setzt Verunreinigung voraus – Geldwechsel und Taubenhandel können davon aber nicht betroffen sein. Eher das Gegenteil[9].

So gehörte es zur Aufgabe der Geldwechsler, das von Pilgern zur Entrichtung der Tempelsteuer mitgebrachte Geld, die sog Halbschekelsteuer, in eine für den Tempel konvertierbare Währung – die althebräische bzw tyrische – zu tauschen. Damit verrichteten sie einen für den Opferbetrieb unentbehrlichen Dienst. Denn die Tempelsteuer wurde das kommende Jahr über dafür verwandt, „die öffentlichen täglichen Ganzopfer, die im Na-

---

Markusevangelium, S.193. Anders freilich E. Haenchen: Der Weg Jesu. Eine Erklärung des Markus–Evangeliums und der kanonischen Parallelen, Berlin, 2.Auflage 1968, S.387 mit dem Hinweis, Jesus lege hier ganz im Gegensatz zur sonstigen Überlieferung Gewalt an den Tag.

[5]L.c. M. Hengel, War Jesus Revolutionär?, S.15. Cf ferner R. Pesch: Das Markusevangelium II. Teil. Kommentar zu Kap. 8,27–16,20 (HThK II), Freiburg/Basel/Wien, 3.Auflage 1984, S.200 sowie Chr. Burchard, Jesus, S.53.

[6]Dies geschieht bspw noch bei G. Bornkamm, Jesus, S.139f, besonders aber bei M. Trautmann, Handlungen, S.120, die in der ‚Tempelreinigung' einen „Angriff auf die herrschende sadduzäische Tempelhierarchie und deren Opfer– und Sühnekulttheologie" sieht.

[7]Cf R. Bultmann, Geschichte, S.36, wie auch, mit verschiedenen Gründen, die nachfolgende Forschung. Anders hingegen R. Pesch, Markusevangelium, S.198f.

[8]ME zu Recht fragt E. Haenchen, Weg Jesu, S.388: „Aber wo redet der Text von einer Tempelreinigung? Diesen Begriff hat erst die Exegese eingetragen".

[9]Cf zum folgenden J. Neusner: Geldwechsler im Tempel – von der Mischna her erklärt; ThZ 45 (1989), S.81–84 sowie E.P. Sanders, Jesus, S.63ff.

men der Gemeinde dargebracht wurden, zu finanzieren"[10]. Bewirkt die Schekelabgabe, wie bereits Ex 30,15f ausgedrückt ist, aber *Sühne*, und zwar für ganz Israel, so waren die Geldwechsler quasi der Garant dieser kontinuierlichen Ganzopfer. Weil die Opfer ganz Israel zugute kommen, deshalb ist auch ganz Israel (dies freilich in Gestalt nur der männlichen Israeliten) zur Abgabe der Halbschekelsteuer verpflichtet. Für die Geldwechsler wiederum bedeutete dies: *sie* machten eigentlich erst die Teilnahme am Kult möglich; ihre Gegenwart „war nicht nur kein Makel für den Kult, sondern ein Teil seiner perfekten Durchführung"[11]! Ganz ähnlich ist die Anwesenheit der Taubenhändler zu bewerten. Selbstverständlich stand es jedem Pilger frei, sich *sein* Opfertier selbst mizubringen, doch war dies nicht ohne Risiko: so konnte sich das Tier auf der Reise verletzten und wäre dann nicht mehr opferfähig. Auch hier dient der Verkauf opferfähiger Tiere eher einem reibungslosen Kultbetrieb denn der grundsätzlich unrechtmäßigen Bereicherung der Priesterschaft[12].

Wie man es auch dreht und wendet: Der Terminus Tempel*reinigung* vermag die Tat Jesu inhatlich nicht voll zu treffen. Ebensowenig der damit verbundene Versuch, Jesus als *Reformer* des Jerusalemer Kultes darzustellen. „In contrast to the manner in which the Essenes would have cleansed the temple, beginning with the High Priest and continuing with a reform of the whole cult, Jesus cannot be seen here as a religious reformer, cleansing the temple of abuses"[13]. Dies wird nicht zuletzt auch dadurch bestätigt, daß die Handlung räumlich äußerst begrenzt gewesen sein muß und sich unmöglich auf den ganzen Tempelbereich erstreckt haben kann[14]. Dies führt uns hingegen zu einem weiteren Verständnis der Tempelaktion Jesu.

Dieses weitere Verständnis der Tat Jesu im Tempel sieht darin eine *prophetische Zeichenhandlung* oder eine *symbolische Handlung*, die zeichenhaft ein Ereignis vorwegnimmt[15]. Doch auch hier ist strittig, *was* die Handlung letztendlich aussagen will.

---

[10]L.c. J. Neusner, Geldwechsler, S.82.

[11]L.c. ebd., S.83.

[12]Dies betont auch, unter Rückgriff auf talmudische Belege, T. Söding, Tempelaktion, S.38 Anm 11. Cf zur ‚Normalität' der Taubenhändler im Tempelbezirk auch E. Haenchen, Weg Jesu, S.383. Dagegen entspricht die Erwähnung der Rinder und Schafe in Joh 2,14 weniger der historischen Realität als vielmehr der übertreibenden Gestaltung des 4. Evangelisten.

[13]L.c. L. Gaston: No Stone on Another. Studies in the Significance of the Fate of Jerusalem in the Synoptic Gospels (NovTestSuppl 23), Leiden, 1970, S.85.

[14]M. Hengel, War Jesus Revolutionär?, S.15 erwägt (allerdings nicht ohne tendenzielle Absicht), ob nicht schon der mk Bericht eine Übertreibung eines (noch) harmloseren Ereignisses darstellt.

[15]Die Tempelaktion Jesu als prophetische Aktion bzw Zeichenhandlung anzusehen hat sich, soweit ich sehe, heute allgemein durchgesetzt.

Doch zuvor sollen noch zwei weitere Deutungen der Tempelaktion ausgeschlossen werden, die oft im Zusammenhang mit dem Verständnis der
„Tempelreinigung" genannt werden.

(1) Zum einen die der Tempelaktion als Realisierung der Prophetie von
Sach 14,20f im Sinne der Verwirklichung eschatologischer Reinheit des Tempels. Dort heißt es:

> An jenem Tag (scil.: dem Tag Jhwhs) wird auf den Pferde-
> schellen stehen: Heilig (dem) Jhwh. Und die Töpfe im Hause
> Jhwhs werden gebraucht wie die Opferschalen vor dem Altar.
> Und es werden sein alle Töpfe in Jerusalem und Juda heilig Jhwh
> Zebaoth und es werden kommen alle, die opfern wollen und sie
> werden sie nehmen und in ihnen kochen und außerdem werden
> nicht sein Kanaänäer im Hause Jhwh Zebaoths an jenem Tag.

Immer wieder wird hier der Schlüssel zum Verständnis der Tat Jesu
gesehen[16]. Freilich ist einzuschränken: wir sahen oben, wie Jesus die Ausweitung ritueller Reinheitsvorschriften ablehnte (Mk 7,1ff). Vertritt er hier eine
solche Ausweitung (über den Tempel hinaus in einem wahrhaft gigantischen
Ausmaß!), wäre dies singulär in der Jesusüberlieferung, darüber hinaus auch
nur schwer kompatibel mit seinen weiteren Äußerungen zum Tempel und so
nur schwer verstehbar[17]. Darüber hinaus muß deutlich gesehen werden, daß
Jesus im Tempel ja nicht nur die Händler vertrieb, sondern auch – und gerade – die Geldwechsler, jene Gruppe also, die einen geregelten Kultbetrieb
garantierte und der doch auch Sach 14,20f vorausgesetzt zu sein scheint.
Vertreiben von Geldwechslern und eschatologische Reinheit will mE aber
nicht gut zusammenpassen. Auch mit dem Hinweis auf Sach 14 läßt sich die
Aktion Jesu im Tempel nicht befriedigend erklären. Es bleibt dabei: Jesus
geht es offensichtlich nicht um eine Reinigung des Tempels, sondern um eine
Unterbindung des Kultbetriebs, der doch aber Mose von Jhwh in der Tora
gegeben wurde (Ex 29,38ff).

(2) Und auch als letzter *Aufruf Jesu zu Umkehr und Buße* kann die

---

[16]Cf zB C. Roth: The Cleansing of the Temple and Zechariah xiv.21; NT 4 (1960), S.174–
181; J. Roloff, Kerygma, S.96; L. Gaston, No Stone on Another, S.86; Chr. Burchard, Jesus,
S.53, J. Jeremias: Neutestamentliche Theologie I. Die Verkündigung Jesu, Gütersloh 1971,
S.145 oder auch R. Pesch, Markusevangelium, S.200.

[17]So mE zu Recht T. Söding, Tempelaktion, S.60 Anm 115.

Tempelaktion nicht herhalten[18]. Diese Vermutung scheint zwar gut kompatibel mit der sonstigen Verkündigung Jesu zu sein[19], indes: der *Text* selbst trägt zu diesem Verständnis nichts bei. Nirgendwo begegnet das Stichwort μετάνοια bzw das dazugehörende Verb μετάνοιειν. Überhaupt läßt sich bei einer Deutung der Aktion als Aufruf zu Umkehr und Buße fragen: Wird diese dem allgemein anerkannten Zeichencharakter der Tat noch gerecht? Was ist als Pendant der Forderung anzunehmen: positiv die Anerkennung der Legitimität Jesu, negativ seine Verwerfung? In welchem Verhältnis stehen dann aber Tempelaktion und Umkehrforderung? Wird nicht auch hier, quasi durch die Hintertür, wieder von Tempelreinigung bzw Ablösung des Jerusalemer Kultes, letzteres ganz christologisch verstanden, gesprochen?

Eine mE ansprechende Deutung der Tempelaktion hat dagegen E.P. Sanders vorgelegt[20]. Dabei will er das Umstoßen der Tische der Geldwechsler und der Stände der Taubenhändler im wörtlichen Sinn verstehen – als *zerstörerischen* Akt: „The discussion of whether or not Jesus succeeded in interrupting the actual functioning of the temple points us in the right direction for seeing what the action symbolized but did not accomplish: it symbolized destruction. That is one of the most obvious meanings of the action of overturning itself"[21]. In zeichenhafter Form versuchte Jesus nicht nur, den Tempelkult zu (be)hindern, sondern ihn aufzuheben. Diese Aufhebung aber geschah nicht, um den Tempel*kult* zu reformieren oder seine (weitere) Profanierung zu stoppen, sondern um einem ganz neuen *Tempel*, dem eschatologischen und damit von Gott erwarteten, Platz zu machen[22]. Diese Deutung vermag nicht nur ein ansprechendes Verstehen der Tempelaktion Jesu zu geben, sondern sie kann darüberhinaus auch die weiteren urchristlichen Überlieferungen gegenüber dem Tempel in sich aufnehmen.

---

[18]Diese Deutung der Tempelaktion findet sich besonders in der katholischen Exegese. Cf J. Gnilka: Das Evangelium nach Markus 2.Teilband: Mk 8,27–16,20 (EKK II/2), Neukirchen 1979, S.131; implizit wohl auch R. Pesch, Markusevangelium, S.200; sodann T. Söding, Tempelaktion, S.59ff; H. Merklein, Jesu Botschaft, S.137ff; ders., Gottesherrschaft, S.118. Cf aber auch J. Roloff, Kerygma, S.95.

[19]In der Tat ist für T. Söding, Tempelaktion, S.53ff dies der Primärgrund für sein Verstehen der Aktion Jesu, da die Tat *allein* für ihn mehrdeutig ist (S.52).

[20]Cf E.P. Sanders, Jesus, S.70ff. Kurz zusammengefaßt auch bei dems., Jesus, Paul and Judaism, S.404–411.

[21]L.c. ebd., S.70.

[22]L.c. ebd., S.71: „On what conceivable grounds could Jesus have undertaken to attack – and symbolize the destruction of – what was ordained by God? The obvious answer is that destruction, in turn, looks towards restoration".

Hauptpfeiler dieser Deutung der Aktion Jesu ist neben dem wörtlichen Verständnis des Umstürzens (κατέστρεψεν, V 15) deren Verbindung mit der eschatologischen Erwartung Jesu, die sich – damit verschiedenen jüdischen Traditionen folgend – in der Erwartung eines neuen Tempels ausdrückte.

Die (eschatologische) Erwartung eines neuen Tempels begegnet im Judentum in verschiedenen Strömungen[23]. Anknüpfungspunkt für diese Erwartung war die von alttestamentlichen Propheten ausgesprochene Hoffnung auf die baldige Restauration Jerusalems bzw Zions einschließlich des Tempels, wie sie bspw in Jes 49,5f;56,1ff;60,3ff;66,18ff oder aber in Mi 4 begegnet, aber eben nicht bzw noch nicht vollständig realisiert wurde, was ja bekanntlich schon innerhalb des Alten Testaments ‚Tritojesaja‘ (unter Verweis auf innergemeindliche Zustände als Hindernis für die Heilszeit) und Haggai (dessen Bedenken allerdings nach Hag 2,6–9 durch eine Heilzusage Jhwhs für die Herrlichkeit des Tempels ausgeräumt werden) beklagen. So sind bereits innerhalb des Alten Testaments Traditionen lebendig, die auf einen neuen und letzten Tempel und damit auf die eschatologische Heilszeit hoffen, die sich freilich noch nicht ereignete, was die eschatologische Erwartung in bestimmten Kreisen hingegen nur förderte. So trägt bspw der Verfasser des Buches Tobit der Differenz zwischen den prophetischen Hoffnungen auf die Herrlichkeit des neuen Tempels und dessen Realität Rechnung, wenn er schreibt (14,4–5):

> *Zieh mit deinen Kindern nach Medien ... in Medien wird vorläufig noch Frieden herrschen, bis auch für dieses Land die Zeit gekommen ist. Ich bin auch überzeugt davon, daß unsere Brüder, die noch in der Heimat leben, aus dem gesegneten Land verjagt werden; Jerusalem wird verlassen sein und das Haus Gottes wird niedergebrannt werden und verwüstet daliegen, bis eine bestimmte Zeit vergangen ist. Dann wird Gott Erbarmen mit ihnen haben und sie wieder in die Heimat zurückführen. Sie werden den Tempel wieder aufbauen, doch nicht so schön, wie der frühere war; er wird stehen, bis die Zeit dieser Welt abgelaufen ist. Dann werden alle aus der Gefangenschaft zurückkehren und Jerusalem in seiner ganzen Pracht wiederaufbauen. In seiner Mitte wird das Haus Gottes errichtet, ein herrlicher Bau, der für alle Zeiten Bestand hat bis in Ewigkeit. Das haben die Propheten über Jerusalem geweissagt.*

Doch nicht nur in *Novellen*, sondern auch in der *Apokalyptik* begegnet das Motiv des neuen Tempels als Zeichen der letzten Zeit. So explizit in

---

[23]Dazu ebd., S.77–90.

äthHen 90,28f, nachdem zuvor der Versuch geschildert wurde, die Befleckung und Unreinheit des Tempels zu beseitigen (89,73), was allerdings scheiterte. So heißt es weiter:

> Und ich stand auf, um zu schauen, bis er jenes alte Haus entfernte, und man schaffte alle Säulen und alle (Holz)Balken hinaus, und aller Zierart (=alle kostbaren Geräte) dieses Hauses wurde mit ihm entfernt, und man schaffte es hinaus und legte es an einem Ort im Süden des Landes nieder. Und ich schaute, bis der Herr der Schafe ein neues Haus brachte, größer und höher als jenes erste, und er stellte es an den Ort des ersten, das entfernt worden war. Und alle seine Säulen (waren) neu und sein Zierart neu und größer als bei jenem ersten alten, das man hinausgeschafft hatte. Und alle Schafe (waren) darinnen.

Ganz ähnlich auch in der Wochenapokalypse (äthHen 91,13[24]), in Jub 1,15–17, in PsSal 17 oder auch in der Qumranliteratur (bspw 11 QT 29,8– 10)[25] und (negativ) – in bewußter Opposition zu diesen Erwartungen – in Apk 21,22, wo ja im neuen Jerusalem gerade *kein* neuer Tempel gesehen wird.

Die eschatologische Erwartung eines neuen Tempels läßt sich also im Judentum in verschiedenen Strömungen belegen. Es ist mE durchaus plausibel, auch die Tempelaktion Jesu in diesem eschatologischen Gesamthorizont zu sehen, va aber dann, wenn sie zusammengesehen wird mit weiteren Aussagen Jesu über den Tempel, die sich mühelos in dieses Deutungsraster integrieren lassen – allen voran das sog Tempelwort Jesu (Mk 14,58)[26]. Auch hier begegnen *Distanz und Identifikation* mit dem Tempel in gleichem Maße.

---

[24] *Und an ihrem* (der achten Woche) *Ende werden sie wegen ihrer Gerechtigkeit Häuser erwerben, und ein Haus wird gebaut werden für den großen König zur Herrlichkeit bis in Ewigkeit.*

[25] Zum Motiv des neuen Tempels in Qumran cf besonders H. Lichtenberger/B. Janowski: Enderwartung und Reinheitsidee: Zur eschatologischen Deutung von Reinheit und Sühne in der Qumrangemeinde; JJS 34 (1983), S.31–59:56f: „Die bleibende Bedeutung des Kultischen kommt auch darin zum Ausdruck, daß die Zeit des nicht–materiellen Opferkultes als ein Zwischenstadium galt, nach dessen Ablauf die Gemeinde auf eine reale, geheiligte Kultausübung im endzeitlichen Heiligtum hoffte ... Die ‚Erschaffung' (br') dieses endzeitlichen Heiligtums ist die Erfüllung der Bundesverheißung, die Jahwe Jakob in Bethel gab (Gen.28:10–22;35:1–15). Bis zum Anbruch des Eschatons aber bleibt die Gemeinde in ihrem Wandel darauf gerichtet, nach der Tora zu leben und Gott zu loben".

[26] Cf hierzu besonders G. Theißen: Die Tempelweissagung Jesu. Prophetie im Spannungsfeld von Stadt und Land; ders., Studien, S.142–159. Vorsichtiger bzgl der Frage der Authentie J. Schlosser: La parole de Jésus sur la fin du Temple; NTS 36 (1990), S.398– 414. Ganz eigenwillig dagegen die Analyse von L. Gaston, No Stone, S.242f, nach der Jesus

Daß das Tempellogion tatsächlich in irgendeiner Form auf Jesus selbst zurückgeht, ist mE sehr wahrscheinlich. Zum einen ist die „Kombination von Tempelzerstörung und –erneuerung in einem Wort ... traditionsgeschichtlich singulär"[27], zum andern zieht es sich in unterschiedlichen Ausformungen durch die urchristliche Literatur (Mk 14,58;15,29; Mt 26,61; Joh 2,19–22; Act 6,14[28]) und reicht hinein bis in gnostische Kreise (ThEv Lg 71; 2.Jakapk). Jesus tritt hier als Pseudoprophet mit Worten gegen die Stadt auf, wie dies auch schon Jeremia tat, der daraufhin in Lebensgefahr geriet:

> *Dieser Mann* (scil.: Jeremia) *hat den Tod verdient, denn er weissagte wider diese Stadt.* (Jer 26,11)

Für die zwischentestamentliche Literatur sind Worte gegen die Stadt in MartJes 3,6 belegt. Balkira klagt Jesaja an:

> *Jesaja und die, die bei ihm sind, weissagen gegen Jerusalem und gegen die Städte Judas, daß sie verwüstet werden sollen.*

Das Logion *substantiell* Jesus abzusprechen besteht kein hinlänglicher Grund. Zwar wird man den möglichen Wortlaut des Logions kaum ermitteln könnnen, doch weiß die urchristliche Überlieferung in den verschiedensten Schichten davon, daß Jesus in irgendeiner Form vom Niederreißen und Neuaufbauen des Tempels gesprochen hat, möglicherweise sogar in der Ich–Form[29]. Daß Jesus hier nicht nur in Opposition zum Tempel steht, sondern zugleich einen neuen ankündigt, wird seine Schuldqualitäten, die er mit diesem Wort auf sich nahm, kaum verringert haben, war doch das Ergebnis in beiden Fällen ein und dasselbe: das Ende des bestehenden Kultbetriebes zugunsten eines neuen, unmittelbar göttlichen, der den durch Mose vermittelten ablöst. Die mit dem provokativen Tempellogion verbundene Selbststigmatisierung dringt hier in der Tat in die Tiefenstruktur der Jerusalemer Kultgemeinde ein; und dies alles nicht aus der räumlichen Distanz heraus (wie bspw in Qumran), sondern direkt und konkret vor Ort des Geschehens selbst, so daß eine Reaktion von den Angesprochenen hierauf wohl tatsächlich von Nöten war.
Auch in Mk 13,1f spricht Jesus von der Zerstörung des Tempels, ohne hier allerdings zugleich dessen Neuaufbau zu erwähnen. Doch kann man die Erwartung belegen, daß mit dem Verschwinden des alten zugleich das Kommen des neuen Tempels verbunden ist – eine Erwartung, der handlungspraktisch bereits Herodes dGr entsprach, als er den alten Tempel niederreißen ließ, um einen größeren und prächtigeren an dessen Stelle zu errichten. Daher ist auch in Mk 13,1f die Erwartung des neuen Tempels zumindest virtuell angelegt.

(aufgrund von Mk 7,15!) die ganze Vorstellung vom Kult als überholt ansieht und am Tempelkult schlicht kein Interesse hatte, weshalb er auch Mk 14,58a *Stephanus* zuschreibt und V 58b zwar für jesuanisch hält, diesen Halbvers jedoch als Wort Jesu über die *Gemeinde* als neuen Tempel versteht. Zu ihm cf W.G. Kümmel: Dreißig Jahre Jesusforschung (1950–1980) (BBB 60), Bonn 1985, S.198ff.

[27] L.c. G. Theißen, Tempelweissagung, S.144.

[28] Cf hierzu S. Arai: Zum ‚Tempelwort' in Apostelgeschichte 6.14; NTS 34 (1988), S.397–410.

[29] So auch D. Lührmann, Markusevangelium, S.217f.

Darüber hinaus macht diese Deutung die zweifelsfrei vorhandene Identifikation der Jerusalemer Urgemeinde mit dem Tempel plausibel: sprach schon Jesus unter dem Eindruck der Naherwartung vom baldigen Kommen des neuen, himmlischen Tempels, so war es nur konsequent, wenn sie sich am Ort der Epiphanie Gottes, aber auch des Menschensohnes (Lk 13,35 par), versammelten (Act 2,46;3,1ff;21,26) und das Ende der Zeiten erwarteten.

Was in der Deutung E.P. Sanders' mE zu kurz kommt, ist das Recht all jener Interpretationen, die auf eine offenkundige Korrumpion der Jerusalemer Priesterschaft – sei sie nun politisch, wirtschaftlich oder religiös zu begründen – als Verstehenshintergrund der Tempelaktion Jesu verweisen[30]. Dagegen möchte ich *beide* Sichtweise in einem kohärenten Bild der Tempelaktion wie überhaupt der ambivalenten Stellung Jesu zum Jerusalemer Heiligtum zusammensehen.

Danach scheint mir folgendes Bild von der Stellung Jesu als Form *provokatorischer Selbststigmatisierung* wahrscheinlich zu sein:
(1) Ähnlich wie das Verständnis des Täufers, der die Anwesenheit Gottes in der Wüste und nicht im Tempel propagierte, stand auch Jesus in kritischer Distanz zum Jerusalemer Heiligtum.
(2) Dabei stellte Jesus in zeichenhafter Weise und somit *aktional* das nahe Ende des Tempels in Jerusalem dar und intendierte darüber hinaus noch die Assoziation eines neuen, unmittelbar himmlischen bzw göttlichen Tempels, die er wohl in irgendeiner Form auch *verbal* im sog Tempellogion (bes Mk 14,58 parr, aber auch Mk 13,1f parr) zum Ausdruck brachte.
(3) Damit befand sich Jesus (nicht nur, aber auch und im besonderen) in der Linie verschiedener apokalyptischer Erwartungen (cf äthHen 90,28f; Qumran; Jub 1,17), die ebenfalls die Aufhebung des alten und Errichtung eines neuen Tempels erhofften.
(4) Die zumindest im Tempellogion, wohl aber auch bereits in der Tempelaktion begegnende *Identifikation* Jesu mit dem Tempel ist kein Gegenargument gegen deren Verständnis als Selbststigmatisierung. Vielmehr weist uns die Einheit von Distanz und Identifikation zurück auf unsere anfangs dargelegten Überlegungen zum Wertewandel, den man ja besser als *Werteverschiebung* zu verstehen hat: vorhandene Werte – hier also der Tempel samt seiner Funktion – verschwinden nie gänzlich aus dem gesellschaftlichen Bewußtsein, es ändert sich lediglich die ihnen zugeschriebene (exklusive) Be-

---

[30]So besonders C.A. Evans: Jesus' Action in the Temple: Cleansing or Portent of Destruction ?; CBQ 51 (1989), S.237–270. Allein an einer Stelle verweist E.P. Sanders, Jesus, auf die Verbindung von Unreinheit und Eschatologie (cf S.89).

deutung. Gerade im *gemeinsamen Bezugs– und Wertefeld* und somit aus der *Innenperspektive* heraus kann Selbststigmatisierung mit ihrer Funktion des „Stichelns" gezielt und weitaus besser wirken als aus der Außenperspektive heraus, wo die konkrete Konfrontation ausbleibt und dem gemeinsamen Wertobjekt eher asketisch: mit Rückzug und Abkehr begegnet wird[31].

(5) So sehr das Ende des alten und die Erwartung eine neuen Tempels in der Überlieferung auch im Vordergrund steht, so sehr ist diese Erwartung mE bedingt durch eine massiv erfahrene *Anomie*, die im Hintergrund dieser – wie mE *aller* apokalyptischen – Erwartung steht. Zu wenig wurde bisher dieser innere Zusammenhang von apokalyptischem Geschichtshorizont und vorausgehender anomischer Erfahrung, von Schritten heraus aus einer anomisch erfahrenen Welt hinein in eine eunomisch gedeutete Welt oder anders ausgedrückt: von Formen von *Selbststigmatisierung* mit dem Ziel einer *Entstigmatisierung*, die wiederum auf eine vorausgegangene *Stigmatisierung* reagiert, explizit auch auf die Situation und Verkündigung Jesu bezogen.

(6) Mit dieser Deutung ist die Tempelaktion nicht nur mit dem Tempelwort Jesu grundsätzlich kompatibel, sondern darüber hinaus auch mit seinem asketischen, im Zusammenhang mit der ökonomischen Krise Palästinas verstandenen Auftreten als Weg heraus aus erfahrener Anomie.

(7) Die besondere Spitze dieser *provokatorischen Form von Selbststigmatisierung* Jesu liegt in ihrer *Grundsätzlichkeit*: Läßt sich über (evt gebotene) Reformen noch diskutieren, so ist die Ankündigung des Endes des Tempels absolut und im wahrsten Sinn des Wortes *subversiv*, soll hier doch der bestehende Tempelbetrieb einem neuen und unbekannten Platz machen, was nicht zuletzt auch wirtschaftliche Ängste hervorgerufen haben dürfte[32]. Auf alle Fälle ist festzuhalten, daß Jesus seinen provokativen Protest an Ort und Stelle kundtut und damit alle davon Betroffenen, zwar indirekt, aber durchaus deutlich, zu einer Reaktion herausfordert, anhand deren sich wiederum eventuell abgegangene Legitimität erweisen wird.

Daß die Jerusalemer Priesteraristokratie als kontrollierende Machtin-

---

[31]Explizit sei darauf verwiesen, daß die Qumrangemeinde nach Jos ant 18,19 Weihegeschenke zum Tempel schickte und sich auch bei ihr, wie bei Jesus, eine grundsätzlich positive Haltung zum Tempel mit einer radikalen Kritik verbinden konnte.

[32]Hierauf zielt besonders die Analyse von G. Theißen, Tempelweissagung, S.153ff. Er betont, daß sich durch das Tempelwort Jesu nicht allein die Jerusalemer Priesterschaft kompromittiert fühlen mußte, sondern auch alle die, die in irgendeiner Form wirtschaftlich vom Tempel abhingen, also auch Arbeiter und Leute aus dem einfachen Volk. Diese Feststellung gilt nicht zuletzt auch für die Pharisäer, die, obgleich sie der Priesterschaft durchaus kritisch gegenüberstanden, nicht tempelfeindlich gesinnt waren, sondern die Wirksamkeit des Kultes zur Sühnung von Sünden anerkannten (cf hierzu J. Neusner, Judentum, S.27).

stanz diese Provokation Jesu durchaus in ihrer Grundsätzlichkeit verstand,
zeigt ihre nachfolgende Reaktion, mit deren Hilfe sie der delegitimierenden
Tat (wie auch den Worten) Jesu entgegentrat, um sich auf diese Weise wieder Legitimität zu sichern[33]. Diese Reaktion indes weist uns auf die letzte
zu behandelnde Form von Selbststigmatisierung bei Jesus von Nazaret: sein
Martyrium als forensische Form von Selbststigmatisierung.

3.3 Das Martyrium Jesu als Ausdruck forensischer Selbststigmatisierung

Unsere letzte zu untersuchende Form von Selbststigmatisierung im Handlungsbereich Jesu stellt dessen *Martyrium* dar, dem wir uns – in Verbindung
mit dem strafrechtlichen Prozeß gegen Jesus von Nazaret – im folgenden
zuwenden.

Nun ist es freilich unmöglich, sämtliche mit dem *Prozeß Jesu* verhandelten rechtsgeschichtlichen Probleme zu erörtern[1], vielmehr soll hier im
Rahmen einer Betrachtung des Martyriums Jesu unter dem Blickwinkel der
Selbststigmatisierung vor allem folgendes interessieren:

- Die Frage des *Schuldvergehens* Jesu, das letztlich zu seiner Verurteilung und Kreuzigung durch den römischen Statthalter Pontius Pilatus
  führte sowie

- die Frage der *Schuldumwertung*, wie dies insbesondere die synoptischen
  Passionsgeschichten, darüber hinaus aber sämtliche neutestamentliche
  Überlieferungen bezeugen

---

[33]Die grundsätzliche Bedeutung der Tempelaktion als „Rejection of Ruling Institutions"
bis hin zum Todesbeschluß gegen Jesus (allerdings mit tatkräftiger Unterstützung der
Pharisäer) betont auch R.A. Horsley, Sociology, S.130ff.

[1]Für lange Zeit bestimmend waren die Darlegungen von H. Lietzmann: Der Prozeß Jesu
(SPAW.PH 1931/XIV), Berlin 1934, S.313–322; ferner ders.: Bemerkungen zum Prozeß
Jesu; ZNW 30 (1931), S.211–215 sowie ders.: Bemerkungen zum Prozeß Jesu; ZNW 31
(1932), S.78–84. H. Lietzmanns Ausführungen sind sämtlich leicht zugänglich in ders.:
Kleine Schriften II. Studien zum Neuen Testament (TU 68=V/13), Berlin 1958, S.251–
263.264–268.269–276. Zur ‚Wirkungsgeschichte' seiner Thesen cf J. Blinzler: Der Prozeß
Jesu, Regensburg, 4.Auflage 1969, S.174ff. Kritisch zu H. Lietzmann A. Strobel: Die Stunde
der Wahrheit. Untersuchungen zum Strafverfahren gegen Jesus (WUNT 21), Tübingen
1980, S.6ff sowie O. Betz: Probleme des Prozesses Jesu; ANRW II,25,1, S.565–647:614ff.

Erst dieser Doppelaspekt: die Frage nach dem (bewußten) Aufnehmen kulpativer Stigmata bis hin zur Bereitschaft des Todes *und* damit verbunden die Umwertung bzw –verteilung der angeblichen Schuld als Schuld der Täter und Verantwortlichen ist es, der Formen von Selbststigmatisierung als indirekt–dialektische Formen von Gegenstigmatisierung wirksam werden läßt.

Entsprechend fragen wir zum einen nach der gesellschaftlich–moralischen Ordnung und Jesu Verstoß dagegen *und* zum anderen nach Jesu abweichendem Verständnis dieser Ordnung, das seinen Verstoß provozierte.

Wie bereits im vorausgehenden Kapitel dargelegt, sind mE die Tempelaktion und das Tempellogion Jesu die Begebenheiten Jesu gewesen, die von seiten der (sadduzäisch bestimmten) Tempelaristokratie ein Vorgehen gegen Jesus erforderlich, ja geboten erscheinen ließen. Auf diesem Hintergrund wird das Martyrium Jesu dann kein passiv erduldetes Schicksal, sondern durchaus eine aktive Tat, hat er mit seiner Stellung zum Jerusalemer Tempel die Tötungabsicht seiner Gegner doch geradezu *provoziert*. Die Annahme, daß Jesu Stellung zum Tempel dessen spätere Verurteilung zur Folge hatte, legt nicht nur die Chronologie der synoptischen Evangelien nahe, nach denen ja die Tempelaktion Jesu den Auftakt der dann folgenden Leidensgeschichte ausmacht, sondern auch der Hinweis darauf, daß das Tempellogion – wenn auch aus dem Mund von falschen Zeugen – in der Verhandlung vor dem Synhedrion als Anklagepunkt gegen Jesus vorgebracht wird (Mk 14,57–59). Hierzu ist es notwendig zu wissen, daß der *Tempel* und der mit ihm verbundene Kult gewissermaßen ein höchst empfindsamer und wunder Punkt in doppelter Hinsicht war[2].

(1) Zum einen war er – jüdischerseits – eine letzte Bastion von Kapitalgerichtsbarkeit, die dem jüdischen Volke nach dessen Unterstellung unter die direkte römische Verwaltung nach 6 nChr in Form eines römischen Zugeständnisses geblieben war. In jeder anderen Hinsicht lag die Kapitalgerichtsbarkeit beim römischen Statthalter, die ihm vom Kaiser *ad personam* verleihen wurde und die er geradezu unkontrolliert und schrankenlos ausüben konnte, da sein oberster politischer Auftrag die Aufrechterhaltung von Recht und Ordnung war und er daher jeden vermeintlichen politischen Aufrührer unter Berufung auf sein politisches Mandat – im Rahmen seiner

---

[2]Zum folgenden cf die wichtigen Ausführungen von K. Müller: Möglichkeit und Vollzug jüdischer Kapitalgerichtsbarkeit im Prozeß gegen Jesus von Nazaret; Der Prozeß gegen Jesus. Historische Rückfrage und theologische Deutung (QD 112), Freiburg/Basel/Wien 1988, S.41–83.

„coercitio"[3] – liquidieren konnte, was ihm nicht allein rechtstheoretisch zustand, sondern was er auch handlungspraktisch konsequent verfolgte[4]. Nur
in Tempelangelegenheiten stand dem jüdischen Volk bzw deren Justitialen
noch in begrenztem Umfang eine Mitwirkung in Sachen Kapitalgerichtsbarkeit zu, die ihm von Rom, nicht ohne staatspolitisches Kalkül, eingeräumt
wurde. Zum einen betraf dies das *Delikt des Betreten des Innenhofes des
Tempels durch Nichtjuden* (also auch römische Bürger), wie dies zum einen
Josephus, bell 5,193f;6,125f sowie Philo, LegGai 212 schildern und dies zum
anderen auch bspw eine nördlich des Tempelplatzes in Jerusalem gefundene
Warntafel folgenden Inhaltes bestätigt:

> *Niemand aus einem anderen Stamm darf (den Raum) inner-
> halb der Schranke und der Umzäunung rings um den Tempel be-
> treten. Wer dabei angetroffen wurde, wird an sich selbst schuldig
> sein, weil darauf die Todesstrafe steht[5].*

Und zum anderen betraf dies die *Prophetie gegen den Tempel und die
Stadt* (scil.: Jerusalem). Auch hierfür gibt Josephus ein eindrückliches Beispiel:

> *Vier Jahre vor dem Krieg, als die Stadt noch im höchsten Maße Frieden
> und Wohlstand genoß, kam nämlich ein gewisser Jesus, Sohn des Ananias,
> ein ungebildeter Mann vom Lande zu dem Fest, bei dem es Sitte ist, daß alle
> Gott eine Hütte bauen, in das Heiligtum und begann unvermittelt zu rufen:
> „Eine Stimme vom Aufgang, eine Stimme vom Niedergang, eine Stimme von
> den vier Winden, eine Stimme über Jerusalem und den Tempel, eine Stimme
> über Bräutigam und Braut, eine Stimme über das ganze Volk!" So ging er in
> allen Gassen umher und schrie Tag und Nacht. Einige angesehene Bürger,
> die sich über das Unglücksgeschrei ärgerten, nahmen ihn fest und mißhan-
> delten ihn mit Schlägen. Er aber gab keinen Laut von sich, weder zu seiner
> Verteidigung noch eigens gegen die, die ihn schlugen, sondern stieß beharr-
> lich dieselben Rufe aus wie zuvor. Da glaubten die Obersten, was ja auch*

---

[3]Cf hierzu H. Last: Art. Coercitio; RAC 3 (1957), S.235–243 sowie W. Neumann:
Art. coercitio; PW 4 (1901), Sp.201–204.

[4]Cf die schrankenlos erscheinende Auflistung vollstreckter Todesurteile zum Zwecke der
Aufrechterhaltung von Ruhe und Ordnung von seiten der syrischen Legaten bzw römischen
Statthalter P.Q. Varus, T. Alexander, U. Quadratus, A. Felix und G. Florus bei K. Müller,
Möglichkeit, S.62–66.

[5]Zitiert nach C.K. Barett/C.-J. Thornten (Hg.): Texte zur Umwelt des Neuen Testaments, Tübingen, 2.Auflage 1991, S.60.

*zutraf, daß den Mann eine übermenschliche Macht treibe und führten ihn
zu dem Landpfleger, den die Römer damals eingesetzt hatten. Dort wurde
er bis auf die Knochen durch Peitschenhiebe zerfleischt, aber er flehte nicht
und weinte auch nicht, sondern mit dem jammervollsten Ton, den er seiner
Stimme geben konnte, antwortete er auf jeden Schlag: „Wehe dir, Jerusalem!" Als aber Albinus – denn das war der Landpfleger – fragte, wer er sei,
woher er komme und weshalb er ein solches Geschrei vollführe, antwortete
er darauf nicht das geringste, sondern fuhr fort, über die Stadt zu klagen und
ließ nicht ab, bis Albinus urteilte, daß er wahnsinnig sei und ihn laufen ließ
. . . file* (bell 6,300–305)

Das Beispiel dieses (möglicherweise christlichen) Unheilspropheten ist als
Parallele zum Prozeß gegen Jesus von Nazaret besonders in zweierlei Hinsicht beachtenswert: so bezeugt es *inhaltlich* das todeswürdige Vergehen einer
Prophetie gegen den Tempel, wird der Unheilsprophet doch aufgrund seiner
Wehklage gegen den Tempel festgenommen und – nach der Überstellung an
den römischen Prokurator – zur Geißelung, damit aber der Vorstufe einer
vollzogenen Todesstrafe, freigegeben[6], und darüber hinaus zeigt es *rein formal* einen offenbar eingespielten Zwei–Instanzen–Weg bei der Verurteilung
eines sich am Tempel vergehenden Delinquenten: Festnahme und Verhör
wurde der jüdischen Rumpfgerichtsbarkeit zugestanden, die den Angeklagten zur Verurteilung an ein römisches Gericht ausliefern mußte[7].

(2) Und zum anderen – und damit römischerseits – war der Tempel zugleich der Ort, an dem die Römer die Unterwerfung Judäas unter ihre Herrschaft trotz zugestandener politisch motivierter und kalkulierter rechtlicher
Privilegien[8] demonstrierten; bspw in Form der Einsetzung der Hohenpriester oder der Verwahrung des hohenpriesterlichen Gewandes (Jos ant 18,4).
In all dem verstand sich die römische Besatzungsmacht zugleich als Hüterin
der öffentlicher bzw tempelstaatlichen Ordnung, die sie durch ihre Anwesenheit in der Provinz Judäa ja zugleich garantierte. Jede Relativierung dieser
tempelstaatlichen Ordnung bedeutete für sie zugleich eine Relativierung der

---

[6]Cf K. Müller, Möglichkeit, S.71 und Anm 52 mit zahlreichen Beispielen.

[7]Im Falle des oben genannten Jesus ben Ananias blieb eine Verurteilung des Angeklagten durch das römische Gericht aus.

[8]Damit ist natürlich die eingeschränkte Kapitalgerichtsbarkeit in Tempelsachen gemeint. Sie ist mE eine Meisterleistung betreffs römischen Umgangs mit niedergeworfenen
Völkern: so gab es rund um den Jerusalemer Tempel, dem jüdischen Identitätsmerkmal
schlechthin (cf nur Ps 137), eine begrenzt zugestandene jüdische Autonomie, die auf der
anderen Seite aber zugleich auf Schritt und Tritt die (politische wie kultisch–religiöse)
Stigmatisierung offenbaren mußte.

staatlichen Ordnung überhaupt und damit die Gefahr eines antirömischen Aufstandes.

Auf diesem hier beschriebenen Hintergrund wird das Vorgehen *zuerst* der einheimischen (sadduzäischen) Tempel– und damit zugleich Ordnungshüter und *dann* der römischen Besatzungsmacht gegen Jesus als den, der den Tempel als Symbol der staatlichen Ordnung relativiert, verständlich. Jesus machte sich demnach, zumindest in letzter Konsequenz, an der Tempelordnung und damit der staatlichen Ordnung insgesamt *schuldig*[9]. Die Makel des Tempel, auf die er wies und ihn einen neuen, unmittelbar von Gott errichteten Tempel erwarten ließen, wurden ihm nun selbst zum Makel – die Schuld, auf die er wies, schlug um in eigene Schuld, die den grausamen Kreuzestod zur Folge hatte.

Da, wo Jesus mit seiner *Strategie der Selbststigmatisierung* ins Innerste des Judentums vordringen wollte[10], dort, wo seine provokatorische Selbststigmatisierung einen ersten Höhepunkt erreichte, schlug der ihm entgegenstehende Machtapparat: die Kombination des überwiegend sadduzäisch besetzten Synhedriums und der römischen Ordnungsinstanz mit dem Prokurator P. Pilatus an deren Spitze, am härtesten zurück und machte damit jeder weiteren Form von Selbststigmatisierung von seiten Jesu ein jähes Ende. Doch die Evangelien und die neutestamentliche Überlieferung zeigen von diesen Ereignissen ein anderes Bild, indem sie die Gerichtsverhandlung gegen Jesus und sein anschließendes Martyrium als äußerste Form von Selbststigmatisierung darstellen[11].

---

[9]Explizit abzulehnen als Gründe, die zum Tode Jesu führten, sind eine wie auch immer geartete Gesetzeskritik bzw ein Messiasanspruch Jesu (so wieder neuerdings J. Gnilka: Der Prozeß Jesu nach den Berichten des Markus und Matthäus mit einer Rekonstruktion des historischen Verlaufs; Der Prozeß gegen Jesus. Historische Rückfrage und theologische Deutung (QD 112), Freiburg/Basel/Wien 1988, S.11–40:39, für den das Tempelwort Jesu nicht ursprünglich zum Passionsbericht dazu gehörte oder auch O. Betz, Probleme, S.593) oder aber der Tatbestand der Volksverführung bzw Demagogie (so A. Strobel, Stunde, S.81ff).

[10]Zu dieser primären Funktion von Selbststigmatisierung cf die Überlegungen im einleitenden Kapitel.

[11]Die Darstellung hält sich im folgenden aus Raumgründen va an den mk Passionsbericht und greift die übrigen evangelischen Darstellungen lediglich am Rande auf. Für sie sei ausdrücklich auf den Sammelband von K. Kertelge (Hg.): Der Prozeß gegen Jesus. Historische Rückfrage und theologische Deutung (QD 112), Freiburg/Basel/Wien 1988 (mit zahlreichen Literaturangaben) verwiesen. *Substantiell* ist aber mE allen Berichten – trotz manchmal noch so großer Differenzen – das gleiche Verfahren eigen: die Exkulpation Jesu und die Belastung der Gegner Jesu.

So erscheint Jesus in beiden Verhandlungen sowohl vor dem Sanhedrin wie auch vor P. Pilatus, als quasi ‚losgelöst von der Welt'. Sein zweimal erwähntes Schweigen (Mk 14,61;15,5) schildert ihn als einen, der Stand und Halt nicht mehr in dieser, sondern in seiner Gegenwelt hat[12], die ihm den Mut und die Kraft zum mutigen Bekennen und damit auch zur ‚confessio' gibt[13]. Jedenfalls begegnet im gesamten Prozeßverlauf kein einziger Anlauf von seiten Jesu zu einer Verteidigung. Vielmehr verwirklicht er in exemplarischer Weise seine Mk 13,11 gemachten Worte, gänzlich auf geplante Verteidigung zu verzichten und die Welt, indem er dem Übel nicht widersteht, in ihrer Schuld zu belassen[14].

Allein im sog messianischen Bekenntnis Mk 14,62 wird Jesus eigentümlich beredt. Nun spricht einiges für den erst sekundären Charakter dieses Verses, so die *christologische Begrifflichkeit*, der ausgesprochene *Bekenntnisstil* und auch die *formale Parallele* zu Jos bell 6,300–305, die die Annahme einer derartigen Frage mit positivem Bekenntnis in der Prozeßverhandlung gegen Jesus eher unwahrscheinlich macht. Zugleich galt auch nicht ein wie auch immer geartetes Messiasbekenntnis als Blasphemie bzw todeswürdige Gotteslästerung, sondern vielmehr seit Jer 26,1ff die Prophetie gegen den Tempel und die Stadt[15]. Dh dann zugleich: V 63f schließt sich nahtlos an das Tempellogion V 58 an. Doch sollte Exegese mE nicht dazu verwandt werden, nur gewünschte Ergebnisse zu bestätigen. Selbst wenn man die Messiasfrage (nebst Antwort) im jetzigen Kontext beläßt, bestätigt sich das oben gemachte Bild: Jesus ist der Welt bereits entrückt und ist mit ihr nur insofern verbunden, als er mit den Wolken des Himmels noch einmal auf diese Welt kommen wird. Zugleich zeigt sich dann auch hier innerhalb des Prozesses die Zusammengehörigkeit von Stigma und Charisma bei der Person Jesu: der, der eben noch gebeugt und als Aufrührer stigmatisiert wird, erscheint nun als Triumphator und Charismaträger.

Diese Umwertung bzw Neuverteilung von Schuld bestätigen in drastischster Weise die evangelischen Überlieferungen: Sie sind, wie die Forschung schon lange festgestellt hat, darauf hin ausgerichtet, sämtliche Verantwortung am Tode Jesu zum einen von Jesus selbst zu nehmen und zum anderen auf die zwei Instanzen zu legen, die Jesus verurteilten. Dabei ist bei letzterem

---

[12]Cf W. Lipp, Stigma, S.160.

[13]In einer kurzen Studie versuchen D. Cohen/Chr. Paulus: Einige Bemerkungen zum Prozeß Jesu bei den Synoptikern; ZSRG.R 102 (1985), S.437–452, Jesus als „confessus" darzustellen. Sie erwähnen ausdrücklich (S.442), daß auch das Schweigen strafrechtlich als confessio galt und zur Verurteilung führen konnte.

[14]Die ‚Abgehobenheit' Jesu von der Welt zeigt in eindrücklicher Weise auch das Joh. Zwar schweigt Jesus hier nicht, entgegnet Pilatus aber explizit: *Mein Reich ist nicht von dieser Welt* (Joh 18,36).

[15]Cf hierzu K. Müller, Möglichkeit, S.80. Anders dagegen O. Betz, Probleme, S.633–635.

Vorgang eine spürbare Entlastung der römischen Behörde feststellbar. Auch dies wurde bereits richtig durch die bedrängte zeitgeschichtliche Situation des frühen Christentums erklärt: Es ist leichter, eine ebenso bedrängte Minderheit für den Tod eines bedeutenden Menschen verantwortlich zu machen und damit zu stigmatisieren als die Weltmacht Rom[16]. Aus der Perspektive der Selbststigmatisierung zeigen hingegen solche Worte wie bspw das ‚Blutwort' Mt 27,25[17] den gänzlichen *Sieg* des sich selbst stigmatisierenden Jesus und die radikale Neuverortung von Schuld, auf die das Martyrium Jesu qua Definition ja hinzielte. Wer angesichts der Wirkungsgeschichte solcher Texte noch ernsthaft nach einer «Schuld», womöglich noch *der Juden*, am Tode Jesu fragt[18], macht sich mE heute – unter zeitgeschichtlich völlig anderen Bedingungen – zum Anwalt von Texten, die mit dieser *Selbst–Stigmatisierung* auf eine vorausgehende Stigmatisierung re–agierten, um auf diese Weise ihre bedrohte Identität zu wahren. Wer heute diese umgewertete Logik vorbehaltlos teilt, ist weit davon entfernt zu re–agieren, schon gar nicht auf eine bedrohte Identität, sondern macht sich unversehens zum stigmatisierenden Täter, der auf diese Weise wiederum selbst Identität bedroht. *Schuld* an Jesu Tod hatte mE ausschließlich *Jesus selbst*. Er verging sich an der (tempel)staatlichen Ordnung, die seine baldige Exekution notwendig zur Folge hatte[19]. Man mag viele *Bedingungen* aufführen, die eine derartige Provokation Jesu gegen das Jerusalemer Heiligtum verständlich erscheinen lassen[20], doch bleibt die Provokation Jesu dennoch seine ureigenste Tat: nicht jeder Jude handelte damals unter der gleichen Situation gleich. Insofern hat sich Jesus seinen Tod zuerst einmal ‚selbst zuzuschreiben'. Hat er ihn nicht bewußt provoziert, so hat er mit seiner Haltung gegen den Tempel schlicht zu hoch gepokert bzw die Folgen nicht ausreichend bedacht. Etwas anderes ist

---

[16]Cf hierzu zusammenfassend D. Flusser: Jesu Prozeß und Tod; ders.: Entdeckungen im Neuen Testament. Band 1 Jesusworte und ihre Überlieferung, Neukirchen 1987, S.130–163.

[17]Zum heutigen Umgang mit neutestamentlichen Worten dieser Art cf G. Theißen: Aporien im Umgang mit den Antijudaismen des Neuen Testaments; Die Hebräische Bibel und ihre zweifache Nachgeschichte, FS R. Rendtorff, Neukirchen 1990, S.535–553.

[18]So aber bspw A. Strobel, Stunde, S.138, der vom Gedanken der „tragischen Schuld" spricht.

[19]L.c. K. Müller, Möglichkeit, S.83: „Im Falle Jesu von Nazaret gab es auf seiten Roms keinerlei Grund zum Zögern". Unhaltbar ist mE die These vom Tod Jesu als Folge eines Mißverständnisses, da Jesu Hinrichtung als eines politischen Verbrechers in keinerlei inneren notwendigen Zusammenhang zu bringen ist mit seinem Wirken. So aber R. Bultmann: Das Verhältnis der urchristlichen Christusbotschaft zum historischen Jesus; ders.: EXEGETICA. Aufsätze zur Erforschung des Neuen Testaments, Tübingen 1967, S.445–469:453.

[20]Cf hierzu das letzte Kapitel zu Tempelaktion und Tempelwort Jesu.

es freilich, wie dieser Tod bzw die gegen Jesus angestrengte Verhandlung schon bald neu (um)bewertet wurde. Denn die Verurteilung Jesu *blieb* nicht, obgleich sie es *war*, Recht. In der Logik der Betroffenen *wurde* sie zu einem schreienden Unrecht, das es zu revidieren galt.

Dies geschah zum einen – wie oben dargestellt – in Form der Schilderungen des Prozesses gegen Jesus[21] und – fast noch wichtiger – auf der Ebene der fortlaufenden Evangelienschreibung durch die Hinzufügung der *Auferstehungsgeschichten* an die Leidensgeschichte, die dadurch ja va die Aufgabe erfüllen, die an Jesus vollzogene Tat zu revidieren und diesen zu exkulpieren, uzw von *Gott selbst*. Hier, in den Auferstehungszeugnissen, wird die scheinbare Niederlage Jesu am Kreuz: das ihm zuteilgewordene Stigma überwunden und zum Zeichen von Sieg und Charisma uminterpretiert[22]. So erscheint Jesus nicht nur innerhalb der Passionsgeschichte und damit mikrotextuell im Licht von *Stigma*: Verhaftung, Verhör und Demütigung und *Charisma*: Mk 14,62, der Vision des Menschensohnes (und damit doch Jesus selbst), der zur Rechten Gottes sitzt, sondern auch innerhalb des Makrotextes des *gesamten* Evangeliums im Licht von *Stigma*: diesmal der Passions- bzw Leidensgeschichte und *Charisma*: den Berichten über die Auferstehung bzw Auferweckung Jesu von den Toten. Doch weist die Osterbotschaft als solche[23] nicht nur zurück auf die Passion Jesu, die damit in einem neuen, veränderten und gebrochenen Licht wahrgenommen wird, sondern auch nach vorn auf den großen Charismatiker Jesus von Nazaret, der durch die betonte und dialektische Identifikation mit Stigmata diese überwand und dabei zu einem außergewöhnlichen Charismatiker wurde, wovon nicht nur die Evangelien, sondern sämtliche neutestamentliche Schriften zeugen – besonders aber

---

[21] Cf D. Lührmann: Markus 14.55–64. Christologie und Zerstörung des Tempels im Markusevangelium; NTS 27 (1981), S.457–474, der zeigt, „daß Jesus gerade als in den Tod Gehender Gesalbter, Sohn Gottes und Menschensohn ist, daß dieses Leiden und dieser Tod zu seiner christologischen Würde gehören" (S.462).

[22] Dieses Osterverständnis: Das Neuverstehen der Niederlage und Ohnmacht als Sieg und Macht über die Täter findet sich schön entfaltet bei Kl. Wengst: Die Macht des Ohnmächtigen. Versuche über Kreuz und Auferstehung; Einwürfe 5 (1988), S.155–179 sowie bei Dems.: „Ein wirkliches Gleichnis . . . " Zur Rede von der Auferweckung Jesu Christi im Neuen Testament; Zeitschrift für Dialektische Theologie 4 (1988), S.149–183. Beide Arbeiten sind eingeflossen in sein leicht verständliches Büchlein: Ostern – Ein wirkliches Gleichnis, eine wahre Geschichte. Zum neutestamentlichen Zeugnis von der Auferweckung Jesu, München 1991. Grundsätzlich zur Auferstehung Jesu cf jetzt den Sammelband von P. Hoffmann (Hg.): Zur neutestamentlichen Überlieferung von der Auferstehung Jesu (WdF 522), Darmstadt 1988.

[23] Also die Oster*botschaft* von der Auferweckung Jesu insgesamt und nicht allein die Oster*berichte* der Evangelien.

die Person des Paulus, der wir uns im folgenden Kapitel zuwenden wollen. Doch zuvor seien die Ergebnisse dieses Kapitels kurz zusammengefaßt.

3.4 Ergebnisse und Auswertung

An fünf Stellen innerhalb des Handlungsbereiches Jesu von Nazaret wurden Formen von Selbststigmatisierung näher untersucht: Jesu Stellung zu Besitz, Heimat und Schutz sowie zu Gewaltverzicht und Feindesliebe als asketische Formen von Selbststigmatisierung; die Frage nach ‚rein und unrein' sowie Jesu Stellung zum Jerusalemer Tempel als provokatorische Akte von Selbststigmatisierung und schließlich Jesu Martyrium als forensische Form von Selbststigmatisierung. Deutlich wurde, daß die Verhaltensweise der Selbststigmatisierung für Jesu Verkündigung in Wort und Tat wie auch für ein Gesamtverständnis Jesu zentrale Bedeutung besitzt. Folgende Ergebnisse lassen sich formulieren:

(1) Mit der Konfliktstrategie der Selbststigmatisierung hat Jesus offenbar ein Handlungsmuster Johannes des Täufers übernommen, dieses aber in charakteristischer und eigener Weise umgestaltet. So begegnen zwar auch im Handlungsbereich Jesu asketische und provokatorische (wie auch forensische) Formen von Selbststigmatisierung, doch wirkt Jesus anders als der Täufer nicht mehr in der Peripherie der palästinischen Gesellschaft und kritisiert diese vom Rande aus, sondern er begibt sich in diese hinein, in der Tempelaktion sogar in deren Zentrum. Das zentrale Anliegen, das Akten von Selbststigmatisierung innewohnt: die Verbindung von (Gesellschafts)*Kritik und Gemeinsinn*[1], wird daher in der Verkündigung Jesu gegenüber der des Täufers noch eine Nuance stärker betont.

(2) Dabei zeigt sich, daß sich die Verkündigung Jesu und damit sein selbststigmatisierendes Verhalten nicht als Opposition gegen *eine* bestimmte gesellschaftliche Gruppe festmachen läßt. Mit Recht wird daher mE in der Jesusbewegung eine innerjüdische Erneuerungsbewegung gesehen, deren Adressat ganz Israel darstellt[2]. Die verschiedenen Formen von Selbststig-

---

[1]So ja der Titel des Büchleins von M. Walzer, der in diesem Sinne auch auf die geistige Verbundenheit von Provokateur (bzw Prophet) und Provozierten (bzw Volk) verweist.

[2]Mutatis mutandis war auch die Täuferbewegung eine innerjüdischer Erneuerungsbewegung. Es liegt an der ‚Vernutzung' des Täufers von seiten der urchristlichen Autoren, daß sie sein eigenständiges Profil nicht bewahrten. Dennoch bleibt in Differenz zu Jesus festzuhalten, daß das, was uns vom Täufer erhalten ist, auf eine grundsätzliche Opposition zu seinem Landesherrn H. Antipas bzw zur Oberschicht weist.

matisierung im Handlungsbereich Jesu lassen sich möglicherweise in ihrer zugeschriebenen Bedeutung als „Sticheln" klimaktisch verstehen: *erst* die Tempelaktion bzw das Tempelwort Jesu löste ein massives Vorgehen gegen ihn und damit seine physische Vernichung aus.

(3) Der mit der Strategie der Selbststigmatisierung verbundene Anspruch, zum einen neue Werte zu formulieren, zum anderen aber eine *Gegenautorität* zur bestehenden darzustellen, zeigt sich im Handlungsbereich Jesu in zweifacher Sicht: die asketischen Formen von Selbststigmatisierung, möglicherweise auch sein Reinheitsverständnis (und damit eine Form provokatorischer Selbststigmatisierung) vollziehen sich mehr im dörflich–lokalen Bereich der Wirksamkeit Jesu, so daß es hier gerechtfertigt erscheint, die Jesusbewegung als eine „Dorferneuerungsbewegung"[3] zu verstehen – die Tempelaktion wie das Tempelwort Jesu als provokatorische Formen von Selbststigmatisierung, aber auch die an ganz Israel gerichtete Aussendungsrede (Mt 10,6) weisen dagegen auf einen umfassenderen Anspruch der Jesusbewegung mit dem Ziel der Heilsrestitution Israels[4]. Beide Aspekte: der dörflich–lokale wie der umfassend–globale müssen mE gleichermaßen in eine Gesamtdeutung Jesu integriert werden. Hierbei könnten evt die Gleichnisse Jesu eine anschauliche Bedeutung gewinnen: auch hier begegnet die Dialektik von lokalem Handeln und globalem Denken. Auf alle Fälle läßt sich zeigen, daß die Verkündigung Jesu auf eine verschärfte *Krisensituation* Palästinas samt den damit verbundenen sozialen Implikationen weist.

(4) Wie schon beim Täufer, so war auch bei Jesus von Nazaret die von ihm geübte Strategie der Selbststigmatisierung kein Selbstzweck, sondern diente vielmehr dazu, auf der einen Seite *Protest zu artikulieren* und auf der anderen Seite *neue Werte bzw Sichtweisen zu etablieren*. So waren auch Jesu Formen von Selbststigmatisierung eng geknüpft an seine Botschaft von der hereinbrechenden Gottesherrschaft, die sich in der Person Jesu schon jetzt

---

[3]Hierauf zielt die Arbeit von R.A. Horsley, Sociology. L.c. S.119: „(T)he Jesus movement was initially based in and oriented toward the renewal of local communities (in Palestinian villages and towns) ... the members of the Jesus movement not only remained in their residential communities, but attempted to revitalize local community life, facing directly all the problems of poverty, anxiety, and local tensions as well as conflicts with the authorities".

[4]Diesen Aspekt der Wirksamkeit Jesu betont dagegen besonders E.P. Sanders, Jesus. L.c. S.116ff: „Jesus' work can be seen as pointing towards Jewish restoration ... What we know with almost complete assurance – on the basis of facts – is that *Jesus is to be positively connected with the hope for Jewish restoration* ... There are ... clear and undeniable indications that he expected the restoration *of Israel*; temple and twelve are national symbols".

ereignet und in die all jene gerufen sind, die bisher von ihr ausgeschlossen waren.

(5) Die Jünger– bzw Anhängerschaft Jesu rekrutierte sich offenbar besonders aus solchen Kreisen, die man in Anschluß an M. Weber[5] als negativ privilegierte Menschen (sei es, daß sie es schon waren, sei es, daß ihnen der Abstieg drohte) bezeichnen kann. Sie versuchten mit dem Anschluß an eine charismatische Bettelbewegung ihre anomisch erfahrene Sinnwelt zu bewältigen und in einem neuen Licht zu deuten. Diese Kreise vermochte Jesus mit seiner Botschaft zu mobilisieren und damit ein charismatisches Gefüge gegenseitiger Interdependenzen aufzubauen. So ,verdankten' jene Jesus aufgrund dessen selbststigmatisiernden Verhaltens ihre *Entstigmatisierung*, indem Jesus betont diesen Menschen den Eintritt in die Gottesherrschaft verhieß und umgekehrt (und hierin noch bedeutender) waren jene maßgeblich an der *Entstigmatisierung* und damit *Charismatisierung* Jesu beteiligt, indem sie die selbstauferlegten Stigmata in der Nachfolge Jesu annahmen, um ihn so als Gegenautorität „aufzubauen".

(6) Dieses Charisma Jesu, das ihm schon zu Lebzeiten zuteil wurde, schwand nicht mit seinem Tod. Es überdauerte diesen vielmehr. Der Tod Jesu traf diesen ganz offensichtlich nicht in einer Phase schwindenden bzw mangelnden Legitimitätsglaubens von seiten seiner Anhänger, sondern genau in einer gegenteiligen Phase: auf der unmittelbaren Höhe seines Charismas, jedenfalls wenn man bedenkt, daß Jesus nur innerhalb einer gesellschaftlich relativ kleinen Gruppe als Charismatiker galt. Andernfalls ist mE die Entstehung der Osterbotschaft undenkbar – ein in seinem Anhängerkreis falsifizierter Charismatiker ist ein für allemal erledigt, die Rückwendung von ihm ist geschehen und eine erneute Hinwendung zu ihm mehr als unwahrscheinlich.

Es ist mE sehr problematisch und irreführend, die Ursachen des Todes Jesu mit dem schillernden Begriff „Kontercharismatische Prozesse" erfassen zu wollen[6]. fileNach M.N. Ebertz bezeichnet er den „Zusammenbruch des charismatischen Legitimitätsglaubens" (S.257) an Jesus von seiten seiner äußeren wie auch seiner inneren Anhänger (den Jüngern) aufgrund verschiedenster Ursachen: aufgrund ausfallender Gratifikationen, auf die gehofft wurden; aufgrund einer politischen Enttäuschung, da Jesus (in Galiläa) den Königstitel ablehnte bzw (in Jerusalem) den offenen Angriff (gegen wen?) ablehnte (S.257); aufgrund einer Fehleinschätzung Jesu, als er sich ohne Gegenwehr verhaften ließ, was eine antijesuanische Option des Volkes mit sich brachte (S.258) oder aber „angesichts der »Fal-

---

[5]Cf M. Weber, Wirtschaft 1, S.178.
[6]So aber M.N. Ebertz, Charisma, S.255–262.

sifikation« der apokalyptischen Prophezeiung des unmittelbaren Beginns des göttlichen Reiches", wodurch Jesus bei seinen Schützlingen Enttäuschung hervorrief wie auch aufgrund des versprochenen, aber ausbleibenden ökonomischen Wohlergehens (S.259). Aber auch innerhalb seiner charismatischen Gruppe ist es Jesus angeblich nicht gelungen, politische und ökonomische Interessen konsequent auszuschalten, sodaß dies seine Vernichtung überhaupt erst ermöglichte und Jesus letztlich ein Opfer des (Blut)Geldes wurde, das er doch selbst leidenschaftlich bekämpfte (S.260). All dies führte – nach M.N. Ebertz – zum Verlust der „charismatische(n) Identität und Legitimität" Jesu (S.260), die sein Ende mit sich brachte, da nun (!) andere ihre Chance sahen, ihrerseits Wirklichkeit zu gestalten.

Es ist mE unmöglich, in diesem Sinne von kontercharismatischen Prozessen zu sprechen, die dann notwendigerweise zum Tode Jesu führten. Zwar hat es solche im Falle Jesu unbestritten gegeben, doch sollten sie weniger im unmittelbaren Umfeld Jesu gesucht werden (allein schon aufgrund der Quellenlage, die der Spekulation Tür und Tor öffnet[7]) als vielmehr in jenen Kreisen, die dem charismatischen Handeln Jesu nicht länger zuzuschauen gewillt waren bzw sein konnten. Und dieser Punkt war erreicht, als Jesus die Bedeutung und Legitimität des Tempels in Frage stellte und ist mE *unabhängig* davon zu sehen, wie sich zu dieser Zeit Jesu Anhänger zu ihm stellten. Mit der Infragestellung des Tempels *riskierte* Jesus bewußt sein Martyrium. Damit ist, wie beim Täufer, auch das Martyrium Jesu eine *bewußte Form von Selbststigmatisierung* und nicht nur ein passiv erduldetes Schicksal.

(7) Nur weil das Charisma Jesu gegen Ende seines Lebens noch nicht an sein Ende gelangt war, im Gegenteil viele Jünger ihm weiterhin anhingen und er sein Martyrium konsistent ertrug, konnte Jesu Charisma letztlich auch seinen Tod überstehen. Das fortdauernde und anhaltende Charisma Jesu und dh auch: der ungebrochene, zumindest aber stets latent vorhanden gewesene Legitimitätsglaube seiner Jünger und Anhänger ist die Brücke, an deren einen Ende der historische Jesus, am anderen Ende der kerygmatische Christus steht, wie ihn uns die neutestamentliche Überlieferung schildert.

---

[7]Die Jüngerflucht sowie der Umschlag des Volkes innerhalb der Passionsgeschichte können mE nicht als Gegenargumente genannt werden. Beides verstehe ich nicht als Legitimitätsverlust, sondern als typisch ambivalente Reaktionen auf einen Charismatiker. Zwar fasziniert er auf der einen Seite durch das Neuartige und Befreiende, auf der anderen Seite jedoch schreckt man vor ihm zurück und sucht doch wieder das Alte und Normale, um seine Identität zu wahren. Wenn der Eindruck des Charismatikers dagegen sehr groß gewesen ist oder aber sich Normalität im Alltag nicht mehr leben läßt, erscheint auch eine – freilich dann meist noch potenzierte – Rückkehr zum Außergewöhnlichen möglich und sogar wahrscheinlich.

Kapitel 4
Formen von Selbststigmatisierung bei Paulus

Auch im paulinischen Handlungsbereich begegnen wir der Strategie der doppelten Verneinung, der Selbststigmatisierung, „im Sinne des Durchbruchs zu einem neuen Ja, der Positivsetzung des Daseins auf neuer Ebene"[1] und damit einer Redefinition der vorgegebenen Situation.

Von den 14 unter dem Namen des Paulus verfaßten Briefen des Neuen Testaments werden hier (mit dem größten Teil der Ausleger) 1 Thess, Gal, 1/2 Kor, Phil, Phlm sowie Röm für authentische Paulusbriefe gehalten – in ihnen schreibt er das und darüber, was ihn in Auseinandersetzung mit seinen Gemeinden unmittelbar berührt. Diese sieben Briefe sind unsere erste Adresse für die Theologie des Apostels. Auch wenn man annimmt, Paulus habe diese Briefe vor ihrer Publikation noch einmal redaktionell überarbeitet und redigiert[2], bleibt das Ergebnis dasselbe. Paulus hätte in ihnen das bewahrt, was er selbst für ‚überlieferungswert' gehalten hätte. Dies beträfe sowohl das, was seine Person angeht, wie auch das pädagogische Interesse, was seine Gemeinden betrifft.

Für die Behandlung von Formen von Selbststigmatisierung im paulinischen Handlungsbereich soll für uns folgende These leitend sein: Paulus hat von Jesus „gelernt" oder besser: „lernen müssen", wie eine radikal freiwillige Selbstentblößung und Selbststigmatisierung überzeugt.

Die gesellschaftsverändernde und –umstürzende Kraft von Selbststigmatisierung, bezogen auf ganze Sinnzusammenhänge, findet in der Person des Paulus ihren exemplarischen Vertreter. Dies wiegt umso mehr, als wir mit dem vorchristlichen Paulus einem Menschen begegnen, der zu dieser Zeit seines Lebens noch auf der Seite der Stigmatisierungslogik stand. Wie bei keinem zweiten neutestamentlichen Autor ist bei ihm dieser Zusammenbruch vorgegebener „gesellschaftlicher Identität"[3] zu sehen und damit auch der Sieg des Opfers über die Logik der Täter, was zugleich eine Um– und Neuverteilung von Schuld nach sich zog.

---

[1]L.c. W. Lipp, Stigma, S.194.

[2]So die These von D. Trobisch: Die Entstehung der Paulusbriefsammlung. Studien zu den Anfängen christlicher Publizistik (NTOA 10), Freiburg(Ch)/Göttingen 1989.

[3]L.c. ebd., S.193.

Dieser Redefinition von Schuld, initiiert im Leben Jesu und von ihm durchgehalten über sein Martyrium hinaus, das ihn zwar physisch, nicht aber das Handlungsfeld, in dem er wirkte, vernichtete, schloß sich Paulus an. Mehr noch: er blieb in diesem Umwertungsprozeß keiner, der Jesus auf seinen anonymen Schultern zum Christus emporhob, sondern er wurde selbst zum Propagator dieses Vorzeichenwechsels, in dem der noch eben Verfluchte zum Zeugen einer neuen Wahrheit wurde, die die Welt insgesamt überwunden hat.

In dieses Gedankengebäude des „Relabeling–Prozesses" haben wir bei der Person des Paulus in wohl einzigartiger Weise Einblick. An ihm sehen wir in exemplarischer Weise die (potentielle) Wirkung, die Selbststigmatisierung im Handlungsfeld haben kann, ebenso wie das „ansteckende" Moment, eine gelingende Strategie positiv aufzunehmen für seine eigene Praxis.

So begegnet Selbststigmatisierung bei Paulus auf zwei Ebenen:

- Zum einen als erfolgter Vorzeichenwechsel bzgl der Sicht der Person Jesu. Hier findet die von Jesus begonnene Neudefinition Plausibilität und entkräftet damit die bislang geltenden Plausibilitätsstrukturen mit ihren stigmatisierenden Tendenzen und Wirkungen. Dh wir erleben in der Christologie des Paulus den *Übergang von Selbststigmatisierung in Charismatisierung mit der Folge einer Entstigmatisierung Jesu;*

- zum andern aber als *aktive Rezeption der Verhaltensweise Jesu*, um – gleich wie bei Jesus – eine Neudefinition und Umwertung vorgegebener gesellschaftlicher Rollen in der Kommunikation mit seinen Gemeinden oder der Umwelt zu erreichen.

Ehe wir uns im folgenden vor allem Letzterem zuwenden (4.1) und den ersten Punkt dann in 4.2 etwas kürzer besprechen wollen, sei zuvor noch exkursartig auf die *theologische Bedeutung* der Bekehrung bzw Berufung des Paulus eingegangen.

Paulus hat nach eigenen Angaben die frühe christliche Gemeinde (und damit auch Jesus selbst) verfolgt und stigmatisiert (cf Gal 1,13f.23;Phil 3,5f;1 Kor 15,9; cf auch Acta 8,3;9,1f;22,4f;26,9–11). Als Grund für die Verfolgung gibt er Gesetzeseifer an (ζῆλος Phil 3,6;Gal 1,14). Nach seiner Berufung bzw Bekehrung wird für ihn das, was er *vorher* stigmatisierte, nunmehr zum einen zur Quelle von Autorität – so ist Jesus für ihn nun der κύριος (1 Kor 9,1 uö), der χριστός (Röm 9,4), der υἱὸς τοῦ θεοῦ (Gal 1,15) oder die εἰκὼν τοῦ θεοῦ (2 Kor 4,4); zum anderen aber auch zur Quelle eigenen selbststigmatisierenden

Verhaltens. Mit Recht läßt sich mE sagen, daß hier in diesem Sinne für Paulus eine „Welt", ein Sinnkosmos, zusammenbrach. Es stellt sich die Frage, *welche* Bedeutung dabei der Berufung des Paulus beizumessen ist: Ist mit der Berufung des Paulus gleich die *gesamte* Theologie des Paulus – zumindest in nuce – mitgegeben[4]? Oder aber entwickelte sich die Theologie des Paulus, insbesondere dessen Gesetzesverständnis, erst allmählich – in (oftmals polemischer) Auseinandersetzung mit seinen Gegnern[5]? Die exegetische Diskussion zu diesem wichtigen Thema kann hier nicht umfassend berücksichtigt werden. Es sei jedoch kurz auf einen mE nicht unbedeutenden Sachverhalt aufmerksam gemacht. Paulus verkündet *nach* seiner Berufung zum Apostel denjenigen, den er *zuvor* stigmatisierte, als Sohn Gottes. Ja, er macht ein (charismatisches) Verhältnis zu Jesus Christus – die πίστις – zur Grundlage von Rettung überhaupt. Bzgl der Sicht bzw Bewertung Jesu Christi ereignete sich bei Paulus ein *vollständiger Vorzeichenwechsel*[6]. Das, was ihm vorher wichtig war, wird nun unwichtig und massiv abgewertet (σκύβαλα Phil 3,8). Will man diese Aussage (zusammen mit V 9)[7] nicht als eine erst im Rückblick empfundene verstehen, so legt sich mE eine Deutung nahe, die der Berufung bzw Bekehrung[8] des Paulus eine tragende Bedeutung für seine Theologie beimißt: die Begriffe der Berufung bzw Bekehrung drücken dabei jenen Akt des „Re–Labeling" Jesu für die Person des Paulus aus, den man sich gewiß nicht ganz abrupt, aber auch nicht nur langsam und allmählich entwickelnd vorstellen darf. Die Theologie des Paulus war mit seiner Berufung – zumindest in nuce – gegeben. Diese Annahme hat unter der in dieser Arbeit vertretenen Sicht von Stigma und Charisma, von Selbststigmatisierung und Charismatisierung eine höhere Wahrscheinlichkeit für sich denn die andere, die sich die Theologie des Paulus fortschreitend entwickeln läßt.

---

[4]So bspw P. Stuhlmacher: Versöhnung, Gesetz und Gerechtigkeit. Aufsätze zur biblischen Theologie, Göttingen 1981, S.89ff; S. Kim: The Origin of Paul's Gospel (WUNT II/4), Tübingen 1981 oder Chr. Dietzfelbinger: Die Berufung des Paulus als Ursprung seiner Theologie (WMANT 58), Neukirchen 1985.

[5]So unter expliziter Wiederaufnahme von W. Wrede: Paulus (Religionsgeschichtliche Volksbücher 1), Halle 1904 [leicht zugänglich in K.H. Rengsdorf (Hg.): Das Paulusbild der neueren deutschen Forschung (WdF 24), Darmstadt 1964, S.1–97] besonders H. Räisänen: Paul's Conversion and the Development of his View of the Law; NTS 33 (1987), S.404–419. Cf auch G. Strecker: Befreiung und Rechtfertigung. Zur Stellung der Rechtfertigungslehre in der Theologie des Paulus; Rechtfertigung, FS E. Käsemann, Tübingen/Göttingen 1976, S.479–508.

[6]Cf P. Stuhlmacher, Versöhnung, S.89: Paulus erschien der Herr als der gegenüber seinen Bedrängern ins Recht gesetzte Gottessohn. „Im Recht waren nicht er (scil.: Paulus), sondern die von ihm Verfolgten mit ihrem Glauben an Jesus Christus".

[7]So H. Räisänen, Paul's Conversion, S.409f.

[8]Das Verhältnis zwischen „Berufung" und „Bekehrung" ist mE wie folgt zu bestimmen: Der Begriff der Bekehrung drückt den *starken Bruch* sowie den Neubeginn dieses Abschnittes im Leben des Paulus aus; der der Berufung läßt sich dagegen eher verstehen als die kognitive Aufarbeitung und Deutung dieses Erlebnisses, die *nachträglich* expliziter ausformuliert werden konnte als dies zu Beginn des Erlebnisses möglich war.

4.1 Die Rezeption von Jesu Strategie der Selbststigmatisierung für die paulinische Missionspraxis

Gegenüber der Strategie der Selbststigmatisierung, wie wir sie bei (Johannes dem Täufer und) Jesus von Nazaret kennenlernten und der nun bei Paulus zu behandelnden gilt von vornherein zu bedenken: war die Verkündigung Jesu israelzentriert und kamen die Heiden lediglich „zentripetal" als zu Israel Hinzuströmende (zBsp Mt 8,11 par Lk 13,28f) in den Blick, ist die paulinische Missionsstrategie „zentrifugal" und den Heiden zugewandt.

Diese neue Welt, die Paulus hier gegenüber Jesus betritt, blieb für ihn nicht ohne Folgen bzgl der Strategie der Selbststigmatisierung.

Das Bekenntnis zu Jesus Christus bedeutet im paulinischen Traditionsbereich dadurch, daß es in eine ganz neue Welt hineintransportiert wird, einen noch größeren Bruch mit der Umwelt. Vorgreifend läßt sich formulieren, daß in solchen Fällen *Selbststigmatisierung primär die Funktion zu erfüllen hat, diesen Bruch mit der Außenwelt plausibel und damit verträglich zu machen.*

Nacheinander werden für die paulinische Missionspraxis zu untersuchen sein:

- Die Art und Weise sowie die Funktion von Selbststigmatisierung für das *Verhältnis der paulinischen Gemeinden zur Außenwelt.*

- Die Art und Weise sowie die Funktion von Selbststigmatisierung für das *Binnenleben der paulinischen Gemeinden;*

- Die Art und Weise sowie die Funktion von Selbststigmatisierung für die *Person des Paulus selbst.*

Jeder dieser Punkte wird anhand eines Textbeispieles näher beleuchtet. Summarische Hinweise auf weitere Texte werden – wo es sinnvoll erscheint – erbracht, auf Vollständigkeit indessen verzichtet. Insofern stellt diese Zusammenschau so unterschiedlicher Phänomene ein *Programm* dar.

Es bleibt freilich anzumerken, daß hier idealtypisch geschieden wird: Selbststigmatisierung begegnet nicht isoliert in nur je einem Handlungsfeld, sondern umfaßt zumeist mehrere Aspekte. Dh wo es um das Binnenleben der Gemeinde geht, bleibt das Verhältnis zur Außenwelt davon nicht unberührt und umgekehrt. Mit dieser hier vorgelegten Systematisierung soll den Texten also kein vereinfachendes Schema übergelegt werden, sondern lediglich ein (Teil)Aspekt und eine (Teil)Funktion, die Selbststigmatisierung im paulinischen

Bereich erfüllt, ausführlicher dargestellt werden. Näheres auch in der Zusammenfassung am Ende des Kapitels.

4.1.1 Der Tod Jesu als gewaltsames Prophetengeschick in 1 Thess 2,13–16 als Beispiel forensischer Selbststigmatisierung von seiten der Gemeinde in Thessaloniki

In seinem ca 50/51 nChr geschriebenen Brief an die Gemeinde der „freien Stadt" Thessaloniki (griech Θεσσαλονίκη)[1] stellt Paulus in einer schroff polemischen Aussage den Tod Jesu in die Reihe der bereits vor ihm von Israel verfolgten und getöteten Propheten[2].

> Die (scil.: die Juden; griech. οἱ Ἰουδαῖοι) haben den Herrn Jesus getötet und die Propheten (τὸν κύριον ἀποκτεινάντων Ἰησουν καί τοὺς προφήτας) und haben uns verfolgt und gefallen Gott nicht und sind allen Menschen feind (1 Thess 2,15).

Mit dieser Deutung des Todes Jesu greift Paulus das traditionelle, in Neh 9,26 in seiner ältesten Gestalt vorliegende deuteronomistische Geschichtsbild der Prophetenverfolgung und –tötung zur Deutung des Todes Jesu auf.

Dort heißt es:

> Aber sie (scil.: die Israeliten) wurden widerspenstig, empörten sich gegen dich und warfen dein Gesetz hinter sich. Sie ermordeten deine Propheten, die wider sie Zeugnis ablegten, um sie zu dir zurückzuführen. So verübten sie große Lästerungen[3].

---

[1]Zur Geschichte der Stadt cf W. Trilling: Die Briefe des Paulus an die Thessalonicher; ANRW II,25,4, S.3365–3403:3367f, dann aber besonders B. Rigaux: Saint Paul. Les épitres aux Thessaloniciens (EtB), Paris/Gembloux 1956, S.11–20.

[2]Genau genommen setzt sich die Aussage aus den beiden traditionellen Topoi der jüdischen Selbstanklage der Prophetenmorde sowie des gemeinantiken Vorwurfes der jüdischen Gottes– und Menschenfeindschaft zusammen. Zum Vorwurf der Gottes– und Menschenfeindschaft cf die Darstellung des antiken Materials bei M. Dibelius: An die Thessalonicher I II. An die Philipper (HNT 11), Tübingen, 3.Auflage 1937, S.34–36. Ferner K. Haacker: Elemente des heidnischen Antijudaismus im Neuen Testament; EvTh 48 (1988), S.404–418.

[3]V 26 parallel in *Erwähnung, Wirken und Ablehnungsgeschick* der Propheten ist V 30: „So übtest du viele Jahre Langmut mit ihnen und *warntest sie durch den Dienst deiner Propheten. Da sie aber nicht hörten*, gabst du sie in die Gewalt der Völker der Länder". Cf hierzu O.H. Steck: Israel und das gewaltsame Geschick der Propheten. Untersuchungen zur Überlieferung des deuteronomistischen Geschichtsbildes im Alten Testament, Spätjudentum und Christentum (WMANT 23), Neukirchen 1967, S.62 und Anm 1.

Formal haben die Verse Neh 9,26f.30 folgende Struktur[4]: Nach der Feststellung des dauerhaften Ungehorsams Israels (A) folgt ein Aussageteil „Wirken der Propheten" mit dem Moment der Langmut Gottes, aus der die Vermahnung durch die Propheten folgt, auf daß Israel umkehre (B) und einem (zweiten) Aussageteil „Abweisung der Propheten" mit den Momenten der Halsstarrigkeit Israels und dem daraus resultierenden Prophetenmord (C), wobei es sich um eine Israelanklage handelt, da Israel handelndes Subjekt ist, folgt die Ankündigung des Strafgerichts Gottes (D)[5].

Von diesen vier formalen Elementen (A–D) lassen sich in 1 Thess 2,15f der Aussageteil „Abweisung der Propheten" und damit die Tötung des Kyrios als Folge der fortgesetzten Verschlossenheit Israels (C) sowie das Element der Ankündigung des Strafgerichts Gottes infolge des Wehrens der Heidenmission sowie anderer Vergehen (D) wiedererkennen. Sind die beiden letzten Gestaltungselemente explizit vorhanden, so ist es nur natürlich, die beiden ersten Momente: den Ungehorsam Israels (A) sowie das Wirken des Propheten Jesus bzw des Kyrios (B) virtuell vorauszusetzen.

Die nächstgrößere literarische Einheit, in die die beiden Verse 1 Thess 2,15f eingebettet sind, bildet der Abschnitt 1 Thess 2,13–16. In ihm dankt Paulus Gott für die wahrhaft aufrichtige Annahme seiner Predigtworte durch die Thessalonicher, an denen sich das Gotteswort in Form von Verfolgung und Leiden erweist. Erst dadurch wurden sie – die Heiden – Nachahmer (μιμηταί) der Gemeinden in Judäa[6]. Denn beide traf das gleiche Leidensgeschick: so wie die Juden den Herrn Jesus und die Propheten töteten und die Gemeinden Christi verfolgten, so erfahren die Thessalonicher Unterdrückung von seiten ihrer Mitbürger. Diese Parallelität in der Leidenserfahrung sowie

---

[4]Cf ebd., S.63f.

[5]Nach ebd., S.123 Anm.3.5.7; 185ff blieb dieses dtr Geschichtsbild im Laufe der Geschichte Israels nicht unverändert, sondern wurde weiterentwickelt und um die Elemente E (Möglichkeit zur Umkehr und zu Gehorsam von seiten Gottes), F1 (Heilsrestitution für Israel) und F2 (Vernichtung der Feinde Israels) bereichert. Seit der syrischen Religionsverfolgung hat das dtr Geschichtsbild dann auch für Israel einen doppelten Ausgang: es kommt gemäß dem Kriterium der erfolgten bzw verweigerten Umkehr zur Scheidung in Fromme und Sünder und das definitive Verwerfungsgericht (F2) bezieht sich nunmehr nicht allein auf die Feinde Israels, sondern scheidet Israel selbst.

[6]Zu beachten ist, daß Paulus hier nicht zum Nachahmen *aufruft* (μιμητὴν εἶναι), sondern es bereits als *Faktum feststellt*: Ὑμεῖς ... μιμηταὶ ἐγενήθητε, ἀδελφοί. Dies hat H.D. Betz: Nachfolge und Nachahmung Jesu Christi im Neuen Testament (BHTh 37), Tübingen 1967, S.143 erkannt: „Im Blick auf diese Stellen (scil.: 1 Thess 1,6;2,14) wird man also sagen müssen, daß die Thessalonicher das erfüllt haben, wozu die Gemeinden sonst aufgerufen werden".

Paulus' eigene negative Erfahrungen (cf 2,16b; 3,3b) bewogen ihn zu einem heftigen Ausfall gegen die Juden[7], indem er ihr „Sündenregister" mit den Elementen der Tötung des Herrn und der Propheten, der Verfolgung und der Behinderung der paulinischen Missionspredigt „zieht" und zu dem Schluß gelangt, daß die Juden dadurch und gerade nicht zuletzt durch das Wehren der Heidenmission das Maß ihrer Sünden derart auffüllen, daß Gottes Zorn nun auch über sie hereingebrochen ist (ἔφθασεν)[8].

Es wurden zahlreiche Versuche unternommen, die Textpassage als unpaulinische Interpolation anzusehen und damit auszuscheiden[9]. Zum einen werden folgende *inhaltliche Gründe* angeführt:

- Paulus macht nirgendwo sonst *die Juden* für den Tod Jesu verantwortlich, sondern die Herrscher dieser Welt (1 Kor 2,8);

- Paulus ist stolz darauf, vor seiner Berufung ein Jude gewesen zu sein (Gal 1,14; Phil 3,5f), was ihn kaum die ‚ad hominem' – Stelle V 15c schreiben lassen konnte;

- die Rede vom Zorn Gottes, der sich nunmehr über die Juden ergießt (V 16), widerspricht der paulinischen Abhandlung Röm 9–11;

- V 14 sei singulär in der Behauptung, es gäbe eine Verfolgung der Christen von seiten der Juden für die Jahre 44 und 66 nChr, vielmehr spreche alles dafür, „that the Christians in Judaea, at least up until 62 AD, were living in harmony with their fellow–Jews"[10];

- Paulus verwendet die Mimesis–Terminologie (V 14) stets in Bezug auf sich selbst (1 Kor 4,16;11,1; Phil 3,17; 1 Thess 1,6), so daß allein er

---

[7]L.c. J. Coppens: Miscellées bibliques LXXX. Une diatribe antijuive dans I Thess., II,13–16, EThL 51 (1975), S.90–95:94: „Dès lors, mu par une sainte colère, Paul se laisse entrainer, – réaction normale chez lui en pareilles circonstances, – à des explosions verbales d'une rare violence".

[8]Zu diesem Gedanken cf jetzt G. Theißen: Judentum und Christentum bei Paulus. Sozialgeschichtliche Überlegungen zu einem beginnenden Schisma; M. Hengel/U. Heckel (Hg.): Paulus und das antike Judentum (WUNT 58), Tübingen 1991, S.331–359.

[9]Cf E. Best: A Commentary on The First and Second Epistles to the Thessalonians, London 1979, S.29–35; H. Köster: I Thessalonians – Experiment in Christian Writing; Continuity and Discontinuity in Church History, F.F. Church/T. George (ed.), Leiden 1979, S.33–44; B.A. Pearson: 1 Thessalonians 2:13–16. A Deutero–Pauline Interpolation, HThR 64 (1971), S.79–94; D. Schmidt: 1 Thessalonians 2:13–16: Linguistic Evidence for an Interpolation, JBL 102 (1983), S.269–279; K.G. Eckart: Der zweite echte Brief des Apostels Paulus an die Thessalonicher, ZThK 58 (1961), S.30–44.

[10]L.c. B.A. Pearson, 1 Thessalonians 2:13–16, S.87.

„and no one else – surely not Judaean Churches – is, under the Lord, the supreme authority and ‚model' for his congregations"[11].

Doch auch *stilistisch* und von der *Struktur* scheint die Passage verdächtig zu sein:

- die zweite Danksagung V 13 erkläre sich leichter als Einschub als durch die Annahme, hier läge der Beginn eines zweiten Briefes vor, der vom Kompilator an dieser Stelle eingesetzt wurde[12], gewiß aber erlaube diese Doppelung nicht die Annahme echter paulinischer Verfasserschaft;

- zumal auch die Syntax von V 15–16b „deviates as much from the surrounding pattern as does the content"[13] und

- sich auch die Konstruktionen in V 14 (τῶν ἐκκλησιῶν τοῦ θεοῦ τῶν οὐσῶν ἐν τῇ Ἰουδαίᾳ ἐν Χριστῷ Ἰησοῦ) und V 13 (λόγον ακοῆς παρ᾽ ἡμῶν τοῦ θεοῦ) als unpaulinisch erweisen.

Daher wird immer wieder angenommen, daß die Verse unmöglich von Paulus selbst stammen können und viel eher an eine nachpaulinische Interpolation zu denken ist, die am wahrscheinlichsten in der Zeit nach 70 nChr entstanden ist, da sich hier Mt [Q] 23f am deutlichsten als Vergleichsmaterial für 1 Thess 2 anzubieten scheint[14].

Doch erscheinen mE all diese Versuche als nicht überzeugend. Denn gerade die Nähe zu Stoffen aus der Logienquelle (zBsp Lk 11,49–51) spricht *für* die paulinische Verfasserschaft der Verse, läßt jene sich doch mit guten Gründen in die 40–er Jahre des 1. Jh nChr datieren[15]. Weil sich Paulus der topischen Sprache vom gewaltsamen Tötungsgeschick der Propheten bedient, kann er hier explizit die Juden für den Tod Jesu verantwortlich machen, was

---

[11]L.c. ebd, S.88. Zu den oben genannten Argumenten cf ebd., S.85–87 sowie J. Coppens, Diatribe antijuive, S.91–93.

[12]So W. Schmithals: Die historische Situation der Thessalonicherbriefe; Paulus und die Gnostiker. Untersuchungen zu den kleinen Paulusbriefen (ThF 35), Hamburg 1965, S.89–157, für den der Textabschnitt 2,13–4,1 einen selbständigen Brief darstellt (S.96), aus dem jedoch die Vv 2,15f auszuscheiden sind (S.131 und Anm 212).

[13]L.c. D. Schmidt, 1 Thessalonians 2:13–16, S.273.

[14]Cf B.A. Pearson, 1 Thessalonians 2:13–16, S.92ff. 1 Thess 2,13–16 und die Evangelien zeigen eine „parallel mode of handling these traditions" und reflektieren dabei „a common historical situation" (S.94).

[15]Cf dazu G. Theißen, Lokalkolorit, S.242ff.

nicht seinem ‚jüdischen Stolz' widerstreiten muß, da Paulus in Phil 3,7f ohnehin seine Vergangenheit schroff abwertet, und der Topos vom gewaltsamen Prophetengeschick zudem um Israels „und nicht um der Propheten willen ... ausgebildet worden ... und deshalb genauer als die Vorstellung von Israel als dem Täter eines generell gewaltsamen Geschicks der Propheten zu fassen"[16] ist; die Vorstellung also einer den Juden bekannten Selbstanklage gleichkommt.

Zur Differenz zwischen dem ersten uns erhaltenen pln Brief und seinen Ausführungen zum gleichen Thema im Römerbrief ist anzumerken, daß Röm 9–11 die Aussagen von 1 Thess 2,13–16 nicht grundsätzlich aufhebt: sie begegnen ähnlich, wenngleich weniger polemisch, in Röm 9,22-24;10,3.21. Dennoch bleibt anzumerken, daß der Röm insofern über den 1 Thess hinausgeht als er hinzufügt „that at the last day God's mercy will be revealed toward (the Jews) in a mysterious and radically new way"[17]. Dh, der Spitzensatz des 1 Thess, der Zorn Gottes sei über die Juden εἰς τέλος hereingebrochen (ἔφθασεν), begegnet im Röm nicht. Mit dieser Bemerkung ist die Vorstellung einer *graduellen Entwicklung* innerhalb des paulinischen Denkens angedeutet, ist doch die Definitivität des Gerichtsurteiles im Röm der Aussage vom guten Ende Israels gewichen[18], die Paulus möglicherweise erst beim Schreiben von Röm 11,25 als μυστήριον deutlich wurde[19].

Auch blickt Paulus 1 Thess 2,14 auf die Leiden der judäischen Gemeinden bereits zurück (ἐπάθετε), die wiederum für die 30–er und 40–er Jahre gut be-

---

[16]L.c. O.H. Steck, Israel, S.80.

[17]L.c. P. Donfried: Paul and Judaism. I Thessaloniens 2:13–16 as a Test Case, Interpr 38 (1984), S.242–253:253.

[18]So auch G.E. Okeke: I Thessaloniens 2. 13–16: The Fate of the Unbelieving Jews, NTS 27 (1979), S.127–136, der sich zur Wehr setzt gegen eine Anschauung, die voraussetzt „that Paul has a theology that is unalterably fixed", so daß dann „any idea or thought which does not tally with our preconceived Pauline thought becomes foreign to Paul"; er daher Harmonisierungen innerhalb Paulus' Denken zu einer „consistent Pauline theology" (S.131) ablehnt und sich deshalb für eine Modifikation bzw Entwicklung im theologischen Denken des Paulus ausspricht. Eine pln Entwicklung in der Frage nach dem Schicksal der Juden (in Form eines „betende(n) Ringen(s)") nimmt schon E. Stauffer: Die Theologie des Neuen Testaments, Stuttgart, 3. Auflage 1947, S.168–171 an. Für ihn ist 1 Thess 2,14ff der Anfang einer Entwicklung, die über Gal 3–4 zu Röm 9–11 und damit zur Aufrechterhaltung der Verheißungen an Isreal führt. Ferner J. Coppens, Diatribe antijuive, S.94. Neuerdings dann auch J. Becker: Paulus. Der Apostel der Völker, Tübingen 1989, S.3, der versucht, Paulus „konsequent entwicklungsgeschichtlich" darzustellen, freilich Röm 9–11 nicht als Eröffnung für Israel zum Heil interpretiert.

[19]So die zentrale These von B. Noack: Current and Backwater in the Epistle to the Romans; StTh 19 (1965), S,155–166.

zeugt sind (cf nur Gal 1,13f.23 oder Acta 7,54-60;12,2). Diese Parallelität des Leidensgeschicks ruft bei Paulus den sonst untypischen Mimesis–Gedanken hervor und führt zur Aussage vom Zorn Gottes, der εἰς τέλος über die Juden hereingebrochen ist (ἔφθασεν)[20].

Welcher zeitgeschichtliche Hintergrund hinter V 16c stehen könnte, war Anlaß zu sehr vielen Spekulationen, cf den losen Überblick von Annahmen über die direkte Eingliederung Judäas in den Machtbereich Roms (6 nChr), die Caligula–Krise (40/41 nChr), ein Ereignis vor, um oder nach 70 nChr oder gar 135 nChr bei E. Bammel[21]. E. Bammel selbst entscheidet sich mE zu Recht als Hintergrund von V 16c für das *Claudiusedikt* im Jahre 49, welches zZt der Abfassung des 1 Thess erst 1/2 – 1 1/2 Jahre zurücklag. Freilich wird man seiner Konstruktion eines „eschatologische(n) Koordinatensystem(s)" (S.306), in welches dann V 16c mit seiner „apokalyptische(n) Maschinerie", die in „Wellenbewegungen" auftritt, hineinpaßt und innerhalb derer die Differenz zwischen 1 Thess 2 und Röm 11 relativiert wird, so nicht zustimmen können. Daher sei die Annahme, der antijüdische Ausfall des Paulus (und die Schwierigkeiten des Paulus in Thessaloniki [und Philippi]) hingen mit dem Claudiusedikt zusammen, kurz skizziert. Seit Claudius' Regierungsantritt 41 nChr drohte ein Fallbeil über dem Judentum. Ihre ihnen zugestandenen Rechte wurden von ihrem Wohlverhalten abhängig gemacht. Exemplarisch geht dies hervor aus einem kaiserlichen Schreiben des Claudius an die Alexandriner 41 nChr. In ihm heißt es:

> Über die Frage, welche Partei für die Unruhen und Aufstände – oder eher, wenn die Wahrheit gesagt werden soll, den Krieg – mit den Juden verantwortlich war, war ich doch nicht gewillt, eine strenge Untersuchung zu veranlassen, obwohl bei der Gegenüberstellung (mit ihren Gegnern) eure Gesandten und besonders Dionysios, der Sohn des Theon, mit großem Eifer eure Sache vertraten; jedoch hege ich gegen die, die den Konflikt erneuert haben, bei mir einen unversöhnlichen Zorn; und ich sage euch ein für allemal, daß ich, wenn ihr nicht mit dieser verderblichen und eigensinnigen Feindschaft gegeneinander aufhört, dazu gezwungen sein werde, euch zu zeigen, wie ein an sich wohlwollender Fürst sein kann, wenn man ihn zu gerechtem Zorn reizt.
> Deshalb beschwöre ich euch jetzt noch einmal, daß ihr, die Alexandriner, euch einerseits geduldig und freundlich gegenüber den Juden betragt, die seit langer Zeit in derselben Stadt gewohnt haben und keinen der von ihnen befolgten Riten zur Anbetung ihrer Götter schändet, sondern ihnen erlaubt, ihren Gebräuchen wie zu den Zeiten des göttlichen Augustus nachzugehen, welche ich, nachdem ich beide Seiten angehört, ebenfalls sanktioniert habe; und andererseits befehle ich den Juden ausdrücklich, nicht auf mehr Privilegien, als sie früher besaßen, hinzuarbeiten, und in Zukunft keine besonderen Gesandtschaften mehr auszusenden, als ob sie in einer anderen Stadt lebten, etwas, was noch nie vorgekommen ist; und sie nicht mit Gewalt in die

---

[20]Ein ähnliches Urteil über eine jüdische Gegnerschaft begegnet in Qumran. Cf 1 QS IV,12f. Auch hier wird von „*ewiger* Vernichtung durch Gottes rächenden Zornesgrimm" gesprochen.

[21]Cf E. Bammel: Judenverfolgung und Naherwartung. Zur Eschatologie des Ersten Thessalonicherbriefs, ZThK 56 (1959), S.294–315:295.

Wettspiele der Gymnasiarchen und die Kosmetien einzudrängen, wo sie doch
ihre eigenen Privilegien besitzen und eine große Menge von Vorteilen in einer
fremden Stadt genießen, und nicht neue Juden herbeizuziehen oder zuzulassen, die von Syrien oder Ägypten den Fluß hinunterkommen, ein Vorgang,
der mich dazu veranlassen könnte, noch mißtrauischer zu werden; im anderen Fall will ich sie mit allen Mitteln vertreiben als Erreger einer allgemeinen
Plage für die ganze Welt.
Wenn ihr von diesen Dingen ablaßt und in gegenseitiger Nachsicht und
Freundlichkeit miteinander leben wollt, will ich meinerseits die wohlwollend-
ste Sorge für die Stadt bezeigen ... [22]

Deutlich geht aus diesem Schreiben hervor, daß das den Juden zuteilkommende Wohl-
wollen an die Bewahrung des Status quo gebunden wird. Sieht man diesen drohenden
Ton gegen die Juden zusammen mit der kurz zuvor (für die Juden glücklich verlaufen-
den) Caligula–Krise 40/41 nChr, die die Erwartung mit sich brachte, daß sich ähnliches
unter den Nachfolgern G. Caligulas wiederholen könnte (Tacitus ann 12,54,1 spricht von
quis principum) sowie mit der dann 49 nChr tatsächlich erfolgten Vertreibung von Ju-
den(christen) aus Rom, so läßt sich der paulinische Ausfall unter Zuhilfenahme von Acta 17,1–10 evt auch ganz konkret zeitgeschichtlich einordnen: dort (V 7) wird den Christen
der Vorwurf gemacht, sie handelten wider die δογμάτων Καίσαρος, indem sie sagten, ein anderer sei König, nämlich Jesus (βασιλέα ἕτερον λέγοντες εἶναι 'Ιησοῦν). Dieser Vorwurf ist mE
am ehesten als unmittelbarer Reflex auf das Claudiusedikt zu verstehen, ging es dort doch
um den (messianischen) König *Christus*. Da sich das Edikt auf die Hauptstadt des Weltreiches bezog, ist es verständlich, wenn den Christen in Acta 17,6 vorgehalten wird, sie
erregten den gesamten Weltkreis. Was Claudius also 41 nChr durch sein mahnendes Schreiben nach Alexandrien zu verhindern suchte, traf wenige Jahre darauf für die Hauptstadt
des Weltreiches zu: der kaiserliche Unwille blieb nicht länger eine Drohung, sondern ergoß
sich tatsächlich über die (römischen) Juden und nötigte sie zum Verlassen der Stadt. Dieses Ereignis als unmittelbaren Verstehenshintergrund für Paulus' antijüdische Polemik in
1 Thess 2,14–16, mithin für die Endgültigkeit des göttlichen Zornesgerichtes anzunehmen,
hat mE die größte Wahrscheinlichkeit für sich.

Im folgenden wird also die pln Verfasserschaft der Verse 1 Thess 2,13–16
vorausgesetzt und gefragt, inwieweit sich hier Spuren von Selbststigmatisierung bzw Gegenstigmatisierung erkennen lassen.

Das theologische Konzept des 1 Thess kann als das einer „Erwählungstheologie" bezeichnet werden, die das „ordnende Koordinatensystem"[23] des

---

[22]Zitiert nach C.K. Barrett/C.-J. Thornton, Texte, S.55ff. Dort auch weiterführende
Literatur.
[23]So mE treffend J. Becker: Paulus, S.139. Im weiteren greife ich diesen Gedanken
J. Beckers auf, der ihn zwar an fünf Stellen innerhalb des Briefes zeigt, sich aber offenbar

Briefes abgibt, dh in verschiedenen Teilen des Briefes stets wiederkehrt. Erwählungsaussagen rahmen dann nicht nur den Brief (1,4f;5,23f), sondern begegnen auch sonst im Briefcorpus (2,11ff;4,7;5,9), so daß „alle anderen Aussagen des Briefes ihren Platz"[24] in ihnen haben. Diese Erwählungstheologie gilt nun auch für die Vv 2,14-16. In ihnen begegnet der für die griechische Gemeinde notwendige innere Zusammenhang von *Erwählung und Leidenmüssen*, dem die Passage hier mE dient. Zugleich spiegelt diese Kombination die „Paradoxie christlicher Erfahrung"[25] wider, daß im Erfahren von Leid die verborgene Botschaft liegen kann, für eine „Wahrheit" einzustehen, die durch nichts in der Welt dementiert werden kann; die in diesem Sinne „absolut" ist.

Was die Verse 14f ausdrücken, ist die Hinzunahme der Thessalonicher in die Kette Christus – Paulus zur neuen Kette Christus – Paulus – Gemeinde und damit in die theologische Grundlage der *Verbindung von Erwähltsein und Leidenmüssen*. Hier begegnet eine Umbewertung, die aus einer ursprünglichen Verfolgungssituation ein Zeichen göttlicher Erwählung macht.

Als Hebel bzw Mittel dieser Neubewertung dient Paulus der deuteronomistische, in Neh 9 in seiner ursprünglichsten Form vorliegende Topos der Prophetenverfolgung und –tötung, welcher ja im Kern eine *Israelanklage* darstellt. Wird dieser Topos auf den Tod Jesu angewandt, tritt ein *Überraschungsmoment* ein, das Schuld in der Tat neu verortet und umdreht und die Täter (hier: Israel) betont in ein Legitimationsdefizit rückt.

Reiht Paulus hier die griechische Gemeinde in diese Kette ein, so heißt das: So wie bislang die von Gott Erwählten Verfolgung und Leid traf, ja treffen mußte, so muß auch die Gemeinde in Thessaloniki Leid und Verfolgung erfahren und aushalten. Analog der Schuldumwertung im Falle Jesu gilt nun auch hier: diese Verfolgung von seiten der griechischen Landsleute geschieht nicht dem Willen Gottes entsprechend, sondern das nahe Zorngericht Gottes macht die Verlorenheit der Menschheit einerseits und die Rettung der Christen andererseits deutlich und offenbar.

An dieser Wahrheit, die sich ja erst noch zu erweisen hat, *jetzt schon* teilzuhaben, wird der Gemeinde von Paulus versichert, wodurch sie gleichzeitig – quasi im Vorgriff – der Verfügungssphäre ihrer Verfolger enthoben wird.

---

scheut, ihn auch an einer so zentralen Stelle wie 2,14-16 wiederzufinden. Überhaupt gibt J. Becker dieser Stelle überraschend wenig Raum in seinen Ausführungen (cf S.146).

[24]L.c. ebd., S.139.

[25]L.c. T. Holtz: Der erste Brief an die Thessalonicher (EKK XIII), Neukirchen 1986, S.103.

Daß diese Umwertung auch tatsächlich stattfinden wird, davon ist Paulus überzeugt. Gleich wie sie bei Jesus stattfand und durch ihn die kosmischen Mächte, von denen das Leid dieser Welt ausgeht, überwunden sind, so wird auch das Leid der Gemeinde in Thessaloniki vergehen und einem neuen Leben Platz machen. Die Mächte dieser Welt sind bereits besiegt; Stand und Halt bekommt man nicht mehr von ihnen, sondern von der neuen Welt, die sehr bald hereinbrechen wird und die Legitimität der paulinischen Perspektive erweisen wird.

Dieses Verständnis äußert sich bei Paulus auch terminologisch durch die Verwendung des Begriffs μιμεῖσθαι (τὸν Χριστόν)[26]. Die Begriffe μιμεῖσθαι, μῖμος und μίμησις sind ursprünglich eng mit den Dionysos–Mysterien verbunden. Hierbei wird der Mysterienfromme in seinem ganzen Leben zum Nachahmer (μῖμος) eines oder gar mehrerer Götter. Und obgleich er zwar die Geschichte seines Gottes *darstellt*, wird er doch nicht mit ihm *eins* (weshalb eben von *Nachahmung* und nicht von *Vergottung* gesprochen wird). Durch die Verschiebung in der Terminologie von ἀκολουθεῖν, wie es besonders in der synoptischen Tradition begegnet, zu μιμεῖσθαι aus den antiken Mysterienkulten signalisiert Paulus, daß in seiner Theologie die Wende zum Guten bereits eingetreten ist. Sie gehört in seiner Theologie bereits zum *Indikativ*: „Als Indikativ muß in dieser Theologie das die Menschwerdung, den Tod und die Auferstehung Christi umfassende Heilsgeschehen angesehen werden"[27]. In mysterienhafter Weise hat der Nachahmer und Myste – da er zum σῶμα der Gottheit dazugehört – Anteil am gesamten Geschick der Gottheit.

Und so gilt für die griechische Gemeinde schon jetzt nicht nur die Leidens– und Todeserfahrung als real, sondern auch deren Überwindung: „Was dem Erlöser widerfährt bzw. widerfahren ist, als er in Menschengestalt verkleidet auf der Erde weilte, das widerfährt seinem ganzen σῶμα, d. h. auch denen, die zu diesem σῶμα gehören. Gilt also von ihm, daß er den Tod erlitten hat, so gilt Gleiches von ihnen (2.Kr 5,14); gilt von ihm, daß er vom Tode auferweckt ist, so gilt dasselbe von ihnen (1.Kr 15,20–22); und wie seine ... Rückkehr in die himmlische Heimat die Befreiung von den widergöttlichen Mächten ist, die diese niedere Welt beherrschen, so haben die mit ihm zu einem σῶμα Verbundenen an dieser Befreiung teil"[28].

Die Logik und Sichtweisen drehen sich hier um; den „Opfern" wird Mut gemacht, noch eine kurze Zeit durchzuhalten, ehe es zur großen „Rettungs-

---

[26]Cf im folgenden H.D. Betz, Nachfolge, der „zu zeigen versucht, daß die Terminologie des μιμεῖσθαι aus den Mysterien stammt" (S.138).

[27]L.c. ebd., S.170.

[28]L.c. R. Bultmann: Theologie des Neuen Testaments, Tübingen, 9.Auflage 1984, S.298–299. R. Bultmann interpretiert hier Tod und Auferstehung Jesu in einer Kombination von *Mysteriengottheit und gnostischem Mythos*. Daß Paulus aber weniger gnostisch als vielmehr mysterienhaft denkt, wenn er von der κοινωνία des Glaubenden mit Christus spricht, betont indes H.D. Betz, Nachfolge, S.171ff.

aktion", die von Gott ausgehen und damit zum Wechsel, in dem die Opfer die Täter besiegen, kommen wird.

Paulus versucht hier nicht, die Verfolgungssituation herunterzuspielen oder nicht zu thematisieren oder sie in einer großangelegten Apologie als ungerechtfertigt darzustellen. Im Gegenteil: die Verfolgung, die über die griechische Gemeinde hereinbricht, wird in einem veränderten, positiven Licht gesehen und dadurch noch verstärkt.

Ihr gilt es nicht auszuweichen, sondern sich ihr bewußt zu stellen, wozu Paulus Mut macht. Ist sie doch nun nicht mehr Ausdruck einer rechtmäßigen Verfolgung von seiten der Menschen und in diesem Sinne Strafe, sondern gerade ihr Gegenteil: *Zeichen der Erwählung von Gott her.*

Was hier geschieht, ist begrifflich mit dem Ausdruck „forensische Selbststigmatisierung" zu bezeichnen. Forensische Selbststigmatisierung insofern, als Paulus der Gemeinde in Thessaloniki durch die theologische Deutung der stattfindenden und wohl auch vorhergesagten (3,3–5) Verfolgung – einer Verfolgung, die von seiten der Landsleute ein Vergehen, von seiten Gottes aber ein *Zeichen der Erwählung* ist – betont einem sozialen Druck aussetzt und ihn positiv umdeutet. Hierfür dient Paulus der dtr Topos vom gewaltsamen Prophetengeschick, in dem ja ebenfalls Schuld umgedreht und Israel aus dem ursprünglichen Kläger zum Angeklagten wird.

Dadurch, daß es Paulus gelingt, die Verfolgungssituation theologisch zu deuten als Wirksamwerden des Gotteswortes und Zeichen der Erwählung, ist die *Funktion* dieser forensischen Selbststigmatisierung darin zu sehen, den sozialen Druck, den Paulus der Gemeinde zumutet, umzudrehen und ihn für sie verstehbar zu machen. Was von außen gesehen als Schuld, Defizit und Häresie erscheint: die durch die Person Jesu Christi vermittelte Hinwendung zu dem (nur) einen Gott (weg von den vielen Göttern) und die christliche Heiligung in Abwendung von heidnischer Lebensführung – so die beiden Hauptthemen des 1 Thess –, ist von der Innenperspektive aus der Versuch einer Re–Definition, in der das Schuldhafte bewußt nach außen gekehrt, bejaht, vertieft und dadurch einem Umwertungsprozeß ausgesetzt wird[29]. Wir begegnen hier einer »Parabeltheorie« auf anderer Ebene, die scheidet zwischen Draußen– (1 Thess 4,12.13b;5,6ff) und Drinnenstehenden. Ziel dieser forensischen Selbststigmatisierung ist es, die erst jüngst erlangte Identität der Gemeinde zu erhalten und auch durch widrige und kritische Situationen hindurch zu bewahren, und zwar paradoxerweise gerade dadurch, daß man

---

[29] Cf hierzu auch die interessanten Ausführungen von M. Wolter: Art. Leiden III. Neues Testament; TRE 20 (1990), S.677–688:hier bes S.679.

vor diesen kritischen Situationen nicht flieht, sondern sich ihnen stellt. So kann Paulus sagen, daß Leid und Verfolgung eigentlich die Falschen: nämlich Unschuldige trifft. Deshalb auch kann er in V 15 zum „Angriff"[30] übergehen und die physische Vernichtung Jesu quasi umdeuten: hier wurde kein ‚normaler' Verbrecher exekutiert, sondern der Herr und Kyrios Jesus. Und indem sein Tod hineingestellt wird in die Reihe der Prophetenmorde, die Israel früher an ihnen verübt hat, betont Paulus durch die Ablehnung des Boten und der Botschaft von seiten Israels zugleich Israels fortwährende Verhärtung, die das Gericht Gottes nach sich ziehen wird – in Verbindung mit der anhaltenden Verfolgung und Hinderung der Heidenmission ja sogar muß.

Wichtig erscheint der Hinweis, daß dem pln „Angriff" V 15f zwei Verse über eine forensische Form von Selbststigmatisierung in Form der den Gemeinden zuteilwerdenden Verfolgungen vorausgehen (V 13f). Diese Verfolgungen werden positiv erlebt als Wirksamwerden des Gotteswortes der paulinischen Predigt. Der antijüdische Ausfall des Paulus in V 15f entspräche dann einer *Interpretation und Deutung* dieses Geschehens, nicht aber einer Gegenstigmatisierung in Form eines offenen Konfliktes bzw einer Konfrontation, die die Gegenseite frontal herausfordert und deshalb „Gefahr (läuft), von der herausgeforderten machtüberlegenen Instanz überrollt zu werden"[31]. Vielmehr wird mit der sublimen Anklage des Prophetenmordes ein Überraschungsmoment gewählt, das Schuld hier in der Tat umdreht. Paulus wählt mit diesem Topos den Kampfplatz vorblickend selbst und rückt die Angeredeten durch diese *aggressive und provokatorische Form von Selbststigmatisierung*, die am Ende auf eine *Exkulpation Jesu sowie der Gemeinde in Thessaloniki und damit auf eine Ent–Stigmatisierung* der Betroffenen abzielt, betont in ein Legitimationsdefizit[32]. Wir sehen, wie hier eine forensische Form von Selbststigmatisierung: die grundsätzliche Bereitschaft, zugunsten der Wahrheit einer anderen Welt Sanktionen, Bestrafung und Verfolgung zu erdulden, „sich auf dramatische, offene Konfrontation damit durchaus" zubewegen und dabei auf „Formen des einfachen, direkten Widerstandes rückverweisen"[33] kann. Gegangen wird dieser Weg hier aber *indirekt*, nicht geradlinig frontal. Selbststigmatisierung als indirekte, dialektische Form des Widerstandes geht in offenen und frontalen Widerstand

---

[30]L.c. O. Michel: Fragen zu 1 Thessalonicher 2,14–16: Antijüdische Polemik bei Paulus?; Antijudaismus im Neuen Testament? Exegetische und systematische Beiträge (ACJD 2), hrsg v W.P. Eckert/N.P. Levinson/M. Stöhr, München 1967, S.50–59:50. O. Michel differenziert zwischen dem „apologetischen Ton" in 2,1–12 und dem „unmittelbaren Angriff in 2,14ff".

[31]L.c. W. Lipp, Stigma, S.120.

[32]Zum Legitimationsdefizit und Überraschungsmoment als unabdingbare Voraussetzungen für einen Normenwandel cf ebd., S.121f.

[33]L.c. ebd., S.123.

durchaus über, wobei letzterer auf die jeweilige Form von Selbststigmatisierung re–agiert, sie interpretiert und deutet.

Theologisch gelingt es Paulus über das Stichwort der Erwählung, das ja den gesamten Brief umgreift, die junge Gemeinde innerlich gegen den Druck von außen über ihre eigenen Differenzen und Spannungen, die es zu über- brücken gilt (5,13), zusammenzuschweißen und eine Front von Erwählten zu schaffen; sie dadurch zugleich zu festigen und bei der Stange zu halten[34] und evt auch – durch ihr Vorbild – neue Gemeindeglieder zu gewinnen.

Nur am Rande sei hier die mögliche Funktion der antijüdischen Polemik für *Paulus selbst* erwähnt. Dieser hat nach Acta 17,10 die Stadt übereilt verlassen müssen und auch nach 1 Thess 3,1ff ist die prekäre Situation, in der sich die Gemeinde befindet, noch nicht überstanden, weshalb Paulus Timotheus nach Thessaloniki sendet, der der Gemeinde beistehen und Paulus auf dem laufenden halten soll. Im Klartext heißt dies: die Gemeinde erduldet Verfolgungen, während sich Paulus diesen entziehen kann! Das Rekurrieren des Paulus auf die Verfolgung der Gemeinde sowie der Vergleich der griechischen Verfolger mit den Juden, die schon die Propheten und den Kyrois Jesus Christus töteten, mit der Behinderung der Heidenmission aber nunmehr das Maß ihrer Sünden voll machen, soll ein einigendes Band zwischen Paulus und der bedrängten Gemeinde schaffen, führt Paulus und die Thessaloniker existentiell näher zusammen, obgleich doch primär sie die Verfolgung ertragen.

Das den Thessalonichern von Paulus zugeschriebene hohe Bewußtsein, von Gott erwählt zu sein, wählte jener wohl nicht ohne Grund, wußte doch auch Paulus, daß sich an der Durchhaltekraft dieser jungen Christen gegen den äußeren Druck das weitere Schicksal dieser Gemeinde entscheidet. So ist zu vermuten, ob nicht zwischen beiden – ganz im Sinne der Selbststigmati- sierung und ihrem Ziel des Relabeling – eine intime Beziehung besteht[35].

---

[34]L.c. M. Wolter, Art. Leiden, S.680: Die „Texte wollen nicht lediglich über das Leiden belehren, sondern es geht ihnen darum, negative Leidenserfahrung positiv in den Vollzug christlicher Existenz zu integrieren; ihre Leidens*deutung* dient der Leidens*bewältigung*".

[35]Zu Thema cf jetzt auch M. Wolter: Der Apostel und seine Gemeinden als Teilhaber am Leidensgeschick Jesu Christi: Beobachtungen zur paulinischen Leidenstheologie; NTS 36 (1990), S.535–557:bes 550–556.

4.1.2 Problem und Lösung des Umgangs von ‚Starken' und ‚Schwachen' in Korinth als Beispiel innergemeindlich–asketischer Selbststigmatisierung (1 Kor 8)

Wie kein anderer paulinischer Brief verhandelt gerade der 1 Kor[1] eine Fülle von Themen, die den Umgang der Christen untereinander mit den daraus resultierenden Problemen betreffen[2]. Und es ist gewiß kein Zufall, auch hier – im zwischengemeindlichen Bereich – dem Phänomen der Selbststigmatisierung zu begegnen.

1 Kor 8 behandelt Paulus das Problem des Genusses von Götzenopferfleisch *im öffentlichen Bereich in der Relation zu anderen Gemeindemitgliedern*. Aufgebrochen und damit zum Problem geworden ist dies aufgrund zweier „Lager" innerhalb der korinthischen Gemeinde, die damit verschieden umgingen: auf der einen Seite begegnen die sog „Starken"[3], die ungehindert Götzenopferfleisch (εἰδωλόθυτον; eine jüdische polemische Bildung gegen ἱερόθυτον[4]) essen, auch in Gegenwart der sog „Schwachen", die – auf der anderen Seite – den starken Bruder dieses Fleisch essen sehend, verführt werden, dasselbe zu tun, obwohl sie dadurch ihr Gewissen[5] belasten. Soweit das Problem.

---

[1]Zur Geschichte von Korinth und zur Gründung der Gemeinde cf E. Fascher: Der erste Brief des Paulus an die Korinther. Erster Teil (ThHK VII/1), Berlin, 3.Auflage 1984, S.37–42; dann aber besonders Th. Lenschau: Art. Korinthos; PW Suppl IV (1924), Sp.991–1036:1007–1036.

[2]L.c. Ph. Vielhauer: Geschichte der urchristlichen Literatur. Einleitung in das Neue Testament, die Apokryphen und die Apostolischen Väter, Berlin/New York, 4.Auflage 1985, S.126f: „Hier wird eine solche Fülle von Problemen behandelt, die innerhalb der Gemeinde, aber auch zwischen ihr und dem Apostel aufgebrochen waren, daß sich insbesondere im 1 Kor ein so reiches Bild des Lebens einer urchristlichen hellenistischen Gemeinde entfaltet, wie es aus keinem anderen Dokument jener Zeit zu gewinnen ist". Cf auch J. Becker, Paulus, S.198 und W. Schrage: Der erste Brief an die Korinther. 1.Teilband:1 Kor 1,1–6,11 (EKK VII/1), Neukirchen 1991, S.V.

[3]Das Oppositionspaar *stark – schwach* begegnet so erst im Röm (cf Röm 15,1: ἡμεῖς οἱ δυνατοὶ τὰ ἀσθενήματα τῶν ἀδυνάτων). Sachlich ist es mE aber durchaus berechtigt, dieses Paar auch schon für den 1 Kor zu verwenden, fühlten sich doch manche Korinther aufgrund ihrer γνῶσις *stärker* als andere.

[4]Cf 4 Makk 5,2; Act 15,29 (nicht V 20);21,25; Apk 2,14.20.

[5]Trotz der Kritik von P.W. Gooch: ‚Conscience' in 1 Corinthians 8 and 10; NTS 33 (1987), S.244–254, bleibt mE συνείδησις hier mit *(moralischem) Gewissen* zu übersetzen. P.W. Gooch konstatiert drei Bedeutungen von syneidesis: ein „bad feeling" – so in 10,25.27.28.29, dann die Bedeutung von „self–awareness" – so in 8,7.10.12, so daß die dritte Bedeutung von einem „moral conscience" in 1 Kor 8/10 gar nicht begegnet und folgerichtig auch nicht damit übersetzt werden braucht.

Der Gedankengang von 1 Kor 8–10 zum Thema Götzenopferfleisch wird nicht immer gleich gesehen[6]. Deutlich aber ist, daß Paulus das *eine* Thema Götzenopferfleisch differenziert behandelt: 1 Kor 8,1ff geht es um das Essen von Götzenopferfleisch *im offiziellen Rahmen* – nicht aber um eine Teilnahme am Kult als solchem[7] – 10,25ff um *private Mahlzeiten.*

Bzgl letzteren gilt, daß jedes auf dem Markt gekaufte Fleisch ruhigen Gewissens gegessen werden kann (10,25). Gerade dieser Hinweis macht mE die Annahme wahrscheinlich, daß *nicht alles auf dem Markt zu kaufende Fleisch auch tatsächlich Götzenopferfleisch ist*[8] – das Ablehnen des Prüfens (ἀνακρίνειν) wäre sonst sinnlos. Einladungen in ein fremdes Haus werden erst dann zum Problem, wenn auf den Charakter des Fleisches als *heiliges Fleisch* hingewiesen wird. *Dann* würde der Fleischgenuß Teilhabe am (heidnischen) Kultmahl bedeuten, und das wiederum geht nun nicht aufgrund der paulinischen Darlegung in 10,14-22. Fleischverzicht wird in diesem letzteren Fall also motiviert durch ein *Bekennen zum Herrn.* Zwischen Kap 8 und 10 steht Kap 9 als Beispiel und Exempel dafür, daß auch auf Rechte *verzichtet* werden kann. Im folgenden wenden wir uns Kap 8 zu.

Soziologisch orientierte Forschung hat es wahrscheinlich gemacht, diesen Konflikt zwischen Starken und Schwachen als *primär sozioökonomischen zwischen sozial Höhergestellten und unteren sozialen Schichten* anzusehen. Religiöse Faktoren sind hierbei nicht ausgeschlossen, doch ragen auch sie weit in die statusbedingten Unterschiede zwischen Starken und Schwachen hinein.

Oft werden die Starken als Judenchristen, die Schwachen (aufgrund von V 7) als Heidenchristen bezeichnet[9], selten umgekehrt[10], noch seltener wird

---

[6]Cf bspw K. Maly: Mündige Gemeinde. Untersuchungen zur pastoralen Führung des Apostels Paulus im 1. Korintherbrief (SBM 2), Stuttgart 1967, S.93ff; G.D. Fee: Εἰδωλόθυτα Once Again: 1 Corinthians 8–10; Bibl 61 (1980), S.172–197; B.N. Fisk: Eating Meat Offered to Idols: Corinthian Behavior and Pauline Response in 1 Corinthians 8–10; TrinJ 10 (1989), S.49–70.

[7]So mE richtig W. Schmithals: Die Gnosis in Korinth. Eine Untersuchung zu den Korintherbriefen (FRLANT 60), Göttingen, 2.Auflage 1962, S.191 Anm.2.

[8]Cf dazu H.J. Cadbury: The Maccellum of Corinth; JBL 53 (1934), S.134–141. Er verweist darauf, daß bei Ausgrabungen in Pompeji in einem maccellum Schafsknochen gefunden wurden und zumindest mit der Möglichkeit gerechnet werden muß, daß in einem maccellum ebenso wie im Tempel geschlachtet worden ist. Ferner H.S. Songer: Problems Arising from the Worship of Idols: 1 Corinthians 8:1–11:1; RExp 80 (1983), S.363–375:372 und C.K. Barrett: Things Sacrified to Idols; NTS 11 (1964/5), S.138–153:144f.

[9]Cf bspw J. Murphy–O'Connor: Freedom or the Ghetto (I Cor.,VIII,1–13;X,23–IX,1); RB 85 (1975), S.543–574; R.A. Horsley: Gnosis in Corinth: I Corinthians 8,1–6; NTS 27 (1981), S.32–51; G. Sellin: Hauptprobleme des Ersten Korintherbriefes; ANRW II,25,4, S.2940–3044:3004; W.G. Thompson: I Corinthians 8:1–13; Interpr 44 (1990), S.406–409; K. Maly, Gemeinde, S.97f.

[10]Cf M. Coune: Le problème des idolothytes et l'éducation de la synéidêsis; RSR 51

diese Alternative aufgegeben[11] und die Auseinandersetzung auf eine andere
Ebene gehoben, nicht zuletzt deshalb, weil hinter 1 Kor 8,7 und 10 zwei
verschiedene Typen von Schwachen gesehen werden:

- V 7: τινὲς δὲ τῇ συνηθείᾳ[12] ἕως ἄρτι τοῦ εἰδώλου ὡς εἰδωλόθυτον ἐσθίουσιν,
  weshalb ihr Gewissen belastet wird.

- Wenn ein Schwacher einen Starken im Tempel zu Tisch sitzen sieht,
  wird da nicht ἡ συνείδησις αὐτοῦ ἀθενοῦς ὄντος οἰκοδομηθήσεται εἰς τὸ τὰ
  εἰδωλόθυτα ἐσθίειν?

Das Gewissen ist in V 7 in zweifacher Weise qualifiziert[13]: zum einen haftet ihm ein
Mangel an – es ist schwach; zum andern aber droht es, befleckt zu werden (μολύνεται).
Das Verbum μολυνεῖν ist hapax legomenon bei Paulus und kann neben der Bedeutung
von „besudeln" (bspw mit Schmutz [Cant 5,3; Sir 13,1], Unrat [Ez 7,17; 21,12] oder Blut
[Gen 37,31; Jes 59,3]) auch eine kultische Verunreinigung bezeichnen (cf Jer 23,11; Jes 65,4
LXX; 1 Makk 1,37; 2 Makk 6,2;14,3; Tob 3,15), wie sie auch hier vorliegt.

Liegt in V 7 alles Gewicht auf dem „bis jetzt", so von V 10 her auf einem möglichen „ab jetzt", zu dem man verleitet werden könnte. So könnten
mit den in V 7 Angeredeten Heiden–, mit den in V 10 Angesprochenen dagegen Judenchristen gemeint sein. Eine indirekte Bestätigung hierfür gibt
Paulus selbst: zum einen grenzt Paulus sein eigenes Verhalten auf keine ethnische Gruppe ein, obgleich er es darstellt als ein Eintreten für die Schwachen
(9,19–22); zum andern schließt er seine Ausführungen zum Thema in 10,32
mit der Aufforderung an die Starken, weder für Juden und Griechen noch
für die Gemeinde Gottes sich anstößig zu verhalten. Könnten mit diesen

---

(1963), S.497–534 (gerade aufgrund von V 7) oder auch R. Reck: Kommunikation und Gemeindeaufbau. Eine Studie zu Entstehung, Leben und Wachstum paulinischer Gemeinden
in den Kommunikationsstrukturen der Antike (SBB 22), Stuttgart 1991, S.258.

[11]M. Klinghardt: Gesetz und Volk Gottes. Das lukanische Verständnis des Gesetzes
nach Herkunft, Funktion und seinem Ort in der Geschichte des Urchristentums (WUNT
2/32), Tübingen 1988, S.220 sieht sowohl in den Starken wie auch in den Schwachen
Heidenchristen, „da 8,7 von Judenchristen nicht gesagt werden kann, umgekehrt aber auch
das Verhalten der Starken nicht auf Juden paßt". Damit gibt M. Klinghardt aber nur einem
Teil des Quellenmaterials Rechenschaft, cf unten. Die Schwachen als keine einheitliche
und in sich geschlossene Gruppe anzusehen begegnet hingegen bei H. Conzelmann: Der
erste Brief an die Korinther (KEK V), Göttingen 1969, S.175 , dann aber besonders bei
G. Theißen: Die Starken und Schwachen in Korinth; ders., Studien, S.272–289.

[12]Diese Lesart ist mE der alternativen συνειδήσει vorzuziehen. Gegen συνηθείᾳ und für
συνειδήσει entscheiden sich dagegen K. Maly, Gemeinde, S.110f sowie M. Coune, problème.

[13]Cf hierzu K. Maly, Gemeinde, S.111f.

Anstoß nehmenden Juden und Griechen nicht auch die Anstoß nehmenden schwachen Christen gemeint sein[14]?

Kern der neuen, von der Festlegung des Problems auf ethnische Unterschiede allein befreiten Sichtweise ist es, die fleischessenden Starken mit den wenigen Weisen, Mächtigen und Angesehenen aus 1,26 zu identifizieren, denen das Gros der sozial Niedriggestellten gegenüberstand, für die Fleischgenuß eine außeralltägliche Erfahrung war, die va mit dem Tempel in Beziehung stand. So sind Fleischverteilungen an alle Bürger[15] belegt in Form von Segens– und Leichenfeiern, Stiftungen, großen religiösen Festen oder großen Fest–, Dank– und Bittopfern[16], bei denen auch der *kleine Mann* in den Genuß von Fleisch kommen konnte. Doch gerade hier tat sich das Problem auf: Ehemaligen Heiden fällt es schwer, nunmehr Fleisch als etwas Natürliches – und nicht, wie bis jetzt, als heiliges Fleisch – anzusehen; zugleich bleiben sie aber versucht, an öffentlichen Fleischverteilungen teilzunehmen, wenn auch mit schlechtem Gewissen (8,7). Ehemaligen Juden dagegen fällt es nun schwer, die negative Tabuisierung des Fleisches, wie sie es aus dem Judentum kannten, abzubauen; stellt doch die Erlaubnis, (ab jetzt) rituell geschlachtetes Fleisch essen zu können, für sie eine reizvolle Versuchung dar. Auch für sie ist Fleischgenuß aufgrund der zurückliegenden Dämonisierung von Götzenopferfleisch mit einem belasteten Gewissen verbunden (8,10).

Kommen für untere soziale Schichten also va die öffentlichen Fleischverteilungen als einzige Möglichkeit des Fleischgenusses in Betracht (und können sich hier Vorurteile, die mit dem Fleisch verbunden sind, viel länger halten als in Schichten, für die Fleisch Normalität besitzt), so konnten private bzw öffentliche und „berufliche Verpflichtungen ... dazu (führen), daß die Christen mit gehobenem Sozialstatus wohl mehr in die heidnische Gesellschaft integriert waren als die Christen aus kleinen Verhältnissen"[17]. Und diese Verpflichtungen brachten nun auch das Essen von Götzenopferfleisch mit sich. Einschränkungen auf diesem Gebiet entsprachen hier „Kommunikationsschranken"[18], auf die die Höhergestellten keine Rücksicht nehmen

---

[14]Cf dazu G. Theißen, Die Starken, S.273f.

[15]Cf P. Stengel: Die griechischen Kultusaltertümer (HAW V,3), München, 3. Auflage 1920, S.106ff.

[16]Cf dazu ebd., S.106f sowie G. Theißen, Die Starken, S.277f. Ob dagegen in den vielen religiösen Festen von Privatkulten auch die unteren Schichten zu Fleisch kommen konnten ist fraglich; cf hierzu ebd., S.278. Zu den Festen der Privatkulte cf F. Poland: Geschichte des griechischen Vereinswesens, Leipzig 1909, S.246ff.

[17]L.c. G. Theißen, Die Starken, S.281.

[18]L.c. ebd.

konnten. So wird es also wahrscheinlich, den Konflikt zwischen Starken und Schwachen bzgl der Frage des Götzenopferfleisches als va sozioökonomisch bedingten zwischen sozial höheren und unteren Schichten anzusehen. Hier konnte das jeweilige Verhalten religiös oder intellektuell (mit der Berufung auf γνῶσις) begründet werden. Wichtig aber ist: Das jeweilige Verhalten wurzelt in statusbedingten sozialen Unterschieden und findet von hier aus seine Deutung und Interpretation.

Paulus agiert in diesem Streitpunkt, der als Ausdruck einer ‚normenlosen Situation'[19] angesehen werden kann, als Appellationsinstanz. Seine Lösung des Problems richtet sich fast ausschließlich an die Starken – fast immer werden nur sie angeredet (8,9.10.11; 10,15.31) – und damit nur indirekt an die Schwachen. Und obgleich die Starken in der korinthischen Gemeinde wohl die tonangebende Rolle innehatten und Paulus in diesem Falle für sich gewinnen wollten[20], geht sein Vorschlag in Richtung Rücksichtnahme auf die Schwachen, zu der die Starken aufgefordert werden. Oder konkreter: Paulus fordert um der Schwachen und der Einheit der Gemeinde willen die Starken zur *Übernahme defektiver Stigmata* auf. Damit wird deren Erkenntnis (γνῶσις/γινώσκειν), die Paulus ja grundsätzlich anerkennt und teilt (cf seine Wir–Aussagen 8,1.4.6) umgewertet und einem anderen Maßstab – dem der Auferbauung und Liebe – untergeordnet.

Diese Sichtweise des Paulus im Umgang mit Götzenopferfleisch und das heißt doch: der übergreifenden Frage der Mahlgemeinschaft ist dann besonders beachtenswert, wenn man sie zusammensieht mit anderen Lösungsvorschlägen des Paulus in dieser Frage:

- In Antiochien versucht Paulus in der Frage der Mahlgemeinschaft die Judenchristen zur Aufgabe jüdischer Riten zu bewegen. Basis für eine Mahlgemeinschaft soll die neue heidenchristliche Lebensweise sein.

---

[19]Cf E.J. Cooper: Man's Basic Freedom and Freedom of Conscience in the Bible. Reflections on 1 Corinthians 8–10; IThQ 42 (1975), S272–283:281.

[20]Die Adressaten des Gemeindebriefes beanspruchten wohl in der Tat, die Gemeinde als Ganzes repräsentieren und ihre Haltung generalisieren zu können, cf 8,1,4. Cf auch W.A. Meeks: The Polyphonic Ethics of the Apostle Paul; Annual of the Society of Christian Ethics 1988, S.17–29:19: „the disputants claim to speak for everyone". V 8.1.4 werden gemeinhin als Zitate aus dem Gemeindebrief verstanden. Hierzu J.C. Hurd: The Origin of 1 Corinthian, London 1965, S.68, der eine Übersicht über die mutmaßlichen Zitate, die Paulus aus dem Gemeindebrief aufnimmt, gibt. Ferner: J. Jeremias: Zur Gedankenführung in den paulinischen Briefen; ABBA, S.273f:273, der in 8,8 ein Zitat sieht sowie Ch.H. Giblin: Three Monotheistic Texts in Paul; CBQ 37 (1973), S.527–547:529–537 (für 8,4).

Über diese Frage kommt es zu keinem Konsens; dafür aber zur Trennung – sowohl der Gemeinden voneinander als auch der des Paulus von Antiochien[21].

- Dieser Zwischenfall muß Paulus sensibilisiert haben. Als in Korinth erneut Streitigkeiten betreffs des Essens von Götzenopferfleisch auftreten, mahnt Paulus zur Vorsicht und empfiehlt die Annahme der Schwachen.

- Im Römerbrief endlich überträgt Paulus das korinthische Modell auf eine Gemeinde, mit der er bislang noch nichts zu tun hatte (Röm 14f) und verwendet den Konflikt zwischen Starken und Schwachen als Aufhänger für einen neuen Anlauf – jetzt wiederum, gegenüber dem Gal (va den antiochenischen Zwischenfall) – für eine theologische Betrachtung des Verhältnisses von Juden und Christen überhaupt.

Während es sicher ist, in Gal 2,11f ein Gegenüber von Juden- und Heidenchristen zu sehen, ist dies bzgl der Konfliktparteien in Korinth und Rom nicht so deutlich. Oft sieht man im Konflikt zwischen Schwachen und Starken im Römerbrief einen zwischen Juden- und Heidenchristen, der ausbrach, als die Judenchristen nach der Aufhebung des sog Claudiusediktes (49 nChr) nach Neros Regierungsantritt 54 nChr wieder nach Rom zurückkehren konnten, während sich die römische Gemeinde inzwischen zu einer heidenchristlich geprägten weiterentwickelt hatte. Doch ist dies nicht sicher. So sieht U. Wilckens den „Konflikt ... sehr viel wahrscheinlicher als ein(en) solche(n) zwischen zwei verschiedenen Richtungen innerhalb der heidenchristlichen Gemeinde selbst ... der in den Jahren zwischen 49 und 54 nChr entstanden war und in den die zurückkehrenden Judenchristen auf diese oder jene Seite mithineingezogen worden sind"[22].
Streitpunkt in Rom war dann also die Notwendigkeit oder Nichtnotwendigkeit der Gesetzesobservanz für die Heidenchristen, der die Fronten in der Gemeinde quer durch ihren ethnischen Bestand hindurch verlaufen ließ.
Auch bzgl der Konfliktparteien in Korinth ist ein Gegenüber von Juden- und Heidenchristen nicht sehr wahrscheinlich (cf oben). Doch gleich, ob man die Schwachen als unter dem Einflußbereich petrinischer Mission stehende Christen versteht oder nicht[23], bleibt

---

[21]Zum sog „antiochenischen Zwischenfall" cf G. Bornkamm: Paulus, Stuttgart ua, 5.Auflage 1983, S.66ff; F. Mußner: Der Galaterbrief (HThK IX), Freiburg, 2.Auflage 1974, S.146–167; T. Holtz: Der antiochenische Zwischenfall (Galater 2.11–14); NTS 32 (1986), S.344–361; P.C. Böttger: Paulus und Petrus in Antiochien. Zum Verständnis von Galater 2,11–21; NTS 37 (1991), S.77–100 sowie H.D. Betz: Der Galaterbrief. Ein Kommentar zum Brief des Apostels Paulus an die Gemeinden in Galatien, München 1988, S.196ff.

[22]L.c. U. Wilckens: Der Brief an die Römer. 1.Teilband: Röm 1–5 (EKK VI/1), Neukirchen 1978, S.39–40 im Anschluß an W. Schmithals: Der Römerbrief als historisches Problem (StNT 9), Gütersloh 1975, S.86f.97–107, der von einem „hyperpharisäischen Rigorismus" (S.103) auf seiten der zur Gesetzesobservanz entschlossenen Heidenchristen spricht.

[23]Cf hierzu C.K. Barett: Cephas and Corinth; Abraham unser Vater. Juden und Christen im Gespräch über die Bibel, FS O. Michel, Leiden/Köln 1963, S.1–12.

bei einer Annahme des Konflikts aus va sozioökonomischen Faktoren die gleiche Ebene des Vergleichs auf jeden Fall gewahrt. Stets droht den Schwachen ein Verlust an Identität, die verteidigt werden soll. Hierfür macht sich Paulus stark, und wir erkennen somit eine beachtliche Entwicklung im paulinischen Denken gegenüber Gal 2, in dem er noch der judenchristlichen Gruppe diese Identität nicht zugestehen wollte.

Dieser letzte Punkt: die Wahrung bedrohter Identität, könnte mE der Schlüssel zum Verständnis und zur Erklärung der paulinischen Entwicklung in der Frage des Genusses von Götzenopferfleisch sein: in Antiochien hißt Paulus in der Frage des Götzenopferfleisches die Bekenntnisflagge und verteidigt auf diese Weise kompromißlos seinen Weg des Christentums. Gott hat sich nunmehr den Heiden zugewandt und Gott kann daher selbst als Verteidiger der Heidenmission in Anspruch genommen werden; Rücksicht auf jüdische Gewohnheiten scheinen Paulus hier von Gott selbst überholt worden zu sein. Dagegen scheint Paulus die Fahne in Korinth und Rom überhaupt nicht mehr zu entrollen. Dies könnte folgende Gründe gehabt haben: In Korinth lernt Paulus das Problem des Essens von Götzenopferfleisch als ein allgemeineres kennen – nicht nur Juden(christen) wird ein solches Essen zum Problem, sondern auch Heiden(christen). Was in Antiochien noch als Problem *einer* Gruppe erschien, erweist sich in Korinth als nicht nur auf einen Fall beschränkt. Bzgl des in Rom begegnenden Vegetarismus läßt sich als Parallele auf den Fleischverzicht der Neupythagoräer verweisen, wie ihn ua auch L.A. Seneca in seiner Jugend praktizierte, ihn dann aber unter der Herrschaft des Tiberius wieder aufgab. Als Begründung für diesen Schritt schreibt er:

> Aufgrund dieser Hinweise (von Sotion) begann ich, mich tierischer Nahrung zu enthalten, und nach einem Jahr war es mir nicht nur selbstverständliche Gewohnheit, sondern auch angenehme. Lebhafter kam mir mein Geist vor, und ich möchte heute dir gegenüber nicht behaupten, ob er es war. Du fragst, warum ich damit aufgehört habe? In die erste Zeit der Regierung des Kaisers Tiberius fiel meine Jugend: Ausländische Kulte wurden damals[24] entfernt, aber zu den *Beweisen des Aberglaubens* (sed inter argumenta superstitionis) wurde auch gerechnet, sich des Genusses gewisser Tiere zu enthalten. Auf Bitten des Vaters – er fürchtete verleumderische Anklage nicht, aber haßte die Philosophie – kehrte ich also zu der früheren Gewohnheit zurück; und ohne Mühe überredete er mich dazu, wieder besser zu essen. (Epistulae Morales 108,22)[25].

Wichtig ist hier, daß Paulus ein Problem mit einem allgemeineren Hintergrund als *jüdisch–christliches* (und damit als abergläubisches) etikettierbar darstellt und so aus Heiden schwache Juden(christen) werden können. Das Verhalten der schwachen Christen *könnte* neupythagoräisch motiviert gewesen sein, es *könnte* aber auch jüdisch gewertet und etikettiert werden. Diese „Bestätigung" des korinthischen Befundes (scil.: daß

---

[24]Nicht nur ausländische Kulte wurden im Jahre 19 nChr aus Rom verbannt, sondern auch Juden aus der Hauptstadt ausgewiesen. Cf hierzu jetzt M.H. Williams: The Expulsion of the Jews from Rome in A.D. 19; Latomus 48 (1989), S.765–784.

[25]Die in Rom begegnenden schwachen Christen könnten aber auch Vertreter einer bestimmten christlichen Richtung sein, die sich an jüdische Traditionen anlehnen und denen zufolge das Christentum eine asketische Bewegung darstellt (cf TRub 1,10; Dan 4,33 LXX; auch auf Johannes den Täufer könnte sich diese Gruppe berufen.)

(Götzenopfer)Fleischgenuß keine nur jüdische Angelegenheit zu sein braucht) führt dann in Röm 14,6.18 zur Revision der Aussagen von Gal 2,14, so daß beide Gruppen das Dankgebet sprechen, damit Gott gehören und ihm dienen.

Ist in Antiochien die Einheit der Gemeinde an dieser Frage und dem paulinischen Lösungsmodell zerbrochen, so will Paulus auch in Korinth bzgl dieses Problems Einheit schaffen, wie dies ja auch einem Gesamtanliegen des 1 Kor entspricht (cf 1,10;16,14ff)[26].

Konfrontiert Paulus die Starken mit der *Forderung nach defektiver Selbststigmatisierung*, so um der Einheit oder besser: Nivellierung statusbedingter Gegensätze willen. Diese sollen gemildert werden. *Selbststigmatisierung hat hier also die Funktion der Einheit nach innen.* Diese Aufgabe wird von Paulus betont den sozial Höhergestellten zugemutet. Wie aber, dh in welcher Art und Weise soll die Selbststigmatisierung vollzogen werden?

Wenn wir davon ausgehen können, daß es sich beim Konflikt zwischen Starken und Schwachen in Korinth um einen primär sozioökonomischen Konflikt handelt, ist die nächstliegende Annahme, daß Paulus zu einer Art „sozioökonomischen Selbststigmatisierung" iS des Abgebens der Höhergestellten zugunsten der sozial Schwächeren auffordert. Da aber in der Frage des Genusses von Götzenopferfleisch das Gewissen der Schwachen belastet wird, ist diese Form von Selbststigmatisierung auszuschließen. So mahnt Paulus zur Rücksichtnahme auf das schwache Gewissen und damit zu einer Form von Selbststigmatisierung, die man als *soziokulturelle Selbststigmatisierung* bezeichnen kann. Dabei ist festzuhalten, daß der Verzicht auf Götzenopferfleisch zunächst eine asketische Selbststigmatisierung darstellt, die *beide* Gruppen, sowohl die Schwachen wie auch die Starken, vollziehen. Wird der Verzicht von den Starken jedoch aus Liebe zum Bruder vollzogen, so tritt zusätzlich zu dieser asketischen Form von Selbststigmatisierung eine soziokulturelle Selbststigmatisierung hinzu. Denn der Erkenntnis der Starken und ihrem intellektuellen Niveau entsprechend ist die Annahme und Rücksicht auf das schwache Gewissen des Bruders in der Tat mit der Übernahme defektiver Stigmata verbunden. Teilten sie doch jene negativen und abqualifizierenden Urteile über ein schwaches Gewissen, wie es auch in ihrer Umwelt begegnet, in der das Wort „schwach" (ἀσθενής) negativ konnotiert war[27]:

---

[26]L.c. Chr. Wolff: Der erste Brief des Paulus an die Korinther (ThHK VII/2), Berlin 1982, S.4: Paulus' „Hauptvorwurf lautet: Die Erkenntnis wird in Korinth ohne Liebe praktiziert und ist daher geradezu gefährlich für den Bestand der Gemeinde (V.11)".

[27]Kl. Berger/C. Colpe: Religionsgeschichtliches Textbuch zum Neuen Testament (TNT 1 = NTD – Textreihe 1), Göttingen 1987, Nr.440f zeigen anhand einer Reihe von Texten, in

Horaz [65–8 v.Chr.] (Satiren 9) berichtet, wie er auf der Straße einen
Herrn traf, der ihn unbedingt begleiten wollte, Horaz diesen Schwätzer (gar-
rulus) jedoch unbedingt loswerden möchte. Als dieser selbst einen Prozeßter-
min verstreichen läßt, um bei Horaz bleiben zu können, setzt dieser alle
Hoffnung in seinen Bekannten Aristius Fuscus, der den Begleiter des Horaz
ebenfalls kennt. Dieses Treffen will Horaz dazu nutzen, sich seines leidigen
Begleiters zu entziehen:

> Während er so redete, traf sich's, daß Aristius Fuscus des
> Weges kam, ein lieber Freund von mir, der den andern recht
> wohl kannte. Wir bleiben stehen. „Woher, wohin?" fragt er und
> muß mir die gleichen Fragen beantworten. Ich begann zu zupfen
> und mit der Hand seinen unempfindlichen Arm zu kneifen, wobei
> ich ihm winkte und mit den Augen zwinkerte, er möchte mich
> doch erlösen. Der böse Witzbold lacht und stellt sich dumm; ich
> kochte vor galligem Ärger. „Da fällt mir eben ein, du wolltest
> doch etwas mit mir unter vier Augen besprechen." „Ganz recht,
> ich erinnere mich; aber ich will es dir zu gelegener Stunde sagen;
> heute ist Neumonds Sabbat, du willst doch nicht das Volk der
> Beschneidung verhöhnen?" „O, mich plagt kein Skrupel." „Aber
> mich; *ich bin ein wenig schwach (sum paulo infirmior)*, bin ein
> Herdenmensch (wörtl.: einer aus der Menge; unus multorum).
> Du wirst verzeihen. Wir sprechen ein andermal davon." (Horaz:
> Satiren 9,60-72)[28]

In seiner kynisch gefärbten Jugendschrift Εἰ αὐτάρκης ἡ κακία πρὸς κακο-
δαιμονίαν versucht Plutarch (45–125 nChr)[29] darzulegen, daß Tyche (Τύχη)
nicht in der Lage ist, Urheberin menschlichen Elends zu sein, wenn sie nicht
das Laster (Κακία) zur Gehilfin hat. Auf die Vorschläge der Τύχη (die Plutarch abwechselnd mit Κακία auftreten läßt), den Menschen durch Armut

---

denen das Wort „schwach" samt Synonymen begegnet, dessen negative Konnotation. Die
im folgenden begegnenden Textbeispiele sind von hier genommen.

[28]Schließlich wird Horaz seines Begleiters doch entledigt; dessen Kläger erscheint und
zieht ihn vor den Prätor. Angemerkt sei hier zweierlei: paulo infirmior ist grammatikalisch
Komparativ und daher auch mit *ein wenig schwächer* zu übersetzen und ganz offenbar
scheint Horaz' daherkommender Freund schon durch seine ironische Frage das Judentum
zu verhöhnen.

[29]Zu Plutarch und seinen Schriften cf K. Ziegler: Art. Plutarchos von Chaironeia; PW 41
(1951), Sp.636–962.

und Verkauf in die Sklaverei, Gifttrank, Feuer oder den Kreuzestod mutlos und unglücklich zu machen, antwortet Plutarch:

> Wen kann nun alles dergleichen unglücklich machen? Allein die *Schwachen und Ungebildeten* (τοὺς ἀνάνδρους καὶ ἀ-λογίστους), die ohne Erziehung und Übung, die an den in ihrer Kindheit angenommenen Vorurteilen festhalten. (Ob das Laster ... 499D)[30]

In seiner gleichfalls aus der Jugendzeit stammenden und den „Stil der kynischen Predigt"[31] atmenden Schrift Περὶ δεισιδαιμονίας stellt Plutarch den Atheisten neben den Abergläubischen. Der Abergläubische ist der Gesinnung nach zwar Atheist, ist aber zugleich *zu schwach*, das über die Götter zu denken, was er will und dokumentiert so seine Unfreiheit:

> Der Atheist meint, daß es keine Götter gibt; der Abergläubische wünscht sich, daß es keine gibt, doch glaubt er an sie *gegen seinen Willen*. Denn er *fürchtet* sich, nicht zu glauben ... So hat der Atheist weder Teil noch Anteil am Aberglauben, während der abergläubische Mensch vorzugsweise Atheist sein möchte, aber *zu schwach* ist (ἀσθενέστερός ἐστιν), über die Götter zu denken, was er will. (Über den Aberglauben 170)

Steht das Prädikat „schwach" in den aufgeführten Texten als Ausdruck für abergläubische Menschen (Horaz; dort sogar verbunden mit der jüdischen Kulteinrichtung des Sabbats) bzw für den Affekten hingegebene ungebildete Menschen (Plutarch), so begegnet es bei Epiktet (Diss I,VIII,8) im selben Sinne wie bei Plutarch, wenn er sagt, daß jegliche Macht, von *Ungebildeten und Schwachen erworben* (πάντα δύναμις ἐπισφαλὴς τοῖς ἀπαιδεύτοις καὶ ἀσθενέσι), dazu verleitet, sich aufzublähen und auf sie stolz zu sein; also falsch mit ihr umzugehen.

Daß der paulinische Lösungsvorschlag mehr darstellt als eine einfache Rücksichtnahme und darin in der Tat als eine *Form von Selbststigmatisierung* bezeichnet werden kann, hat besonders treffend A. Schweitzer erkannt:

---

[30] Im griechischen Original begegnet zwar nicht explizit das Wort schwach; unmännlich und schwach können hier aber durchaus synonym nebeneinander stehen.

[31] L.c. K. Ziegler, Plutarchos, Sp.826.

„In seinem Hintanstellen der Freiheit geht Paulus außerordentlich weit. Das Natürliche wäre gewesen, den Gläubigen zu verbieten, diese Schwachen zum Aufgeben ihrer Überzeugung zu drängen. Statt dessen verlangt er von dem, der weiß, daß alles an sich rein ist, daß er sich in seinem Essen und Trinken durch jene Vorurteile bestimmen läßt, um das Gewissen der Schwachen nicht in Not zu bringen"[32].

Mutet Paulus den Starken die Übernahme der „schwachen" Gesinnung zu, werden für sie hier – in der binnengemeindlichen Beziehung – bestehende Bildungsnormen auf den Kopf gestellt, indem sie zu einer „geistigen" Selbststigmatisierung angehalten werden.

Die Umkehr der Maßstäbe sozialer Ränge sowie der Bedeutung irdischer Erkenntnis begründet Paulus innerhalb des 1 Kor dreimal; uzw stets in christologischer Form. Zum einen ist sie begründet in der Kreuzespredigt (1,18ff), in der Dialektik von Niedrigkeit und Erwählung. Sodann und für den Konflikt zwischen Starken und Schwachen entscheidend, wird die Rücksichtnahme soteriologisch begründet (8,11) als „Sterben für", indem das Essen des Götzenopferfleisches von Paulus als *relationales Problem* verstanden wird[33] und in Kap 9[34] stellt sich Paulus in einem umfangreichen Zusatz selbst als Exempel dar und stellt seinen Verzicht (auf Unterhalt) als Ruhm dar (V 15).

---

[32] L.c. A. Schweitzer: Die Mystik des Apostels Paulus; ders.: Gesammelte Werke 4, S.390f.

[33] L.c. R.A. Horsley: Consciousness and Freedom among the Corinthians: 1 Corinthians 8-10; CBQ 40 (1978), S.574–589:589: „For the Corinthians, therefore, the eating of idol-meat and other matters were issues only in an internal personal sense, for one's individual consciousness, and not in a truly ethical, i.e. relational sense. For Paul, on the other hand . . . such issues are ethical, that is, matters of relationships between people, not of one's own inner consciousness". Wie wenig moralisch anstößig der Standpunkt der Starken bis dato wirklich war, betont indes Kl. Berger: Die impliziten Gegner. Zur Methode des Erschließens von „Gegnern" in neutestamentlichen Texten; Kirche, FS G. Bornkamm, Tübingen 1980, S.373–400:389: „Paulus selbst war anfänglich . . . ein »kirchenloser« Pneumatiker", wobei er unter *kirchenlos* versteht (ebd., Anm 95), „daß heilsrelevant (und für lange Zeit) allein das Verhältnis zum (erhöhten) Herrn ist". Dieses steht so sehr im Mittelpunkt, daß das dadurch bedingte neue Verhältnis der Christen zueinander erst eine sekundäre Konsequenz ist".

[34] Cf hierzu G. Dautzenberg: Der Verzicht auf das apostolische Unterhaltsrecht. Eine exegetische Untersuchung zu 1 Kor 9; Bibl 50 (1969), S.212–232. Ferner H.S. Songer, Problems, S.367-370; K. Niederwimmer: Der Begriff der Freiheit im Neuen Testament, Berlin 1966, S.200ff; Chr. Maurer: Grund und Grenze apostolischer Freiheit. Exegetisch – theologische Studie zu 1. Korinther 9; Antwort. FS K. Barth, Zürich 1956, S.630–641; H.v. Campenhausen: Die Begründung kirchlicher Entscheidungen beim Apostel Paulus. Zur Grundlegung des Kirchenrechts, Heidelberg 1957, S.24f sowie H. Chadwick: All Things to all Men (1. Cor.IX.22); NTS 1 (1954/5), S.261–275.

Dahinter steht, wieder christologisch verankert, das Bild des Präexistenten, der freiwillig die Sklavenrolle übernimmt (2 Kor 8,9; Phil 2,6ff). Ganz ähnlich sollen also auch die Starken ihren Verzicht sehen: nicht als intellektuelle Schande, sondern als Ruhm und Ausdruck von Freiheit[35], zu deren Nachahmung Paulus die Starken auffordert[36], sowie als Erweis einer wahren binnengemeindlichen Führungspositon, um sich auf diesem Wege den *Dank* der schwachen Gemeindemitglieder zu sichern[37].

Diese Sichtweise ist Ausdruck der Freiheit des Apostels. Seine Freiheit erlaubt es ihm, gültige Maßstäbe umzudrehen, ja, sich selbst zum Knecht aller zu machen, um möglichst viele zu gewinnen (9,19). Hier sieht man, wie Paulus die Strategie der Selbststigmatisierung für seine Missionspraxis geradezu funktionalisiert. Die Freiheit seines paradoxen Tuns, die Übernahme der Knechtsrolle, wird in den Dienst der Mission gestellt. *Selbststigmatisierung dient hier als Missionsstrategie.* Paulus agiert in Kap 9 aus der Defensive heraus (cf 9,3 ἡ ἐμὴ ἀπολογία), um sich Autorität und Einfluß zu sichern. Damit die einmal Gewonnenen nicht durch innergemeindliche Schwierigkeiten wieder verlorengehen, verlangt Paulus dieselbe Haltung: die Bereitschaft zur Selbststigmatisierung, auch und gerade von jenen Gemeindemitgliedern, die durch ihr Verhalten dazu beitragen können, daß die Gemeinde ihre Einheit verliert.

Wie wir sahen, bezieht sich der Verzicht der Starken bzgl des Götzenopferfleisches auf *die Schwachen innerhalb der Gemeinde als Gegenüber.* In Kap 10 gibt Paulus die Anweisung, daß das Essen von Götzenopferfleisch in den Sozialkontakten zur Umwelt kein Thema sein soll, dh daß man ruhigen Gewissens bei Privatmahlzeiten Götzenopferfleisch verspeisen kann. *Diese prinzipielle Erlaubnis* schränkt nun Paulus jedoch für den Fall ein, daß dieses Essen unter dem *Blickwinkel des Bekennens gegenüber den Heiden geschieht.* Dann, so Paulus, hat sich auch der Starke des Götzenopferfleisches zu enthalten. Dieser Fall betrifft nun aber nicht mehr die binnengemeindlichen Probleme (Kap 8), sondern das Verhalten der Christen zur Außenwelt. Diesbzgl reiht sich auch Paulus in die übrige urchristliche Tradition ein, die relativ geschlossen Götzenopferfleisch ablehnt[38]. Sein Lösungsvorschlag

---

[35] So auch H. Conzelmann, Brief, S.178 und R. Bultmann: Theologie, S.343.

[36] Cf A. Schweitzer, Mystik, S.426.

[37] Zum Dank cf G. Simmel: Soziologie. Untersuchungen über die Form der Vergesellschaftung (Gesammelte Werke 2), Berlin, 5.Auflage 1968, S.438ff.

[38] Cf G. Theißen, Die Starken, S.283 Anm 19 sowie C.K. Barrett, Things, S.153.

in der Frage des geweihten Fleisches wurde vom Urchristentum also *weder verworfen noch ignoriert noch mißverstanden*[39], sondern was das Verhalten der Christen zur Außenwelt angeht, unterscheidet sich Paulus eben gerade nicht von den weiteren urchristlichen Autoren, sofern das Bekenntnis zum Christentum dabei auf dem Spiel steht. Dennoch lassen sich das apodiktische Gebot, wie es sonst im Urchristentum begegnet und das situative des Paulus (nicht zuletzt aus zeitlichen Gründen) unterscheiden. Abweichend vom apodiktischen Verbot des Götzenopferfleisches meint Paulus, daß das Bekenntnis zum Christentum nicht in jedem Fall auf dem Spiel stehen *muß*.

4.1.3 Der „Narr" als „Weiser": Selbststigmatisierung zum Zweck der Wiedererlangung apostolischer Autorität und Legitimität (2 Kor 11–12)

In diesem letzten Abschnitt hinsichtlich aktiver Formen von Selbststigmatisierung bei Paulus gilt es, sich der Person des Paulus und seiner Verwendung von Selbststigmatisierung für seine eigene Person und das heißt: für seine *apostolische Autorität* zuzuwenden. Die ausführlichste Textpassage, in der Paulus zur Strategie der Selbststigmatisierung greift, um damit seine apostolische Autorität und Legitimität (aufs neue) zu begründen, stellt die sog paulinische »Narrenrede« 2 Kor 11,1(16)–12,13 innerhalb des größeren Abschnittes 2 Kor 10–13 (wie überhaupt des 2 Kor), in dem es Paulus grundsätzlich um die Verteidigung seines Apostolates geht, dar.

Sein Verständnis vom Apostolat legt Paulus auch schon 2 Kor 2,14–7,4 dar[1], dort aber in einem ungleich *sanfteren* Ton. Herausgefordert wurde er dazu durch das *Eindringen fremder Missionare in Korinth* (11,4 ὁ ἐρχόμενος, durchaus pluralisch zu verstehen, cf V 5.13), von deren Ankunft Paulus unterrichtet wurde. Paulus begriff diese Situation offensichtlich als *Akzeptanzmangel* der Korinther ihm gegenüber und als eigenen *Prestige- und Legitimitätsmangel* den Korinthern gegenüber – zu Recht, sind doch viele von ihm abgefallen (12,21) und hat sich ein Gemeindemitglied auch zu einer be-

---

[39]Cf J.C. Brunt: Rejected, Ignored, or Misunderstood? The Fate of Paul's Approach to The Problem of Food Offered to Idols in Early Christianity; NTS 31 (1985), S.113–124, der konstatieren möchte (S.118ff), daß Paulus mit seiner Lösung im Urchristentum alleine dastand.

[1]Zur Frage der Einheitlichkeit des 2 Kor cf den Exkurs auf der folgenden Seite.

leidigenden Äußerung Paulus gegenüber hinreißen lassen (7,12)[2], die diesen sehr kränkte und sein innergemeindliches Ansehen dadurch zusätzlich noch unterminierte. Dies wirkt nun umso mehr, als Paulus sein Verhältnis zur korinthischen Gemeinde, die er ja selbst gründete, als ein *exklusives* in der Vater/Kind–Relation (1 Kor 4,10) bzw in Anlehnung an das alttestamentliche Bild von der Ehe Jhwhs mit Israel in der des Brautführers zur Braut (2 Kor 11,2) verstand[3]. In dieser Situation, in der Paulus die Kontrolle über seine Gemeindegründung zu entgleiten scheint, schreibt er den 2 Kor (oder zumindest Teile davon), um sein *Ansehen* bei den Korinthern wieder her– und diese unter seine *Autorität* stellen zu können.

Dabei ist es mE wahrscheinlich, daß Paulus sich der Vehemenz und möglichen Durchschlagskraft, die zumindest den Kapiteln 10–13 innewohnt, durchaus bewußt war, als er schrieb. Denn die *Wirkung seiner Briefe* hatten ihm die Korinther bestätigt: sie wiegen schwer und stark (βαρεῖαι καὶ ἰσχυραί, 2 Kor 10,10). Damit kann natürlich nur die bereits stattgefundene korinthische Korrespondenz gemeint sein, also der 1 Kor sowie der diesem vorausgehende, in 1 Kor 5,11 erwähnte Brief. Auch im 1 Kor finden wir explizit selbsterniedrigende Aussagen des Paulus, so besonders in 4,9–13 oder 15,8. Und auch hier ist der eigentliche *Zweck dieser Selbstbescheidung ein Werben um Autorität bei den Korinthern*. Das in 2 Kor 10–13 begegnende Thema Stärke–Schwäche hat daher bereits im 1 Kor seine Vorgeschichte. ME hat daher die Annahme viel für sich, daß Paulus mit dem Eintreffen der neuen Missionare diese Strategie vehement aufs neue entwickelt. Dabei kann er auf das Echo und die Wirkung der beiden ersten Korintherbriefe rekurrieren, die ja ihre Wirkung offensichtlich nicht verfehlten. Dies mag ihm Zutrauen für sein jetziges Unterfangen, die Kap 10–13, gegeben haben, begründet aber ist diese Vehemenz mE deutlich in der gegenüber den beiden ersten Korintherbriefen verschärften Situation.

Der 2 Kor gab Anlaß zu verschiedenen Teilungshypothesen. Aus der Fülle der Annahmen, der 2 Kor stelle eine Briefkomposition aus mehreren Briefen des Paulus an die korinthische Gemeinde dar, seien im folgenden zwei aus

---

[2]Es ist mE unwahrscheinlich, den Inzesttäter aus 1 Kor 5 für diesen ἀδικήσας zu halten, der sich anfangs mit den Eindringlingen des 2 Kor verband und sich später wieder von ihnen trennte, nachdem er von Paulus zurechtgewiesen wurde. So C.G. Kruse: The Relationship between the Opposition to Paul Reflected in 2 Corinthians 1–7 and 10–13; EvangQuar 61 (1989), S.195–202.

[3]Zum alttestamentlichen Hintergrund der Ehe zwischen Jhwh und Israel cf Hos 1-3; Jes 49,18;50,1;54,1-6;62,5; Jer 2,2;3,7f; Ez 16,8.

der neueren Forschung zum 2 Kor herausgegriffen, ohne daß hiermit zugleich für die literarische Uneinheitlichkeit des 2 Kor optiert würde.

(1) Die erste Hypothese zerlegt den 2 Kor in drei bzw vier Teilsamlungen, die von einem Kompilator zum heutigen (kanonischen) 2 Kor zusammengefügt wurden, uzw wie folgt[4]:
Paulus reagiert auf die Fremdmissionare mit Brief C (2 Kor 2,14–7,4 ohne 6,14–7,1), wobei Brief B den 1 Kor und Brief A den diesem vorausgehenden, in 1 Kor 5,11 erwähnten und nicht mehr erhaltenen Brief innerhalb der korinthischen Korrespondenz darstellen. Der Mißerfolg dieses Briefes führt zu einem paulinischen Zwischenbesuch, der für Paulus katastrophal endet und seine Autorität nicht – genausowenig wie Brief C – herstellen kann. Es folgt Brief D (2 Kor 10–13), in dem Paulus in unweit schärferem Ton erneut seinen Apostolat verteidigt. Dieser Brief hat nun Erfolg, die Korinther stellen sich auf seine Seite und Paulus schreibt nun den Versöhnungsbrief E (2 Kor 1,1–2,13;7,5–16;8f).
Beachtenswert an diesem Lösungsvorschlag ist va, daß der 2 Kor hier im Grunde genommen nicht *geteilt*, sondern vielmehr *umgestellt* wird, dh Teile, die ursprünglich einmal zusammengehörten, auseinandergerissen werden und *zwischen* ein anderes Brieffragment plaziert werden. Dies entspricht nun aber einer Vorgehensweise, die der antiken Briefliteratur selbst fremd ist, die ihrerseits nur *redaktionell bearbeitete Briefsammlungen* kennt, in denen die Briefe aber *in chronologischer Reihenfolge* aufeinander folgen. Der Versuch, den 2 Kor analog zu diesen antiken Briefverschmelzungen zu sehen, sei hier kurz dargestellt.

(2) Ein profilierter Lösungsvorschlag in dieser Richtung stammt von D. Trobisch[5]. Ihm geht es darum, zu zeigen, „daß sich die Schrift (scil.: 2 Kor) als *implizite Briefsammlung* deuten läßt, wobei die Texte der ursprünglichen Briefe chronologisch aufeinander folgen, daß lediglich die Anfänge und Enden der einzelnen Briefe gestrichen wurden und sich die redaktionellen Ergänzungen auf die Schnittstellen beschränken"[6]. So werden auch hier vier Briefe angenommen (1,3–2,11;2,14–7,3;7,4–9,15;10,1–13,10), die – und hierin besteht nun *die Originalität* dieses Lösungsvorschlags – von *Paulus selbst* zusammengestellt wurden, der 2 Kor somit eine *Autorenrezension* darstellt, in dem Paulus die korinthischen Erfahrungen einem breiteren Publikum darlegt. Einschränkend sei jedoch hinzugefügt, daß uns Beispiele für *implizite Briefsammlungen* in der Antike fehlen und nur *explizite* vorhanden sind.

Wir müssen die Stichhaltigkeit beider Hypothesen hier nicht überprüfen. Für die

---

[4]Cf hierzu J. Becker, Paulus, S.229ff, der die Kap 8f zum *Versöhnungsbrief E* zieht sowie J.A. Crafton: The Agency of the Apostle. A Dramatic Analysis of Paul's Responses to Conflict in 2 Corinthians (Journal for the Study of the New Testament Supplement Series 51), Sheffield 1991, S.48–53, der in den Kap 8f eigene *Kollektenbriefe* sieht. Ähnlich auch G. Bornkamm, Paulus, S.247f.
[5]Cf D. Trobisch, Entstehung, S.119–128. Auch F. Lang: Die Briefe an die Korinther (NTD 7), Göttingen/Zürich, S.12f nimmt eine chronologische Reihenfolge der einzelnen Briefteile an (1-8+9;10-13); allerdings ohne nähere Begründung.
[6]L.c. D. Trobisch, Entstehung, S.123.

Behandlung unseres Themas spielt sie keine entscheidende Rolle. Andere Hypothesen stehen ebenso im Raum[7] wie die der Interpretation des 2 Kor als einheitlichen Brief[8]. Unser Hauptinteresse indes gilt dem Abschnitt 2 Kor 10–13.

Wer sind die nach 3,1 eingedrungenen und mit Empfehlungsbriefen (συστατικαί ἐπιστολαί) ausgestatteten fremden Missionare? Empfehlungsschreiben waren im Urchristentum durchaus verbreitet und keine per se zu bekämpfende Tatsache (cf Acta 15,23;18,27). Auch Paulus selbst verwendete sie zuweilen (Röm 16,1; Phlm). Ein jüdischer Empfehlungsbrief begegnet Acta 9,2 und auch im paganen Bereich waren sie weitverbreitet. Soviel hingegen steht fest: die fremden Missionare ließen Paulus' Legitimität und Ansehen in Korinth schwinden. Lassen sie sich näherhin identifizieren?

Die vermeintlichen Gegner, die Paulus in der über 150–jährigen Forschungsgeschichte zu diesem Thema zu bekämpfen hatte, waren einmal *Judaisten*[9], zum andern *Gnostiker*[10], zum dritten hingegen *judenchristliche*

---

[7]Cf bspw Ph. Vielhauer, Geschichte, S.150–155 oder G. Dautzenberg: Der zweite Korintherbrief als Briefsammlung. Zur Frage der literarischen Einheitlichkeit und des theologischen Gefüges von 2 Kor 1–8; ANRW II,25,4, S.3045–3066:3050 Anm.21, der die Kap. 10–13 *vor* 1–8 stellt.

[8]L.c. W.G. Kümmel: Einleitung in das Neue Testament, Heidelberg, 21. Auflage 1983, S.254: „Aufs Ganze gesehen bleibt die beste Annahme die, daß 2 Kor so, wie er überliefert ist, eine ürsprüngliche briefliche Einheit bildet. Paulus hat den Brief mit Unterbrechungen diktiert; daher ist die Möglichkeit von Unebenheiten von vornherein gegeben". Für eine Behandlung des 2 Kor als einheitlichen Brief plädieren auch J.M. Pathrapankel: ‚When I am Weak, then I am Strong' (2 Cor 12:10): Pauline Understanding of Apostolic Sufferings; Jeevadhara 18 (1988), S.140–151 sowie P. Marshall: Enmity in Corinth: Social Conventions in Paul's Relations with the Corinthians (WUNT 2/23), Tübingen 1987.

[9]So die klassische These von F.C. Baur: Die Christuspartei in der korinthischen Gemeinde, der Gegensatz des paulinischen und petrinischen Christentums, der Apostel Petrus in Rom, TZTh 4 (1831), S.61–206 = ders.: Ausgewählte Werke in Einzelausgaben I (hg v Kl. Scholder), Stuttgart 1963, S.1–146 und ders.: Paulus, der Apostel Jesu Christi. Sein Leben und Wirken, seine Briefe und seine Lehre. Ein Beitrag zu einer kritischen Geschichte des Urchristentums, 2 Teilbände, Leipzig, 2. Auflage 1866, S.287–343. Heute bspw noch vertreten von D. Marguerat: 2 Corinthiens 10–13. Paul et l'experiénce de Dieu; ETR 63 (1988), S.497–519 und besonders von G. Lüdemann: Paulus, der Heidenapostel, Bd. II. Antipaulinismus im frühen Christentum (FRLANT 130), Göttingen 1983, S.125ff. Dagegen variieren sowohl C.K. Barett: Paul's Opponents in II Corinthians; NTS 17 (1970/1), S.233–254 wie auch E. Käsemann: Die Legitimität des Apostels. Eine Untersuchung zu 2 Kor 10–13; ZNW 41 (1942), S.33–71 = Darmstadt (Libelli 33) 1956 die Judaistenthese, wenn sie die Gegner des Paulus als *Delegierte aus Jerusalem und Pneumatiker* in einem bezeichnen und die *Überapostel* für die Jerusalemer Uraposteln halten.

[10]So die Arbeit von W. Lütgert weiterführend [Freiheitspredigt und Schwarmgeister in Korinth. Ein Beitrag zur Charakterisierung der Christuspartei (BFChTh 12,3), Gütersloh 1908], der die Gegner des Paulus als *Ultrapauliner, Libertinisten und Pneumatiker* ver-

Missionare, die die christliche Botschaft in den Kategorien einer θεῖος ἀνήρ–
Frömmigkeit verstanden[11]. Keine dieser Annahmen hat sich als stichhaltig
erweisen und befriedigen können[12], nicht zuletzt deshalb, weil die einzige
Quelle für ihre Identifizierung die paulinische Darstellung selbst ist, in der
er ua sehr heftig gegen seine Opponenten polemisiert. Gerade diese heftige
Polemik des Paulus aber ist es, die auf eine versteckte Affinität zwischen
Paulus und seinen Opponenten hinweisen könnte, bezeichnet Paulus doch
seine Gegenüber als Falschapostel, betrügerische Arbeiter und Satansdiener,
die (spätestens, aber hoffentlich doch schon früher) im Jüngsten Gericht auf-

---

steht, R. Bultmann: Exegetische Probleme des zweiten Korintherbriefes; ders.: EXEGETI-
CA. Aufsätze zur Erforschung des Neuen Testaments, Tübingen 1967, S.298–322:313–321
und besonders W. Schmithals, Gnosis. W. Schmithals folgend auch E. Güttgemanns: Der
leidende Apostel und sein Herr. Studien zur paulinischen Christologie (FRLANT 90),
Göttingen 1966, S.135–141.

[11]So D. Georgi: Die Gegner des Paulus im 2. Korintherbrief. Studien zur religiösen
Propaganda in der Spätantike (WMANT 11), Neukirchen 1964. Ihm folgen auch G. Born-
kamm: Die Vorgeschichte des sogenannten Zweiten Korintherbriefes; ders.: Geschichte und
Glaube 2. Gesammelte Aufsätze IV (BEvTh 53), München 1971, S.162–194:bes.170f und
H.D. Betz: Eine Christus–Aretalogie bei Paulus (2 Kor 12,7–10); ZThK 66 (1969), S.288–
305 sowie ders.: Der Apostel Paulus und die sokratische Tradition. Eine exegetische Unter-
suchung zu seiner „Apologie" 2 Korinther 10–13 (BHTh 45), Tübingen 1972. D. Georgis
These in modifizierter Form bei G. Friedrich: Die Gegner des Paulus im 2 Korintherbrief;
Abraham unser Vater. Juden und Christen im Gespräch über die Bibel, FS O. Michel,
Leiden/Köln 1963, S.181–215, der die Gegner als hellenistische Judenchristen aus dem Ste-
phanuskreis, die den irdischen Jesus bejahen, aber Paulus' Niedrigkeit ablehnen und für
die Jesus der zweite Mose und Träger der göttlichen δόξα ist, identifiziert. Ganz ähnlich
auch J. Jervell: Der schwache Charismatiker; Rechtfertigung, FS E. Käsemann, Tübingen 1976, S.185–198, der eine Krankheit des Paulus annimmt, welche die Gemeinde nun
– aufgrund 1 Kor 11,30 – hindert, ihm die Apostelwürde zuzuerkennen. Dies sei auch
der Hauptunterschied zwischen Paulus und seinen Gegnern, die auch für ihn θεοῖ ἄνδρες
darstellen. Pneumatiker dagegen sind die Gegner bei J.L. Sumney: Identifying Paul's Opponents. The Question of Method in 2 Corinthians (Journal for the Study of the New
Testament, Suppl. 40), Sheffield 1990.

[12]Zu den beiden erstgenannten Thesen cf die Kritik bei D. Georgi, Gegner, S.8–16.
Ferner Ph. Vielhauer, Geschichte, S.148ff (der die Gegner allerdings als Gnostiker bzw
gnostisierende Pneumatiker diagnostiziert) oder W.G. Kümmel, Einleitung, S.247. Eine
ausführliche Widerlegung der Thesen D. Georgis bei G. Theißen: Legitimation und Le-
bensunterhalt: ein Beitrag zur Soziologie urchristlicher Missionare, ders., Studien, S.201–
230:222 Anm 3.

fliegen werden (11,13–15)[13]. Und in der Tat[14]: die wahrscheinlichen Selbstbe-
zeichnungen der Gegner als *Angehörige Christi* (Χριστοῦ εἶναι), *Diener Christi* (διάκονοι Χριστοῦ) bzw *Arbeiter* (ἐργάται) sowie ihr *Unterhaltsanspruch* an
die Gemeinden[15] weisen viel eher auf *andere Missionare*, die sich dem Ethos
der synoptischen Aussendungsrede (Mt 10;Lk 10), die im palästinischen Bereich beheimatet zu sein scheint und in der ja bekanntlich nicht von einem
Unterhaltsrecht als Privileg, sondern von einer *Verpflichtung der Missionare*
zu demonstrativer Armut die Rede ist, verpflichtet wissen[16]. Diese anderen
urchristlichen Missionare[17] brachten also weder eine „christologische Häresie"[18] mit noch trieb sie eine „gnostisch–palästinisch–judenchristlich antipau-
linische Opposition"[19] nach Korinth, sondern sie kamen *lediglich* mit ihrer
(bis auf Jesus zurückreichenden) Tradition und sie handelten wohl schlicht
aus „Selbstverteidigung"[20] – um der Fortführung ihrer Arbeit willen – und
ihrer Tradition folgend, als sie von der korinthischen Gemeinde finanziell
unterstützt werden wollten[21].

---

[13]L.c. Kl. Berger, Gegner, S.392: „Polemische Auseinandersetzung weist auf *verdeckte
Affinität* des Verf. zu den Gegnern. Das gilt auch ... für den Selbstruhm der paulinischen
Gegner: Paulus läßt erkennen, daß Gegenstand des Sichrühmens durchaus nicht die natürlichen Vorzüge waren, sondern die Erweise des Geistes. Wenn Paulus sich der Errettung aus
Lebensgefahr oder des Bestehens der Gemeinde rühmt, so ist dieses Verweisen auf Gottes
durch ihn und an ihm gewirkte Taten vom Rühmen der Gegner nur graduell verschieden.
Denn mit Sicherheit geht es auch bei den Gegnern um ein Zürucktreten der menschli-
chen Person hinter dem göttlichen Auftrag und der Vollmacht. Neu ist bei Paulus die –
apologetisch veranlaßte – Einbeziehung von Leiden und Schwachheit in den Erweis der
Wirksamkeit Gottes; doch ist die Negativität der Kreatur nur Vorbedingung für Gottes
Wirksamwerden".

[14]Zum folgenden cf G. Theißen, Legitimation, S.219ff.

[15]Die Frage des Unterhaltes ist *die* Konstante in der Auseinandersetzung mit den paulinischen Gegnern, cf schon 1 Kor 9,3ff, dann aber besonders 2 Kor 11,7ff;12,13.

[16]Auch das paulinische Jesuslogion 1 Kor 9,14 spricht von einer Verpflichtung (ὁ κύριος
διέταξεν) der Missionare, sich von der Verkündigung des Evangeliums zu ernähren.

[17]G. Theißen, Legitimation, S.202, unterscheidet diese beiden Typen urchristlicher Missionare als Wandercharismatiker (so die Gegner des Paulus als Vertreter des palästinischen Typ) und Gemeindeorganisatoren (so Paulus [und Barnabas] als Vertreter
des hellenistisch–städtischen Typs). Der Konflikt zwischen beiden sonst ähnlichen Typen entzündete sich an der unterschiedlichen Stellung zum Unterhaltsanspruch an die
Gemeinden.

[18]L.c. Ph. Vielhauer, Geschichte, S.148. Ähnlich auch J. Murphy–O'Connor: Another
Jesus (2 Cor11:4); RB 97 (1990), S.238–251 mit seiner These, Paulus bekämpfe Missionare,
die einen gekreuzigten Jesus (incl Schwachheit und Leiden) ablehnten und somit einen
‚anderen' Christus verkündigten.

[19]L.c. W.G. Kümmel, Einleitung, S.248.

[20]L.c. G. Theißen, Legitimation, S.225.

[21]Freilich war es nicht nur Paulus, der von den Maßstäben für die Wandercharismatiker,

Hat der Konflikt zwischen Paulus und den nach Korinth gekommenen Missionaren also ursprünglich die *Frage des Unterhaltes* für urchristliche Missionare zum Gegenstand, so sekundär daraus folgend die *Legitimität des Apostels* Paulus selbst, konnte sich doch mit seinem „Verzicht"[22] auf den von den Gemeinden zu leistenden Unterhalt leicht und durchaus nicht unbegründet der Vorwurf verbinden, Paulus lasse sich nicht wie ein *richtiger Apostel* unterhalten (11,7;12,13).

Was Paulus von den fremden anderen Missionaren trennt, ist demnach sein anderes Verständnis von der apostolischen Unterhaltspflicht sowie, durch den Vorwurf mangelnder Legitimität evoziert, die Hinzunahme seines Leidens und seiner Schwachheit als Beweis für die Wirksamkeit Gottes in ihm – letztere beiden sind wohl so nicht bei den Gegnern vorauszusetzen. In jedem Fall aber läßt sich begründet von einem *Wertekonflikt* innerhalb der Bemessung apostolischer *Legitimität und Autorität* sowie von *Prestige* sprechen[23], in dem Paulus die Korinther als *seine Kinder* nicht mehr hinter sich weiß, da sich ein Teil von ihnen bereits den neuen Missionaren zu– und sich von ihm abwandte. In dieser Situation, da seine Gemeindegründung auf der Kippe steht und sich von Paulus loszusagen anschickt, versucht Paulus in einem »paradoxen Appell«[24] die Korinther doch noch von seiner Legitimität und seinem Apostolatsverständnis zu überzeugen und die Gemeinde damit wieder zurück in seinen Einflußbereich zu bringen.

Neuerdings wurde angenommen, der Konflikt zwischen Paulus und der korinthischen Gemeinde resultiere aus einer Verletzung der sozialen Konventionen, wie diese in der griechisch–römischen Welt üblich waren[25]. Dabei hat Paulus finanzielle Unterstützung von seiten einiger wohlhabender Korinther ausgeschlagen, was diese wiederum düpierte

---

wie sie die Aussendungsrede formuliert, abwich; auch die fremden Missionare verstießen gegen sie – dies zeigen die Empfehlungsschreiben (συστατικαί ἐπιστολαί 3,1).

[22]Und der Gebrauch dieses Wortes suggeriert natürlich bereits die Logik und Richtigkeit des paulinischen Denkens und Handelns. Deshalb erscheint er hier in Anführungsstrichen.

[23]Von einem Werte–Dissenz hinsichtlich der Frage des Unterhalts spricht auch Kl. Berger: Historische Psychologie des Neuen Testaments (SBS 146/7), Stuttgart 1991, S.193 Anm 6.

[24]Unter »paradox« in diesem Sinne sei hier nicht das Rühmen–an–sich verstanden und schon gar nicht der vermeintliche (falsche) Inhalt dieses Sich–Rühmens, denn ein menschliches Rühmen als Antwort auf das göttliche Gnadenwirken ist auch nach Paulus durchaus legitim (cf 10,17), sondern eben vielmehr das *Kleid und Gewand*, in dem dieses Sich–Rühmen stattfindet.

[25]Cf dazu P. Marshall, Enmity in Corinth. Schon G. Theißen, Legitimation, S.226ff, dachte in diese Richtung und verzahnte dabei interne Gemeindefaktoren mit den Fremdeinflüssen der konkurrierenden Missionare.

und ihr Freundschaftsangebot, das sich in der Bereitschaft zur finanziellen Unterstützung ausdrückte, in Feindschaft wider Paulus umschlagen ließ. Obgleich Paulus gute Gründe für sein Zurückweisen hatte (sein grundsätzliches *Recht*, als freier Mann für sich selbst zu sorgen; die Befürchtung, durch die Annahme könnten sich andere verletzt fühlen und schließlich, daß bzgl der paulinischen Sicht des Verhältnisses zwischen der Gemeinde und ihm [Vater/Kind–Relation] eine finanzielle Unterstützung inadäquat ist), ist dennoch primär er wegen dieses Verstoßes gegen antike Freundschaftsnormen für die Verschlechterung des Verhältnisses zwischen ihm und den Korinthern verantwortlich. Die später in Korinth eindringenden Missionare verbanden sich aufgrund gegenseitiger Empfehlungen mit den paulinischen Gegnern in Korinth und wurden somit „joint enemies of Paul" (S.397). Der sich im folgenden entzündende Streit zwischen den beiden Parteien hatte daher weniger die (apostolische) Legitimität als vielmehr die Autorität des Paulus zum Gegenstand (S.399). Beides steht sich mE nicht alternativ gegenüber. Es ist unverkennbar, daß sich Paulus den Korinthern gegenüber legitimiert (besonders durch ein Verweisen auf seine Mission). Unverkennbar aber ist auch, daß Paulus auf diese Weise Prestige und Autorität in Korinth wiedererlangen möchte. Daher ist es mE sinnvoller, die beiden Aspekte *Legitimität – Autorität* nicht so sehr auseinanderzudividieren, sondern sie durch ein betontes „und" zu verbinden. Plausibel hingegen scheint die Annahme der Ursache des Konfliktes (auch) im innergemeindlichen Bereich. Wäre hier eine *heile Welt* in der Beziehung zwischen Apostel und Gemeinde anzunehmen, blieben die Wirren, die die Fremdmissionare mit ihrem Kommen auslösten, unverständlich. Erklären könnte diese Vermutung evt auch die Frage des Paulus in 11,7, was für eine Sünde er beging, als er den Korinthern das Evangelium unentgeltlich verkündigte.

Wie bereits oben angedeutet, wird hier die Auffassung vertreten, daß Paulus zur Erlangung dieses Ziels ua zur ihm vetrauten *Strategie der Selbststigmatisierung* greift. Um dies zu zeigen, ist es notwendig, (1) darzulegen, wie Paulus hierfür stigmative Merkmale, seien sie defektiver oder kulpativer Art, auf sich lädt, um (2) damit den erhofften Umschwung in Korinth – die Wiederherstellung seiner Legitimität und Autorität – zu erzielen.

Mit Kap 11,1 »schlüpft« Paulus in die Rolle des *Narren* (ἄφρων) und hofft, durch diesen überraschenden Perspektivenwechsel sowie durch die Verwendung von Ironie und Parodie, die mit der Übernahme der Narrenrolle einhergehen, die Aufmerksamkeit seiner Hörer (und Leser) zu gewinnen und jene zugleich zu zwingen, ihr Verständnis vom paulinischen Apostolat erneut zu überprüfen. Dabei ist zu beachten, daß es Paulus nicht darum geht, das Rühmen–an–sich zu parodieren und sich darüber lustig zu machen (cf 10,17), sondern gerade, indem er sich rühmt – uzw in einer maßlosen Art und Weise, die den Opponenten in nichts nachsteht – die korinthische Gemeinde zum Widerspruch gegen ihr eigenes (früheres) Urteil zu provozieren. Nichts von dem, was nun folgen wird, ist wirklich einem Narren entsprechend oder lächerlich. Vielmehr ist es ein ernstes und zuweilen bitteres Werben des Paulus um die Gunst der Korinther. *Dies aber geschieht alles indirekt und versteckt, aber deshalb nicht weniger überraschend, offensiv und effektvoll.* Paulus „trifft mit dieser überraschenden Einleitung seiner Auseinandersetzung und Selbstverteidigung den Gegner vielleicht noch vernichtender als mit der vorangehenden korrekten Darstellung des Sachverhalts und der Gegensätze (scil.: Kap 10) ... Die vernichtende Kraft der „Verstellung" liegt darin, daß unter der „Maske" schließlich keine einzige Unwahrheit ... ausgesprochen wird, sondern die reine, volle Wahrheit, und daß der Gegner durch die Aufzeigung der vollen Wirklichkeit erdrückt wird"[26]. Denn das ist klar: das Verhalten des Paulus, »verpackt« in der Rolle des Narren, wird dem Verhalten des Gegenübers entgegengestellt zum Zweck, daß die Korinther die Unsinnigkeit ihres eigenen Urteils erkennen – daß hier in Wahrheit eben kein Narr spricht, sondern ein Weiser. Dies alles will Paulus in der Rolle des Narren erreichen.

Für Narren hingegen gilt:

> „Narren umschließen Beschränktheit: eine spezifische Weise von Devianz, und losgelassene neue Freiheit des Geistes: die ‚Narrenfreiheit', die ‚Wahrheit' zu sagen ... in sich zugleich". Die stigmativen Merkmale, die Narren tragen, haben sowohl defektive (sie sind geisteskrank) wie auch kulpative (sofern sie in ihrer Geisteskrankheit die Ordnungen einer Gesellschaft attackieren) Bedeutung. „So wenig Narren, ist Defektivität an ihnen offenkundig, ihr Tun auch verantworten müssen" – sie sind mittelbarem kulpativen Druck damit entzogen – „so wenig wehren sie Schuldzuschreibung doch schon auch völlig ab. Sie fordern sie vielmehr heraus, jonglieren mit ihr und verkehren sie um in ihr Gegenteil. Von moralischer Rücksicht entlastet, können Narren die Möglichkeit, ja das institutionelle Privileg, Widersinniges zu reden, Sinn gegen Sinn zu stellen und narrenfrei Wahres zu sagen, hochgradig damit steigern"[27].

---

[26] L.c. H. Windisch: Der zweite Korintherbrief (KEK 6), Göttingen, 9. Auflage 1924 = 1970, S.316. H. Windisch räumt aber zugleich ein, daß „der Polemik des P. mit ihrer rücksichtslosen Ablehnung und Verketzerung der Gegner der Vorwurf der Ungerechtigkeit und Übertreibung nicht erspart bleiben" (S.26) kann und fragt in diesem Zusammenhang auch nach einem *möglichen Recht der gegnerischen Position.*

[27] L.c. W. Lipp, Stigma, S.246.

Diese Sichtweise des Narren ist keine moderne, die ihm damit ein Potential zuschreiben will, das er zumindest in der Antike nicht hatte. Vielmehr ist festzuhalten: „Die Rolle des ‚Narren‘ ist ... aus dem griechischen und römischen Mimus und aus der Komödie als die des närrischen Prahlers und Aufschneiders bekannt. Dieser Typ sucht durch übertriebene Aufschneiderei, eingebildetes ‚Heldentum‘, größenwahnsinniges Selbstlob und Überheblichkeit seine Umgebung zu beeindrucken, Rivalen auszustechen und Unvergleichlichkeit unter Beweis zu stellen"[28]. Gerade das Prahlen und Sich–Rühmen ist für diesen Typ charakteristisch. Der Narr (ἄφρων) und der Aufschneider (ἀλαζών) können synonym nebeneinander stehen[29], was die *kulpative Seite* der Übernahme der Narrenrolle unterstreicht, ist der ἀλαζών doch deshalb ein ἄφρων, „weil er den Sinn und das Maß für seine eigene menschliche Wirklichkeit verloren und sich damit dem ‚Neide‘ der Götter schutzlos ausgeliefert hat"[30], da sich diese Aufschneiderei va im Selbstlob, in der περιαυτολογία, ausdrückt.

Der mögliche Einwand, Paulus verwende mit der Übernahme der Narrenrolle doch zumeist *vorgegebens hellenistisches und topisches Material*[31] und daß man in diesem Sinne überhaupt nicht von *Selbststigmatisierung*, von der

---

[28]L.c. H.D. Betz, Apostel Paulus, S.79. Weitere Literatur zum *Mimos*: H. Reich: Der Mimus. Ein Literatur–Entwicklungsgeschichtlicher Versuch I, 2 Bd., Berlin 1903. Dort S.50ff auch Belege für den gesellschaftlich wenig geschätzten Typ des Mimus. E. Wüst: Art. Mimos; PW XV/2 (1932), Sp.1727–1764; K. Vretska: Art. Mimus; Der Kleine Pauly. Lexikon der Antike Bd 3, Stuttgart 1969, Sp.1309–1314; Th. Gelzer: Art. Mimos. In Griechenland; Lexikon der Alten Welt, Zürich/Stuttgart 1965, Sp.1962 sowie H. Marti: Art. Mimus. In Rom, ebd., Sp.1962/3.

[29]Cf Plutarch in seiner Schrift Περὶ τῶν ἐκλελοιπότων χρηστηρίων, die die Dämonenlehre zum Inhalt hat, 419 B: ein Philippos erzählt von der Sterblichkeit der Dämonen, die für das Abnehmen der Orakel in Hellas angeblich verantwortlich sind. Als Illustration für die Existenz und die Sterblichkeit der Dämonen berichtet er die Geschichte vom Tod des Pan (die nur hier überliefert ist). Um die gehörte Geschichte offenbar autorisieren zu können, beruft er sich darauf, daß der Mann, von dem er sie hörte, gewiß kein *Narr oder Aufschneider* war (ἀνδρὸς οὐκ ἄφρονος οὐδ᾽ ἀλαζόνος).

[30]L.c. H.D. Betz, Apostel Paulus, S.75.

[31]Unter diesem Aspekt steht die gesamte Untersuchung von H.D. Betz, Apostel Paulus. Daß allerdings Paulus von seinen Gegnern als Goet verschrien wurde (S.41 uö) und seine gesamte Apologie darauf abzielt, diese ihrerseits mit Hilfe antisophistischer Polemik als Betrüger und Sophisten darzustellen, übersieht die Vielschichtigkeit der paulinischen Argumentation ebenso wie die Tatsache, daß sich Paulus durchaus auch auf ein Rühmen einlassen kann, das demjenigen der Gegner an Evidenz nicht nachsteht. Auch Chr. Forbes: Comparison, Self–Praise and Irony. Paul's Boasting and the Conventions of Hellenistic Rhetoric; NTS 32 (1986), S.1–30 untersucht den hellenistischen Hintergrund des Sich–Rühmens.

freiwilligen Übernahme negativ bewerteter Rollen sprechen kann, überzeugt nicht. Vielmehr ist angesichts dessen zu betonen, wie Paulus die *Strategie der Selbststigmatisierung geradezu wieder funktionalisieren kann* und von dem *institutionellen Privileg, Widersinniges reden zu dürfen*, Gebrauch macht.

Ging es bislang darum, zu zeigen, wie Paulus mit der Übernahme der Rolle des Narren stigmative Merkmale (sowohl defektiver wie auch besonders kulpativer Art) auf sich lud, wobei die Betrachtung sich eher auf die *äußeren* Faktoren beschränkte (scil.: die Narrenrolle), so im folgenden, daß sich *Form und Inhalt, äußerliches und inhaltliches Mühen* hinsichtlich der Strategie der Selbststigmatisierung decken, kurz: wie auch der Inhalt der sog Narrenrede dazu dient, die Gunst der korinthischen Gemeinde wiederzugewinnen und sich als *ihr* legitimer Apostel zu erweisen.

Hierfür verweist Paulus auf zweierlei: (1) zum einen auf seine Leidenser-fahrungen, die er durch die Verkündigung Jesu Christi erfuhr. Ja, sie werden zum Beweis dafür, daß „sich gerade in der ‚leiblichen‘ Schwachheit des Apo-stels" der Kyrios erweist und daß der „durch ‚Leiden‘ qualifizierte ‚Leib‘ des Apostels ... der ‚Ort‘ (ist), wo die Macht des Kyrios epiphan wird[32]. Dem dient insbesondere auch die Anführung des Peristasenkataloges 11,23b–29.32f[33], die zum Ziel hat, zu demonstrieren, daß die Leiden des Paulus durch das Wirken und die Kraft Gottes in ihm zwar nicht aufgehoben oder ver-schwunden sind, er sie aber theologisch deutend bzw (fremd)gedeutet neu versteht als *Ausdruck innigster Gottesbeziehung* – dies machen die Verse 12,9f deutlich, die dem großen Peristasenkatalog antithetisch gegenüberste-hen. So kann Paulus auch den ihn quälenden *Stachel* (σκόλοψ) *im Fleisch* (um dessentwillen er dreimal den Herrn um Heilung bat) sinnvoll in sein Le-ben integrieren, denn nicht nur ist ihm dieser gegeben (12,7), damit er sich aufgrund seiner hohen Offenbarungen (τῇ ὑπερβολῇ τῶν ἀποκαλύψεων) nicht überhebe (μὴ ὑπεραίρωμαι), sondern auch und va deshalb, weil er sichtbares Zeichen der Wohnstätte Jesu Christi in ihm ist, was ihn geradezu Lust und

---

[32]So zwar etwas überzeichnet, in der Tendenz jedoch richtig E. Güttgemanns, Der lei-dende Apostel, S.140. Ähnlich auch E. Fuchs: La faiblesse, gloire de l'apostolat selon Paul. Étude sur 2 Corinthiens 10–13; ETR 55 (1980), S.231–253. Cf ferner M. Wolter, Apostel, S.542–549.

[33]Zur hellenistischen Gattung des Peristasenkatalogs cf Kl. Berger, Hellenistische Gat-tungen im Neuen Testament; ANRW II,25,2, S.1031-1432.1831-1885:1355-1359 sowie jetzt besonders M. Ebner: Leidenslisten und Apostelbrief. Untersuchungen zu Form, Motivik und Funktion der Peristasenkataloge bei Paulus (FzB 66), Würzburg 1991. Zu der in V.24 erwähnten jüdischen Synagogalstrafe cf S. Gallas: ‚Fünfmal vierzig weniger einen ...‘ Die an Paulus vollzogenen Synagogalstrafen nach 2 Kor 11,24; ZNW 81 (1990), S.178–191.

Wohlempfinden (διὸ εὐδοκῶ 12,10) an diesem Stachel im Fleisch empfinden läßt, wodurch Paulus den *offenkundigen Defekt radikal umdeutet als Ruhm und Stärke.*

Was ist das Leiden, das Paulus mit dem Terminus σκόλοψ τῇ σαρκί umschreibt? Diese Frage wurde in der Forschung höchst verschieden beantwortet[34]. Im Wesentlichen lassen sich zwei Auslegungstypen unterscheiden.

Zum einen wurde der Stachel nicht als somatisches Leiden, sondern theologisch verstanden (a) als Gewissenskampf des Paulus hinsichtlich seiner früheren Verfolgertätigkeit, die ihn nun noch anklagt; (b) als die gegnerischen Missionare in Korinth; (c) als die Verwerfung von seiten der korinthischen Gemeinde[35] oder aber (d) als Schmerz angesichts des mangelnden Erfolgs bei den Juden.

Am häufigsten aber wird an ein körperliches Leiden des Paulus gedacht, entspricht dies doch auch Paulus' eigener Einordnung (cf 12,10). Dabei wurde eine ganze Palette möglicher Krankheiten aufgestellt: Epilepsie, Hysterie, ein Augenleiden (aufgrund Gal 4,15), Migräne, Malaria, endogene Depression, Augenmigräne, Ischias, Aussatz, chronische Neurastenie, Schwerhörigkeit oder Rheumatismus. Eine eindeutige Diagnose ist angesichts der angedeuteten Breite somatischer Leiden heute wohl nicht zu vertreten. Wohl aber ist es mE wahrscheinlich, das Leiden bzw den σκόλοψ in *Zusammenhang mit den Verfolgungen* zu sehen, auf die Paulus immer wieder zu sprechen kommt und es als Folge einer Paulus zuteil gewordenen Verfolgung zu verstehen[36].

Wichtiger als dies aber bleibt die Feststellung, wie Paulus mit diesem Leiden umgeht, indem er es als *Widerfahrnis göttlicher Gnade* versteht.

Zum andern aber verweist Paulus auf die ihm zuteil gewordenen Offenbarungen, einmal auf seine Entrückung in den dritten, den obersten Sphärenhimmel (12,2–4; cf Apk des Mose 37,5)[37] und dann auf eine Christusoffenbarung anläßlich einer Bitte um Heilung von seinem satanischen σκόλοψ (12,7–10).

Es wurde vermutet, daß es sich hier in beiden Fällen um *Parodien,* einmal auf einen Himmelfahrtsbericht (da Paulus die *unaussprechlichen Worte,* die er im Paradies hört, weder mitteilen kann noch darf), zum zweiten auf eine Wundergeschichte (da der Bericht

---

[34]Cf die Überblicke bei J. Becker, Paulus, S.180-189; F. Lang, Briefe, S.350f sowie E. Güttgemanns, Der Leidende Apostel, S.162-165.

[35]So J.C. McCant: Paul's Thorn of Rejected Apostleship; NTS 34 (1988), S.550–572.

[36]So mit M.L. Barré: Qumran and the „Weakness" of Paul, CBQ 42 (1980), S.216-227 und J. Becker, Paulus, S.186.

[37]Zur Nachgeschichte von 2 Kor 12,2–4 in der koptischen Paulusapokalypse cf H.-J. Klauck: Die Himmelfahrt des Paulus (2 Kor 12,2-4) in der koptischen Paulusapokalypse aus Nag Hammadi (NHC V/2); SNTU 10 (1985), S.151–190.

zwar den Stilgesetzen und den religionsgeschichtlichen Vorstellungen eines Heilungswunders entspricht, die zu erwartende Heilung aber dennoch ausbleibt) handelt[38]. Zweck dieser Parodien sei es, der von den Gegnern postulierten *Deckungsgleichheit von Aretalogie und Evidenz* zu widersprechen und sie auf diese Weise zugleich auch – so wie sie ihn – als mögliche Betrüger hinzustellen. Diese Deutung verkennt mE aber die *betont enge Verquickung* der beiden Offenbarungen mit dem Kontext, und dh: mit dem Peristasenkatalog. Denn findet letzter durch das Herrenwort 12,9 erst seinen antithetischen Abschluß, so hängen auch die beiden Offenbarungen aufs engste mit dem Leidensmotiv, das Paulus in dieser Auseinandersetzung so leidenschaftlich ins Spiel bringt, zusammen – ist Paulus (in seiner Deutung) doch der Stachel im Fleisch gerade aufgrund der hohen Offenbarungen gegeben, mit denen er sich ja eigentlich rühmen könnte, die aber neu verstanden ganz hinter der Schwäche des Apostels zurücktreten.

Sowohl der Form als auch dem Inhalt nach geht es Paulus darum, die Korinther primär zu *provozieren*: mit Hilfe von Ironie, Parodie und Spott[39], die eng verwoben sind mit *neuen und anderen Werten* auf seiten des Apostels, worunter sein Verzicht auf das Unterhaltsrecht[40] und die Weite seines missionarischen Wirkens zu veranschlagen sind, um mit dieser Kombination die Liebe der Korinther wiederzuerlangen.
So erhofft sich Paulus jenen dialektischen Umschlag, den er zur Autorisierung seines Apostolates benötigt: daß der Narr zum Weisen wird, daß der, der sich eben noch selbst stigmatisierte als Narr und Sünder (11,7) wieder aufsteigt zum Leiter der Gemeinde in Korinth, zum charismatischen Führer, um den sich die Korinther scharen.

Dafür die Strategie der Selbststigmatisierung, damit „das Publikum im Versuch, die grinsenden ... Quanten kognitiver Schuld moralisch neu zu verorten, mit den Narren am Ende mitlacht"[41] und dabei seine eigene Schuld und Verfehlung Paulus gegenüber erkennt, um auf diese Weise die sich in Korinth breitmachende Deutung des apostolischen Amtes in Frage zu stellen und zuletzt herauszukomplimentieren. Sie sollen ihr negatives Urteil nunmehr von Paulus abwenden und es den fremden Missionaren beilegen. Denn – so die Intention von Selbststigmatisierung – sie sollen ja nicht Paulus,

---

[38]So in seinen beiden Abhandlungen H.D. Betz, Christus–Aretalogie sowie ders., Apostel Paulus, S.84ff.

[39]Zum *Spott* als wesentlicher Aufgabe des Mimos cf E. Wüst, Mimos, Sp.1729.

[40]Zumindest mit diesem *Wert* konnte Paulus an die wohl auch den Korinthern bekannte Tradition der kynischen Wanderphilosophen anknüpfen, die ebenfalls auf eine finanzielle Entlohnung verzichteten, im Gegenzug aber die Geld annehmenden Sophisten als geldgierig bezeichneten.

[41]L.c. W. Lipp, Stigma, S.246.

sondern die Überapostel verspotten.

Schön ist auch hier wieder die Funktion von Selbststigmatisierung zu erkennen: sie dient der Durchsetzung von Identität gerade da, wo sie bedroht ist.

Paulus greift die Strategie der Selbststigmatisierung hier nicht als Mittel erster Wahl auf. Er kann seinen Apostolat auch anders begründen (Kap 2–7). Vielleicht war er sich der Ambivalenz von Selbststigmatisierung auch durchaus bewußt: das Risiko, dem stigmativen Druck nicht standzuhalten und gänzlich unterzugehen. Bewußt war er sich aber offenbar auch der Chance dieser Strategie, sonst hätte er sie wohl nie gewählt.

Dies führt zu einem letzten Punkt unserer Betrachtung innerhalb des 2 Kor. Wie gezeigt, geht es Paulus nicht darum, jegliche Form des Sich–Rühmens als inadäquat abzutun. Vielmehr ist er sich durchaus bewußt, daß *Autorität, Legitimität und Prestige* bei den Korinthern nicht zum »Nulltarif«, ohne jedwede Evidenz zu erwerben sind. So *kann, darf und muß* sich auch Paulus rühmen und auf die durch ihn gewirkten Werke – seine Mission – verweisen, die seinen Empfehlungsbrief darstellen[42]. Zu leugnen, daß auch Paulus in einer Situation, in der er aufs Äußerste gefordert wird, sich *allein ohne Zutun der Werke* legitimiert, wäre gewiß naiv. Natürlich ist sein »närrisches« Unterfangen bestimmt von dem Versuch, sich in seiner Gemeinde auch weiterhin Einfluß zu sichern[43] – jedes »pastorale« Anliegen, das in der Narrenrede möglicherweise noch mitschwingen kann (*zum Wohle der Korinther*), steht mE hinter dem ersten Anliegen deutlich hintenan[44].

---

[42] Cf S. Hafemann: Self–Commendation and Apostolic Legitimacy in 2 Corinthians: A Pauline Dialectic?; NTS 36 (1991), S.66–88.

[43] Interessant in diesem Kontext sind die Ausführungen von W. Rebell: Gehorsam und Unabhängigkeit. Eine sozialpsychologische Studie zu Paulus, München 1986, S.104–148. W. Rebell betont dabei – ähnlich wie hier – die grundsätzlich komplementäre (im Gegensatz zu einer symmetrischen) Beziehungsform zwischen Paulus und den Korinthern samt der hieraus erwachsenen Krise zwischen beiden durch eine von Paulus verursachte „Doppelbindung" (S.112 uö), dh, die Bindung an die christliche Freiheit zum einen, zum andern aber wieder an die exklusive Bindung an den Apostel. Ein ausgewogenes Verhältnis zwischen Selbständigkeit und Untertänigkeit (unter Paulus selbst) ist nach W. Rebell von Paulus auch überhaupt nicht intendiert. Zu wenig beschreibt er dagegen den *Weg*, den Paulus einschlägt, um sich den Gehorsam und die Dankbarkeit der Korinther zu sichern. Dieser Weg ist mE das Spielen mit Schuldqualitäten auf seiten des Paulus, eben der Weg der Selbststigmatisierung, um seine augenfälligen Defizite neu zu definieren als Werte des wahren Charismatikers.

[44] Gegen J. Zmijewski: Der Stil der paulinischen „Narrenrede". Analyse der Sprachgestaltung in 2 Kor 11,1–12,10 als Beitrag zur Methodik von Stiluntersuchungen neutestamentlicher Texte (BBB 52), Köln/Bonn 1978, S.418. Ein ausgeprägt pastorales Interesse

Getragen aber ist Paulus von einem Bewußtsein, das ihn als ständig dem Tod Gegenüberstehenden, als *Allergeringsten, als Schauspiel und Abschaum der Welt und jedermanns Kehricht* (cf 1 Kor 4,9.13) sieht und ihn dadurch als den erweist, in dem der Kyrios Jesus Christus am allerwirksamsten ist und der durch diese Umwertung somit über alle anderen Missionare erhoben und ausgezeichnet ist (1 Kor 15,10); ja, Paulus' Erwählungsbewußtsein verhält sich geradezu *umgekehrt proportional* zu seinen Negativ– und Leidenserfahrungen.

Ob Paulus' Strategie Erfolg zeitigte, wissen wir nicht. Vertreter von Umstellungs– oder Teilungshypothesen haben es hier leichter[45]. Auf der *literarischen Ebene* hingegen bleibt nur zweierlei zu konstatieren: (1) Paulus kann sich der Wirkung, die dieses Vorgehen mit sich brachte, aufgrund der korinthischen Vorgeschichte sehr wohl bewußt sein und (2) Paulus setzt in dieser prekären Lage *starke und zugleich subtile Waffen* ein, um seinen Einfluß in Korinth wiederherzustellen. Daß Paulus aber mit der Übernahme der Narrenrolle durchaus ein überraschendes und gewinnbringendes Moment gewählt haben könnte, sollte nicht ernsthaft bestritten werden, ruft doch die Rolle, in die Paulus sich hier begab, geradezu den Widerspruch von seiten der Korinther hervor, was sein Unternehmen erfolgversprechend hätte verlaufen lassen können[46].

---

der Textpassage vermuten auch M.-A. Chevallier: L'argumentation de Paul dans II Corinthiens 10 à 13; RevHistPhilRel 70 (1990), S.3–15 sowie A. Xavier: Power in Weakness. Paul's Pastoral Stance in Corinth; IndTheolStud 20 (1983), S.286–295.

[45]Cf den Exkurs zur literarischen Einheitlichkeit des 2 Korintherbriefes oben. Bei Annahme einer Umstellungsthese beim 2 Kor hätte dann gerade dieser Brief D (scil.: 10–13) und eben nicht Brief C Erfolg gehabt, was dann den versöhnlichen Brief E zur Folge hatte, dem letzten Zeugnis der paulinischen Korrespondenz mit seiner korinthischen Gemeinde. Bei Annahme einer Teilungshypothese (und darüber hinaus noch als Autorenrezension) wäre überhaupt die *Existenz* des kanonischen 2 Kor als Indiz für den paulinischen Erfolg zu werten: wer ediert schon gerne Briefsammlungen zu einem Brief im Wissen, daß das Unternehmen, um das man sich mühte, scheiterte?

[46]Die skeptische Sicht von J.C. McCant, Paul's Thorn, S.571/2: „Paul accepts the permanence of the situation at Corinth and in fact no reconciliation was ever effected ... the Corinthian church ... reveals a rebellion church in a state of confusion having rejected the legitimacy of Paul's apostolate" geht ebenso wie die Annahmen der Umstellungs– und Teilungshypothesen über die Textbasis hinaus.

Gal 6,17: Stigma und der Anspruch auf Charisma und Autorität

Nachdem wir nun ausführlich die Stelle 2 Kor 11-12 behandelt haben, sei noch in kurzen Strichen auf Gal 6,17 eingegangen; der einzigen Stelle des Neuen Testaments, in der der Begriff des στίγμα begegnet[1].

Paulus beendet sein Schreiben an die Gemeinden in Galatien damit, daß er sie bittet: τοῦ λοιποῦ κόπους μοι μηδεὶς παρεχέτω. Zu dieser Bitte hat der Apostel Grund genug – wurde ihm doch von den Galatern sein Apostolat bestritten und mußte er diesen gleich zu Beginn des Schreibens vehement verteidigen[2]. Er ist Apostel nicht von Menschen (Παῦλος ἀπόστολος οὐκ ἀπ᾽ ἀνθρώπων οὐδὲ δι᾽ ἀνθρώπου 1,1), sondern durch Jesus Christus und durch Gott. Paulus unterstreicht im weiteren seine menschliche Unabhängigkeit dadurch, daß er berichtet, aufgrund einer Offenbarung (κατὰ ἀποκάλυψιν 2,2) damals zum sog Apostelkonzil nach Jerusalem gezogen zu sein. Deutlich ist, daß Paulus der (nach 1,1 unmittelbar von Gott stammende) Apostolat bestritten wird.

Die Frage der Gegner des Paulus im Gal soll hier auf sich beruhen[3]. Der Brief selbst enthält mE jedoch kein einziges Indiz dafür, daß *von außen Gegner in die galatischen Gemeinden eingedrungen sind*. Dies wird zwar zumeist angenommen, stellt aber einen Analogieschluß dar, der die Geschehen, wie sie sich in anderen paulinischen Gemeinden ereigneten, auch in den Gal einträgt.

Aufgrund dieser Schwierigkeiten, die Paulus schon so rasch nach Gründung der Gemeinde hatte, ist seine Bitte, ihm *fortan* keine Schwierigkeiten mehr zu machen, sehr verständlich.

---

[1]Als Literaturangaben seien hier nur genannt: H.D. Betz: Art. στίγμα; ThWNT VII (1964), S.657–664; E. Güttgemanns, Der leidende Apostel, S.126ff; N. Walter: Art. στίγμα; EWNT III (1983), Sp.661–663 sowie für reichliche Belegstellen K. u B. Aland/W. Bauer: Griechisch–deutsches Wörterbuch zu den Schriften des Neuen Testaments und der frühchristlichen Literatur, Berlin/New York, 6.Auflage 1988, zSt.

[2]Darauf weist allein schon die – verglichen mit anderen Briefen – ungewöhnlich starke Erweiterung der praescriptio hin.

[3]Zur Frage der Gegner cf A. Suhl: Der Galaterbrief – Situation und Argumentation; ANRW II,25,4, S.3067–3134:3082ff, für den die Gegner des Paulus freilich *Judaisten* darstellen, die in irgendeiner Form mit Jerusalem in Beziehung standen. Wichtig für seine Bestimmung der Gegner ist die Verbindung von Gegner- und Kollektenfrage (2,10). So propagierten sie die Beschneidung unter den Galatern besonders deshalb, weil allein dann das in der Kollekte gesammelte Geld für die Jerusalemer Judenchristen für diese akzeptabel sei, Geld von Heiden indes nicht angenommen werden dürfe.

Eigentümlich erscheint jedoch die *Begründung* für diese Forderung an die Galater. Paulus formuliert: ἐγὼ γὰρ τὰ στίγματα τοῦ Ἰησοῦ ἐν τῷ σώματί μου βαστάζω. Diese Stigmata sollen Paulus demnach vor weiteren Schwierigkeiten bewahren. *Was* aber ist überhaupt mit dem Verweis auf die στίγματα τοῦ Ἰησοῦ ausgedrückt?[4] Soviel ist sicher: sie sind physisch wahrnehmbar. Sie haften an Paulus' Leib.

Wenig Wahrscheinlichkeit hat dabei mE die Hypothese für sich, die στίγματα bedeuten eine freiwillige symbolische Tätowierung in Form eines >X< für Χριστός, die Paulus in der Taufe empfangen habe[5]. Viel eher ist an die sichtbaren Nöte von Verfolgungen und deren Folgen zu denken, die Paulus wegen seiner Verkündigung und Missionsarbeit erlitt und auf die er in seinen Briefen stets zu sprechen kommt – nicht zuletzt in den Peristasenkatalogen, deren Nähe zu der hier behandelten Stelle evident ist. Und auch der unmittelbare Kontext der Stelle Gal 6,17 spricht von Verfolgungen (διώκειν 6,11), uzw von Verfolgungen um des Kreuzes Christi willen. Interessant ist, daß die paulinischen Gegner mit ihrer Beschneidungsforderung offenbar gerade hier bei den Verfolgungen ansetzen konnten – scheint doch jene vor Verfolgungen zu schützen (6,12). Hält Paulus dagegen an der beschneidungsfreien Heidenmission fest, begegnet hier zusätzlich ein Element *forensischer Selbststigmatisierung*, wie wir ihm bereits 1 Thess 2,13–16 begegneten, indem Verfolgungen um des Evangeliums willen bewußt in Kauf genommen werden (cf 5,11). Mit diesen Verfolgungen können umgekehrt in der Logik der Verfolger natürlich nur (Straf-)Sanktionen gegen Paulus (wie gegen die Galater) gemeint sein. Damit sind die Stigmata aber für die Umwelt des Paulus zunächst einmal *negativ* bewertet.

ME läßt sich in Gal 6,17 dasselbe Verhalten des Paulus feststellen, wie es ähnlich in 2 Kor 11–12 oder aber 1 Kor 4 begegnete: Paulus kehrt ein ihm anhaftendes Defizit oder genauer: ein Merkmal, das als defizitär etikettierbar erscheint, betont nach außen, wertet es überraschend positiv um und begründet mit diesem umgewerteten Mangel, der nunmehr natürlich keiner mehr ist, einen Anspruch auf Autorität, der ihm noch kurz zuvor gerade aufgrund des im alten Licht erscheinenden Mangels Autorität zu verwehren im Stande war.

---

[4]Cf hierzu die Darstellung der älteren Diskussion bei E. Güttgemanns, Der leidende Apostel, S.126ff.

[5]So E. Dinkler: Jesu Wort vom Kreuztragen; ders.: Signum Crucis. Aufsätze zum Neuen Testament und zur christlichen Archäologie, Tübingen 1967, S.77–98:93.

Die hier für diesen Vorgang gewählte Begrifflichkeit versteht daher auch dieses paulinische Handeln als *Selbststigmatisierung*.

Denn es ist auch hier interessant, wie Paulus seine στίγματα und damit eigentlich seine Defizite und Makel subjektiv erlebt und bewertet. Und gleich 2 Kor 12,7, wo er den σκόλοψ τῇ σαρκί neu verstand als Ausdruck einer intimen Christusbeziehung, so stellen für ihn auch hier die Stigmata eben στίγματα τοῦ Ἰησοῦ dar, der ja das eigentliche Subjekt dieser Stigmata ist. Will man also nicht ernstlich annehmen, die Stigmata seien die Folgen einer psychopathologischen mystischen Vertiefung des Paulus in das Leiden Jesu[6], so ist die Annahme geradezu zwingend, daß die Stigmata Jesu am σῶμα des Paulus einer *Deutung und va auch Wertung des Paulus* entsprechen, mit der er die *unvernünftigen* Galater wieder unter seine Autorität bringen möchte, indem sich Paulus selbst in eine engstmögliche Verbindung mit Jesus setzt. Das Rekurrieren des Paulus auf die Stigmata Jesu hat hier also va die Funktion, sein Charisma zu erneuern, das er ja wohl vor nicht allzu langer Zeit in der Gemeinde – obwohl dies nicht unbedingt zu erwarten gewesen wäre – noch hatte (4,13f). Schon dort wäre offenbar ein abstoßendes Äußeres Grund dafür gewesen, daß Paulus von den Galatern nicht aufgenommen wurde, doch nahmen sie ihn auf ὡς ἄγγελον θεοῦ (4,14). Widerfuhr Paulus also bereits bei seinem Erstbesuch die *Dialektik von Stigma und Charisma* – dort aber wohl eher passiv – so scheint er jetzt diesen Umschlag geradezu aktiv heraufzubeschwören und ihn bewußt steuern zu wollen.

Religionsgeschichtlich ist es dabei mE durchaus denkbar, daß Paulus mit dem Hinweis auf das Tragen bestimmter Stigmata zum Schutz vor weiterer Bedrängnis von seiten der Galater an Vorstellungen anknüpft, wie sie auf einem Osiris–Amulett erhalten sind, in dem es heißt: βαστάζω τὴν ταφὴν τοῦ Ὀσίρεως[7]. Demnach würde ein solches Eigentumszeichen einer bestimmten Gottheit den Träger zugleich des Schutzes dieser Gottheit versichern, der

---

[6]Dies ist heute auch gänzlich aufgegeben worden, cf E. Güttgemanns, Der leidende Apostel, S.126f.

[7]Auf diese Parallele machte A. Deissmann: Die »großen Buchstaben« und die »Malzeichen Jesu« Gal.6.; ders.: Bibelstudien. Beiträge, zumeist aus den Papyri und Inschriften, zur Geschichte, der Sprache, des Schrifttums und der Religion des hellenistischen Judentums und des Urchristentums, Marburg 1895, S.262–276 aufmerksam. Er übersetzt den Zauberpayrus Anastasy 65 wie folgt (S.274): *Verfolge mich nicht, Du da: ich bin* PAPIPETU METUBANES; *ich trage den Leichnam des Osiris, und ich gehe hin und bringe ihn nach Abydos und bringe ihn zur Ruhestatt und setze ihn bei in den ewigen Ruhekammern. Wenn mir N.N. Mühen bereitet, werde ich ihn wider ihn brauchen.* Der Papyrus stammt zwar erst aus dem 2./3.Jh nChr, die Formel aber ist nach A. Deissmann viel älter (cf ebd.).

Träger somit gegen auftretende Mühen oder Lasten gefeit sein. *Wichtiger* als diese Parallele erscheint jedoch die spezifisch paulinische Umformung: daß Paulus seine durch Verfolgungen erlittenen Wunden neu verstehen lernt als die Wunden seines Herrn, der so sichtbar an ihm handelt, ihn daher auch selbst zum Apostel einsetzte und dessen Evangelium deshalb auch nicht κατὰ ἄνθρωπον (1,11), sondern ihm von Gott anvertraut ist (2,7), der ihn letztlich autorisiert und legitimiert. Daher kann Paulus selbstbewußt mit Gal 6,17 schließen. Dieser Vers betont mit Nachdruck und drückt prägnant das aus, was ihm die Galater offenbar verweigerten: die Legitimität seines Evangeliums und damit *Paulus' Anspruch auf Charisma und apostolische Autorität.*

4.2 Jesu Strategie der Selbststigmatisierung als Hintergrund des paulinischen Christusmythos

Wie bereits öfter erwähnt, hat sich für Paulus die Stellung zu Jesus Christus innerhalb seiner Biographie grundsätzlich gewandelt. Für Paulus wurde aus dem Stigmatisierten, den und dessen Anhänger er leidenschaftlich verfolgte und zu dem man nur in negativer Beziehung leben konnte, der von Gott Entstigmatisierte, der für das Heil der Menschen starb und zu dem man in einer positiven charismatischen Beziehung leben soll, will man gerettet werden.

Viele dieser Texte, in denen Jesus Christus in diesem Licht erscheint, sind vorpaulinische Tradition[1]. Paulus aber hat sie sich zu eigen gemacht und in seine Sinnwelt integriert. So wird er nicht nur zum Bewahrer dieser alten Tradition, sondern auch zu ihrem wichtigen Multiplikator. Beide Male aber ist er Zeuge jenes Umwertungsprozesses, der im Leben Jesu begann und dem sich Paulus – nunmehr in symbolischer Steigerung – verpflichtet weiß.

Es gibt im Neuen Testament mE keinen anderen Text, der die *Dialektik von Stigma und Charisma, von Ohnmacht und Macht* klarer auszudrücken vermag als der sog Philipperhymnus Phil 2,6–11. Ihm gilt im folgenden unser Interesse.

---

[1] Cf aber zu Phil 2,6–11 Anm 2.

4.2.1 Phil 2,6–11 als mythische Symbolisierung von Jesu defektiver Selbststigmatisierung

„Am Passafest des Jahres 30 wird in Jerusalem ein galiläischer Jude wegen messianischer Umtriebe ans Kreuz genagelt. Etwa 25 Jahre später zitiert der ehemalige Pharisäer Paulus in einem Brief an die von ihm gegründete Sektengemeinde in der römischen Kolonie Philippi einen Hymnus über eben diesen Gekreuzigten"[1]:

> *Er, der in göttlicher Gestalt war,*
> *hielt nicht gierig daran fest, Gott gleich zu sein,*
> *sondern entäußerte sich selbst und nahm Knechtsgestalt an,*
> *ward den Menschen gleich und der Erscheinung nach als Mensch*
> *erkannt, er erniedrigte sich selbst*
> *und ward gehorsam bis zum Tod, bis zum Tod am Kreuz.*
> *Darum auch hat ihn Gott erhöht*
> *und ihm einen Namen gegeben, der über allen Namen ist,*
> *damit sich im Namen Jesu die Knie all derer beugen,*
> *die im Himmel und auf der Erde und unter der Erde sind,*
> *und alle Zungen bekennen sollen,*
> *daß Jesus Christus der Herr ist,*
> *zur Ehre Gottes, des Vaters.* (Phil 2,6–11)

Mit dem sog „Christushymnus" oder „Christuslied" Phil 2,6–11 begegnet ein vorpaulinisches Traditionsstück[2], welches – in mythische Form gebettet – knapp und in konzentrierter Form das Leben Jesu beschreibt – beginnend mit

---

[1] L.c. M. Hengel: Der Sohn Gottes. Die Entstehung der Christologie und die jüdisch – hellenistische Religionsgeschichte, Tübingen, 2.Auflage 1977, S.9.

[2] Der Abschnitt wurde erstmals von E. Lohmeyer: Kyrios Jesus. Eine Untersuchung zu Phil 2,5–11, Heidelberg 1928 aus dem Briefcorpus des Philipperbriefes ausgegrenzt und als vorpaulinisches Traditionsstück bezeichnet. Diese Anschauung hat sich zwar weitgehend durchgesetzt, ist mE aber nicht unbedingt zwingend anzunehmen. Denn die Vokabelstatistik ist in einem solchen Fall gewiß kein guter Ratgeber: die Paulus angeblich so fremden Wendungen könnten auch schlicht gattungsspezifische Motive und Ursachen haben. Die seit der Arbeit von E. Lohmeyer zum „Philipperhymnus" erschienene Literatur ist nahezu unüberschaubar (cf die Forschungsberichte von E. Käsemann: Kritische Analyse von Phil 2,5–11; ZThK 47 (1950), S.313–360 = ders.: Exegetische Versuche und Besinnungen 1, Göttingen 1960, S.51-95 und R.P. Martin: Carmen Christi. Philippians ii,5–11 in Recent Interpretation and in the Setting of Early Christian Worship, Cambridge 1967, S.63–95; weitere Literatur bei J. Murphy–O'Connor: Christological Anthropology in Phil.,II,6–11; RB LXXXIII (1976), S.25–50:25f Anm.1 sowie bei M. Hengel, Sohn Gottes, S.9 Anm.1) –

einem besonderen Status des Erwähltseins über das Leidensgeschick auf Erden und endend mit einem den Anfangsstatus noch überragenderen Stand[3].

Formgeschichtlich besteht die Textstelle aus den drei Elementen (a) der Nennung des Namens Jesu (V 5) sowie einer Darstellung seines Wesens; (b) einem Abriß über sein Wirken sowie (c) einer Schilderung über die ihm dafür zuteil gewordene Ehre, womit auf zweierlei aufmerksam gemacht werden soll:

- Das *Aufbauschema* von Phil 2,(5)6–11 folgt der „charakteristische(n) Struktur der inschriftlichen Enkomien"[4]. Unter Enkomion ist hierbei zu verstehen ein in beschreibender Form gehaltener Lobpreis auf eine Person, die dem Abfolgeschema „Wesen – Tat – Ruhm" entspricht. Dieses dreiteilige Schema inschriftlicher Enkomien umfaßt in einem ersten Abschnitt „die Nennung des Namens und die Darstellung dessen, wer dieser Mann überhaupt gewesen ist". Auch *Hoheitstitel* sowie die Klärung des grundsätzlichen Verhältnisses zu Gott sind in diesen ersten Abschnitt aufzunehmen. Der zweite Abschnitt behandelt die „Werke und Taten" des Helden samt dessen Gebotserfüllung und Gehorsam gegenüber Gott. Der letzte „Abschnitt schildert den Ruhm und den großen Namen, den sich der zu Lobende im ganzen (nicht durch Einzeltaten) erworben hat"[5]. Beachtenswert ist, daß nach diesem Er-

---

sie kann in diesem Abschnitt auch nicht annähernd erfaßt werden, was aufgrund der hier vertretenen Fragestellung mE auch nicht notwending ist. Eine Auseinandersetzung mit der Sekundärliteratur begegnet im folgenden also besonders da, wo die hier behandelte Frage der Selbststigmatisierung berührt wird.

[3]Der Hymnus setzt mE die Präexistenz Christi voraus. Die Charakterisierungen Jesu zuerst als ἐν μορφῇ θεοῦ ὑπάρχων bzw εἶναι ἴσα θεῷ und dann als δοῦλος und ἄνθρωπος, womit doch der Statuswechsel angedeutet werden soll, sprechen für diese Annahme.

[4]L.c. Kl. Berger, Gattungen, S.1178. Dort auch Beispiele. Dies freilich ist eine *formgeschichtliche Aussage*. Damit ist nicht gesagt, daß der Text auch *inhaltlich* voll in der Erfassung als Enkomion aufgeht. Vielmehr ist aufgrund der vorausgesetzten Präexistenz auch weiterhin die Bezeichnung der Textstelle als Hymnus gerechtfertigt. Auch in den Väterenkomien JesSir 44–50 begegnet dieser Begriff (Πατέρων ὕμνος 44,1). Überhaupt scheint hinter Phil 2,6–11 kein geschlossenes religionsgeschichtliches Schema zu stehen, sondern es wurde wohl verschiedenes Material zu einer genuin christlichen Dichtung zusammengetragen, um das zum Ausdruck zu bringen, was die frühen Christen aufgrund der Erfahrungen mit dem historischen Jesus sowie der Ostererfahrungen bewegte. So mit D. Zeller: Die Menschwerdung des Sohnes Gottes im Neuen Testament und die antike Religionsgeschichte; ders. (Hg.): Menschwerdung Gottes – Vergöttlichung von Menschen (NTOA 7), Freiburg (Ch)/Göttingen 1988, S.141–176.

[5]L.c. Kl. Berger, Gattungen, S.1179. Kl. Berger selbst lehnt die Bezeichnung von Phil 2,6–11 als „Hymnus" (als Enkomion auf Götter) ab. Cf ebd., S.1150f. Mit der Annahme der Präexistenz (cf oben) läßt sich mE aber auch der Begriff Hymnus rechtferti-

klärungsmodell nicht Götterhymnen, sondern das Lob von Menschen die gattungsmäßig nächste Analogie ist[6],

- was das Enkomienschema wiederum in eine enge Beziehung zur Biographie bringt. Denn auch die Biographien (und für das Neue Testament: die Evangelien) haben dasselbe Aufbauschema wie die Enkomien und lassen sich als narrative Entfaltung kurzer Enkomien verstehen[7].

gen. *Form und Inhalt* gehen bei Phil 2,6-11 gerade nicht auf: handelt es sich der Form nach um einen Preis auf eine konkrete geschichtliche Person, so dem Inhalt nach um eine präexistente Erscheinung, deren Weg beschrieben wird. Von einem „angebliche(n) Hymnencharakter" spricht auch W. Schenk, Die Philipperbriefe des Paulus. Kommentar, Stuttgart/Berlin/Köln/Mainz 1984, S.193. Er meint, daß in Phil 2,6–11 „am ehesten ein christlicher Propagandatext zur Mission unter Nichtchristen vorliegt" (S.210), der „Christus römisch – hellenistischen Bürgern im Hinblick auf ihre Denkmuster zu verkündigen sucht. Als solches Modell nimmt Pl es operational auf, ohne daß damit dieser Eintagsfliege (!) Ewigkeitswert zugesprochen würde" (S.209). Seine Bestimmung des Hymnus verkennt aber gerade die *vorgegebene gattungsmäßige Struktur* der inschriftlichen Enkomien, die „über Vermittlung des hellenistischen Judentums das Aufbauschema" (l.c. Kl. Berger, Gattungen, S.1178) des Philipperhymnus geliefert hat.

[6]Das hat die Forschung bislang nicht ausreichend berücksichtigt, nur deswegen konnte sie gnostische Interpretationen oder aber hellenistische Göttergestalten als religionsgeschichtlichen Hintergrund von Phil 2,6–11 vermuten, cf die Diskussion bei J. Gnilka: Der Philipperbrief (HThK X,3), Freiburg/Basel/Wien 1968, S.138–147; Kl. Wengst: Christologische Lieder und Formeln des Urchristentums (StNT 7), Gütersloh 1972, S.144–156. Kl. Wengst selbst vertritt in Anlehnung an E. Käsemann, Analyse, die These, daß „das Schema des Liedes dem gnostischen Erlösermythos entlehnt ist" (S.153). Cf ferner W. Schenk: Philipperbriefe, S.195–212. W. Schenks eigene Auffassung, daß „das durchschimmmernde Abstiegs–Aufstiegsschema des Herakles–Mythos ... das entscheidende Bezugsfeld" (S.208) darstelle wird dadurch widerlegt, daß gerade dieser Mythos den in Phil 2,6–11 so scharf herausgestellten Kontrast zwischen dem eigentlichen Sein und dem dann folgenden Geschick nicht kennt. Gegen W. Schenk auch – mit weiteren Argumenten – U.B. Müller: Der Christushymnus Phil 2,6–11; ZNW 79 (1988), S.17–44:53 Anm 78, der den geistigen Hintergrund des Hymnus in der skeptischen Weisheit vermutet (S.29ff), wodurch dieser der Boden entzogen werden soll: „Die Erhöhung durch Gott ist die talionartige Vergeltung für die vorbildliche Haltung. Ziel ist die Proklamation göttlicher Gerechtigkeit im Sinne ausgleichender Weltordnung" (S.37). Für den paränetischen Kontext treffen U.B. Müllers Beobachtungen mE sicher zu, greifen aber bei der exponierten Stellung Jesu als Außer–Gewöhnlichen und zuvor von Gott Erwählten zu kurz. Daß der Hymnus nicht allein aus der Weisheit abgeleitet werden kann, zeigt D. Zeller, Menschwerdung. Dagegen kommt R. Deichgräber: Gotteshymnus und Christushymnus in der frühen Christenheit. Untersuchungen zu Form, Sprache und Stil der frühchristlichen Hymnen (StUNT 5), Göttingen 1967 unserer hier gewählten Begrifflichkeit schon recht nahe, wenn er (S.119) den „Text als ein(en) aus Tatprädikationen bestehende(n) Christushymnus" bestimmt, der „in der Art eines Geschichtsberichtes" einhergeht.

[7]Ohne daß damit eine zeitliche Präferenz der kurzen Enkomien vermutet werden kann, cf Kl. Berger, Gattungen, S.1194. Für das Folgende cf die „Traditionsgeschichtliche Über-

So begegnet das hellenistische Grundschema des Enkomions (Wesen–
Tat–Ruhm) auch im Aufriß der Synoptiker:

Wer war Jesus? (Mk 1,1–9,7;Mt 1–18;Lk 1–18) Was litt er? (Mk 9,8–
15;Mt 19–27;Lk 19–23) Welche Verherrlichung erlangte er? (Mk 16;
Mt 28; Lk 24)

Durch diese beiden dargelegten Aspekte (Phil 2,6–11 als beschreibende
Lobrede auf Jesus und deren gattungshistorische Relation zu den Evangelien)
wird deutlich, daß für Phil 2,6–11 die *historische Person Jesus* mit ihrem
Geschick und konkreten Handeln Pate stand und eben gerade kein *zeitloser
Mythos*, in den Jesus hier „hineinschlüpfte"[8].

So ist es zu erwarten, im Christushymnus Phil 2,6–11 Anklänge an Jesu
Strategie der Selbststigmatisierung zu finden – freilich nicht narrativ entfaltet, wohl aber hinter dem mythischen Kleid der Textpassage hindurchschim-
mernd – ebenso wie auch Indizien für seine Charismatisierung und damit
Entstigmatisierung.

Die Textstelle zerfällt deutlich sichtbar in zwei Teile. Die Vv 6–8 haben
Christus Jesus zum Subjekt, die Vv 9–11 Gott. An diesen beiden Teilen zeigt
sich im Mythos der *Umschlag von Stigma in Charisma*.

Der erste Teil des Hymnus schildert die radikale Freiwilligkeit der Übernahme einer stigmatisierten Rolle: arm, Sklave zu werden (V 7), eine radikale
Selbsterniedrigung sowie ein Gehorsam bis zum Kreuzestod (V 8) – das sind
Varianten von Selbststigmatisierung, da die angesprochenen Rollen ja betont
freiwillig übernommen wurden (cf die zweimalige Verwendung des Reflexiv-
pronomens). Ihren Bedeutungen wollen wir uns im folgenden zuwenden.

Wörtlich bedeutet das griechische Wort κενοῦν „leer machen". Im Neuen
Testament begegnet hingegen die Bedeutung „mit leeren Händen dastehen"
(cf Mk 12,3 par Lk 20,10f; Lk 1,53) im Sinne von „arm sein", „um seinen
Besitz gebracht werden", uzw wird hier stets ein Verlust wider Willen ausgedrückt, da das Resultat dieses Verlustes Schande, Unehre und Makel, sprich:

---

sicht über enkomienartige Erfassungen des Geschicks Jesu in neutestamentlichen Schriften"
bei ebd., S.1194.

[8]Die Annahme, daß Jesus Christus in Phil 2,6–11 in einen vorgegebenen (gnostischen)
Mythos (nach dem ein vom Himmel herabkommendes, Menschengestalt annehmendes
präexistentes Gotteswesen nach seinem irdischen Wirken zur himmlischen Herrlichkeit
erhöht wird und die Herrschaft über die Geistermächte erringt) hineinschlüpfte, vertritt
bspw auch R. Bultmann, Theologie, S.178–179.

Stigmatisierung mit sich bringt[9]. Demgegenüber beschreibt Phil 2,6–11 die Besitzlosigkeit und den damit verbundenen Statusverzicht als Jesu freiwilligen und aktiven Verzicht durch die „im Griechischen sonst nicht belegte Verbindung von κενοῦν mit dem Reflexivpronomen"[10].

Die Annahme der Knechtsgestalt (μορφὴν δούλου λαβών) markiert vor allem den scharfen Gegensatz zum Ausgangsstatus Jesu, der seine Gottnähe betonte (μορφῇ θεοῦ). Die Selbstentäußerung, die mit der Annahme der Sklavengestalt begann, findet ihre konsequente Weiterführung im Erleiden des Kreuzestodes. Galt doch die Kreuzesstrafe als *servile supplicium* und darüber hinaus auch noch als Ausdruck größter Grausamkeit: es „besteht kein Zweifel, daß die Strafe, deren Absicht stunden– oder gar tagelange Qualen waren, zu den grausamsten gehörte und daß eine Hinrichtung, die vor allem als *servile supplicium* galt, besonders schändlich war"[11]. Ist jede Strafe qua Definition *kulpativ* verstanden, so tritt bei der Kreuzesstrafe das *defektive* Moment gegenüber anderen Strafen deutlich hervor: so „bedeutete die Kreuzigung durch die *öffentliche Zurschaustellung* des nackten Gequälten an einem hervorgehobenen Ort – auf einem öffentlichen Platz, im Theater, auf einer Anhöhe, an der Stätte seines Verbrechens – *eine äußerste Schändung des Opfers, die numinose Dimension besaß* und der sich gerade der Jude auf Grund von Dtn 21,23 besonders bewußt war ... Dadurch, daß in römischer Zeit die Kreuzigung vor allem bei *gemeingefährlichen Schwerverbrechern und*

---

[9]Weitere Beispiele – va aus dem Bereich des Alten Testaments – bei O. Hofius: Der Christushymnus Philipper 2,6–11. Untersuchungen zu Gestalt und Aussage eines urchristlichen Psalms (WUNT 17), Tübingen 1976, S.59f und Anm.12.

[10]L.c. R. Deichgräber, Gotteshymnus, S.123. Dort (S.123f) auch die überzeugende Widerlegung des Versuches von J. Jeremias: Zur Gedankenführung in den paulinischen Briefen; ders.: ABBA. Studien zur neutestamentlichen Theologie und Zeitgeschichte, Göttingen 1966, S.269–276:275 Anm 22 sowie ders.: Zu Philipper 2,7: ἑαυτὸν ἐκένωσεν, ebd., S.308–313, bes S.308–310, hinter V 7a eine Anspielung auf Jes 53,12 zu sehen. Dagegen schon: K. Petersen: ᾽Εαυτὸν ἐκένωσεν Phil 2,7; SO 12 (1933), S.96–101. Demgegenüber ist J. Jeremias in seiner Behauptung zuzustimmen, daß sich die „Aussage von der Kenosis ... also nicht auf die Inkarnation ... sondern auf den Kreuzestod" (S.310) bezieht. Eine starke Betonung der Inkarnation begegnet in der Auslegung von K. Barth: Erklärung des Philipperbriefes, München 1928, S.53–62.

[11]L.c. H.-W. Kuhn: Die Kreuzesstrafe während der frühen Kaiserzeit. Ihre Wirklichkeit und Wertung in der Umwelt des Urchristentums, ANRW II,25,1, S.648–793:751. Cf ferner ders.: Jesus als Gekreuzigter in der frühchristlichen Verkündigung bis zur Mitte des 2. Jahrhunderts; ZThK 72 (1975), S.1–46. Daß die Kreuzesstrafe eine äußerst *schandbare, den Delinquenten stigmatisierende Strafe darstellt*, eint die kontroverse Debatte zwischen H.-W. Kuhn und M. Hengel: Mors turpissima crucis. Die Kreuzigung in der antiken Welt und die „Torheit" des „Wortes vom Kreuz"; Rechtfertigung, FS E. Käsemann, Tübingen 1976, S.124–184.

Angehörigen der untersten Schichten ausgeübt wurde, daß sie in erster Linie den „asozialen" Outlaw und die weithin rechtlosen Sklaven traf ... ergab sich von selbst eine *soziale und ethische Diffamierung* des Gekreuzigten im allgemeinen Volksbewußtsein, die sich durch die religiöse Komponente dieser Strafe noch verstärkte"[12]. Gerade diesen Gesichtspunkt des „Defekten" kann dann auch Paulus in der Paränese gegenüber den kulpativen Stigmata betonen. Ist Phil 2,6–11 paränetisch zu verstehen (dazu unten), so ist die Übernahme *defektiver Stigmata* in der Interaktion von Gemeindegliedern leichter zu fordern als die *kulpativer Stigmata*. Deutlich wird auf jeden Fall der enge Zusammenhang von V 7 und 8, von der Annahme der Knechts- und Sklavengestalt (μορφὴν δούλου λαβών) und dem Sklaventod am Kreuz (θανάτου δὲ σταυροῦ)[13].

Fragt man nun danach, *wessen* Knecht Jesus seit seiner Selbstentäußerung wurde (V 7), stellt dies mE keine „dem Text unangemessene Fragestellung"[14] dar. Vielmehr sind im Enkomion zwei Deutungen, die sich angesichts des Geschickes Jesu nahelegen, miteinander verwoben[15] und werden durch den Gesamtduktus klar zugunsten einer christologischen Deutung entschieden: Die Verse 7–8 beschreiben eine Linie, die mit der Annahme der Sklavengestalt beginnt und mit dem Tod Jesu am Kreuz endet. *Wem* Jesus also unterstellt war, kann nur dadurch beantwortet werden, wenn man diejenigen bezeichnen kann, die für seinen Tod verantwortlich sind. Es ist daher nicht möglich, V 7 künstlich zu isolieren und kosmische Mächte (7b) als Herren über die Menschen zu erfinden, sondern das Sklavendasein bezieht sich auf Jesu gesamtes Erdendasein, das mit seinem Tod am Kreuz (und damit erst mit V 8 endet). Da δοῦλος sowohl die negative Bedeutung der Abhängigkeit des Sklaven von seinem Herrn und damit eine Einschränkung von Freiheit

---

[12]L.c. M. Hengel, Mors, S.179.

[13]Allein schon aus diesem Grund ist es wenig sinnvoll, V 8c als paulinischen Zusatz zu streichen. Vielmehr dient dieser Teilvers dazu, den Kontrast zum Ausgangsstatus noch einmal zu steigern. Zur Steigerung der Kontraste als Charakteristikum von Phil 2,6–11 gegenüber den Analogien in der Tradition cf Kl. Berger, Gattungen, S.1188 mit Anm 162.

[14]L.c. O. Hofius, Christushymnus, S.62.

[15]Daß die *kosmischen Mächte* im Sinne des hellenistischen Weltbildes Herren über das Menschsein seien und daß Menschsein als solches bereits Knechtsgestalt bedeute (so neuerdings wieder U.B. Müller, Christushymnus, S.27), verkennt den scharfen Kontrast zwischen dem von Jesus erwählten Status und seinem Leidensgeschick als besonders furchtbarer Form des Sterbens, das ihn ja aus der Masse der Menschen heraushebt. Grammatikalische Gründe gegen eine Deutung der vermeintlichen kosmischen Mächte in Phil 2,10 als Herren über das Menschsein bei O. Hofius, Christushymnus, S.62-63.

und eigenem Willen als auch eine „gottesdienstliche Haltung"[16], nämlich das
Dienst– und Abhängigkeitsverhältnis des Menschen und damit Sklaven zu
Gott bezeichnen kann – der Bezeichnung Knecht also eine Doppelbedeu-
tung *sowohl von Hoheit als auch Niedigkeit* innewohnt – bewegt sich der
Christushymnus auf zwei Ebenen. Zum einen referiert es das anstößige Geschick Jesu als das eines normalen Menschen: „In der Tat … da ist nur ein
Mensch wie jeder andere auch, hörig seiner Zeit, ein Opfer der Zeitläufte,
eindrucksvoll oder gar vorbildlich in der Art, wie hier das Schicksal auch
im Scheitern bestanden wird"[17]. Gehorsamkeit zeigt sich hier gegenüber den
irdischen Machthabern, die ja zum menschlichen Leben dazugehören, für die
ein Sklave lediglich ein Spielball ihrer Interessen und ihres Willens ist und
der den Befehlen seines Herrn zu gehorchen hat. Zum andern aber zeigt
sich durch die Verwendung der Reflexivpronomina (ἑαυτὸν), daß dieser hier
Beschriebene dadurch, daß er diese Handlungen bewußt freiwillig vollbringt,
nicht einfach von seinem Herrn fremdstigmatisiert wird und ihm so Unehre
widerfährt, sondern daß er einem andern Herrn untersteht, von dem er Kraft
und Ausdauer bezieht und der ab V 9 das handelnde Subjekt ist. Gehorsam
war Jesus dann mehr noch gegenüber Gott und aus dem, der doch offenbar
nur ein Spielball seiner weltlichen Herren war, die über das Geschick ihres
Sklaven verfügten und ihn mit der Todesstrafe am Kreuz belegen konnten,
wurde ein aktiv Handelnder, dessen Sklavendasein und Tod nunmehr als
Gehorsamstat gegenüber *Gott* gedeutet wird.

Auch die in V 8 beschriebene Selbsterniedrigung (ἐταπείνωσεν ἑαυτὸν) läßt
sich als Stigmatisierung bzw Selbststigmatisierung verstehen. Dies macht ein
Blick auf das Verständnis der *Demut* in der Antike deutlich[18]. Demut als positiver Wert, mithin als Tugend, ist der antiken griechisch – römischen Ethik
weitgehend fremd; von einer freiwilligen Selbstverkleinerung ist bei ihr nie
die Rede. Und fast nie „verbindet sich mit den Wörtern ταπεινός, humilis
u. ihren Derivaten ein positives Urteil über eine bescheidene, angemesse-
ne Haltung des Menschen als sittliche Persönlichkeit"[19]. So kann Paulus in

---

[16]L.c. K. Rengstorf: Art. δοῦλος κτλ.; ThWNT 2 (1935), S.264–283:271.

[17]L.c. G. Bornkamm: Zum Verständnis des Christus–Hymnus Phil 2,6–11; ders.: Studien
zu Antike und Christentum. Gesammelte Aufsätze Band II (BEvTh 28), München 1959,
S.177–188:186.

[18]Cf dazu M. Awerbuch: Art. Demut II. Im Judentum; TRE 8 (1981), S.462–463;
A. Dihle: Art. Demut; RAC 3 (1957), Sp.735–778; W. Grundmann: Art. ταπεινός κτλ.;
ThWNT 8 (1969), S.1–27; H.D. Preuß: Art. Demut I. Altes Testament; TRE 8 (1981),
S.459–461; S. Rehrl: Art. Demut III. Neues Testament; TRE 8 (1981), S.463–465.

[19]L.c. A. Dihle, Art. Demut, Sp.742. Gegen die vorherrschende Meinung, der Begriff der

Korinth auch der *Vorwurf niedriger Gesinnung und servilen Auftretens gemacht werden (2 Kor 10,1)*. Im Gegenteil wird vielmehr jede Haltung, die
den Persönlichkeitswert herabzusetzen geeignet ist, konsequent abgelehnt.

Für den alttestamentlichen Bereich begegnet der Begriff in einer zweifa-
chen Bedeutung: zum einen bezeichnet er „den Zustand verminderter Kraft
als Abweichen vom Normalen in negativer Richtung"[20], dann aber auch (positiv) – wovon der Hymnus aber nicht explizit spricht – das Abhängigkeitsverhältnis des Menschen gegenüber Gott.

Selbststigmatisierung liegt überall da vor, wo die negativ bestimmten Begriffe Jesus nicht passiv widerfuhren, sondern wo er sie selbst wählte – so die
Preisgabe seiner vorgängigen Machtposition, die Annahme der Knechtsgestalt unter den Herrschaftsbedingungen dieser Welt, die Selbsterniedrigung
sowie der gehorsame Gang zum Kreuz.

Im Hymnus selbst dient diese Übernahme der Rolle von negativ privilegierten Gesellschaftsgruppen der Darstellung und dem Ausdruck eines
herausragenden und erwählten Standes. Dies macht ein Blick auf V 6a deutlich. So gehören für den Hymnus *Erwählung und Leidensgeschick* konstitutiv
zusammen. Zusammen gehören für ihn aber auch *Leidensgeschick und die
Überwindung von Leid*, wie dies ab V 9 beschrieben wird.

So verwandelt der Text das anstößige Geschick Jesu durch diesen Ge-
samtabriß, der mit dem schändlichen Kreuzestod eben gerade nicht abgeschlossen ist, sondern weitergeht mit der Beschreibung einer außergewöhnlichen Machtposition, in einen Lobpreis auf Jesus und der Text vollzieht
damit einen *Machtwechsel*, der allein Gott zu verdanken ist, der ab V 9 Subjekt des Handelns ist. Dem, der den Weg bis in die Tiefe des Todes ging,
gebührt nunmehr eine außergewöhnliche Ehrenstellung, die sein Erwähltsein
endgültig ausdrückt und bestätigt. Zweifelsfrei ist hier von einem Positions–,
einem Machtwechsel die Rede: ein Sklave wird zum Weltenherrn und erhält
einen Namen, der über allen Namen ist (V 9) und dem die ganze Welt akkla-
miert. Hier vollzieht sich jene *Entstigmatisierung*, auf die Selbststigmatisierung zielt, wird Jesus hier doch mehr als rehabilitiert für sein stigmatisiertes

---

„Demut" würde in der paganen Literatur *ausschließlich* negativ gebraucht wendet sich
W. den Boer: *Tapeinos in Pagan and Christian Terminology*; Tria Corda. Scritta in ono-
re di Arnaldo Momigliana (Bibliotheca di Athenaeum 1), hg von E. Gabba, Como 1983,
S.143–162. Das Gesamtbild kann er damit freilich nicht grundsätzlich verändern. Cf auch
Kl. Wengst: Demut – Solidarität der Gedemütigten. Wandlungen eines Begriffes und sei-
nes sozialen Bezuges in griechisch–römischer, alttestamentlich–jüdischer und urchristlicher
Tradition, München 1987, S.32–33.
[20]L.c. H.D. Preuß, Art. Demut, S.460.

Leben und Sterben und erscheint nun in strahlendem Glanz, um auch über seine früheren Richter zu herrschen.

Was der Mythos hier zeigt, ist, wie eine *radikale Freiwilligkeit* in der Annahme auch zur *Überwindung* von Stigmata führt; wie aus einem augenscheinlich anstößigen Geschick Lob wird oder: wie *Stigma in Charisma* umschlägt. *Hierin* verkündet der Hymnus dann auch *Heil und Befreiung*, die aber „nicht von (Jesu) Präexistenz her (begründet sind), sondern erst von dem Weg her, den er geht und der die konsequente Selbsterniedrigung notwendigerweise einschließt, auf die Gott dann mit der österlichen Erhöhung antwortet"[21].

All dieser Ruhm wurde Jesus von Gott zuteil. Er ist das alleinige an Jesus handelnde Subjekt ab V 9. Dieser Ruhm wird Jesus gegen allen Augenschein und damit kontrafaktisch zugesprochen.

Auch hier – im Mythos – klingt jener Machtwechsel an, der mE seine Wurzeln im Superioritätsbewußtsein Jesu samt der hieraus entspringenden Strategie der Selbststigmatisierung hat. Und doch besteht ein wesentlicher Unterschied. Der Philipperhymnus ist ein gereinigtes – vom Historischen in vielem befreites – Summarium des Lebens Jesu. Er hebt das Leben Jesu auf eine christologische (und theologische) Ebene und verkürzt damit zwangsläufig Momente, die beim historischen Jesus deutlicher zu fassen waren[22].

So läßt er – christologisch konsequent – allein Jesus und Gott als Handelnde auftreten. Letzterer vollzieht den Macht- und Positionswechsel Jesu vom Sklaven zum Weltenherrren. Die in den Vv 10–11 erwähnten Knie und Zungen *bekennen* nur noch diesen Wechsel, an dem sie in der gedeuteten Welt des Hymnus nicht beteiligt waren[23]. Und doch waren sie – zumindest ein Teil von ihnen – in der geschichtlichen Realität beteiligt. Was in christo-

---

[21]L.c. N. Walter: Geschichte und Mythos in der urchristlichen Präexistenzchristologie; H.H. Schmid (ed.): Mythos und Rationalität, Gütersloh 1988, S.224–234:230.

[22]Dadurch erklärt sich mE auch das Unbehagen von W. Schenk, Philipperbriefe, S.212, der dem Text „nicht mehr als ständig unausgelegt wiederholten Lesungstext im christlichen Gottesdienst einen Platz anweisen kann".

[23]Hinter dieser Akklamation steht mE die universalistische Erwartung, daß einmal alle Menschen den neuen Herrn akklamieren werden. Die, die diese jetzt schon vollziehen, sind der Garant und das Unterpfand dafür, daß so einmal alle handeln werden. Präsentische Partikularität gilt hier als Indiz für futurische Universalität. Das gleiche Denken begegnet auch im sog Magnificat, cf Lk 1,46–56. Auch hier ist das partikulare Heilshandeln Gottes an Maria Anlaß für einen allesumspannenden Hymnus. Anders O. Hofius, Christushymnus, S.53, der in der Trias von Phil 2,10b „alle der Anbetung fähigen Wesen im gesamten Raum der Schöpfung Gottes" sehen will: „die Engel im Himmel, die Lebenden auf der Erde, die Toten in der Unterwelt."

logischer Deutung auf das direkte Wirken Gottes zurückzuführen ist, wurde soziologisch gesehen im charismatischen Umfeld Jesu erkennbar und wirksam. *Dieses* war es, das *zuerst* den Positionswechsel Jesu vollzog und in seinem selbststigmatisierenden Verhalten einen Gehorsam gegenüber Gott erkannte, der *der Stellung Jesu bei seinen Jüngern auf Erden auch nach dessen Tod eine entsprechende Stellung bei Gott* folgen ließ.

Daß Jesus als der κύριος bekannt werden kann, hat seine Gründe im Erdendasein Jesu, darauf ist stets hinzuweisen. Und zu diesem Erdendasein gehören notwendigerweise auch sämtliche Interaktionen zwischen Jesus und seiner Umwelt: die *stigmatisierenden* von außen, die *selbststigmatisierenden* von Jesus sowie die *entstigmatisierenden* von seiten seiner Gefolg- und Anhängerschaft. Erst in diesem Kontext kann ein wie hier beschriebener Positionswechsel verständlich erscheinen.

Im Mythos selbst ist davon wenig zu hören – er verkündet, preist und lobt einen bereits vollzogenen Wechsel in den Machtverhältnissen dieser Welt und proklamiert damit Rettung – Rettung letztlich von den Bindungen dieser Welt.

Liest man den Hymnus im Ganzen des Philipperbriefes[24], so fällt der paränetische Kontext von Phil 2,6–11 besonders ins Auge. Es macht keinen Sinn, diesen für das Gesamtverständnis des Hymnus nicht akzeptieren zu wollen[25]. Der *gedeutete* Jesus begegnet in ihm als verhaltenswirksames Modell, anhand dessen sich die Gemeinde Rettung erwerben soll. Ein *Modell* ist

---

[24]Und *nur so* ist uns der Text auch überliefert. Eine Interpretation des Hymnus, die meint, den Hymnus zuerst kontextunabhängig auszulegen (so zBsp M. Rissi: Der Christushymnus in Phil 2,6–11; ANRW II,25,4, S.3314–3326: „Norm für die Auslegung ist die Einsicht, daß der Hymnus völlig getrennt vom Kontext verstanden werden muß" [S.3316]), beraubt sich des umfassenderen Blicks, in dem die Hymnen stets anzutreffen sind. So stehen *sowohl der Väterpreis in JesSir 44–50 als auch die Reihe in 1 Makk 2,51–60 wie das Beispiel von Petrus und Paulus in 1 Clem* (allesamt formgeschichtlich Enkomien, cf Kl. Berger, Gattungen, S.1180ff) *in einem paränetischen Kontext.*

[25]Hierauf liegt das Hauptgewicht der Arbeit von E. Käsemann, Kritische Analyse. L.c. S.81: „Der Anthropos bleibt himmlisches Wesen und kann darum gar nicht Vorbild werden. Er offenbart Gehorsam, aber er macht ihn nicht zur Imitation vor. Er ist Urbild, nicht Vorbild ... Es kommt ja alles auf die Epiphanie des Gehorsams an". Hier spricht ein unangemessener Affekt gegen jede Verwendung der Person Jesu als ethisches Modell. Ganz im Banne E. Käsemanns steht bspw auch H.D. Betz, Nachfolge, mit der Behauptung, Paulus meine mit seiner Mimesis – Terminologie nicht die Nachbildung eines Vorbildes (S.167), sondern die Aufforderung zu Gehorsam und Demut in je eigenen Wegen (S.168). Da doch Gehorsam und Selbsterniedrigung (2,8) im Hymnus so stark mit dem Kontext verbunden sind (2,3.12), sind doch der Vorbildcharakter Jesu und damit der paränetische Kontext unbestreitbar, was H.D. Betz auch selbst sieht, wenn er formuliert, daß „der vom Hymnus

dabei *Ermöglichung* und *Aufforderung* von Verhalten zugleich; *Urbild* und
Vorbild in einem. „All would admit that the purpose to which the hymn is
put is paranetic; its point is to imitate the attitude of Christ … The point
of his act appears to be its value as an example of supreme humility which
others are to imitate"[26]. Auch für sie vollzieht sich Rettung nur unter den
Stationen Leiden, Gehorsam und Einheit. So, wie sich für Jesus Christus
die Einheit mit Gott und damit seine besondere Erwählung im Gehorsam
und Leidenmüssen ausdrückte, wird der philippischen Gemeinde aufgezeigt,
daß sich ihr erwählter Status (Heilige in Christus Jesus zu sein) in der Bereitschaft zum Leiden und im Gehorsam zu bewähren hat[27]. Damit hat sie
potentiell das gleiche Geschick vor Augen wie Jesus. Ja, Paulus ruft die Gemeinde in Philippi geradezu zu forensischer Selbststigmatisierung auf, wenn
er ihr schreibt (1,29), daß es nicht genügt, allein an Jesus zu glauben, sondern man müsse auch um seinetwillen leiden (τὸ ὑπὲρ αὐτοῦ πάσχειν), wodurch
die Gemeinde einem enormen sozialen Druck ausgesetzt wird, dem es standzuhalten gilt, da sich ja hieran ihr Status als Erwählte zeigt. Kraft hierfür
beziehen die Christen von ihrem neuen Herrn, dem sie sich unterstellt haben:
„As they were cives of the Empire, called to live worthly of Rome and all that
the Empire stood for, so they are bound to a higher loyalty and to a heaven-
ly Lord (Phil.i,27,iii.20f.)"[28]. So ist Jesus *Urbild und Vorbild* zugleich, sein
Geschick kann nicht losgelöst von einer christlichen Ethik angesehen werden.
Seine Selbststigmatisierung soll weitergeführt werden von den Christen, bis
sich dieser Machtwechsel, den der Hymnus kontrafaktisch beschreibt und
bislang nur in den christlichen Gemeinden Wirklichkeit geworden ist, auch
real vollzogen hat.

Wie „handfest" Paulus das ethische Modell Jesu gemeindepädagogisch
zu nutzen versteht, zeigt er auch an anderer Stelle. 2 Kor 8,9 wirbt Paulus
mit dem Modell des präexistenten Christus für seine Kollekte: *Obwohl er
reich war, wurde er euretwegen arm, um euch durch seine Armut reich zu*

---

verkündete Gehorsam … von Menschen vollzogen" (S.167) werden muß, um Wirklichkeit
zu werden.

[26]L.c. L.D. Hurst: Re–Enter the Pre–Existent Christ in Philippians 2.5–11?; NTS 32
(1986), S.449–457:454.

[27]Cf auch N. Walter: Die Philipper und das Leiden. Aus den Anfängen einer heidenchristlichen Gemeinde; Die Kirche des Anfangs, FS H. Schürmann, Freiburg 1978, S.417–
434:422. Paulus will der Gemeinde sagen: „Was bei euch jetzt geschieht … ist also nicht
ein blindes Spiel des Schicksals, ein sinnloses Geschehen, das ihr als fatum ertragen müßt,
ohne inneren Erfolg für euch selbst … Vielmehr: es geschieht zu eurem Heil!"Auch hier
begegnet also die *theologische Deutung* der bedrängenden Situation.

[28]L.c. R. Martin, Carmen Christi, S.292.

machen, und er erhofft sich so eine reiche Spende von den Korinthern für die Jerusalemer Urgemeinde. Auch hier begegnet dasselbe Denkschema des Paulus. Jesus ist das Urbild der Gemeinde, der ihr mit seinem Urbild ein Handeln ermöglicht, das er ihr in mythologischer Form bereits vorgemacht hat. Jesus Christus ist für die Gemeinde also stets beides: *Urbild und Vorbild in einem.*

Der paränetische Kontext gilt auch für Paulus selbst. Es ist darauf aufmerksam zu machen, daß Paulus bei Abfassung des Philipperbriefes wahrscheinlich im Gefängnis sitzt. So wird der von ihm erwähnte Macht– und Positionswechsel durch den pragmatischen Kontext noch anschaulicher. Paulus unterstellt sich dem neuen Kyrios Jesus Christus, der die alten Machthaber abgelöst hat. Für ihn ist die alte Welt schon überwunden; überwunden in Hoffnung. Und so sind auch seine Richter, die ihm den Prozeß machen werden, auch schon überwunden. Er aber, als Nachahmer Christi, kann auch sein Leidensgeschick als Gewinn ansehen, als Zeichen von Erwählung, da dadurch Christus verherrlicht wird (1,20f). So ist auch Paulus ein Vorbild für die Gemeinde (1,30), die ihren Kampf noch vor sich hat und der Paulus rät, nicht vor forensischer Selbststigmatisierung zurückzuschrecken, da dies ὑπὲρ Χριστοῦ (1,29) geschieht. Nur durch solches mutige Bekennen kann das anstößige Geschick Jesu glaubhaft in einen Lobpreis umgewandelt werden, kann eine augenscheinliche Stigmatisierung über den Weg der Selbst– in Entstigmatisierung übergeführt werden. Verbunden bleibt dieser Weg aber mit einem furchtlosen Bekennen für eine Wahrheit, für die es sich zu leben wie auch zu sterben lohnt.

Für dieses Bekennen, das den eigenen Tod miteinschließt, wird auf das Vor– und Urbild Jesus Christus verwiesen. Sein Beispiel soll den Philippern Mut machen, an ihm sollen sie sich orientieren, hat sich doch an ihm bereits jene Wende vollzogen, die der Hymnus als Tat Gottes preist. Jene Wende, die sich dann auch an der Gemeinde in Philippi vollziehen wird, so sie Jesus Christus nachfolgt, denn sie steht unter der Verheißung, daß *der in euch angefangen hat das gute Werk, es auch vollenden wird bis an den Tag Christi* (1,6), wodurch Gott – gleich Phil 2,9 – als der, der den Positionswechsel und damit die Entstigmatisierung der zuvor Stigmatisierten vollzieht, in Anspruch genommen wird.

4.2.2 Soteriologische Sinndeutungen des Todes Jesu als Ausdruck kulpativer Selbststigmatisierung

Soteriologische Deutungen des Todes Jesu begegnen bei Paulus va in formelhaftem Traditionsgut; so bspw in der Dahingabeformel Röm 4,25;8,32 mit Gott als Subjekt des Handelns oder aber Gal 1,4;2,20 in Selbsthingabeformeln (mit Jesus als Subjekt). Ferner 1 Kor 15,3–5 oder Röm 3,25f (die sog ἱλαστήριον – Formel)[1].

Was all diese vorpaulinischen Formelfragmente miteinander verbindet, ist die „final–soteriologische" Deutung[2] des Todes Jesu mit der ὑπέρ – Wendung (oder Äquivalenten) und der Angabe des Zieles (für uns/euch/alle;für unsere Sünden ua).

Etwas holzschnittartig läßt sich die traditionsgeschichtliche Herleitung dieser Aussagen, die innerhalb der Forschung kontrovers diskutiert wird, auf im wesentlichen zwei Erklärungsversuche verteilen, wobei ein dritter hinzukommender zugleich die Brücke und Wende des einen zum anderen darstellt[3]. Es handelt sich (1) um eine Ableitung aus jüdischen Traditionen (Motive des Märtyrertodes und des Gottesknechtes); (2) eine Erklärung durch die Kombination jüdischer Traditionen (des Sühnegedankens) mit der aus dem hellenistischen Denken stammenden Vorstellung vom „Sterben für andere"

---

[1]Zu Röm 3,25f cf jetzt W. Kraus: Der Tod Jesu als Heiligtumsweihe. Eine Untersuchung zum Umfeld der Sühnevorstellung in Römer 3,25–26a (WMANT 66), Neukirchen 1991.

[2]Dieser Begriff stammt von J. Roloff: Anfänge der soteriologischen Deutung des Todes Jesu (Mk X.45 und Lk XXII.27); NTS 19 (1972/73), S.38–64:43 uö.

[3]Hilfreich für einen guten Überblick über die Diskussion von ca 1942–1972, namentlich von H.W. Wolff und J. Jeremias über E. Lohse zu Kl. Wengst ist die übersichtliche und das disparate Material gut sichtende Darstellung von M.–L. Gubler: Die frühesten Deutungen des Todes Jesu. Eine motivgeschichtliche Darstellung aufgrund der neueren exegetischen Forschung (OBO 15), Freiburg (Ch)/Göttingen 1977, S.206–335. M.–L. Gubler irrt hingegen, wenn sie die Untersuchung von H. Kessler: Die theologische Bedeutung des Todes Jesu. Eine traditionsgeschichtliche Untersuchung, Düsseldorf 1970, S.253ff als *eigenen* Lösungsvorschlag hinsichtlich der Wurzeln der soteriologischen Deutungen des Todes Jesu annimmt. Nach H. Kessler liegen die Wurzeln der soteriologischen Deutungen des Todes Jesu *nicht in alttestamentlich–jüdischen Bundes– und Sühnopfervorstellungen* (so aber M.–L. Gubler, S.210.311), sondern seine Arbeit ist stark abhängig von der Untersuchung von E. Lohse: Märtyrer und Gottesknecht. Untersuchungen zur urchristlichen Verkündigung vom Sühnetod Jesu Christi (FRLANT 64), Göttingen, 2. Auflage 1963 und stellt daher lediglich eine an wenigen Stellen elaborierte Aufnahme der Gedanken E. Lohses dar, nicht aber einen eigenständigen Beitrag. Zum Thema cf auch G. Barth: Der Tod Jesu Christi im Verständnis des Neuen Testaments, Neukirchen 1992.

und (3) um eine Ableitung primär aus hellenistischen Traditionen von der Besänftigung des Götterzornes durch Sühnopfer. Die drei Lösungsvorschläge zur traditionsgeschichtlichen Herkunft der soteriologischen Deutungen des Todes Jesu lassen sich im einzelnen thesenartig wie folgt darstellen:

- Die Wurzeln der soteriologischen Sühnetodaussagen des Neuen Testaments sind *palästinischen Ursprungs* und in frühjüdischen Sinndeutungen des Märtyrertodes und Sühnetodvorstellungen der nachexilischen, insbesondere makkabäischen Zeit zu finden, wobei diese Vorstellungen zurückgehen auf das alte Gesetz, wonach das im Blut vergossene Leben Sühne wirkt. Zusätzlich – und tatsächlich die dominierende Rolle einnehmend – zu dieser Vorstellung kommt aus dem Bereich des Alten Testaments (neben der Vorstellung vom *Leiden des Gerechten*) die enorme Bedeutung des 4. Gottesknechtsliedes Jes 52,13–53,12 mit seinem Gedanken des universalen, stellvertretendem Sühneleidens und –sterbens zur Herleitung der Wurzeln der soteriologischen Deutungen des Todes Jesu hinzu[4].

Entwicklungsgeschichtlich läßt sich daher folgende Linie zeichnen: (1) Sünde und Tod werden als menschliches Faktum angenommen; (2) die Idee der Sühne erscheint als Ausweg (sie wird kultisch durch blutige, die zerstörte Gemeinschaft zwischen Gott und Mensch wiederherstellende Tieropfer vollzogen; gleichzeitig wächst die Bedeutung des großen Versöhnungstages Lev 16 im Frühjudentum); (3) durch die Krise des alten Sünde–Unheil–Zusammenhanges herausgefordert wird das Leiden neu gewertet als Züchtigung Gottes und Abgeltung von individueller Schuld (Schuldentilgung vor dem Endgericht als Gnadenerweis Gottes) und damit ein Leidensverständnis entwickelt, das für den Betroffenen durchaus schon eine sühnende Kraft besitzt; (4)

---

[4]Diese Deutung bei E. Lohse: Märtyrer, S.64ff. E. Lohse integriert damit in diese Entwicklungslinie zugleich die Gedanken seines Lehrers J. Jeremias: Theologie, S.281; ferner ders.: Art. παῖς θεοῦ; ThWNT V, S.676–713:703–709. sowie von H.W. Wolff: Jes 53 im Urchristentum, Gießen, 4. Auflage 1984, S.93–99. Sowohl J. Jeremias wie auch H.W. Wolff erwägen einen starken Einfluß von Jes 52–53 auch auf die (vor)paulinische Theologie. Zu beachten ist, daß E. Lohse den Tod Jesu im Sinne eines jüdischen Märtyrertodes allein für Röm 3,24–26 aufgrund der auch sprachlichen Übereinstimmung mit 4 Makk annimmt, ansonsten aber einen großen Einfluß von Jes 53 auch auf die weiteren paulinischen Stellen geltend macht und so den Tod Jesu mE apologetisch von anderen Märtyrertoden des Judentums abheben möchte, indem er betont, daß Jesus gerade den einzigartigen Tod des Gottesknechtes starb.

damit sind die Voraussetzungen gegeben, daß unschuldiges Leid stellvertretend anderen angerechnet werden konnte; (5) einen letzten Punkt markiert
nun die Sühnkraft des Todes, indem ein freiwillig erlittener Tod als Strafe die verletzte Ordnung wieder herstellt. Mit Beginn der Auferstehungs-
hoffnung bezog sich die Sühnkraft nicht nur allein auf die Volksgenossen,
sondern sie konnte auch dem Sterbenden selbst zugute kommen, indem er
zwar hier auf Erden sein Leben verlor, aber am künftigen Anteil haben
wird. Die Vorstellung eines stellvertretenden Sühnetodes, wie er erstmals in
4 Makk 6,28f.17,22 begegnet, stellt somit also eine Kombination der letzten
beiden Punkte in einer langen Entwicklungslinie dar. Ergänzend zu dieser
Vorstellung tritt nun noch die Bedeutung des 4. Gottesknechtsliedes hinzu
als alter Beleg für den Gedanken des Sühnetodes.

- Die Wurzeln der neutestamentlichen Sühnetodaussagen liegen in der
  Kombination von alttestamentlich–jüdischen Sühnegedanken *und* der
  griechischen Sinngebung des Todes großer Männer im vorchristlichen,
  hellenistischen Judentum[5].

Dh: auf der einen Seite findet sich im Griechentum der Gedanke eines
„Sterbens für", der auch sprachlich in dem Kompositum ὑπεραποθνῄσκειν be-
legt ist und dort eine lange Tradition besitzt. Bspw begegnet ein solches
„Sterben für" zur Errettung von Angehörigen oder Freunden in konkreten
Situationen oder aber zur Befreiung der Stadt und für ihre Mauern. Ein
Sterben für den Tempel oder für eine Philosophie entspricht derselben Idee,
da man nicht anders leben will bzw kann. Hier wird also dem gewaltsamen
Tod einzelner, hervorragender Männer ein positiver Sinn verliehen. Nicht im
griechischen Bereich beheimatet dagegen ist – nach diesem Erklärungsmodell
– die Vorstellung eines *Sterbens für Sünden bzw irgendwie geartete Schuld*.
Dies weist auf der anderen Seite auf den alttestamentlich–jüdischen Sühnegedanken, wonach der vor Gott sündige Mensch einer Sühne bedarf. Beides
zusammen, die Kombination der griechischen Sinngebung des gewaltsamen
Todes großer Männer mit dem alttestamentlichen–jüdischen Sühnegedanken
begegnet so weder im Griechentum noch im Judentum, sondern stellt als
*Vorstellung vom stellvertretendem Sühnetod einzelner für andere etwas Neu-
es* gegenüber beiden Einzelaussagen dar. Wichtig ist hier ferner, daß diese
Neuschaffung nicht im palästinischen, sondern erst im *hellenistischen Judentum* (2/4 Makk) vor sich ging sowie der zu wiederholende Hinweis darauf,

---

[5]So die These von Kl. Wengst, Formeln, S.62ff. Dort auch die mE überzeugende Widerlegung der Thesen von E. Lohse sowie Belege für die im folgenden begegnenden Beispiele.

daß die im griechischen Bereich begegnenden Beispiele eines „Sterbens für"
(ὑπεραποθνῄσκειν) einen eigentlich theologischen Sinn als Sühnemittel vermissen lassen[6], weshalb das altestamentlich–jüdische Sühnedenken als zweite Komponente in Anspruch genommen werden muß, wie sich dies erstmals
in der jüdisch–hellenistischen Schrift des 4. Makkabäerbuches findet. Diese
Vorstellung nun hat das frühe Christentum zur Sinngebung des Todes Jesu
herangezogen.

• Die Wurzeln der soteriologischen Deutungen des Todes Jesu liegen im
  hellenistischen Bereich mit der explizit begegnenden *Vorstellung eines*
  stellvertretenden Sühnetodes, dh des Gedankens der Besänftigung des
  göttlichen Zornes, sowohl einzelner für einzelne wie auch für viele, nicht
  jedoch für alle. Neben dieser traditionsgeschichtlichen Ursprünglichkeit
  aus dem hellenistischen Bereich bleibt aber noch ausreichend Raum,
  spezifische jüdische Elemente in die Deutung aufzunehmen[7].

---

[6]So die berechtigte Kritik von J. Gnilka: Martyriumsparänese und Sühnetod in synoptischen und jüdischen Traditionen; Die Kirche des Anfangs; FS H. Schürmann, Frei-
burg/Basel/Wien 1978, S.223–246:238ff. Der dort geschilderte freiwillige Tod errettet „ausschließlich aus physischer oder materieller Not ... oder daß der Glanz und das Ansehen
der verfochtenen Sache (scil.: der Philosophie) oder Institution (scil.: des Tempels) im irdischen und öffentlichen Rahmen gemehrt werden" (S.238) soll. J. Gnilka hält es daher
(gegen Kl. Wengst) für „nicht erforderlich und sogar abwegig, für das Zustandekommen
der Vorstellung vom stellvertretenden Sühnetod eine Anleihe im Griechentum zu sehen"
(S.241) und plädiert daher für einen biblischen Horizont dieses Gedankens, wie er bspw
in den alttestamentlichen Texten Jes 52–53, Sach 12,9–14 oder aber Dan 3,26–45 zu Tage
tritt. Damit wählt er aber (zumindest in den beiden letzten Fällen) traditionsgeschichtlich
relativ junge Texte des Alten Testaments, die *für die Frage nach der traditionsgeschicht-*
lichen Herkunft des Sühnetodgedankens gerade nichts hergeben, können doch diese späten
Texte durchaus von griechischem Denken beeinflußt sein. Damit aber sind wir schon einen
entscheidenden Schritt in Richtung des dritten Lösungsansatzes gegangen.

[7]So in einem mE bestechenden Aufsatz (als „Zusammenfassung" anderer Studien, die
sich über einen Zeitraum von mehr als 15 Jahren erstrecken) H.S. Versnell: Quid Athenis et Hierosolymis? Bemerkungen über die Herkunft von Aspekten des „Effektive Death";
J.W.van Henten (Hg.): Die Entstehung der jüdischen Martyrologie (Studia Postbiblica 38),
Leiden 1989, S.162–196. Dort auch Beispiele. Eine ähnliche, aber eigene Konzeption vertritt dagegen M. Hengel: Der stellvertretende Sühnetod Jesu. Ein Beitrag zur Entstehung
des urchristlichen Kerygmas; Communio 9 (1980), S.1–25.135–147. Erheblich erweitert in
ders.: The Atonement. The Origins of the Doctrine in the New Testament, London 1981.
M. Hengel konzediert für den hellenistischen Bereich die Vorstellung eines stellvertretenden
Sühnetodes lediglich zu dem Zweck, daß (1) die urchristliche Verkündigung auf griechischem Boden nicht auf »taube bzw unverständige« Ohren stoßen mußte, sondern sie an
alte Traditionen anknüpfen konnte sowie um (2) die so oft angenommene starke Distinkti-

Die Kategorien der *Sühne und Schuld* müssen daher nicht einseitig im jüdischen Bereich und Denken gesucht werden, sondern sie sind auch im griechisch–hellenistischen Bereich in einer langen Traditionskette bereits sehr früh belegbar[8] und begegnen in klassischer Zeit bspw in Sagen und Mythen oder aber in historischer Zeit im kultischen Ritus des besonders in Ionien beheimateten φάρμαχος, bei dem ein Mensch zur Abwehr eines von den Göttern verhängten Unheiles unter Schlägen durch die Stadt geführt wurde und bisweilen auch außerhalb der Stadt bzw der Grenzen vom Felsen oder ins Meer gestürzt wurde. Damit ist offensichtlich, daß dieser φάρμαχος–Ritus zum einen den Zweck hat, die Betroffenen von Schuld zu reinigen bzw die Schuld überhaupt – quasi prophylaktisch und deshalb auch jährlich vollzogen – abzuhalten und zum andern, daß dieses Ritual ein menschliches Gegenstück zum alttestamentlichen Sündenbockritus (Lev 16) darstellt[9]. Ebenso in historischer Zeit ist die *devotio* des Feldherrn oder einer Privatperson *pro principe* belegbar. Dies zwar nur in Rom, doch ist eine solche (stellvertretende Opfer–)Mentalität mutatis mutandis auch in der hellenistischen Welt wahr-

---

on zwischen Okzident und Orient durch gemeinsame Vorstellungsweisen zu minimalisieren. In einem zweiten Schritt führt M. Hengel die Deutung des stellvertretenden Sühnetodes Jesu auf *Jesu eigene Sinngebung seines Todes* beim letzten Abendmahl zurück. Zu einer Auseinandersetzung mit dieser Annahme M. Hengels cf unten. Es soll und va kann hier nicht eingegangen werden auf das grundsätzliche Verhältnis von *Sühne und Versöhnung*. Cf hierzu jetzt C. Breytenbach: Versöhnung. Eine Studie zur paulinischen Soteriologie (WMANT 60), Neukirchen 1989, der zwischen beiden Begriffen klar unterscheidet und die paulinischen Versöhnungsaussagen traditionsgeschichtlich aus dem hellenistischen Bereich herleitet, in dem die Begriffe διαλλάσσειν und καταλάσσειν ohne religiösen oder kultischen Bezug ein versöhnendes Handeln im politischen, gesellschaftlichen und familiären Bereich bezeichnen. Cf jetzt ferner ders.: Versöhnung, Stellvertretung und Sühne. Semantische und traditionsgeschichtlicheBemerkungen am Beispiel der paulinischen Briefe; NTS 39 (1993), S.59–79. Ihm folgt bspw auch J. Becker: Die neutestamentliche Rede vom Sühnetod Jesu; ZThK Beih 8 (1990), S.29–49. Hier soll vielmehr traditionsgeschichtlich *hinter* die paulinischen Aussagen dahingehend zurückgefragt werden, *inwiefern seine theologische Deutung des Todes Jesu an bestimmten Strukturen im Leben Jesu anknüpfen konnte*. Zur Arbeit von C. Breytenbach cf F. Hahn: Streit um „Versöhnung". Zur Besprechung des Buches von Cilliers Breytenbach durch Otfried Hofius; VuF 36 (2/1991), S.55–64. Dort auch die wichtigste neuere Literatur zum Thema.

[8]Zur grundsätzlichen Kompatibilität von Opfervorstellungen verschiedener Völker cf W. Burkert: Glaube und Verhalten: Zeichengehalt und Wirkungsmacht von Opferritualen; J.-P. Vernant ua (Hg.): Le Sacrifice dans L'Antiquité (Entretiens sur L'Antiquité Classique 27), Genf 1981, S.91–133.

[9]Deutet man den Tod Jesu in dieser Kategorie des Sündenbockes wäre zugleich dessen Durchbrechung festzustellen: Jesus trägt zwar wie der φάρμαχος die Schuld der bzw aller Menschen, er wird aber nicht aus deren Gemeinschaft ausgestoßen, sondern rückt vielmehr in ihr Zentrum.

scheinlich. Diese Vorstellungen gaben einmal den Verstehenshintergrund und damit die traditiongeschichtliche Herleitung der neutestamentlichen Aussagen vom Sühnetod Jesu ab, sie sind zum andern aber offen genug (zB dadurch, daß es im griechisch–hellenistischen Bereich kein *Sterben für alle* gibt), auch spezifisch jüdische Elemente zur besonderen Deutung des Todes Jesu heranzuziehen. Dieses Erklärungsmodell treibt also den von Kl. Wengst erstmals eingeschlagenen Weg konsequent dahingehend weiter, als (1) die traditionsgeschichtliche Herleitung der Sühnetodaussagen des Neuen Testaments noch stärker als zuvor im hellenistischen Bereich verortet wird und dadurch (2) umso unbefangener nach jüdisch–traditionellen wie auch spezifisch christlichen Elementen gefragt werden kann.

Diese dritte Hypothese hat mE nun die größte Wahrscheinlichkeit für sich, nicht zuletzt deshalb, weil hier „*kontemporäre* hellenistische ... Einflüsse *neben*"[10] jüdische Elemente und Einflüsse berücksichtigt werden können. Diese könnten dann eventuell dazu beitragen, das den urchristlichen Verkündigern so wichtige „Besondere" gerade des Todes Jesu zu erhellen.
Damit aber ist nunmehr nicht mehr nach der *traditionsgeschichtlichen Herkunft der neutestamentlichen Sühnetodaussagen* zu fragen als vielmehr nach deren *Sitz im Leben sowie Ursprungs– und Quellort.*

Hier scheint sich in der Forschung dahingehend ein Konsens abzuzeichnen, daß als *Sitz im Leben der neutestamentlichen Aussagen vom Sühnetod Jesu* aufgrund von Mk 10,45;14,24 parr die Abendmahlstradition bestimmt wird[11]. Demnach ist die *Abendmahlstradition der Ort, an dem die neutestamentlichen Sühnetodaussagen ursprünglich hafteten,* da hier Jesu Tod als letzte Konsequenz der Lebenshingabe Jesu im Dienen begriffen wird[12]. Demgegenüber stellen die vorpaulinischen Formeltraditionen ein späteres Ent-

---

[10]L.c. H.S. Versell, Quid Athenis, S.193.

[11]Cf hierzu besonders H. Patsch: Abendmahl und historischer Jesus (CThM 1), Stuttgart 1972 in Auseinandersetzung mit und Weiterführung von J. Jeremias: Art. παῖς θεοῦ; ders.: Das Lösegeld für Viele (Mk 10,45); ABBA. Studien zur neutestamentlichen Theologie und Zeitgeschichte, Göttingen 1966, S.216–299 sowie ders., Theologie I. J. Jeremias geht es darum, zu zeigen, wie Jes 52f *direkt* die Abendmahlstradition beeinflußte. Ein Punkt, in dem ihm H. Patsch nicht folgt, nach dem Jes 52f die Abendmahlsworte lediglich sachlich wesentlich beeinflußte. Cf ferner J. Roloff: Anfänge und auch M. Hengel, Sühnetod sowie ders., The Atonement. Diese Deutung wird auch favorisiert von M.–L. Gubler, Deutungen, S.325ff.

[12]Besonders R. Pesch: Das Abendmahl und Jesu Todesverständnis (QD 80), Freiburg/Basel/Wien 1978, S.89ff, versteht die Verse Mk 14,22–25 als Selbstdeutung Jesu angesichts seines nahen Todes.

wicklungsstadium dar, in dem sich diese Überlieferungsstücke von ihrem ursprünglichen Haftpunkt im liturgischen Bereich lösten und verselbständig-
ten[13].

ME stellt diese Festlegung des Sitzes im Leben der neutestamentlichen
Sühnetodaussagen auf die Abendmahlstradition eine unzulässige (und darüber hinaus apologetisch motivierte) *Verengung* eines umfassenderen Kom-
plexes dar, in dem die Abendmahlsparadosis nur *eine* von grundsätzlich
mehreren (sekundären) Sitzen im Leben der Sühnetodaussagen darstellt. Gemeinhin wird bei der Annahme der Abendmahlstradition als Sitz im Leben
der Sühnetodaussagen damit argumentiert, daß schon dem Leben Jesu eine
Sündenvergebung eignete, welche die Gott Fernstehenden und Ausgestoße-
nen in die Gemeinschaft mit Gott zusammenführte[14]. Dieser Freiheit Jesu
entsprach dann die noch größere der „Grenzenlosigkeit der Heilszueignung"[15]
in den Deuteworten Jesu während des Abendmahles.

Ob Jesus tatsächlich seinen bevorstehenden Tod als einen sühnenden verstand, wissen wir nicht[16]. Auch nicht, ob er wirklich ein „*Leben mit Jes 53*"[17]
führte. Beides mag uns heute zwar etwas vermessen erscheinen, muß deshalb
allerdings noch lange nicht undenkbar sein.

ME ist jedoch folgende Überlegung, bei der wiederum das Phänomen der
Selbststigmatisierung eine zentrale Rolle spielt, bedenkenswert:
Wie bei der Behandlung von Formen von Selbststigmatisierung bei Jesus
von Nazaret deutlich wurde, war ein Teil von Jesu Lehren und Handeln

---

[13]Cf dazu H. Patsch, Abendmahl, S.169 gegen Kl. Wengst, Formeln, S.71ff.

[14]Stellvertretend für viele H. Patsch, Abendmahl, S.130, der von einem soteriologischen
Umgang Jesu mit den Sündern spricht.

[15]L.c. M. Hengel, Sühnetod, S.146.

[16]Cf zusammenfassend H. Merklein, Jesu Botschaft, S.138ff, mit der mE wenig überzeugenden Vermutung, die Deutung seines bevorstehenden Todes als eines sühnenden würde
Jesu gesamte Verkündigung auch über seinen Tod hinaus bestätigen und ins Recht setzen. Dies aber geschieht mE nicht, indem einem bevorstehenden Tod ein herausragender
Sinn zugeschrieben wird, sondern vielmehr in der grundsätzlichen Bereitschaft, für seine
Verkündigung und Botschaft den Tod auf sich zu nehmen; sprich: in der aktiven *Bereitschaft* zum Martyrium. *Diese* ist es, die die Richtigkeit einer Botschaft bestätigt, läßt sich
diese Wahrheit doch offenbar durch nichts negieren, nicht einmal durch die physische Vernichtung des Märtyrers. So gesehen halte ich es für wahrscheinlich, daß Jesus mit seinem
bevorstehenden Tod rechnen konnte, da er ihn doch für seine Botschaft bewußt in Kauf
genommen hat. Dabei wird er seinen Tod mE weniger als einen sühnenden verstanden
haben, als viel eher in der dtr Tradition der Prophetenverfolgung und –tötung, wie diese
in der Logienquelle oder aber 1 Thess 2 begegnet.

[17]L.c. L. Goppelt, Theologie, S.244.

vom Gedanken der Schuld und deren Aufhebung durch die Strategie der Selbststigmatisierung bestimmt.

Ja, es läßt sich mE berechtigt sagen, daß im Leben und Handeln Jesu tatsächlich ein „Handeln für", ein Eintreten für Stigmatisierte und Schuldige begegnete, indem sich Jesus selbst in die gesellschaftlichen Schuldzusammenhänge hineinbegab.

Zielte seine freiwillige, persönliche Übernahme von Schuld nicht darauf, diesen und letztlich alle davon Betroffenen von dieser Schuld zu befreien, theologisch gesprochen: zu „erlösen"?

Läßt sich ein bewußter Umgang mit Schuld und deren intendierten Aufhebung wie dargelegt im Leben Jesu wahrscheinlich machen, so hat mE die Annahme viel für sich, daß man erst recht seinen Tod in diesen Kategorien zu deuten begann: wurde Jesus durch seine Kreuzigung zwar physisch, nicht aber das Handlungsfeld, in dem er wirkte, vernichtet, so konnte auf diese Weise spätestens mit den Ostererscheinungen sein Tod sühnend und das heißt doch: *entstigmatisierend* verstanden werden.

Will man dieser Deutung folgen, ließe sich folgende Entwicklungslinie in der Frage des Verstehens der soteriologischen Deutungen des Todes Jesu zeichnen:

(1) Ihren ursprünglichen Anhalt haben diese Deutungen im Bewußtsein, daß bereits das Leben Jesu geprägt und gekennzeichnet war von einen freiwilligen und provokatorischen „Handeln für", uzw für Ausgestoßene, Marginalisiere und Stigmatisierte, um ihnen so Zugang zur Gemeinschaft mit Gott zu ermöglichen und somit Entstigmatisierung zu verschaffen.

(2) War Jesu Tod und somit sein Scheitern eine Folge dieses Prozesses von Stigmatisierung und Entstigmatisierung, so wird man auch seinen Tod und sein Scheitern ähnlich wie sein Leben und Handeln als ein freiwilliges „Sterben für", uzw für die Stigmatisierten mit dem Ziel der Entstigmatisierung derselben verstanden haben können.

Dabei könnte ein weiteres (Opfer–)Motiv eine nicht zu unterschätzende Rolle gespielt haben. Mit dem Eintreten für bzw Solidarisieren mit den stigmatisierten Menschen im damaligen Palästina nährte Jesus deren Hoffnung auf eine *Entstigmatisierung*[18]. Mit Jesu physischer Vernichtung schien demnach nicht nur Jesu eigene, sondern – wieder aufs neue – auch ihre eigene *Identität* bedroht. Die Flucht nach vorn, die die Jünger durch die Nachfolge Jesu (im Sinne des Hinterhergehens) antraten, schien gescheitert. Mehr denn je

---

[18]Daß Jesus Bedürfnisse und Erwartungen nicht allein in seinem Jüngerkreis weckte, betont zu Recht auch M.N. Ebertz, Charisma, S.255ff.

mußten sie sich bedroht und in die Enge getrieben fühlten. Hier setzt eine Verhaltensweise ein, die uns aus der Biologie und Opferritualen gleichermaßen bekannt ist: das verzweifelte Aufbäumen des/der in die Enge Getriebenen in Form *aggressiver Vernichtung* – im Mythos das Menschenopfer[19]. Ziel dieser Handlung ist im wahrsten Sinn des Wortes der *Tausch*. Das Überleben vieler wird eingetauscht gegen ein begrenztes Opfer, das die vielen aufatmen und weiterleben läßt; mehr noch: das deren aggressive Überlegenheit dokumentiert. Diese Deutung ist keine irrige Phantasie: die Geschichte des Propheten Jona belegt diese Denkweise auch für den jüdischen Bereich. Und – so läßt sich fragen – ist es ein Zufall, daß das Buch Jona gerade am *Jom Kippur* feierlich verlesen wurde?[20]. Und umgekehrt: bestätigt nicht eine so frühe Tradition wie 1 Kor 15,3f ganz zwanglos unsere Vermutung? Daß man gerade Jesu Tod so deuten konnte, liegt auf der Hand: Dahingabe–, Opfer– und Martyriumsmentalität in Form defektiver wie kulpativer Selbststigmatisierung prägte ja sein ganzes Leben.

(3) Die sühnende Wirkung des Todes Jesu entspräche dann einer *Deutung des Todes Jesu von seiten seiner Anhänger*, nicht aber einer Selbstdeutung des Todes Jesu. Genauer noch: Jesus Tod wurde sühnend gedeutet, uzw *nach seinem Tod*. Historische Forschung sollte mE nicht apologetisch versuchen, die soteriologischen Aussagen des Todes Jesu als Selbstdeutungen Jesu vor seinem Tod zu verstehen. Weniger wichtig ist wohl auch die Beantwortung der Frage, ob Jesus seinen Tod vorausgesehen oder irgendwie vorausgesagt hat, sondern vielmehr, daß Jesus seinen Tod bewußt riskiert hat und daß sein Tod einer Verhaltensweise entspricht, die in seinem ganzen Leben begegnet[21]. Daß Jesu Tod bzw die sühnende Wirkung seines Todes so überhöht (für viele/alle) dargestellt werden konnte, entspricht jener *Vergrößerung*, die man besonders bei Menschenopfern feststellen kann[22].

(4) Das frühe Christentum überlieferte diese Deutung des Todes Jesu in verschiedenen Aussagen, bspw in denen des vorpaulinischen Formel– und Traditionsgutes und in den synoptischen Abendmahlsworten. Hierbei kann als Regel angenommen werden: *je allgemeiner eine Formel ist, desto näher befindet sie sich am Geschehen des Lebens Jesu* – da ja bereits das *ganze*

---

[19]Zu diesen Ausführungen cf W. Burkert, Glaube, S.114ff.

[20]Zur jüdischen Liturgie cf S. Ben–Chorin: Betendes Judentum. Die Liturgie der Synagoge (Münchener Vorlesung), Tübingen 1980, S.180f.

[21]Ähnlich auch J. Gnilka: Wie urteilte Jesus über seinen Tod?; K. Kertelge (Hg.): Der Tod Jesu. Deutungen im Neuen Testament (QD 74), Freiburg/Basel/Wien 1976, S.13–50.

[22]Cf hierzu H.S Versnell: Self-Sacrifice, Compensation and the Anonymous Gods; J.-P. Vernant ua (Hg.) Le Sacrifics dans L'Antiquité (Entretiens sur L'Antiquité Classique 27), Genf 1981, S.135–194:188, der das Menschenopfer als „eine jeweiligen Not– und Angstsituationen hervorgehende monströse ‚Vergrößerung'" bezeichnet.

Leben Jesu von dem oben beschriebenen „Handeln für" geprägt war. Dh: die vorpaulinischen Traditionsstücke haben sich nicht erst sekundär von ihrem ursprünglich liturgischen Bereich gelöst und verselbständigt, sondern die Linie ist eher umgekehrt anzunehmen.

(5) Das frühe Christentum hat demnach von Anfang an nicht nur einen, sondern vielmehr viele Bereiche und damit (sekundäre) Sitze im Leben gehabt, um vom stellvertetenden Sühnetod Jesu Christi zu sprechen.

(6) Daß Jesus im unmittelbaren (zeitlichen) Umkreis des Passa starb, das Passafest aber jüdischerseits das *Fest der Befreiung und Erlösung* ist, kann psychologisch gesehen eine nicht zu unterschätzende Bedeutung dafür gehabt haben, daß sich die neutestamentliche Rede vom Sühnetod Jesu gerade im Bereich der Passa– bzw Abendmahlsüberlieferung wiederfindet – uzw weniger als historische Erinnerung denn als betonte *Verdichtung* des Lebens Jesu und Ableitung[23] aus ihm.

So macht das Phänomen der Selbststigmatisierung mE eine soteriologische Deutung des Todes Jesu historisch nachvollziehbar, indem sich Strukturen, die sich schon im Leben Jesu zeigten, bei den Deutungen nach dessen Tod wiederfinden lassen[24]. Diese Strukturen sind zum einen empirisch belegbar, sie kehren aber auf der anderen Seite in den soteriologischen Deutungen des Todes Jesu *symbolisch und in gesteigerter, bisweilen auch in mythischer Form* (so zB Röm 4,25;8,32) wieder[25].

Selbststigmatisierung kann demnach dazu dienen, eine Kontinuität zwischen dem historischen Jesus und seinen späteren Deutungen herzustellen, die letztere nicht unverständlich erscheinen, sondern einen Anhalt im Leben Jesu haben lassen. Diese Verstehensweise der soteriologischen Deutungen

---

[23]Den Begriff der *Ableitung* übernehme ich von D. Ritschl: Zur Logik der Theologie. Kurze Darstellung der Zusammenhänge theologischer Grundgedanken, München, 2.Auflage 1988, S.48 uö. Der Begriff besagt die pointierte und verkürzte Summierung einer umfassenderen Geschichte, die aber noch Zusammenhänge mit der ursprünglichen Geschichte erkennen läßt.

[24]Cf hierzu Chr. Burchard: Art. Jesus, Sp.1353: „Historische Kontinuität ist nicht nur da gegeben, wo J.(esus; m.Erg.) nachweisbar fortgeführt wird, sondern auch da, wo sich Strukturen (!) und Ausdrucksformen des werdenden Christentums als bewahrende Umformung der Botschaft J. infolge veränderter Eschatologie deuten lassen".

[25]Gegen M. Hengel, Sühnetod, S.147, der aufgrund seiner Deutung bspw einen Text wie Röm 5,8 nicht als „mythische Anschauung" ansehen kann. In ders., The Atonement, S.74f freilich relativiert er sich selbst, wenn er das mythische Gewand von Röm 5,8 als etwas für uns Fremdes zugesteht.

des Todes Jesu hat mE deutliche Vorteile gegenüber zwei weiteren »Opfertheorien«, die ebenfalls zu einer Deutung des Todes Jesu herangezogen werden, weil es mit Hilfe der Strategie der Selbststigmatisierung gelingt, daß das Phänomen der Schuld, um das es ja geht, eine einleuchtende Erklärung findet: gegenüber R. Girards *Sündenbocktheorie*[26], die besonders in der katholischen Dogmatik rezipiert wurde, sowie gegenüber W. Burkerts *Jagd – Opfer – Theorie*[27], die er besonders auf die griechischen Opfer, aber auch auf den Tod Jesu anwandte. Beide Theorien können hier nur äußerst kurz dargestellt werden.

Der Literaturwissenschaftler R. Girard stellt die grundsätzliche Frage: *Wie ist überhaupt Frieden in menschlichen Gruppen möglich, die doch stets den zerstörenden Kräften von Interessenkonflikten und Eifersucht ausgesetzt sind?* und findet die Antwort im sog Sündenbockmechanismus. Dabei führt er den Begriff des »désir mimétique« als einer psychologischen Grundkraft ein, der ein Verlangen bezeichnet, das durch Nachahmung des Partners sich orientiert und steigert. Eine Interaktion zwischen menschlichen Gruppen kann durch den Druck einer äußeren Krise (Hunger; Krankheit) einen kritischen Punkt erreichen: an dieser Stelle wird ein Opfer, ein Sündenbock »designiert« und damit löst sich das Gegeneinander aller gegen alle unversehens in Einmütigkeit auf. Das Opfer erscheint nun als schuldig und muß vernichtet werden; durch den Lynchmord entsteht Einigkeit, ist der Friede hergestellt. Nach R. Girard setzt alle menschliche Gemeinschaft, insofern sie ein friedliches Zusammenleben ermöglicht, diesen Mechanismus voraus: *Kathartische Gewalt verhindert unreine Gewalt*. Dies wird zwar aus dem Bewußtsein verdrängt, doch in Opferritualen wird jene Szene in harmloserer Form weiter durchgespielt. Den Hintergrund der Girardschen Theorie bildet der Begriff der *Katharsis*, der reinigenden Gewalt. R. Girard verwendet dabei Aspekte von S. Freud (Totem und Tabu) und K. Lorenz (Das sogenannte Böse): gemeinsam ausgespielte Aggression schafft das Band der Einigkeit, *auf daß wir Frieden haben durch ihn* (nach Röm 5,1). Das Opfer ist nach R. Girard demnach Kanalisation und Ableitung von Aggression, die sonst die Gesellschaft zerstören müßte. Das Besondere des Todes Jesu ist nach R. Girard nun, daß mit Jesus Christus kein zufälliges

---

[26] Cf hierzu R. Girard: Das Evangelium legt die Gewalt bloß; Orientierung 38 (1974), S.53–56; ders.: Das Heilige und die Gewalt, Zürich 1987 sowie ders.: Der Sündenbock, Zürich 1988. Literatur um R. Girard bis 1983 findet sich gesammelt in: Gewalt und Gewaltlosigkeit im Alten Testament (QD 96), Freburg/Basel/Wien 1983, S.245–247.

[27] Cf hierzu W. Burkert: Anthropologie des religiösen Opfers. Die Sakralisierung der Gewalt, München 1983; ders.: Homo Necans. Interpretation altgriechischer Opferriten und Mythen, Berlin 1972; ders.: Wilder Ursprung. Opferritual und Mythos bei den Griechen, Berlin 1990 (Kleine kulturwissenschaftliche Bibliothek 22) sowie ders.: Opfertypen und antike Gesellschaftsstruktur; G. Stephenson: Der Religionswandel unserer Zeit im Spiegel der Religionswissenschaft, Darmstadt 1976, S.168–187.

Opfer designiert wurde, sondern daß sich hier tatsächlich Gottes Sohn (sic!) selbst opferte und den versteckten Sündenbockmechanismus auf diese Art offenlegte, um der Menschheit durch diese kollektive Aggressionsentladung in einem letzten Appell Frieden zu ermöglichen. Mit bewundernswerter Sympathie für die Schriften des Neuen Testaments liest hier ein Literaturwissenschaftler – angesichts der globalen Menschheitsbedrohung unserer Tage – aus ihnen die letzte Möglichkeit der Menschen heraus, Interessenkonflikte und Eifersucht zu überwinden, um wirklich weltweit Frieden zu haben: durch das einmalige Opfer Jesus Christus[28]. Auch W. Burkert setzt sich in seinen Schriften mit dem Phänomen des Opfers auseinander; zwar weniger mit den konkreten Opfertexten, dafür aber vielmehr mit der historischen Entwicklung des Opfers und des Opferns. Für ihn liegen die Ursprünge des Opfers in der Notwendigkeit einer jagenden Gruppe, in der Beute (also ein Opfer) erlegt, getötet und vom Stammesältesten hierarchisch verteilt wird: das Töten der Tiere erscheint dem Menschen, und das heißt nach W. Burkert: dem paläolithischen Menschen, als etwas Bedenkliches, als Befleckung, ja wie eine Schuld, die aber durch ein Opfer entsühnt oder aber umgangen oder abgewälzt werden muß. Das Opfern eines Tieres, bekanntlich ja - zumindest im Normalfall - das Verbrennen von Knochen und Fetteilen, bedeutet dabei, gleichsam den Wesenskern des getöteten Tieres zu bewahren bzw zurückzugeben an eine Lebensmacht, die über das Jagdwild verfügt. So geht es bei der Opferung letztlich um eine Restitution des Lebensgrundes, um den Bestand, die Erhaltung des Lebens über Schlachten und Töten hinweg. Sie spiegelt dabei eine „grundsätzliche Ehrfurcht vor dem Leben"[29] wieder. W. Burkert überträgt nun diese Opfertheorie „mit der Sequenz Erjagen-Töten-Verteilen" explizit auch auf Jesus Christus: „Man bringt das Tier, man schlachtet, man verteilt; in symbolischer Reduktion: «nahm er das Brot, brach's, und gab es seinen Jüngern»"[30].

Eine Opferdeutung Jesu nach dem Modell der Selbststigmatisierung steht nun beiden anderen Theorien nicht alternativ gegenüber, hat aber den Vorteil, historisch und va auf einer breiten Textbasis genau überprüft werden zu

---

[28]R. Girards Theorie wurde besonders in der katholischen Fundamentaltheologie zu einer sog „dramatischen Erlößungslehre" entfaltet; systematisch angewandt auf die Schriften beider Testamente findet sie sich bei dem Innsbrucker Dogmatiker R. Schwager: Brauchen wir einen Sündenbock? Gewalt und Erlösung in den biblischen Schriften, München 1978. Ferner in Anwendung auf die Theologie der Apologeten sowie der frühen Kirchenväter (bis zu K. Barth) bei Dems.: Der wunderbare Tausch. Zur Geschichte und Deutung der Erlösungslehre, München 1986. Einen Beitrag zur exegetischen Diskussion legte er vor in: Eindrücke von einer Begegnung; Gewalt und Gewaltlosigkeit im Alten Testament (QD 96), Freiburg/Basel/Wien 1983, S.214–224. Cf jetzt auch J. Niedwiadomski/W. Palaver (Hg.): Dramatische Erlösungslehre. Ein Symposion (Innsbrucker theologische Studien 38), Innsbruck/Wien 1992.

[29]L.c. W. Burkert, Anthropologie, S.24.

[30]L.c. ebd., S.27.

können, ohne dabei psychologische oder anthropologische Grundkonstanten des Menschen zur Aufrechterhaltung oder Begründung einer Theorie annehmen zu müssen: *Selbststigmatisierung vollzieht sich in Interaktionen* und bedarf bei einer Applikation keiner theoretischen Annahmen über menschliche Aggression, sondern es genügt deren Vorhandensein. Daß die neutestamentlichen Texte davon wissen, daß auf Jesus kollektiv Aggressionen übertragen wurden, ist mE deutlich: er ist *das Lamm Gottes, das der Welt Sünde trägt!* (Joh 1,29). Damit hat bei der Deutung des Todes Jesus der sog Sündenbockmechanismus tatsächlich in irgendeiner Form Pate gestanden (cf oben), wenngleich dieser Ritus eben in charakteristischer Form transformiert wurde: zum einen wird mit der Person Jesu kein willkürliches, sondern ein letztes und va freiwilliges Opfer gewählt[31], welches nun, und hier greift die die Theorie R. Girards einfach zu kurz, *nicht mehr stabilisierend auf die Gesellschaft und ihre Ordnung wirkt, sondern als solches eine grundlegende Veränderung impliziert.* Dieser *Wille zur Veränderung* zeigt sich mE auch deutlich daran, daß das Opfer in der urchristlichen Symbolik von einer großen *Subjektivität und Aktivität* getragen wurde und eben gerade nicht von einer ansonsten für Opfer typischen *Passivität*[32]. Das *geschichtliche Element* kommt demnach bei einer Deutung des Todes Jesu in den Kategorien der Selbststigmatisierung viel stärker zum Tragen als in den oben angeführten Theorien, die doch eigentlich – so besonders bei W. Burkert – von einer ewigen Wiederkehr des Gleichen ausgehen[33]. Und zum andern bleibt festzuhalten, daß dieser Sündenbock in der urchristlichen Symbolik eben gerade nicht in die Wüste geschickt, sondern ins Zentrum der urchristlichen Theologie gestellt wurde. Lohnender als das Feststellen dieser Parallele der Symbolisierung des Todes Jesu mit dem Sündenbockritus scheint mE die Frage zu sein, wie gerade der Tod dieses einen Juden Jesus von Nazaret so gedeutet werden konnte. *Das ist doch die eigentliche Frage, die es theologisch zu beantworten gilt.* Und hierfür gibt R. Girards Hinweis darauf, daß mit Jesus Christus als Sündenbock eben in der Tat Gottes Sohn designiert wurde, um den versteckten Sündenbockmechanismus offenbar zu machen, mE nur äußerst wenig her,

---

[31] Normalerweise wird verdrängt, daß der Sündenbock das Opfer von gruppeninternen Spannungen wurde und ihm seine Eigenart, Sündenbock zu sein, quasi naturhaft zugeeignet wird. In der urchristlichen Symbolik hingegen wird dieser Zug des Sündenbockmechanismus' gebrochen: Jesus Christus übernahm betont freiwillig die Rolle des stellvertretenden Opfers für alle Menschen.

[32] Auch Hebr 9,11ff spiegelt diese Aktivität Jesu wider: er selbst handelt und agiert, es wird nicht an ihm gehandelt!

[33] Das Fehlen eines historischen Unterbaus in der Theorie R. Girards (sowie das in Opferhandlungen stets betonte und wichtige *Essen*) kritisiert auch W. Burkert, Glaube, S.110.

bleibt bei dieser Annahme doch ein „mythologischer Rest", hinter den nicht mehr zurückgefragt werden darf.

W. Burkert hingegen bemüht sich zwar um die historische Entstehung des Opfergedankens, auch er kann aber die konkrete Anwendung auf den Tod Jesu nur unzureichend erhellen. Positiv erwähnt werden soll hingegen, daß sich bei seiner Theorie bereits verborgen zwei Gedanken finden, die beim Phänomen der Selbststigmatisierung voll vorhanden sind und konstitutiven Charakter haben: so begegnet einmal die „Sehnsucht nach einer Auferstehung" des Opfers, indem dessen Lebenskern an die Natur zurückgegeben wird und sein Leben auf diese Weise erhalten wird. Und zum andern wird, bedingt durch das Gefühl kollektiver Verschuldung durch das Töten des Opfertieres, die Komponente der *Exkulpation* aufgegriffen; diese freilich nur für die Täter, nicht aber für das Opfer. Beide Aspekte sind nun voll entwickelt in der Anwendung des Modells der Selbststigmatisierung auf den Tod Jesu. Zugleich läßt sich mit Hilfe dieses Modells anhand der neutestamentlichen Texte zeigen, wie es historisch erst dazu kommen konnte, daß diese archaischen Bilder zur Deutung des Todes Jesu wieder auftauchten und – darüber hinaus – als nunmehr überholt angesehen werden konnten (Hebr 9,11ff). Zugleich wird hier der Opfertod Jesu weder wie bei R. Girard beim Präexistenten (vielmehr wird dies als mythische Einkleidung verstanden) noch wie bei W. Burkert beim paläolithischen Menschen der Frühzeit verortet, sondern beim historischen Jesus selbst: anhand der verschiedenen Formen von Selbststigmatisierung, die Jesus vollzog, um so das Judentum seiner Zeit von innen heraus zu erneuern. Dabei begab er sich freilich in verschiedene Schuldzusammenhänge, an denen er letztendlich auch scheiterte. Seine Anhänger aber, allen voran der frühere Christenverfolger Paulus von Tarsos, erkannten die hinter Jesu Schuld liegende Wahrheit und vollzogen unter Berufung auf Gott selbst den in ihren Augen größten Positionswechsel. Daß der, der als Schuldiger am Kreuz starb, in Wahrheit ohne Sünde war, um so die Schuld wegzunehmen, auf die er in seinem Handeln wies, wie dies Paulus in symolisch gesteigerter Form schreibt (2 Kor 5,21):

(Gott) hat den, der von keiner Sünde wußte, für uns zur Sünde gemacht, damit wir würden in ihm Gerechtigkeit Gottes.

4.3 Ergebnisse und Auswertung

Die Behandlung von Formen von Selbststigmatisierung bei Paulus verlief auf zwei Ebenen, die man als *doppelte Rezeption* der Verhaltensweise Jesu verstehen kann. Deutlich wurde auch hier, wie wichtig die Strategie der Selbststigmatisierung für ein angemessenes Verstehen der Missionspraxis des Paulus ist. Folgende Ergebnisse lassen sich formulieren:

(1) Ein Charakteristikum der Verkündigung des Paulus und damit seiner Theologie insgesamt kann in seiner *doppelten Rezeption* von Jesu Konfliktstrategie der Selbststigmatisierung gesehen werden. In Auseinandersetzung mit der Person Jesu muß dem ehemaligen Christenverfolger Paulus zum einen die hinter dem Anspruch Jesu stehende „Wahrheit" – trotz dessen offenkundigen Scheiterns – aufgegangen sein und zum anderen die Erkenntnis, daß eine radikal praktizierte Selbstentblößung nach außen hin überzeugt, sprich: *missionarische Züge* in sich trägt. Beide „Offenbarungen" hatten entscheidende Bedeutung für die Theologie des Paulus.

(2) *Subjektiv*, dh für die verkündigende Person des Paulus selbst hatte dies zur Folge, daß er das Verhaltensmuster der Selbststigmatisierung geradezu als „Missionsstrategie" verwandte, um auf diese Weise Not– und Krisensituationen, die der Gemeinde zum einen von außen drohten (1 Thess 2; Phil 1), zum andern aber die innergemeindliche Struktur selbst betrafen (1 Kor 8; Phil 2), so zu deuten, daß die jungen Gemeinden an der Belastungssituation nicht zerbrechen. Interessant ist dabei die Feststellung, daß sich die innergemeindlich praktizierte *Demut* als eine nach innen gewandte forensische Form von Selbststigmatisierung verstehen läßt. Selbststigmatisierung zum einen nach innen und zum anderen nach außen verhalten sich demnach *komplementär* zueinander und gehören eng zusammen. Dies macht auch die jeweilige Funktion dieser Form von Selbststigmatisierung für die Gemeinden selbst deutlich, geht es doch beide Male um den inneren Zusammenhalt der Gruppen. Zuletzt diente Paulus die Strategie der Selbststigmatisierung auch dazu, sein in den Gemeinden schwindendes Charisma auf's Neue zu legitimieren und sich so seine charismatische Autorität in den Gemeinden zu sichern (2 Kor 10ff; Gal 6).

(3) Der besonders bei Formen forensischer Selbststigmatisierung festzustellende psycho–soziale Druck, dem die jungen Christen in Verfolgungszeiten ausgesetzt waren, wird diesen nicht direkt genommen, sondern er wird theologisch gedeutet und damit in die christliche Sinnwelt integriert. Das Bekenntnis zu Jesus Christus war aber für die Christen zuerst einmal mit

einer *Steigerung* des Druckes von außen verbunden – erst in einem zweiten
Schritt wurde dieser Druck (kognitiv) verarbeitet und theologisch gedeutet
als Wirksamwerden des Geistes Gottes (1 Thess 2) bzw als Leiden um Christi willen (Phil 1,29) und durch diese Deutung reduziert. Diese Feststellung
muß mE besonders gegenüber der These betont werden, das frühe Christentum habe va auf Menschen mit einer sog „Statusinkonsistenz"[1] eine große
Anziehungskraft ausgeübt, da sich ihnen hier die Möglichkeit geboten habe,
ihren höchsten Status bspw in Form eines Gemeindeleiters zu leben[2]. Diese zweifelsfrei bestechende Theorie gibt mE keine hinreichende Erklärung
dafür, warum sich Menschen, die ja zT einen höheren Status hatten, sich
ausgerechnet einer Gruppe anschlossen, die gesellschaftlich im Abseits stand
und von Oberschichtangehörigen unisono negativ beurteilt wurde. Statusdissonanz wird mit dem Übertritt zum Christentum ja nicht reduziert, sondern
potenziert! Dasselbe gilt in anderer Weise von Christen mit einem *konstant
niedrigen Status*, die der Verfolgung bzw sozialen Ächtung trotzten (bzw
all die, die einer forensischen Form von Selbststigmatisierung nicht auswichen) und so für eine gewisse „Attraktivität" des Urchristentums sorgten
und entscheidende Träger urchristlicher Mission gewesen sind: sie schrieben sich selbst als Träger der Wahrheit einen viel höheren Wert zu, als
ihnen von ihrer Umwelt zugebilligt wurde. Für beide Gruppen von Christen
(aus Ober– und Unterschicht) wurden Statusdissonanzerfahrungen zunächst
intensiviert[3]. Erst auf dem Hintergrund, daß man das neue Wertesystem
für „wahr" beurteilt (und sich damit von der gesellschaftlichen Statusbemessung in gewisser Weise auch frei macht!), läßt sich eventuell in einem
zweiten Schritt eine Reduktion von Statusdissonanz feststellen. Beide Gruppen begegneten sich in der Gemeinde auf gleicher Ebene, in einem Raum,

---

[1]Zu diesem Begriff cf bes G. Lenski: Macht und Privileg. Eine Theorie der sozialen
Schichtung, Frankfurt 1977, S.124–127. Ferner G. Hartfiel/K.-H. Hillmann: Art. Statusinkonsistenz; Wörterbuch der Soziologie, Stuttgart, 9.Auflage 1982, Sp.732f sowie
W. Laatz/R. Leutmann: Art. Statusinkonsistenz; Lexikon der Soziologie, Opladen, 2.Auflage 1978, Sp.746. Der Begriff geht davon aus, daß der Status eines Menschen nicht eindimensional festgestellt werden kann, sondern sich vielmehr aus mehreren Einzelstatus
zusammensetzt. Inkonsistent ist ein Status dann, wenn ein und dieselbe Person zugleich
mehrere sehr unterschiedlich bewertete Status einnimmt.

[2]Die Theorie der Statusinkonsistenz (mit der damit verbundenen Reduktion) in Anwendung auf eine zum Christentum konvertierte *lokale Oberschicht* vertritt besonders
W.A. Meeks: The Social Context of Pauline Theology; Interpr 36 (1982), S.266–277. Cf
ferner ders.: The First Urban Christians. The Social World of the Apostle Paul, New Haven
1983 (Register!).

[3]Cf auch zusammenfassend meine Darlegungen in: Statusdissonanz – Reduzierung oder
Intensivierung?; In dubio pro deo, FS G. Theißen, Heidelberg 1993, S.183–190.

wo „in Christus" Statusunterschiede aufgehoben waren. *Objektiv* erfüllten
dabei jene gewiß wenigen Oberschichtangehörigen mit ihrem Übertritt zum
Christentum eine ganz entscheidende Funktion: *gemeindeintern* stellten sie
wohl die Führung der Gemeinden dar und versuchten, diese auch nach außen
zu repräsentieren (cf den Gemeindebrief des 1 Kor, der wohl von den wenigen Wohlhabenden stammt)[4] und *gemeindeextern* dürfen wir in ihnen wohl
jene Menschen sehen, die dadurch, daß sie sich zu einer marginalisierten bzw
stigmatisierten Gruppe bekennen, ihnen die Stigmata der Gruppe aber nicht
statusbedingt anhaften, einen wesentlichen Beitrag zur späteren *gesamtge-
sellschaftlichen* Entstigmatisierung des Christentums beitrugen[5].

(4) *Objektiv*, dh für die zu verkündigende Person Jesu hatte die Einsicht des Paulus zur Folge, daß der vormals Stigmatisierte nun von Gott
her der Entstigmatisierte bzw größte Charismatiker ist. Hier begegnet in
der paulinischen Christologie das (positive) Ergebnis von Jesu Strategie der
Selbststigmatisierung: der vollzogene Vorzeichenwechsel und der Gedanke,
daß Stigma in Charisma übergeführt wurde. Die gesamte Theologie des Paulus ist von diesem Gedanken der Überwindung von Niedrigkeit mit dem Ziel
späterer Herrlichkeit geprägt und der Philipperhymnus erscheint in diesem
Kontext geradezu als Paradigma dieser Theologie[6]. Doch ist die Person Jesu
bei Paulus nicht allein Vorbild und Paradigma, sondern er hat darüberhinaus eine schlicht singuläre charismatische Stellung, die in den soteriologischen
Deutungen des Todes Jesu zum Ausdruck kommt. *Hinter* diesen Aussagen

---

[4]Die potentielle Führungsposition von Menschen mit einem inkonsistenten Status in
einer Gruppe, die auf eine Veränderung des status quo abzielt, betont bes G. Lenski, Macht,
S.127: „Solche Bewegungen brauchen aber auch *Führer* und *finanzielle Mittel* ... Menschen
mit inkosistentem Status ... befinden sich häufig in einer Position, über das eine (scil.:
Bildung) oder andere (scil.: Geld) oder auch über beides zu verfügen ... Aus diesem Grunde
kann ihre Bedeutung durchaus in krassem Mißverhältnis zu ihrer zahlenmäßigen Stärke
stehen".

[5]L.c. W. Lipp, Selbststigmatisierung, S.47: „Personen und Personengruppen, die – ohne
wirklich stigmatisiert zu sein – sich selbst stigmatisieren, stellen Stigmatisierung – soziale
Schuldzuschreibung – damit erst dar und zur Diskussion. Indem sie Stigmata symbolisch
auf sich nehmen, verkünden sie ihre Distanz zu ihnen, und leiten sie eine Umkehr der
Antriebsrichtung, eben Entstigmatisierung und am Ende die Gegendeutung von Stigmata
ein". Auch G. Lenski, Macht, S.127 betont die große Bedeutung dieser Personengruppe,
nicht zuletzt auch für den grundsätzlichen Erfolg von werteverändernden Gruppen und
Bewegungen.

[6]Hierauf weist bes G. Theißen: Christologie und soziale Erfahrung. Wissenssoziologi-
sche Aspekte paulinischer Christologie; ders., Studien, S.318–330:325: Jesus Christus nahm
(innerhalb des Hymnus) als Präexistenter die größte Statusdissonanz auf sich, indem er
Sklave wurde. Christlicher Glaube drückt hier in seinen eigenen Bildern die Hoffnung auf
einen höheren Status aus – ‚verbürgt' durch das Beispiel Jesu Christi.

steht mE deutlich erkennbar Jesu Strategie der Selbststigmatisierung, die das *Bindeglied* zwischen historischem Jesus und kerygmatischem Christus darzustellen scheint.

(5) Paulus unterscheidet in seiner Verkündigung der Person Jesu und dessen Strategie der Selbststigmatisierung zwischen *defektiven und kulpativen* Stigmata. Hat die von Jesus praktizierte defektive Selbststigmatisierung vor allem Bedeutung für die Paränese (und damit für den „paulinischen" Imperativ), so die kulpative Selbststigmatisierung besonders für den paulinischen „Indikativ".

(6) Die in der paulinischen Theologie stets wiederkehrende Dialektik von präsentischem *Stigma* und futurischem *Charisma* weist mE zurück auf die soziale Wirklichkeit des frühen Christentums. Reale Stigmatisierungs- und Marginalitätserfahrungen werden so gedeutet, daß deren *Überwindung* konstitutiv zu ihnen gehört. Auch die christologischen Bilder, die für die Mission des Paulus ja eine entscheidende Rolle spielten, weisen auf eine soziale Wirklichkeit der Gemeinden, die zum einen eine große soziale Sprengkraft besitzt und zum andern für die gesellschaftliche Herkunft der frühen Christen ausgewertet werden kann.

(7) Paulus gelingt es in seinem theologischen Konzept, die Verhaltensweise der Selbststigmatisierung sowohl ekklesiologisch wie auch christologisch (im Philipperhymnus) zu fundieren. Getragen ist er dabei von der Hoffnung, daß auch bei den jungen Gemeinden jener Umschlag von Stigma in Charisma stattfinden wird, den der Philipperhymnus und damit letzlich Gott selbst verbürgt (cf 2 Kor 4,14). Gleiches läßt sich von der Person des Paulus sagen. Seine explizit selbsterniedrigenden Aussagen dienen dazu, die dahinterstehende Wahrheit zu erkennen, die Paulus so versteht, daß er zwar eine unzeitliche Geburt und der Geringste ist, an ihm aber in besonderer Weise die Gnade Gottes wirksam wurde – so wie bei keinem anderen. Wer dies erkennt, für den gibt es angesichts der stattfindenden urchristlichen Gegenmission nur eine Möglichkeit: sich hinter Paulus, den charismatischen Leiter der Gemeinden, zu stellen.

Kapitel 5
Formen von Selbststigmatisierung
bei Ignatius von Antiochien

Mit diesem Kapitel, das sich der Untersuchung von Formen von Selbststig-
matiserung bei Ignatius von Antiochien zuwendet, verlassen wir den unmittelbaren Bereich des Neuen Testaments und wenden uns in Gestalt des
Ignatius von Antiochien den Apostolischen Vätern zu. Wir bleiben damit im
Bereich des Urchristentums, aber mit Blick auf die frühe Kirchengeschichte[1].

Die Briefe des Ignatius von Antiochien bzw Briefe, die unter seinem Namen überliefert wurden, existieren in drei sog „Rezensionen"[2]: einer kurzen,
einer mittleren sowie einer längeren. Die nur auf syrisch erhaltene kurze
Rezension erweist sich als Exzerpt aus drei Briefen der sog mittleren Rezen-

---

[1]Es ist ein Hauptzweck dieses umfangmäßig geringsten Kapitels bzgl Formen von
Selbststigmatisierung, die Linie von Akten von Selbststigmatisierung über das Neue Testament hinaus zu ziehen. Theologiegeschichtlich wird dadurch mE va eines erreicht: Werden
(forensische) Formen von Selbststigmatisierung, wie sie besonders in der frühen Kirche
begegnen, als Fortsetzung von Verhaltensweisen Jesu und Paulus' (oder auch des Täufers)
wahrscheinlich gemacht, so muß mE über die Frage eines möglichen »Martyriumsfanatismus« der frühen Christen neu nachgedacht werden. Diese hätten dann ihre jeweiligen
Autoritäten nicht mißverstanden, sondern konsequent befolgt. Offenbar scheinen Akte forensischer Selbststigmatisierung für das frühe Christentum *konstitutiv* gewesen zu sein.
Ausführlicher zu diesem Fragekomplex im Schlußkapitel dieser Arbeit. Mit diesen Formulierungen soll ein möglicher Martyriumsfanatismus (mancher Christen) gewiß nicht geleug-
net werden – wohl aber sollte eine Bereitschaft zum Martyrium mE nicht *grundsätzlich*
(und vorschnell) als Fanatismus bezeichnet werden. Cf hierzu jetzt auch Chr. Butterweck:
„Martyriumssucht" in der Alten Kirche? Studien zur Darstellung und Deutung frühchristlicher Martyrien, Diss (theol) Heidelberg 1991.

[2]Zu den folgenden Einleitungsfragen, besonders hinsichtlich der Überlieferungsgeschichte der Ignatianen, cf Ph. Vielhauer, Geschichte, S.540ff. Ferner H. Paulsen: Studien zur
Theologie des Ignatius von Antiochien (FKDG 29), Göttingen 1978, S.9–59; W. Bau-
er/H. Paulsen: Die Briefe des Ignatius von Antiochia und der Polykarpbrief (HNT 18),
Tübingen, 2.Auflage 1985, S.3f, K. Bommes: Weizen Gottes. Untersuchungen zur Theologie des Martyriums bei Ignatius von Antiochien (Theophaneia 27), Köln/Bonn 1976,
S.16–19; W.R. Schoedel: Die Briefe des Ignatius von Antiochien. Ein Kommentar (Her-
meneia), München 1990, S.19–32. Einen ersten Überblick über den Stand der For-
schung vermittelt H. Paulsen: Ignatius von Antiochien; Gestalten der Kirchengeschichte 1,
Stuttgart/Berlin/Köln/Mainz 1984, S.38–50. Cf auch die älteren Artikel von O. Perler:
Art. Ignatios; LThK 5 (1960), S.611f und H.-W. Bartsch: Art. Ignatius von Antiochien;
RGG 3.Auflage 3 (1959), Sp.665–667. Zur Forschungsgeschichte der Ignatianen cf auch
S. Neill/T. Wright: The Interpretation of the New Testament 1881–1986, Oxford, 2.Auf-
lage 1990, S.44ff.

sion (Eph, Röm, Polykarp und einem Fragment aus Trall) für monastische
Zwecke. Die längere Rezension, die in mehreren griechischen Manuskripten
sowie lateinischen Übersetzungen erhalten ist, enthält eine um sechs Briefe
erweiterte Fassung der (interpolierten) mittleren Rezension (einen Brief an
Ignatius von einer Maria von Cassobola sowie Briefe von Ignatius an die
Tarser, die Antiochener, an Hero, an Maria von Cassobola und an die Philipper). Diese Rezension spiegelt die religiöse und soziale Situation des 4.Jh
wider. Besonders seit den Arbeiten von Th. Zahn[3] und J.B. Lightfoot[4] gilt
dagegen die mittlere Rezension allgemein als die authentische Fassung der
Ignatiusbriefe. Diese mittlere Rezension ist in einem einzigen griechischen
Manuskript aus dem 11. Jh (oder in Kopien desselben) erhalten. Es fehlt
darin der Röm, der abgetrennt und einem Bericht über das Martyrium des
Ignatius zugefügt wurde, und der damit eine eigene Überlieferungsgeschichte
hatte. Die mittlere Rezension ist in mehreren wichtigen Übersetzungen erhalten (lateinisch, syrisch, armenisch, arabisch und koptisch). Mit der Mehrzahl
der Ausleger wird hier diese mittlere Rezension zusammen mit dem Röm als
die authentische Fassung der Ignatiusbriefe angesehen[5].

Mit der Person des Ignatius von Antiochien verbinden sich mehrere Assoziationen – so bspw seine Einheitstheologie oder seine besondere Betonung
der bischöflichen Stellung. Alle Einzelpunkte jedoch werden überragt – und
finden in ihr ihre Mitte, die sie zusammenbindet – in dem einen großen Thema des Ignatius: in der Behandlung seines *Martyriums*.

Eine Behandlung des ignatianischen Martyriums geschah in der Forschung fast ausschließlich aus martyriums*theologischer* Perspektive[6]. Im Rahmen dieser Arbeit soll das Martyrium des Ignatius besonders unter dem
Aspekt seiner sozialen und geschichtlichen Bedingungen behandelt werden.
Dh: Wir fragen nach dem konkreten sozialen Ort der Martyriumstheologie
des Ignatius von Antiochien. Damit ist unsere Untersuchung zwar nicht weniger einseitig als die vielen Untersuchungen zur Martyriumstheologie des

---

[3]Cf Th. Zahn: Ignatius von Antiochien, Gotha 1873.

[4]Cf J.B. Lightfoot: The Apostolic Fathers. II,1.2, London, 2.Auflage 1889.

[5]Eine kurze Auseinandersetzung mit Bestreitern dieser opinio communis der Forschung
findet sich bei W.R. Schoedel, Briefe, S.29–32 sowie bei H. Paulsen, Studien, S.12–13.

[6]Cf bspw H. Paulsen: Studien; H.v. Campenhausen: Die Idee des Martyriums in der
alten Kirche, Göttingen 1936, S.65–79; N. Brox: Zeuge und Märtyrer. Untersuchungen zur
frühchristlichen Zeugnis–Terminologie (StANT 5), München 1961, S.203–225; H. Rathke:
Ignatius von Antiochien und die Paulusbriefe (TU 99), Berlin 1967, S.68ff; Th. Baumeister:
Die Anfänge der Theologie des Martyriums (MBT 45), Münster 1980, S.270–289 oder
K. Bommes, Weizen Gottes.

Ignatius, schafft auf diese Weise jedoch ein mE notwendiges Korrektiv zur primär theologischen Betrachtung der Ignatianen und wirft so auch ein neues Licht auf seine Martyriumstheologie[7].

Gegenüber den Behandlungen des Martyriums bei Johannes dem Täufer bzw Jesus von Nazaret sind wir bei Ignatius in der außergewöhnlichen Lage, den (künftigen) Märtyrer *selbst* sprechen zu hören. So haben wir Einblick in die Psyche und das Denken eines Menschen, der in sieben Briefen – fünf an die kleinasiatischen Gemeinden in Ephesus, Magnesia, Tralles, Philadelphia und Smyrna; einen an die Gemeinde in Rom und einen an Polycarp, den Bischof von Smyrna – sein unmittelbar bevorstehendes Martyrium (proleptisch) erlebt und verarbeitet[8]. Unser Hauptinteresse gilt der Behandlung des Martyriums des Ignatius von Antiochien als forensischer Form von Selbststigmatisierung, und wir untersuchen dabei besonders die Bedeutung von *Selbststigmatisierung als Charismaerneuerung.*

Entsprechend gliedert sich das folgende Kapitel in die beiden Abschnitte:

- Die (doppelte) Bedrohung der Identität des Ignatius durch seine Verurteilung sowie durch innergemeindliche Gegner und

- Ignatius' (gelingender) Versuch, sein Martyrium zur Quelle von Bewunderung und Charisma für die Christen der kleinasiatischen wie auch der antiochenischen Gemeinde zu machen.

---

[7]Ich weiß mich bei der Behandlung der Ignatiusbriefe besonders zwei Arbeiten verpflichtet, die die Erhellung des sozialen Ortes der Ignatiusbriefe als Voraussetzung für ein angemessenes Verständnis der Theologie des Ignatius überhaupt betonten; cf W. Bauer: Rechtgläubigkeit und Ketzerei im ältesten Christentum (BHTh 10), Tübingen 1934, S.65ff (ohne den Gegensatz zwischen Ignatius und seinen Gegnern dabei mit dem Begriffspaar *Rechtgläubigkeit und Ketzerei* umschreiben zu wollen) sowie besonders P.N. Harrison: Polycarp's Two Epistles to the Philippians, Cambridge 1936, S.79–106. P.N. Harrisons Beobachtungen schlugen sich in beträchtlichem Maße nieder im Kommentar von W.R. Schoedel, Briefe. Cf ferner ders.: Art. Ignatius von Antiochien; TRE 16 (1987), S.40–45 sowie ders.: Theological Norms and Social Perspectives in Ignatius of Antioch; E.P. Sanders (Hg.): Jewish and Christian Self–Definition 1. The Shaping of Christianity in the Second and Third Centuries, Philadelphia 1980, S.30–56. Besonders das neue und mE faszinierende Verständnis Ignatius' von W.R. Schoedel hat die Struktur dieses Kapitels maßgeblich beeinflußt.

[8]Diese Aufzählung entspricht wahrscheinlich nicht der historischen Reihenfolge. Folgt man der Darstellung in Eusebs Kirchengeschichte (III,36), so war diese: von Smyrna aus an die Gemeinden in Ephesus, Magnesia, Tralles und Rom; von Troas aus an die Christen in Philadelphia, Smyrna sowie an deren Bischof Polycarp. Diese Reihenfolge wird heute zumeist anerkannt.

5.1 Die Bedrohung der Identität des Ignatius durch seine Verurteilung sowie durch innergemeindliche Gegner

> *Von Syrien bis Rom kämpfe ich mit wilden Tieren, zu Land und zu Wasser, bei Nacht und Tag, an zehn Leoparden gefesselt – eine Soldatenabteilung nämlich –, die auch durch erzeigte Wohltaten nur schlimmer werden. Unter ihren Mißhandlungen aber werde ich immer mehr zum Jünger ...* (Röm 5,1)

So schreibt Ignatius von Smyrna aus der Gemeinde in Rom, die über seine baldige Ankunft wohl bereits unterrichtet wurde (Röm 10,1f). In Rom, wo er das Martyrium erleiden soll, wird seine Reise zu Ende sein: dort endlich wird er Gott bzw Christus „erlangen" (ἐπιτυγχάνειν; Eph 12,2;Mag 14;Trall 12,2 uö).

Über den *Anlaß* seines Martyriums hingegen schweigt der antiochenische Bischof. Nicht darüber gibt er Auskunft, wie er in diese Situation kam, sondern darüber, wie er dieses Martyrium versteht und verarbeitet.

Meist wird angenommen, Ignatius wurde im Rahmen einer (lokalen) Christenverfolgung in Antiochien als Repräsentant der örtlichen Gemeinde gefangengenommen und zum Tode verurteilt[1]. Um die öffentliche Ordnung wieder herzustellen, war es genug, das Oberhaupt der dortigen Christen aus dem Verkehr zu ziehen. Diese Verfolgung, die sich im übrigen aus den Briefen nicht belegen läßt, währte zeitlich nur relativ kurz. Die Nachricht, daß die Gemeinde in Antiochia wieder Frieden hat, die Ignatius in Troas erreicht (Phd 10,1;Sm 11,2;Pol 7,1), wird dann auf das Ende der Christenverfolgung in Antiochien bezogen[2].

Gegen diese verbreitete Forschungsmeinung hat jüngst K.-G. Essig[3] eine alternative Deutung hinsichtlich des Anlasses des ignatianischen Martyriums vorgeschlagen: er beruft sich dabei auf einen Hinweis der Chronik des Antiocheners Johannes Malalas (6. Jh nChr), der das Martyrium des Ignatius in einen zeitlichen Zusammenhang bringt mit einem Erdbeben in Antiochia, zu dessen Zeit auch Trajan im Rahmen des Partherfeldzuges in Antiochia zugegen war und den Ignatius schmähte (115 nChr). Es heißt dort:

---

[1] Cf J. Vogt: Art. Christenverfolgungen I (historisch); RAC 2 (1954), S.1159–1208:1171; H. Last: Art. Christenverfolgungen II (juristisch); RAC 2 (1954), S.1208–1228:1212f.

[2] Cf bspw K. Bommes, Weizen Gottes, S.13.

[3] Cf K.-G. Essig: Mutmaßungen über den Anlaß des Martyriums von Ignatius von Antiochien; VigChr 40 (1986), S.105–117. Vorsichtig dazu W.R. Schoedel, Briefe, S.28.

Doch er, Kaiser Trajan, hielt sich damals in der Stadt (= Antiochia) auf, als das Erdbeben geschah. Darauf erlitt unter ihm der heilige Ignatius, Bischof der Stadt Antiochia, das Martyrium. Denn er (=Trajan) hatte sich über ihn (=Ignatius) entrüstet, da er (=Ignatius) ihn (=Trajan) beschimpft hatte ...[4]

K.-G. Essig möchte mit dieser Deutung verschiedene Einzelzüge des Martyriums des Ignatius erhellen: So konnte eine solche Beleidigung als Hochverrat angesehen werden, auf die die Todesstrafe stand. Eine mögliche Strafe hierfür war es, den wilden Tieren in der Arena zum Fraß vorgeworfen zu werden. Majestätsdelikte hingegen wurden in Rom verhandelt – Kaiser und Senat wirkten hier zusammen. Da der Kaiser seinerseits das Urteil schon gefällt hatte, reiste Ignatius nach Rom, damit seine Sache noch vor dem Senat verhandelt wurde. Dieser bestätigte zwar in der Regel nur das kaiserliche Urteil, dennoch handelte es sich bei der Person des Ignatius sozusagen um ein schwebendes Verfahren wegen eines *crimen laesae maiestatis* (Hochverrats), weshalb die Beschwörungen des Ignatius an die Gemeinde in Rom, nichts zu unternehmen, was seiner Freilassung dienlich sein könnte, nicht völlig grundlos waren. Die Romreise des Ignatius wäre demnach zu verstehen als ein laufendes Verfahren, das in Rom zu seinem definitiven Ende gebracht wird und nicht – parallel zu Paulus (Act 25,11) – als ein Appellationsverfahren in letzter Instanz.

Die offenkundige Schwäche dieser Argumentation liegt besonders in der umstrittenen Zuverlässigkeit der Nachrichten des J. Malalas. So im Postulat einer römischen Staatsbürgerschaft des Ignatius oder einer persönlichen Begegnung zwischen Kaiser und Bischof; vor allem jedoch darin, daß der Bericht des Johannes Malalas deutliche Spuren einer späteren Reflexion über den Anlaß von Martyrien – den der *Beschimpfung des Tyrannen* durch den Märtyrer – trägt[5].

So bleibt hinsichtlich der Frage nach dem Anlaß des Martyriums des Ignatius mE die Annahme einer lokalen Christenverfolgung die wahrscheinlichste, der Ignatius als Einzelner – zur Abschreckung der anderen – zum Opfer fiel.

Wie dem auch sei: Man sollte mE nicht so weit gehen zu behaupten, „daß im *Anlaß* und nicht in der *Verteidigung* oder *Rechtfertigung* des ignatianischen Martyriums der Schlüssel für die Interpretation seines Schrifttums zu

---

[4]Zitiert nach K.-G. Essig, Mutmaßungen, S.107.

[5]Cf hierzu Chr. Butterweck, Martyriumssehnsucht, S.134ff, ohne allerdings auf dieses Beispiel selbst einzugehen.

suchen ist"[6]. So interessant dieser Aspekt auch sein mag – er gibt mE nichts
her, wenn es darum geht, zu erklären, wie Ignatius (a) sein bevorstehendes
Martyrium versteht (dies entspricht seiner Martyriumstheologie) bzw (b) ob
und was er mit dieser Theologie eigentlich – für sich wie für die Gemeinden
– bezwecken möchte (dies entspricht der Frage nach dem sozialen Ort der
ignatianischen Martyriumstheologie). Diesem letzten Aspekt gilt im folgenden unser Hauptinteresse.

In Troas erreicht Ignatius die Nachricht, daß seine antiochenische Heimatgemeinde wieder Frieden genießt (Phd 10,1;Sm 11,1f;Pol 7,1). Er verbindet diesen wiedererlangten Frieden kausal mit den Gebeten der Gemeinden
in Philadelphia und Smyrna, dankt ihnen hierfür und fordert sie auf, Gesandte nach Antiochia zu schicken, um die dortige Gemeinde anläßlich des
wiedergefundenen Friedens zu beglückwünschen.

Im folgenden wird es darum gehen, wahrscheinlich zu machen, daß sich
hinter diesem Frieden *auch* ein innergemeindlicher verbirgt, der Spaltungen
innerhalb der Gemeinde, die auch die Person des Ignatius selbst betrafen,
im Sinne des Ignatius zu einem glücklichen Ende brachte. Ignatius ist nicht
allein über das Ende der äußeren Verfolgung beruhigt, sondern auch über
die Einheit der Gemeinde, die sich nunmehr hinter ihn gestellt und damit
seine Autorität anerkannt hat. Dabei könnten folgende Punkte auf dieses
Verständnis weisen[7].

(1) Es läßt sich zeigen, daß sich das Verb εἰρηνεύειν in der urchristlichen
Literatur stets auf einen Frieden untereinander bezieht, nicht aber den Frieden in Anschluß an eine äußere Verfolgung meint. Dieser Befund gilt sowohl
für das Neue Testament (Mk 9,50; Röm 12,18; 1 Thess 5,13) als auch für
die Apostolischen Väter (1 Clem 15,1;54,2;63,4; PHerm Mand 2,3; Vis 3,6,3;
3,9,2;3,12,3; Sim 8,7,7; Barn 19,12=Did 4,3) wie auch für den weiteren Gebrauch des Ignatius (Trall inscr).

(2) Sm 11,2 schreibt Ignatius, daß die Gemeinde in Antiochia ihre Größe
wiedererlangt habe und ihr Leib wieder hergestellt worden ist. Die hier beschriebene Größe bzw die Wiederherstellung des Leibes der Gemeinde wird
sich wohl kaum auf das Ende der Verfolgung beziehen lassen. Röm 3,3
schreibt Ignatius: *nicht Sache von Überredung, sondern von Größe ist das
Christentum, wenn irgend es von der Welt gehaßt wird.* Bezeichnet Größe im

---

[6]L.c. K.-G. Essig, Mutmaßungen, S.105.

[7]Für das Weitere cf besonders P.N. Harrison, Polycarp's Two Epistles, S.83ff; W. Bauer,
Rechtgläubigkeit, S.65ff; W.R. Schoedel, Briefe, S.336f sowie ders., Norms, S.36f.

Röm das Gehaßtwerden von der Welt, so Sm 11,2 doch nicht das Ende dieses Hasses! Die Wiedererlangung von Größe und des Leibes der Gemeinde bezieht sich mE zumindest *auch* auf die Wiederherstellung von Eintracht und das Ende von innergemeindlichen Unstimmigkeiten (Eph 13,1;Magn 7;Trall 6.7;Phl 4;Sm 6,2;7).

(3) Diese Feststellung ist insbesondere auf dem Hintergrund zu betonen, daß Ignatius von einer allgemeinen Verfolgung der Gemeinde nichts berichtet. Ganz offensichtlich ist er alleine zum Tode verurteilt worden – von weiteren Leidensgefährten aus Antiochia erfahren wir nichts.

(4) Nachdem Ignatius vom wiederhergestellten Frieden in Antiochia in Troas in Kenntnis gesetzt wurde, forderte er die Gemeinden in Philadelphia und Smyrna (wie auch Polycarp selbst) dazu auf, Gesandte nach Antiochien zu schicken, um den dortigen Christen zu gratulieren. Schon andere, Antiochien räumlich näherstehende Gemeinden, hatten Vertreter – Bischöfe, Presbyter und Diakone – gesandt (Phl 10,2). Dieser Aufwand wäre mE zu hoch, ginge es hier tatsächlich nur um die Glückwünsche angesichts des Endes einer Verfolgung – ganz abgesehen davon, daß die dortigen Christen dann zu etwas beglückwünscht worden wären, für das sie gar nichts konnten[8]. Vielmehr steckt hinter diesem Vorhaben der dezidierte Versuch, die Wende, die sich in Antiochien ereignete, endgültig zu besiegeln: die Freude über diese Wende teilten die Antiochener nicht allein mit sich, sondern – so wird ihnen durch die von auswärts kommenden Gesandten versichert – mit der ganzen Kirche. Hinter aller Freude aber stand der Gedanke der Rechtfertigung des Ignatius, dessen Streben nach Einheit nunmehr erfüllt ist wie umgekehrt die Beschämung seiner Gegner. Angesichts des offenen Endes, den der Konflikt um seine Person in Antiochia hatte, ist es verständlich, daß Ignatius keine Details über die Situation in Antiochia mitteilte.

(5) Daß der Friede *in* der antiochenischen Gemeinde so relativ schnell wieder einkehrte, könnte mit der der Gemeinde von außen zuteilwerdenden Verfolgung zu tun haben: Druck von außen hat – soziologisch gesehen –

---

[8]L.c. W. Bauer, Rechtgläubigkeit, S.69: „Dieser Aufwand (scil.: der Reiseaufwand), der eine Reihe von Kirchen in schwieriger Lage vorübergehend führender Kräfte bis hinauf zum „Bischof" beraubt, auch in der Geschichte der alten Christenheit m.W. seinesgleichen sucht, ist mir nur verständlich, wenn Großes auf dem Spiele stand, d.h. wenn die Rechtgläubigkeit in Antiochien ohne ihren Vorkämpfer Ignatius durch die Ketzerei ...zurückgedrängt, wenn nicht aus dem Felde geschlagen zu werden droht". Zwar sollte man heute nicht mehr wie seinerzeit W. Bauer die theologischen Gegensätze im 1./2. Jh nChr unbefangen auf die Unterscheidung von Rechtgläubigkeit und Ketzerei beziehen (cf o), gültig an seiner Erkenntnis bleibt hingegen die Wahrnehmung von unterschiedlichen theologischen Meinungen samt ihren möglichen Folgen.

meist den Erfolg der Einheit nach innen. Oder in unserer hier gebräuchlichen Terminolgie: Akte forensischer Selbststigmatisierung dienen besonders der Bestärkung und Verschworenheit der Betroffenen untereinander.

Die aufgeführten fünf Punkte zeigen mE, daß Ignatius ein in seiner Identität als Bischof von Antiochien bedrohter Mensch gewesen ist[9]. Inmitten der Anfechtungen um seine Person wurde er aus seiner Gemeinde herausgerissen und konnte zumindest augenblicklich nicht für das kämpfen, was ihm so sehr am Herzen lag: für die Einheit und Eintracht der Christen untereinander[10]. Ignatius' Identität war insofern doppelt bedroht: Zum einen *grundsätzlich* sein Leben betreffend, zum andern aber sein *Amt als Bischof* betreffend.

Wir werden im folgenden sehen, wie Ignatius beide Situationen so aufeinander bezieht, daß seine bedrohte Identität in beiden Fällen bewahrt wird: Einerseits durch sein Verständnis des Martyriums als »Gott erlangen«, was andererseits „sein Martyrium zu einer Quelle der Bewunderung für die Christen Kleinasiens"[11] wie auch der in seiner Heimatgemeinde Antiochien machte.

---

[9]ME etwas übertreibend, der Sache nach aber durchaus zutreffend W. Bauer, Rechtgläubigkeit, S.68: „Was sich hinter diesem Titel (scil.: dem Bischofstitel) für Ignatius verbirgt, ist ... die Führerschaft einer Gruppe, die im schwersten Daseinskampf gegen fast übermächtige Gegner steht. Gewiß daneben der Anspruch, für alle Christen Syriens oder doch Antiochiens der maßgebende Deuter des Glaubens zu sein. Doch die Frage ist, wieweit diese Selbsteinschätzung anerkannt wurde".

[10]Auf die sog Gegnerfrage innerhalb der ignatianischen Briefe soll in diesem Kapitel nicht eingegangen werden. Meist sieht man in ihnen ‚Doketen' irgendeiner Form und/oder aber ‚Judaisten'. Doch bleibt ihre genaue Bestimmung unsicher. Cf neben W. Bauer/H. Paulsen, Briefe, S.64–65 und Chr. Butterweck, Martyriumssehnsucht, S.19ff auch L. Wehr: Arznei der Unsterblichkeit. Die Eucharistie bei Ignatius von Antiochien und im Johannesevangelium (NTA 118), Münster 1987, S.57–63. Sehr interessant sind dagegen die Überlegungen von Chr. Trevett: Prophecy and Anti–Episcopal Activity: a Third Error Combatted by Ignatius?; JEH 34 (1983), S.1–18. Sie geht davon aus, daß es sich bei den Gegnern des Ignatius weder um Doketen noch um Judaisten handelt, sondern daß diese vielmehr in einer charismatischen Tradition stehen, wie sie in Syrien bspw die Didache oder aber das Mt widerspiegelt. Grundsätzlich ist dieser Deutung mE zuzustimmen; sie erklärt in der Tat mehr ignatianische Spezifika als die formale und rein theologische Annahme von Doketen bzw Judaisten als Gegner des Ignatius. Fraglich bleibt mir dagegen, ob man die Distinktion zwischen Ignatius und seinen Gegnern wirklich so hoch ansetzen sollte (Amt versus Charisma), wie dies Chr. Trevett tut. Könnte man bei einer innergemeindlichen Gegnerschaft nicht auch – wie schon bei Paulus festgestellt – die verbindene Nähe zwischen beiden betonen?

[11]L.c. W.R. Schoedel, Briefe, S.44.

Diesem Vorgehen, das ich im weiteren unter der Begrifflichkeit von *Selbst-stigmatisierung als Charismaerneuerung* fassen möchte, gilt im folgenden Abschnitt unsere Aufmerksamkeit.

5.2 Selbststigmatisierung als Charismaerneuerung

Ignatius' Transport vom syrischen Antiochien in die Weltstadt Rom, in der ihn das Martyrium erwartete, verlief alles andere als anonym oder in schimpf-licher Einsamkeit. Unterwegs hatte er die Gelegenheit, Gesandtschaften zu empfangen; dies zumindest zT mit Hilfe von Bestechungen (wie die Röm 5,1 erwähnten „empfangenen Wohltaten" oft verstanden werden)[1]. Eine ernst-haft zu stellende Frage aber bleibt, *woher* die Christen Kleinasiens um das Schicksal des antiochenischen Bischofs[2] wußten bzw informiert waren. Hier begegnen wir im folgenden einem Aspekt, der aufs engste mit Ignatius' Stra-tegie der Selbststigmatisierung verbunden zu sein scheint.

Es läßt sich mE ohne Übertreibung sagen, daß Ignatius für seinem Weg nach Rom eine große „Öffentlichkeitsarbeit" bereithielt[3], die das sich abspie-lende Geschehen in seinem Sinne regelrecht in Szene setzte. Diese „Öffent-lichkeitsarbeit" soll nun kurz dargestellt werden.

(1) Bereits von Syrien aus wurde ein Bote entsandt, um der Gemeinde in Rom die Ankunft des Ignatius mitzuteilen. Röm 10,2 heißt es: *Von denen, die mir von Syrien nach Rom vorausgegangen sind zu Gottes Ehre, möchte ich glauben, daß ihr sie kennengelernt habt, auch teilt ihnen mit, daß ich nahe bin ...*

(2) Dieser erste Bote wird durch einen zweiten, Krokos, unterstützt, der den in Ephesus geschriebenen Brief auf dem Seeweg der Gemeinde in Rom übermitteln soll. Auf alle Fälle aber lag Ignatius wohl daran, daß der Brief zeitlich vor ihm in Rom ankommt. Die (nur hier begegnende) Angabe des Datums am Briefende (10,3) erfüllt wahrscheinlich den Zweck, daß sich die

---

[1]Belege von ‚christlichen' Bestechungen, um auf diese Weise zu Mitchristen zu gelangen, die im Gefängnis waren, bei W.R. Schoedel, Briefe, S.287, Anm 12.13 sowie bei W. Bau-er/H. Paulsen, Briefe, S.75.

[2]Allein Röm 2,2 nennt sich Ignatius selbst Bischof (Syriens); ansonsten zumeist mit dem Beinamen Θεοφόρος. Zu diesem Namen, va ob er im Fall des Ignatius aktivisch oder passivisch zu verstehen ist, cf den Exkurs bei W. Bauer/H. Paulsen, Briefe, S.22f.

[3]Cf hierzu W.R. Schoedel, Briefe, S.40–41. Treffend spricht er zuvor (S.39) von *Igna-tius' Reise als Geschichte und Schaustellung.* Cf ferner die entsprechenden Stellen im Kommentar.

Gemeinde in Rom auf seine Ankunft vorbereiten kann; zum Zeitpunkt, da sie den Brief liest, wird er schon nahe sein.

(3) Gleichfalls von Syrien aus muß ein oder müssen mehrere Boten durch Kleinasien gereist sein und die Gemeinden in Ephesus, Magnesia und Tralles von der Ankunft des Ignatius in Smyrna unterrichtet haben, die daraufhin Gemeindevertreter – zumeist hohen Ranges (Bischof Onesimus von Ephesus, Bischof Damas von Magnesia, die Presbyter Bassus und Apollonius sowie den Diakon Zotion, Bischof Polybios von Tralles – nach Ephesus schickten, um mit Ignatius Kontakt aufzunehmen.

(4) Die Gemeinden in Ephesus und Smyrna erfüllten Ignatius' Wunsch, daß Burrhus, Diakon der Gemeinde in Ephesus, bei im bleiben kann, was nicht zuletzt auch finanziell geregelt werden mußte (Eph 2,1;Phl 11,2; Sm 12,1). Burrhus begleitete Ignatius bis nach Troas und schrieb (zumindest zeitweise) die von Ignatius diktierten Briefe auf.

(5) Als „Verbindungsmänner" zwischen Ignatius und Antiochien fungierten offenbar Philo und Rheas Agathopous: sie trafen Ignatius in Troas, nachdem sie ihm zuerst nach Philadelphia (Phl 11,1) und Smyrna (Sm 10,1) nachgereist waren und konnten ihm dort die Nachricht vom wiederhergestellten Frieden in Antiochien überbringen. Dabei scheint Rheus Agathopous aus Ignatius antiochenischer Heimatgemeinde zu kommen (‚aus Syrien'), während Philo (‚der Diakon von Kilikien') aus einer Ignatius unterstützenden Gemeinde im Umkreis von Antiochien stammt.

(6) Zuletzt bat Ignatius alle Gemeinden, mit denen er bisher in irgendeiner Form in Kontakt stand, der Gemeinde in Antiochien zur wiedererlangten Größe und zum Frieden zu gratulieren (cf oben).

Diese zweifelsohne große Aktivität, die die Reise des Ignatius begleitete, zeigt, wie viel Ignatius zum einen an der Situation in Antiochien, zum andern aber auch an einer Kontaktaufnahme mit den kleinasiatischen Gemeinden gelegen war. Der Grund für dieses große Interesse ist mE darin zu suchen, daß es Ignatius auf dem Weg zum Martyrium vor allem darum ging, sein bisheriges Werk als Bischof von Antiochien und damit verbunden seine bedrohte Identität von anderen bestätigt zu bekommen.

Formen von Selbststigmatisierung, die in diesem Zusammenhang bei Ignatius von Antiochien begegnen, sind zum einen – ähnlich wie bei Paulus – *tiefe selbsterniedrigende Aussagen* sowie andererseits Ignatius' *Drang nach dem Martyrium*. Beiden Komplexen wollen wir uns nun näher zuwenden.

Ignatius bezeichnet sich mehrfach als den Letzten (ἔσχατος) der Gläubi-

gen Syriens (Eph 21,2;Trall 13,1;Röm 9,2;Sm 11,1), der es nicht wert bzw
würdig ist, zur Kirche Syriens zu gehören (Magn 14;Sm 11,1). Röm 9,2 nennt
er sich sogar – in wohl deutlicher Abhängigkeit von 1 Kor 15,8f – eine unzei-
tige Geburt (ἔκτρωμα). Ferner begegnen verschiedene Gegensatzpaare, in denen Ignatius stets den schlechteren Part auf sich bezieht. So bspw Eph 12,1:
*Ich bin ein Verurteilter, ihr habt Erbarmen gefunden; ich bin in Gefahr, ihr
seid gefestigt*[4].

Die Frage ist, wie diese selbsterniedrigenden Aussagen angemessen zu
verstehen sind. Daß Ignatius mit der realen Möglichkeit rechnete, ja möglicherweise sogar rechnen mußte, im Martyrium nicht so zu bestehen, wie
er dies gerne würde, mag in Röm 7,1–2 angedeutet sein[5]. Dennoch scheinen diese Aussagen eine tiefergehende Bedeutung für Ignatius zu besitzen.
Dies geht mE aus folgendem Sachverhalt hervor. Nachdem Ignatius in Troas die Nachricht erreichte, daß die Gemeinden in Antiochien wieder „Frieden" haben, dh also: wieder in Frieden zusammenleben, nehmen insbesondere seine »Unwürdigkeitsprädikationen« deutlich wahrnehmbar ab[6]. Der
wiedererlangte Frieden in Syrien und Ignatius' persönliche Würdigkeit hinsichtlich des Martyriums gehören für ihn demnach offenbar zusammen. Und
solange dieser Frieden noch nicht Wirklichkeit ist, kann man geradezu von
einer „Selbstverkleinerungssucht" des Ignatius sprechen[7]. Nehmen wir unsere oben gemachten Aussagen (daß sich der Friede in der antiochenischen
Kirche nicht allein auf das Ende einer äußeren Verfolgung, sondern auch auf
das Ende eines innergemeindlichen Schismas bezieht, welches das Charisma
des Ignatius untergrub und in Frage stellte), so stehen die selbsterniedrigenden Aussagen des Ignatius in unmittelbarem kausalen Zusammenhang
mit der Situation in Antiochien. Sie ließen sich dann wie folgt verstehen: Als
unwürdig versteht sich Ignatius vor allem solange, wie er um die bestehenden
Unstimmigkeiten in Antiochien, die ja nicht zuletzt seine Person betreffen[8],

---

[4]Cf auch Röm 4,3 mit Bezug auf ihn selbst und die Apostel Petrus und Paulus: *Sie
sind Apostel, ich ein Verurteilter; sie sind frei, ich aber bis jetzt ein Sklave.*

[5]Es heißt dort: *Keiner nun von euch, die zugegen sind, soll mir helfen ... Selbst wenn
ich persönlich euch auffordere, so gehorcht mir nicht; gehorcht vielmehr dem, was ich euch
schreibe ...*

[6]Hierauf macht besonders W.M. Swartley: The Imitatio Christi in the Ignatian Letters;
VigChr 27 (1973), S.81–103:102f aufmerksam.

[7]Dieser Begriff stammt von M. Dibelius: Geschichte der urchristlichen Literatur,
München, 3.Auflage, S.118, der Ignatius damit jedoch als „Mystiker" verstehen will.

[8]Auf die Situation in Antiochia geht Ignatius nicht direkt ein. Es könnte jedoch Ign
Pol 1–5 *auch* auf sie – und nicht nur auf die Situation Polykarps – angespielt sein. Cf
W. Schoedel, Briefe, S.39 Anm 62.

weiß. Gerade dort: in seiner Heimatgemeinde, hat er die große Aufgabe der Kirche – in Frieden und Eintracht untereinander zu leben – nicht erreicht. In seinem Schreiben an die Epheser (11,2–12,1) verknüpft Ignatius diese beiden Aspekte: die Größe der Gemeinde, die stets mit den Aposteln übereinstimmte und zu deren Erbgut er sich deshalb zählen möchte und das Thema der *Einheit* einerseits mit selbsterniedrigenden Aussagen und einem explizten *Demutspathos* andererseits[9].

So sehr Ignatius immer wieder seine eigene Unwürdigkeit – gerade auch was seine Teilhabe an der Kirche Syriens angeht – betont und dahinter mehr steht als höfliche Untertreibung, so sehr muß man mE annehmen, daß Ignatius hier von vornherein den *Widerspruch* der kleinasiatischen Gemeinden positiv einkalkuliert. Man mache sich klar: Keine Person innerhalb der kleinasiatischen (oder römischen) Gemeinden bzw niemand, der mit Ignatius in Smyrna bzw Troas perönlich Kontakt aufnahm, wird ihn in diesen selbsterniedrigenden Aussagen positiv verstärkt haben. Diese Aussagen dienen mE Ignatius vielmehr zur eigenen Identitätsfindung. Das reale und auch berechtigte Leiden an der Situation in Antiochien weist er – indirekt–dialektisch – von sich, gerade indem er sich selbst damit in Beziehung setzt! Das Gehör, das man Ignatius auf seiner Reise nach Rom schenkt, erfüllt für ihn vor allem die Funktion, sein durch die Ereignisse in Antiochien gestörtes Selbstbewußtsein und damit seine Identität insgesamt wieder ins rechte Lot zu rücken sowie indirekt auf seine Gegner in Antiochien rückzuwirken und sie auf diese Weise umzustimmen. Die »Formel«: *je tiefer die Selbsterniedrigungen, desto stärker der erfolgte Widerspruch*, hat dabei mE alle Wahrscheinlichkeit für sich.

Unter dem Blickwinkel der Selbststigmatisierung fällt auf die selbsterniedrigenden Aussagen des Ignatius ein neues Licht. So sehr diese auch auf einen Verzicht an Status und Ansehen zu zielen scheinen sind sie doch weniger darauf angelegt, sich tatsächlich (und damit aktiv) vor anderen klein zu machen, sondern vielmehr darauf, vehementen Widerspruch zu evozieren und sich so (passiv) groß machen zu lassen. Dies sollte hingegen nicht als Ruhm- oder Geltungssucht mißverstanden werden. Ignatius geht es regelrecht darum, seine eigenes Selbstverständnis bzw seine Identität »zu retten«. Das, was ihm das Wichtigste war, hat er selbst nicht erreicht. So erscheint sei-

---

[9]Schon Eph inscr lobt Ignatius die Größe der Gemeinde und meint damit ihre Eintracht: *Ignatius ... an sie, die mit Größe durch die Fülle Gottes des Vaters gesegnet ist, an sie, die vor den Zeiten vorherbestimmt worden ist, zu bleibender (und) unwandelbarer Herrlichkeit immerdar ausersehen, geeint und auserwählt ...*

ne Einheitstheologie gerade als eine ‚Apologie‘, die ihn rechtfertigen soll[10].
Den anderen Weg, seine Identität angesichts der Spaltungen in Antiochien
radikal in Frage zu stellen (und das hieße dann wohl, Sachkritik an sich
selbst zu üben), geht Ignatius nicht – von der Richtigkeit seines Weges ist
er überzeugt. Deshalb geht es ihm darum, dieses Richtigkeit auch von außen
bestätigt zu bekommen. Mit der Richtigkeit seines Weges verbindet sich aber
zugleich die Rechtfertigung seiner Person. *So untermauern die selbsterniedrigenden Aussagen des Ignatius letztlich dessen Anspruch auf Charisma und
Autorität!*

Zum anderen aber fällt Ignatius' Drang nach dem Martyrium auf. Dieser
begegnet besonders ausgeprägt in seinem Brief an die Gemeinde in Rom,
weshalb man den Röm des Ignatius hinsichtlich seines Verständnisses des
Martyriums geradezu als „Testament" des Ignatius bezeichnen kann[11]. Aus
ihm sei im folgenden zitiert[12]:

> *Gewährt mir nicht mehr, als Gott geopfert zu werden, solange
> noch ein Altar bereitsteht. (2,2)*
> *Schön ist es, von der Welt unterzugehen zu Gott, damit ich bei
> ihm aufgehe. (2,2)*
> *Laßt mich der wilden Tiere Fraß sein, durch die es möglich ist,
> zu Gott zu gelangen. (4,1)*
> *Fleht Christus für mich an, daß ich durch diese Wekzeuge als
> Gottes Opfer erfunden werde. (4,2)*
> *Möchte ich doch Freude erleben an den wilden Tieren, die für
> mich bereitstehen, und ich wünsche, daß sie sich mir gegenüber*

---

[10]Ignatius' Einheitstheologie hat mE einen deutlichen sozialen Bezug. Ihre Bedeutung
wird nicht dadurch schon angemessen dargestellt, wenn man sie (was ohnehin problematisch ist) aus dem Einheitsdenken der Gnosis zu erklären sucht. So aber noch H. Schlier:
Religionsgeschichtliche Untersuchungen zu den Ignatiusbriefen (BZNW 8), Gießen 1928
oder H.-W. Bartsch: Gnostisches Gut und Gemeindetradition bei Ignatius von Antiochien
(BFChTh II/44), Gütersloh 1940 sowie ders., Art. Ignatius.

[11]Zur Besonderheit des Röm innerhalb des Corpus Ignatianum cf auch H. Paulsen,
Studien, S.99ff.

[12]Auch an anderen Stellen seiner Briefe begegnet Ignatius' Drang nach dem Martyrium. Wichtige Stellen sind hier Eph 1,2;Trall 4,2;10;Pol 7,1 und Sm 4,2. Letztere könnte
so verstanden werden, daß Ignatius sein Martyrium selbst herbeiführte (dies vermuten
auch, jedoch ohne auf Sm 4,2 Bezug zu nehmen, W. Bauer/H. Paulsen, Briefe, S.74: „Ign
(hat) sein Verlangen nach dem Tod im Martyrium so weit getrieben, daß er es bewußt herbeiführte"). Doch scheint mir eine solche Annahme eher unwahrscheinlich. Dahinter könnte
auch schlicht das Bekenntnis zu Jesus Christus stehen oder aber eine spätere aktivistische
Selbstdeutung des Ignatius.

*schnell entschlossen erweisen; ich will sie dazu verlocken, mich
schnell entschlossen zu verschlingen. (5,2)
Feuer und Kreuz und Rudel von Bestien, Zerreißen der Knochen,
Zerschlagen der Glieder, Zermalmung des ganzen Körpers, des
Teufels böse Plagen sollen über mich kommen, nur damit ich zu
Christus gelange. (5,3)*

Man stellte die in diesen Worten begegnende Martyriumsleidenschaft des
Ignatius in die Nähe von Aussagen eines Psychopathen[13]. In der Tat: für
Ignatius haben Leben und Tod die Rollen getauscht. Röm 6,2 schreibt er
eindringlich: *Hindert mich nicht zu leben, wollt nicht, daß ich sterbe.* Auch
hier stellt sich – wie oben bei den selbsterniedrigenden Aussagen – die Frage
nach einem adäquaten Verständnis dieser Texte. Wieder versuchen wir, sie
mit Hilfe und im Licht der Strategie der Selbststigmatisierung zu beantworten.

ME begegnet auch in Ignatius' Martyriumsdrang die gleiche Haltung, die
sich auch bei seinen selbsterniedrigenden Aussagen zeigt – das Martyrium
soll vor allem seine (charismatische) Autorität begründen bzw bestätigen.
Vorausgesetzt ist hierbei, daß man dem ignatianischen Denken theologisch
nicht gerecht wird, wenn man sein Martyrium als lebensverneinend versteht
– vielmehr drückt sich hierin eine besondere Form der Lebensbejahung aus.
Auch sein Martyrium „setzt" Ignatius so ein, daß es seine Autorität als
Bischof festigt. Mit ihm verneint er nicht die Welt, sondern er bestätigt damit, was er bisher getan hat: „What was at stake for Ignatius was not so much
the ‚success of his martyrdom'as the evaluation of his life and ministry"[14].
Ignatius „erzwingt" sich – über den Weg der *Autorität des Beispiels* – geradezu sein Charisma und seine Autorität, weshalb er auch die Christen in
Rom bitten kann, nichts zu seiner Freilassung zu unternehmen[15]. Dies zeigt
auch seine Beziehung zu den Aposteln Petrus und Paulus (Röm 4,3): *Nicht*

---

[13]L.c. W.H.C. Frend: Martyrdom and Persecution in the Early Church. A Study of a
Conflict from the Maccabees to Donatus, Oxford 1965, S.197: „His (scil.: Ignatius')
letters display a state of exaltation bordering on mania" oder L.W. Barnard: The Background of
St. Ignatius of Antioch; VigChr 17 (1963), S.193–206:193: Ignatius' „language sometimes
betrays an exuberance and wildness which could be interpreted as neurotic".

[14]L.c. R.F. Stoops: If I Suffer ... Epistolary Authority in Ignatius of Antioch; HThR 80
(1987), S.161–178:177.

[15]Ganz ähnlich jetzt auch Chr. Butterweck, Martyriumssehnsucht, S.20. Auch sie geht
davon aus, daß Ignatius durch seine Leidensbereitschaft vor allem überzeugen möchte, da
sonst „das Ansehen des Bischofsamtes, das die Einheit garantieren soll, bei inkonsequentem
Verhalten des Amtsträgers auf dem Spiel" steht.

wie Petrus und Paulus befehle ich euch: sie Apostel, ich ein Verurteilter; sie frei, ich noch immer ein Skave; aber wenn ich gelitten habe, werde ich ein Freigelassener Jesu Christi sein ... Ignatius parallelisiert hier mE nicht das Martyrium miteinander, das dann alle drei traf. Petrus und Paulus befahlen ihren Gemeinden nicht erst nach ihrem erlittenen Martyrium, sondern aufgrund ihrer *apostolischen Autorität*, die Ignatius nie erreichen kann. Seine Autorität wird sich auf sein Leiden (und damit auf sein Beispiel) gründen. Und diese Autorität wird ihm – sollte er im Leiden bestehen – niemand (mehr) streitig machen können. Doch nicht erst für die Zeit *nach* seinem Martyrium beansprucht Ignatius damit Autorität, sondern indirekt natürlich auch schon jetzt. Denn: Sein Martyrium begründet keine grundsätzlich neue (geistliche) Autorität, sondern unterstreicht ja letztendlich nur das, was er bisher (im Fleisch) schon war: *ein Charismatiker Christi*[16].

Man trifft mE die ignatianische Martyriumstheologie nicht, will man sie mit dem paulinischen Begriffspaar des ‚Schon' und ‚Noch nicht' erfassen[17]. Dies führt dann nicht nur unweigerlich dazu, in Ignatius ein unvollkommenes Abbild des großen Theologen Paulus zu sehen[18], sondern auch sein Martyrium wird mE gründlich mißverstanden: Dieses ist kein *Ausbruch* aus einer empfundenen Statik, sondern ein existentieller und dramatischer Versuch, sein bisheriges Werk zu rechtfertigen und zu verteidigen[19]. Möchte man diesen Aussagen folgen, ließe sich die logische Konsequenz ziehen: Hätte Ignatius Paulus, dessen Spuren er doch so gerne folgen mochte (Eph 12,2), richtig verstanden, wäre ihm das Martyrium zwar nicht erspart geblieben, er hätte aber (wie Paulus) das ‚Jetzt' seiner christlichen Existenz mehr zu schätzen gewußt und nicht so sehr nach dem ‚Noch nicht' Ausschau gehalten! Ignatius hat dagegen Paulus sehr wohl richtig verstanden – zumindest was seine Rezeption der auch von Paulus praktizierten Strategie der Selbststigmatisierung angeht.

---

[16]Diesen Zusammenhang betont Ignatius mehrfach. Cf Eph 15,1 und besonders Röm 3,2, wo es heißt: *Nur Kraft, äußerlich wie innerlich, erbittet für mich, damit ich nicht nur rede, sondern auch den Willen habe, damit ich nicht nur Christ genannt, sondern auch (als solcher) erfunden werde.*

[17]Cf hierzu R. Bultmann: Ignatius und Paulus; ders.: EXEGETICA. Aufsätze zur Erforschung des Neuen Testaments, Tübingen 1967, S.400–411. Ähnlich auch, allerdings um einige Gedanken C.G. Jungs erweitert, W. Rebell: Das Leidensverständnis bei Paulus und Ignatius von Antiochien; NTS 32 (1986), S.457–465.

[18]L.c. ebd, S.461: „Die Dynamik des paulinischen Entwurfs von der Überwindung des Alten geht verloren zugunsten einer zweifelhaften Statik ... Ihm (scil.: Ignatius) ist – ohne daß er das freilich zugibt – unter der Hand das ‚Schon' der Kirche zum ‚Noch-nicht' geworden".

[19]Völlig richtig urteilt R. Bultmann, Ignatius, S.411, daß Ignatius aus seinem Todesgeschick ein Werk macht, das ihm Sicherheit gibt. Allein seine negative Bewertung sollte man heute nicht mehr nachvollziehen.

Auf das Verhältnis von Ignatius und Paulus in dieser Frage soll nun abschließend noch kurz eingegangen werden.

Mit dieser Form forensischer Selbststigmatisierung erinnert Ignatius mE stark an ähnliche Verhaltensweisen seines ‚Vorbildes' Paulus[20], wie wir sie bereits oben im Zusammenhang mit 2 Kor 10–13 sowie Gal 6,17 kennenlernten. Und in der Tat – die äußere Situation bei beiden Gestalten ist durchaus vergleichbar: delegitimierenden Tendenzen von außen wird mit Akten von (forensischer) Selbststigmatisierung entgegengetreten. Doch bestehen auch Unterschiede, die nicht verschwiegen werden sollen. Es sind dies besonders zwei:

(1) Paulus stellt vergangene (bzw gegenwärtige) Leidenserlebnisse in den Mittelpunkt seiner Formen von Selbststigmatisierung. Diese deutet er in einem neuen Licht und will sich mit dieser Deutung einen rechtmäßigen Anspruch auf Autorität und Charisma ‚sichern'. Anders Ignatius: er geht quasi mit seinem erst anstehenden und damit zukünftigen Martyrium bei den Empfängern seiner Briefe und dadurch indirekt auch bei seiner antiochenischen Heimatgemeinde ‚hausieren'. Während Paulus sich also auf seine apostolischen Leiden berufen kann, dh auf Leiden, die ihn als Apostel qualifizieren, ist dies für Ignatius erst in der Zukunft möglich: auf dem Weg zum Martyrium wird er mehr und mehr zum Jünger Jesu Christi.

(2) Ignatius verwendet zur Deutung seines Martyriums bzw seiner momentanen Situation eine soteriologische Begrifflichkeit. So bezeichnet er sich und seinen Geist bzw seine Fesseln als Lösegeld (ἀντίψυχον; Eph 21,1; Sm 10,2; Pol 2,3;6,1) für euch (scil.: die Gemeinden), für dich (scil.: Polycarp) oder für die, die sich dem Bischof, den Presbytern und Diakonen unterordnen. Zugleich verwendet Ignatius an zwei Stellen (Eph 8,1;18,1) eine ausgeprägte Opferterminologie – ein Sühnopfer (περίψημα)[21] sind er bzw sein Geist für die Epheser und er weiht sich ihnen. Darüber hinaus stellt er sich in Röm 4,2 als

---

[20]Paulus als Vorbild erwähnt Ignatius Eph 12,2. Zu traditionsgeschichtlichen Gemeinsamkeiten zwischen beiden cf neben der S.245 Anm 2 und S.246 Anm 6 zitierten Literatur auch H.-T. Wrege: Wirkungsgeschichte des Evangeliums. Erfahrungen, Perspektiven und Möglichkeiten, Göttingen 1981, S.49ff sowie A. Lindemann: Paulus im ältesten Christentum. Das Bild des Apostels und die Rezeption der paulinischen Theologie in der frühchristlichen Literatur bis Marcion (BHTh 58), Tübingen 1979, S.82ff.199–221.

[21]So – und nicht als Ausdruck höflicher Selbsterniedrigung – ist περίψημα mE zu verstehen. So auch K. Bommes, Weizen Gottes, S.221f oder W.R. Schoedel, Briefe, S.120f und die Mehrzahl der Ausleger. Cf auch G. Stählin: Art. περίψημα; ThWNT 6 (1959), S.83–92:91. Anders dagegen bspw K. Aland/W. Bauer, Wörterbuch, zSt; W. Bauer/H. Paulsen, Briefe, S.34 oder A. Lindemann, Paulus, S.203.

Opfer Gottes (θεοῦ θυσία) dar[22]. Ob wir von Paulus in einer entsprechenden Situation ähnliche Worte zu hören bekommen hätten, läßt sich nicht sicher sagen. In der einzig vergleichbaren Situation – die des Paulus im Gefängnis in möglicher Erwartung des Todes (Phil 1,17ff) – verwendet Paulus die Opferterminologie anders. Dieses ignatianische Todesverständnis wurde oft – auf dem Hintergrund von Kol 1,24 – als konkurrierend zum Tode Jesu verstanden[23]. Gegen eine solche Annahme ist einzuwenden, daß Ignatius selbst in seinen Äußerungen keine erlösungstheologische Konkurrenz zum Leiden Christi erkennen läßt; wohl spricht auch er von einem stellvertretendem Leiden, doch wird damit keinerlei *Konkurrenz* zu Christus behauptet[24]. Vielmehr verwendet Ignatius die Opferterminologie mE als ein »Druckmittel«, um auf diese Weise Anerkennung und damit sein Charisma bei den betroffenen Gemeinden regelrecht einzuklagen – werden sie ein θεοῦ θυσία doch bestimmt nicht ablehnen! Erkennen jene sein Charisma an, so wirkt dies auch zurück auf seine Gegner in Antiochien, die dadurch geschwächt werden. Denn hier wird er ja in dem Anliegen gerechtfertigt, das er dort (bislang) noch nicht erreichte.

Fassen wir unsere Überlegungen zusammen: Ignatius setzt seine selbsterniedrigenden Aussagen sowie sein anstehendes Martyrium, dem er wohl nicht mehr entgehen kann, gezielt ein, um bei den kleinasiatischen, der römischen und indirekt bei der antiochenischen Gemeinde sein Charisma (neu) zu begründen. Bzgl der selbsterniedrigenden Aussagen geschieht dies auf dem Weg des „Widerspruchs", hinsichtlich des Martyriums mit dem Verweis auf das Beispiel, das ihn, insofern er im Martyrium bestehen wird, den Aposteln Petrus und Paulus gleichstellen wird. Weil das Martyrium für Ignatius keine grundsätzlich neue Autorität begründet, sondern seine vorhandene bestätigen soll[25], erfüllt seine Einstellung zum bevorstehenden Martyrium bereits jetzt das, was das Martyrium dann offenbaren wird: Eine Rechtfertigung gegenüber Angriffen auf seine Person und damit eine endgültige *Bestätigung seines Charismas*.

---

[22]Hier sah man Parallelen zu 4 Makk. Auf das Verhältnis zwischen Ignatius und 4 Makk kann im folgenden nicht eingegangen werden. Cf aber O. Perler Das vierte Makkabäerbuch, Ignatius von Antiochien und die ältesten Martyrerberichte; RivAC 25 (1949), S.47–72.

[23]Eine Konkurrenz hinsichtlich des erlösenden Leidens zwischen Jesus Christus und dem Märtyrer Ignatius nehmen bspw an H.v. Campenhausen, Idee, S.78; H. Paulsen, Studien, S.184; H. Rathke, Ignatius, S.75 oder aber N. Brox, Zeuge, S.221ff.

[24]Ähnlich auch K. Bommes, Weizen Gottes, S.106, Th. Baumeister, Anfänge, S.287 oder L. Wehr, Arznei, S.42.

[25]So auch Chr. Butterweck, Martyriumssehnsucht, S.21: Ignatius bekräftigt „durch die Tat ... was er gelehrt hat".

5.3 Ergebnisse und Auswertung

Unsere Untersuchung zu *Formen von Selbststigmatisierung bei Ignatius von Antiochien* zeigt, daß die Strategie der Selbststigmatisierung auch für Ignatius von fundamentaler Bedeutung war. Folgende Ergebnisse lassen sich abschließend formulieren:

(1) Ein Hauptpfeiler für das Verstehen des Ignatius bilden ganz offenbar die Vorgänge in seiner Heimatkirche im syrischen Antiochien, die dem Martyrium des Ignatius vorausgehen und auf die Ignatius in seinen Briefen nur sehr spärlich und indirekt eingeht. Es wurde versucht zu zeigen, daß in Antiochien Ignatius' (Amts-)Charisma und seine Autorität von Teilen der dortigen Gemeinde bestritten wurde und ihm dieser Ansehensverlust auch in seiner Selbsteinschätzung stark zusetzte: Ignatius sah sich durch diese Vorgänge in seiner Identität zutiefst verunsichert und bedroht, und die Kontaktaufnahmen mit den verschiedenen Gemeinden auf dem Weg zu seinem Martyrium erfüllten für ihn besonders die Funktion, seine (bedrohte) Identität von außen wiederherzustellen, ihn in seinem Verständnis von Einheit und Eintracht zu stärken sowie indirekt auf seine Gegner in Antiochien rückzuwirken und sie wieder für sich zu gewinnen. Für die Wiedergewinnung seines erschütterten Selbstverständnisses griff Ignatius zu Formen von Selbststigmatisierung, die, indem sie auf den ersten Blick verstärkend wirkten, ihn letztlich doch in einem existentiell–dramatischen Geschehen rechtfertigen sollten.

(2) Die verschiedenen selbsterniedrigenden Aussagen des Ignatius: die Betonung seiner Unwürdigkeit, der Letzte der Kirche Syriens oder aber (wie Paulus) eine »unzeitliche Geburt« zu sein, lassen sich verstehen als realer Schmerz darüber, in seiner Kirche das (apostolische) Ziel der Einheit der Kirche nicht realisiert zu haben. Dahinter jedoch steht der konkrete Wunsch, dieses verfehlte Ziel nicht ihm anzulasten, sondern ihn vielmehr von einem möglichen Vorwurf diesbezüglich freizusprechen – die explizit selbsterniedrigenden Demutsaussagen haben mE allein die Funktion, daß ihnen *widersprochen*, Ignatius in seinem Verständnis bestätigt und er damit als Autorität anerkannt wird!

(3) Ähnliches gilt für Ignatius' Verständnis seines Martyriums. Auch das Martyrium des Ignatius wird dem Ziel der (Wieder–)Begründung seiner Autorität bzw seines Charismas dienstbar gemacht. Da dieses keine absolut neue Autorität begründen, sondern nur bestätigen soll, wofür er bislang lebte, wirft die künftige Legitimität und Autorität schon jetzt ihre Schatten dahingehend voraus, daß sie bereits jetzt wirksam sein kann.

(4) Stellt man Ignatius und die Person des Paulus nebeneinander, so sollte man dabei mE weniger die *Unterschiede* – die dann meist zu einer einseitigen Profilierung des Paulus führen – als vielmehr die offenkundigen *Gemeinsamkeiten* betonen[1]. Beide Persönlichkeiten agieren in vergleichbaren Situationen ganz ähnlich: werden sie von außen in ihrer Legitimität bestritten, so versuchen sie, ihre Legitimität mit Hilfe der Strategie der Selbststigmatisierung regelrecht »wiedereinzuklagen«. Anders als bei Ignatius führt dies bei Paulus sogar dazu, daß er das Profil seiner Gegner in polemischer Auseinandersetzung nahezu bis zur Unkenntlichkeit verzerrt[2]. Anders als Paulus bezieht Ignatius Selbststigmatisierung auf sein erst zukünftig stattfindendes Martyrium, um mit ihm Christus und den Aposteln Petrus und Paulus gleichzuwerden und sich auf diese Weise gleichsam ein „Denkmal" bei seinen Gemeinden zu setzen. Für beide aber, sowohl für Paulus wie für Ignatius von Antiochien, gilt: Sie setzen Formen von Selbststigmatisierung ganz gezielt auch für ihre eigene Person ein, um sich auf diese Weise Autorität und Charisma zu verschaffen[3].

(5) Die verschiedenen Aussagen des Ignatius haben dabei ihre Wirkung offenbar nicht ganz verfehlt. Schon sehr früh – möglicherweise noch zu seinen Lebzeiten – wurden seine Briefe gesammelt und in urchristlichen Gemeinden gelesen (cf PolPhil 13,2[4]). Einen wesentlichen Beitrag dazu, daß dies überhaupt möglich war, muß wohl in dem Kommunikationsnetz gesehen werde, das Ignatius von Syrien aus bis hin nach Rom ausspannte, um in diesem Sinne für seine Theologie zu werben.

(6) Auch mit der Person des Ignatius, Bischof von Antiochien (Röm 2,2), begegnen wir einem *urchristlichen Charismatiker* (im Sinne M. Webers).

---

[1]Auch K. Bommes, Weizen Gottes, S.141 Anm 255 sieht Paulus und Ignatius eng zusammen – dies freilich ganz auf theologischer EbeneB beiden geht es darum, den Willen Gottes zu erfüllen – über vorhandene Unterschiede hinweg.

[2]Zu erinnern bleibt hier, wie schwer sich die kritische Forschung tat und immer noch tut, die Gegner des Paulus zu bestimmen.

[3]Wer hier – angesichts der durchaus problematischen Komponente, die hier Selbststigmatisierung, damit aber auch Charisma hat (scil.: das Erwachsen aus Prozessen der Anomie und Negation) – Sachkritik erwartet, wird enttäuscht. Nicht allein deshalb, weil die Arbeit in diesem Sinne historisch arbeitet und sie alles Gewicht auf ein *Verstehen* der Texte legt, sondern ganz besonders deshalb, weil die Nähe zur Anomie für charismatische Prozesse offenbar *konstitutiv* ist. Wer also die Quelle von Charisma kritisiert, kritisiert damit Charisma (als Negativphänomen) überhaupt.

[4]PolPhil 13,2: *Die Briefe des Ignatius, die uns von ihm zugeschickt sind, und andere, soviel wir ihrer bei uns haben, sandten wir euch, wie ihr verlangtet. Sie sind diesem Brief beigegeben; und ihr werdet großen Nutzen aus ihnen ziehen. Denn sie handeln von Glauben und Geduld und jeder Erbauung, die unseren Herrn betrifft.*

Wenn sich Ignatius dabei in Form der forensischen Selbststigmatisierung regelrecht nach dem Martyrium drängte, sollte dies mE so verstanden werden,
daß er sich auf diesem Weg sein (schwindendes) Charisma zu sichern suchte[5].
In seinen Briefen spricht Ignatius als der, der mit der Welt gebrochen hat,
als der, für den es kein „Zurück" mehr gibt und als der, der Stand und Halt
nicht mehr in dieser, sondern in der anderen Welt hat (Röm 7,2)[6], sodaß
Leben und Tod für ihn die Rollen getauscht haben:

> *Seid nachsichtig mit mir, Brüder. Hindert mich nicht zu le-*
> *ben, wollt nicht, daß ich sterbe. Den, der Gott gehören will, ver-*
> *schenkt nicht an die Welt und verführt ihn nicht durch die Ma-*
> *terie. Laßt mich das reine Licht empfangen! Dort angekommen,*
> *werde ich Mensch sein. (Röm 6,2)*

---

[5]Zu Ignatius als urchristlichen Charismatiker cf jetzt H.O. Meier: The Charismatic Authority of Ignatius of Antioch: A Sociological Analysis; StudRel/SciRel 18 (1989), S.185–
199, mit dem mE wenig überzeugenden Versuch, Ignatius' Worte über seine Unwürdigkeit auf dem Hintergrund des „routinisierten Charismas" und damit als reale Unwürdig-
keitsprädikate des Ignatius zu verstehen, der als Tertiärcharismatiker der Würde eines
Märtyrers eigentlich nicht gewachsen ist. Trotz dieser Kritik ist es aber ein Verdienst von
H.O. Meier, Ignatius in diesem Sinne einmal als Charismatiker dargestellt zu haben.
[6]Cf zum wiederholten Mal W. Lipp, Selbststigmatisierung, S.42f.

Kapitel 6
Selbststigmatisierung, Entstigmatisierung, Charismatisierung: abschließende Bemerkungen

Im folgenden soll es nicht allein darum gehen, unsere bereits oben dargelegten Ergebnisse erneut zu wiederholen. Vielmehr ist es das (positive) Ziel dieses letzten Kapitels, teils abschließende, teils weiterführende Gedanken zu den in dieser Arbeit verhandelten Begrifflichkeiten: denen von Selbststigmatisierung, Entstigmatisierung sowie Charisma(tisierung) zu formulieren.

Die weiteren Überlegungen haben daher vor allem systematischen Charakter und berühren insbesondere religionstheoretische bzw –phänomenologische, hermeneutische sowie religionssoziologische Fragestellungen. Dabei ist nicht an eine erschöpfende Beantwortung *aller* in dieser Arbeit aufgeworfenen Fragen gedacht. Aber immerhin sei die Richtung angedeutet, wie mE *exegetische Einzelbeobachtungen* in übergreifende *systematische Zusammenhänge* sinnvoll eingebracht werden können. Nicht mehr – aber auch nicht weniger – als eine *Richtungstendenz* ist dabei angestrebt.

So sollen unsere abschließenden Überlegungen behandeln:

- die (Konflikt–)Strategie der Selbststigmatisierung als urchristliches Gesamtphänomen (Selbststigmatisierung als urchristliches „Basismotiv")

- das Phänomen der Entstigmatisierung als vollzogener Perspektivenwechsel im urchristlichen Sinnhorizont samt dessen verschiedenartiger Deutung in den neutestamentlichen Schriften und den damit implizierten Problemen (die unterschiedlichen entstigmatisierenden Deutungen Jesu in noch unterschiedlicheren Schriften)

- das Phänomen des (gesamten) Urchristentums als einer charismatischen Bewegung samt deren „Quelle" (der terminologische Rückgriff auf M. Weber und dessen weiterführende Rezeption)

6.1 Selbststigmatisierung: ein urchristliches „Basismotiv"

Unsere Studie, die sich die Untersuchung der (Konflikt–)Strategie der *Selbststigmatisierung* zur Aufgabe stellte, ergab ein tiefverwurzeltes Vorhandensein dieses Phänomens bei *allen* näher behandelten Personen. Johannes der

Täufer, Jesus von Nazaret, Paulus, Ignatius von Antiochien, aber auch verstreute Notizen aus dem zeitgenössischen Judentum (wie aus dem Bereich kynischer Wanderphilosophen) – sie alle „verbürgen" damit, je auf eigene Weise, die grundsätzliche Bedeutung, die für sie Akte von Selbststigmatisierung hatten.

Das Charakteristische jeder Person sei dabei noch einmal zusammenfassend dargestellt:

1. Johannes der Täufer übt asketische Selbststigmatisierung durch seine Kleidung und Speise. Provokatorische Selbststigmatisierung liegt dagegen in seiner Verkündigung vor: Durch Problematisierung der Abrahamskindschaft aller Juden und die Kritik an der Ehe des H. Antipas fordert er Aggressionen gegen sich heraus. Ein Akt forensischer Selbststigmatisierung ist die Taufe des Johannes, da sie mit einer öffentlichen Selbstanklage vor dem Forum Gottes und der Menschen verbunden ist. Auch das Martyrium des Täufers ist als Akt forensischer Selbststigmatisierung zu verstehen. Johannes der Täufer hat sich wahrscheinlich nach Analogie des (alttestamentlichen) Elia als der für die Endzeit erwartete Elia redivivus verstanden. Damit hat er den Konflikt mit H. Antipas sowie sein ungewöhnliches Ende *bewußt* riskiert und nicht lediglich passiv erduldet. Deutlich sind bei Johannes dem Täufer evasive und offensive Strategien von Selbststigmatisierung auszumachen. Insgesamt jedoch verbleibt der Täufer (asketisch) am *Rand der Gesellschaft* und versucht von hier aus gesellschaftlichen Einfluß auszuüben.

2. Bei Jesus von Nazaret treten nun die evasiven Züge zurück: Nicht am Rande der Gesellschaft übt er Selbststigmatisierung, sondern er zielt mit ihr direkt auf das Zentrum der Gesellschaft. Formen asketischer Selbststigmatisierung (Familien–, Besitz–, Heimatlosigkeit; der Verzicht auf Schutz und Gegenwehr) dienen nicht (wie beim Täufer) der Anklage oder Buße, sondern werben um das Gegenüber. Feindesliebe und Gewaltverzicht wollen die Aggression des anderen paradox überwinden. Dieser offensive Sinn der Verhaltensweisen Jesu und seiner Anhänger tritt bei den provokatorischen Formen von Selbststigmatisierung noch stärker hervor: Reinheit wird offensiv (und damit provokatorisch) bestimmt; Tempelaktion und Tempelwort fordern das Zentrum der Gesellschaft heraus. Einen Akt forensischer Selbststigmatisierung stellt das Martyrium Jesu dar. Weniger wichtig ist dabei, ob

Jesus seinen Tod vorausgesehen oder vorausgesagt hat (riskiert hat er ihn gewiß), sondern daß sein Tod einer Verhaltenstendenz entsprach, die sein ganzes Leben prägte – einem selbststigmatisierenden Zug, der nach Ostern zur Grundlage einer Deutung des Kreuzes als *Selbststhingabe und stellvertretender Tod wurde.*

3. Paulus überschreitet mit seiner Verkündigung den Bereich des Judentums und trägt die christliche Botschaft in eine kulturell neue Welt hinein. Dabei begegnet Selbststigmatisierung bei Paulus in zweifacher Form. Zum einen als Motiv des eigenen Verhaltens, zum andern als Motiv bei der Ausgestaltung des Christusbildes: Jesus wird zum Ur- und Vorbild von Selbststigmatisierung. Als Verhaltensmotiv begegnet das Verhaltensmuster der Selbststigmatisierung in drei Zusammenhängen: Indem die Verfolgung der thessalonischen Gemeinde nach Analogie der Selbststigmatisierung der Propheten und Jesu gedeutet wird, wird Leiden als Erwählung interpretierbar. Funktional wird die Gemeinde durch diese Form forensischer Selbststigmatisierung stabilisiert (1 Thess 2). Indem die Starken zum Verzicht auf Götzenopferfleisch aufgefordert werden, obwohl dieser Verzicht ihren Überzeugungen widerspricht, wird von ihnen eine asketisch–soziokulturelle Selbststigmatisierung verlangt – um der Einheit der Gemeinde willen (1 Kor 8). Indem schließlich Paulus in die Rolle des Narren schlüpft und dabei seine Stigmata demonstrativ betont, gewinnt er erneut Charisma und Autorität in seinen Gemeinden (2 Kor 10–13;Gal 6). Als Interpretationsmotiv der Christologie begegnet das Motiv der Selbststigmatisierung in zwei Varianten. Im sog Philipperhymnus (Phil 2) wird Jesus als Urbild und Vorbild einer defektiven (nicht kulpativen!) Selbststigmatisierung dargestellt und der Umschlag von Stigma zu Charisma, von Erniedrigung in Erhöhung in mythischer Form dargestellt. In verschiedenen christologischen Formeln wird dagegen Jesu Tod als kulpative Selbststigmatisierung gedeutet. Auch hier wird urbildlich die Neuverteilung von Schuld sichtbar, die mit jeder Form von Selbststigmatisierung intendiert wird.

4. Ignatius von Antiochien endlich wirkt mit seiner Strategie der Selbststigmatisierung bereits in einem bestimmten *christlichen Klima.* Für das Gelingen seiner Strategie kann er auf den gemeinsamen christlichen Geist vertrauen, daß *Gott das Geringe erwählt hat.* Bei Ignatius dominiert ein Aspekt, der bei Paulus nur ein Teilaspekt war: Charis-

maerneuerung durch Selbststigmatisierung. Ignatius nimmt in Phantasien sein Schicksal vorweg. Aber er setzt es gezielt ein, um seine in Antiochien bedrohte Autorität wiederherzustellen. Der dort wiedererlangte Frieden ist wohl nicht nur ein äußerer (nach Beendigung einer Verfolgung), sondern auch ein *innergemeindlicher* – Beendigung eines Streits, der auch die Person des Ignatius betraf. Mit selbsterniedrigenden Aussagen und durch Antizipation des Martyriums klagt Ignatius sein bedrohtes Charisma aufs neue ein – mit Erfolg, wie die Sammlung und der Gebrauch seiner Briefe zeigen.

An dieser Stelle sei auf eine Besonderheit der *paulinischen* Strategie der Selbststigmatisierung aufmerksam gemacht, die mit dem Eintritt der christlichen Botschaft in den hellenistischen Raum zusammenhängt.

Es wurde des öfteren betont, daß ein mit der Strategie der Selbststigmatisierung verbundenes Verhalten stets den Appell an *gemeinsame Werte* enthält – seien diese nun verdrängt, kompromittiert oder aber untergeordnet. So konnten Verhalten und Verkündigung von Johannes dem Täufer oder auch von Jesus von Nazaret unter Beibehaltung des Wertesystems des damaligen Judentums als Formen von Selbststigmatisierung verständlich gemacht werden. Im Falle des Paulus dagegen liegen die Dinge anders. Anders als der Täufer und Jesus wirkt er in heidnischer Umwelt. Zwischen ihm und seiner Umwelt gibt es weniger Übereinstimmungen in Werten und Überzeugungen als beim Täufer bzw Jesus und der palästinischen Gesellschaft. Dennoch fehlen solche gemeinsame Grundwerte bzw –überzeugungen nicht gänzlich. An einigen Stellen seien daher *Konvergenzpunkte* aufgezeigt, die den Eintritt der christlichen Botschaft in die hellenistische Kultur positiv begleiten.

- Folgt man dem Bericht der Apostelgeschichte, so konnte Paulus mit seiner *monotheistischen Predigt* (Acta 17,22ff) bei seinen heidnischen Zuhörern durchaus mit offenen Ohren rechnen. Wenig Akzeptanz fand dagegen seine Botschaft von der Auferstehung der Toten (V 32f). Die differenzierte Darstellung der Apostelgeschichte beleuchtet mE historisch glaubwürdig Chance und Schwierigkeit der christlichen Botschaft in einer anderen Kultur.

- Auch hinsichtlich der *Ethik* konvergierten Werte und Grundüberzeugungen zwischen Christen und heidnischer Umwelt. So empfiehlt Paulus der philippischen Gemeinde unter Aufnahme verbreiteter antiker ethischer Formen und Inhalte: *Was wahrhaftig ist, was ehrbar, was gerecht, was rein, was liebenswert, was einen guten Ruf hat, sei es eine*

Tugend (εἴ τις ἀρετή), *sei es ein Lob – darauf seid bedacht!* (Phil 4,8) Die
Suche nach Wahrheit, Gerechtigkeit und Tugend verbindet demnach
das Streben der Christen und anderer Menschen in deren Umwelt[1].

• Von entscheidender Bedeutung jedoch war wohl ein von den Stoikern
(und Kynikern) der Kaiserzeit vertretener *Humanismus* mit einer hohen ethischen Sensibilität[2]. So wirbt L.A. Seneca geradezu für einen
humanen Umgang mit Sklaven: *Nicht besteht Anlaß, mein lieber Lu-
cilius, daß du deinen Freund nur auf dem Forum und in der Kurie
suchst: wenn du aufmerksam darauf achtest, wirst du ihn auch zuhause finden (scil.: unter deinen Haussklaven) ... (Der) ist sehr töricht,
wer einen Menschen nach seiner Kleidung oder Situation, die nach
Art eines Kleidungstückes uns angetan ist, einschätzt* (ep 47,16). In einem solchen geistigen Klima, das die sittliche Qualität eines Menschen
höher bewertet als dessen vorfindlichen Status, konnte mE das zentrale
paulinische Theologumenon – die Botschaft von der Gegenwart Gottes
im Allergeringsten – auf Verstehensvoraussetzungen seiner heidnischen
Hörer hoffen.

Reduzieren wir nun unsere Beobachtungen auf den christlichen Bereich,
also hauptsächlich unter Ausklammerung des Täufers, so ist – besonders unter Hinzunahme der Geschichte der Alten Kirche, in der die Strategie der
Selbststigmatisierung in Form der forensischen Selbststigmatisierung in der
Märtyrertradition besonders ausgeprägt fortlebte – mE die Verallgemeine-
rung durchaus legitim, von Selbststigmatisierung als einem *urchristlichen
Basismotiv* zu sprechen[3]. Unter dem Begriff des „Basismotives" verstehen
wir eine Verhaltens– bzw Denkstruktur, die der urchristlichen Bewegung

---

[1]Zu Phil 4,8 cf auch W. Schrage, Ethik, S.206 sowie E. Lohse: Theologische Ethik des
Neuen Testaments, Stuttgart/Berlin/Köln/Mainz 1988, S.61. Anders dagegen W. Schenk,
Philipperbriefe, S.314, der den Vers von der jüdischen Überlieferung her erfassen will als
Worte des Paulus gegen dessen jüdische Agitatoren in Philippi.

[2]Cf hierzu G. Theißen: Wert und Status des Menschen im Urchristentum; Humanistische Bildung 12 (1989), S.61–93.

[3]Der Begriff des Basismotives ist inspiriert durch D. Ritschl: Die Erfahrung der Wahrheit. Die Steuerung von Denken und Handeln durch implizite Axiome; ders.: Konzepte. Ökumene, Medizin, Ethik. Gesammelte Aufsätze, München 1986, S.147–166. Dieser
spricht von *impliziten Axiomen*, die unser menschliches Denken und Handeln steuern, die
uns sagen: »Ja, so geht es«, »so gelingt das Leben« (S.161). Ich meide hier die Ritschl-
sche Terminologie (so sehr ich seinen Ausführungen und Folgerungen inhaltlich zustimme)
und wähle statt dessen den mE neutraleren Begriff des Basismotivs, nicht zuletzt deshalb,
weil ich beim Phänomen der Selbststigmatisierung immer wieder von einer Strategie, von
einer Konfliktstrategie sprach, die von den jeweils Handelnden mE ganz bewußt eingesetzt

als einer (zumindest nach außen irgendwie geschlossen erscheinenden) Interpretationsgemeinschaft basal innewohnt und über das sich hier urchristliche Identität konstituiert. Diese Verhaltens– oder Denkstruktur tritt zwar, wie ein Blick auf unsere Untersuchung leicht zeigt, in verschiedenen Ausformungen, seien sie nun primär gesellschaftsbezogen (so besonders bei Jesus) oder aber christologischer, ekklesiologischer (so besonders bei Paulus) oder martyrologischer (so bei Ignatius) Art, auf, gerade hierin zeigt sich jedoch seine tieferliegende, in diesem Sinne *basale* Struktur. Selbststigmatisierendes Verhalten, konkret: Protest gegen die alte, vergehende und Leben für die neue Welt bis hin zum Martyrium, um so die für wahr erkannte christliche Botschaft zu bezeugen (auch über ein objektiv erfolgtes Scheitern hinaus, das subjektiv wohl nicht als solches erlebt wurde), steuerte das Denken und Handeln der neu entstehenden charismatischen Bewegung. Dabei ist die Diskussion müßig, ob hier aus einer Not eine Tugend gemacht wurde, da gesellschaftlicher Einfluß eben nur so zu erlangen war. Immerhin zeigt der sog Räuberkrieg nach dem Tode Herodes dGr, daß sich Unmut und Protest auch anders artikulieren konnten als auf dem (relativ friedlichen) Weg der Selbststigmatisierung. Richtig ist mE dagegen wohl der Hinweis darauf, daß das Christentum in einer gesellschaftlichen Situation entstand, als das Scheitern des Räuberkrieges oder aber der Aufstand eines Judas Galiläus kognitiv verarbeitet wurde im Sinne einer Konfliktlösung auf friedlicher Basis. Wichtiger als dieser Hinweis auf die Entstehungssituation der christlichen Bewegung ist aber die Beobachtung, daß sich unter gesellschaftlich veränderten Bedingungen in Palästina, die das geistige Klima emotional scharf anheizten und letztendlich in der Katastrophe des Jahres 70 endeten, sich die friedliche Strategie der Christen eben gerade nicht änderte – eine Beteiligung von Christen am Jüdischen Krieg wird in der Forschung mE zu Recht nicht

---

wurde. Implizit im Ritschlschen Sinn kann Selbststigmatisierung daher nicht sein. Dennoch treffen seine Beobachtungen bes der Steuerung sowie der Erfahrung der Wahrheit auch auf das Phänomen der Selbststigmatisierung zu. Daher sei nochmals die grundsätzliche Abhängigkeit der folgenden Überlegungen von denen D. Ritschls betont – auch über die aufgezeigten Differenzen hinweg. Cf ferner ders.: Implizite Axiome. Weitere vorläufige Überlegungen; Implizite Axiome. Tiefenstrukturen des Denkens und Handelns, München 1990, S.338–355 sowie ders.: Simplicitas dei oder der Hauch des Unhistorischen: Bemerkungen zu Klaus Bergers Hermeneutik; Heidel–Berger–Apokryphen, FS Kl. Berger, Heidelberg 1990, S.210–220. Insgesamt zu den sog „impliziten Axiomen" W. Huber (Hg.): Implizite Axiome. Tiefenstrukturen des Denken und Handelns, München 1990. Zu einer (religionsphänomenologischen) Anwendung dieses Konzeptes auf die urchristliche Interpretationsgemeinschaft cf die Überlegungen von G. Theißen: Vers une théorie de l'histoire sociale du Christianisme primitif; ETR 63 (1988), S.199–225.

angenommen. Dh: Die Verhaltens– bzw Denkstruktur der Selbststigmatisierung wurde im Urchristentum unter anderen Bedingungen – auch mit dem tiefgreifenden Übertritt der christlichen Botschaft in den hellenistischen Bereich – gerade *nicht* mit fliegenden Fahnen aufgegeben, sondern vielmehr stets aufs neue aktualisiert.

Selbststigmatisierung als urchristliches Basismotiv heißt dann: Das Bewußtsein, andere Sichtweisen und die damit implizierten Veränderungen „von unten" durchzusetzen zu versuchen, die Gesellschaft mit ihren Sanktionsmechanismen quasi zu unterlaufen und auf diese Weise in der Tat wie Sauerteig zu wirken. Subjektiv *legitimiert* wird dieses Bewußtsein durch den Anspruch, die „Wahrheit" klarer zu sehen als dies in den herrschenden Kreisen zZt geschieht. Insofern ist Selbststigmatsierung ja auch immer Artikulation von Protest, der auf gesellschaftliche Veränderung abzielt. Wird dieser Protest hingegen von primär herrschaftsfernen Kreisen geübt, so drückt sich hierin ein hohes elitäres Bewußtsein aus: Die Konstruktion gesellschaftlicher Wirklichkeit wird nicht länger den gesellschaftlichen Führern überlassen, die damit das gesellschaftliche System ja vor allem stützen würden[4], sondern von marginalisierten und stigmatisierten Außenseitergruppen beansprucht und dies – so der vertretene Anspruch – in einem Maße, das der Gesamtwirklichkeit eher entspricht als die gegenwärtige Situation. *Praktiziert* dagegen wird dieses Bewußtsein durch das „Mythologem der verkehrten Welt"[5] – das bestehende gesellschaftliche Realitätsprinzip wird gebrochen, auf diese Weise radikal in Frage gestellt und schon jetzt umgewertet.

Dabei gilt es, sich klarzumachen: *keine* hier in dieser Arbeit verhandelte Person bzw Personengruppe hat sich wohl je gesagt: ‚Mit dieser oder jener Handlung stigmatisiere ich mich selbst'. In diesem Sinne ist und bleibt der Begriff der Selbststigmatisierung ein Kunstbegriff – er beschreibt hierin Handlungen, die sich eben in provokatorischen, asketischen oder aber forensischen Ausformungen abspielen. Selbststigmatisierung ist so gesehen in wahrsten Sinn des Wortes ein Ober*begriff*: er bringt bestimmte Handlungen auf einen gemeinsamen begrifflichen Nenner und bezieht von da her seine große integrative Kraft.

Wohl aber drückt sich mE im jeweiligen Handeln der (sich selbst stigmatisierenden) Personen(gruppen) das Wissen um eine *gewisse Immunität*

---

[4]Cf dazu die Überlegungen von S. Moscovici im einleitenden Kap 1.2, S.27–29.

[5]Cf W. Lipp, Selbststigmatisierung, S.43 unter Aufnahme von W.E. Mühlmann: Chiliasmus und Nativismus. Studien zur Psychologie, Soziologie und historischen Kasuistik der Umsturzbewegungen, Berlin 1961.

aus: Immun gegen den herrschenden Stigmatisierungsmechanismus der Gesellschaft, den man, verbunden mit den hierin verteidigten Wertvorstellungen, bereits hinter sich gelassen hat. Die subjektive „neue Welt", in der man jetzt lebt, ist die Kraftquelle, aus der geschöpft wird. Insofern liegt es durchaus in der Logik von Selbststigmatisierung, wenn innerhalb der urchristlichen Bewegung andere Spielregeln als die gesellschaftlichen gelten (Gal 3,28) oder aber sich die frühen Christen als Fremde (1 Petr 2,11) dieser Welt begriffen, die ein Bürgerrecht im Himmel besitzen (Phil 3,20;Hebr 13,14;Diog 5,5.9;Herm sim I,1–6). In all diesen Fällen begegnet eine Durchbrechung des Realitätsprinzips[6], ein Verlassen dieser Welt, um eine neue – qualitativ höherstehende – zu gewinnen. Akte von Selbststigmatisierung sind dabei in höchstem Maße bestimmt von einer *Risikobereitschaft*: die andere Sichtweise setzt sich nicht passiv durch, sondern eben zumeist provokant, weshalb Selbststigmatisierung, wie wir oben sahen, zu Recht mit dem Terminus ‚sticheln' umschrieben wurde. Dieses Sticheln jedoch blieb kein Selbstzweck, sondern erfüllte seinen eigentlichen Zweck im Rahmen der urchristlichen Botschaft. Die gesellschaftliche Umwertung von Werten wurde nicht nur verbal verkündet, sondern auch – in Akten von Selbststigmatisierung – authentisch gelebt.

Für das frühe Christentum spiegelte sich in diesem Verhalten „Wahrheit" wider; es war in den verschiedenen Formen von Selbststigmatisierung seinem Herrn Jesus Christus treu. Dieser lebte konsequent ein selbststigmatisierendes Verhalten und empfing von seinen Anhängern dadurch seine charismatische Legitimität. Diese Legitimität Jesu galt ihnen letztendlich als göttliche: im Leben Jesu begegnete seinen Anhängern die von ihm angekündigte Gottesherrschaft. Er lebte sie in seiner paradoxen Umwertung bereits vor; in ihm wurde die Gottesherrschaft jetzt schon manifest.

Für die vorpaulinische Tradition oder aber möglicherweise für Paulus selbst war das Handlungsmuster der Selbststigmatisierung so *fundamental bzw basal*, daß er es in Form des Philipperhymnus transzendierte; in der festen Überzeugung, daß diese ratio letztlich auch der ratio Gottes entspricht[7]. So hob er Selbststigmatisierung geradezu „in den Himmel" und fixierte sie dort als quasi göttliches Gesetz – doch nicht nur sie, sondern zusammen

---

[6]Cf W. Lipp, Stigma, S.270.

[7]Zu diesem Verständnis von Transzendenz als Widerspiegelung menschlicher Handlungen, die über sich hinausweisen, cf P.L. Berger: Auf den Spuren der Engel. Die moderne Gesellschaft und die Wiederentdeckung der Transzendenz, Frankfurt 1969 = Freiburg/Basel/Wien 1991.

mit der Selbststigmatisierung auch den Prozeß des Umschlagens von Stigma in Charisma, der damit Akte von Selbststigmatisierung stets als Hoffnung begleitet und sie nicht als bloßen Masochismus erscheinen läßt.

Zugleich besitzen Akte von Selbststigmatisierung eine *dramatische* Komponente; dramatisch in dem Sinn, daß das Ende „offen" ist. Niemand weiß, ob die neue Sichtweise auch tatsächlich von anderen übernommen wird. Akte von Selbststigmatisierung werden daher zuerst einmal *subjektiv* (vor)gelebt; dies jedoch in der Hoffnung, daß sich hierin auch ein Stück „Objektivität" widerspiegelt. Selbststigmatisierung als Akt, der überwunden werden soll – gleich, wie die Ordnungen, gegen die sich der Protest richtet, überwunden werden sollen – erfüllt für sich keinen Selbstzweck, sondern hängt von der Botschaft ab, die verkündet wird und – hierin letztlich in seiner Bedeutung kaum zu überschätzen – von der Übernahme der Sichtweise der verkehrten Welt durch andere und somit von der Entstigmatisierung der Selbststigmatisierer.

6.2 Entstigmatisierung als vollzogener Vorzeichenwechsel sowie das Problem der Quellen

Die verschiedenen Formen von Selbststigmatisierung, denen wir im Laufe dieser Untersuchung begegneten, wiesen alle auch auf die Tendenz zu ihrer *Entstigmatisierung* (bzw Charismatisierung) oder ließen eine solche als möglich erscheinen oder zumindest ahnen. Ja, vielleicht ist es sogar wahr, daß wir die einzelnen Akte selbststigmatisierenden Verhaltens überhaupt nicht als solche erkennen würden, wäre die Möglichkeit einer Entstigmatisierung der betroffenen Person nicht mindestens im Bereich des Möglichen.

Insofern blicken wir bei unseren vier selbststigmatisierenden Gestalten: Johannes den Täufer, Jesus von Nazaret, Paulus sowie Ignatius von Antiochien auf „geglückte", auf geschichtswirksame[1] Formen von Selbststigmatisierung zurück. In ganz besonderem Maße gilt dieses Verhältnis von Selbststigmatisierung einerseits und Entstigmatisierung andererseits für die Person Jesu. Ganz besonders ihr gelten daher die folgenden abschließenden hermeneutischen Überlegungen[2].

---

[1] Dieser Begriff wird hier ‚wertfrei' verwendet.

[2] Nur kurz sei hier auf die weiteren Personen unserer Untersuchung eingegangen. So halte ich die Existenz einer Täufertradition bzw einer Täuferbewegung für ein Indiz der

Wurde im einleitenden Kapitel mit der kulturanthropologischen Unterscheidung von Scham– und Schuldkulturen einem möglichen *Anachronismusvorwurf* dahingehend begegnet, daß Akte von Selbststigmatisierung in Gesellschaften, in denen gesellschaftliche Achtung massiv von der äußeren Anerkennung durch andere abhängig ist, weitaus stärker wirken als bspw in unseren modernen Schuldkulturen[3], so soll im folgenden einem möglichen *Synchronismusvorwurf* begegnet werden.

Synchron in diesem Sinne heißt, daß die verschiedenen urchristlichen Autoren ein je eigenes entstigmatisiertes Bild von Jesus von Nazaret entwerfen und die vorliegende Arbeit diese Bilder als Jesustradition positiv aufnimmt – ungeachtet der Tatsache, daß wir uns bei verschiedenen, bspw paulinischen Deutungen des Geschickes Jesu nicht mehr im palästinischen Traditionsbereich befinden, der doch eigentlich unsere erste (und einzige) Quelle von der und über die Jesusbewegung und damit Jesus selbst ist[4].

So gehe ich in der Tat davon aus (und habe dies dem Verlauf der Arbeit auch zugrundegelegt), daß zu einem umfassenden Verständnis Jesu nicht allein die Texte der Evangelien beitragen können, sondern nur das Neue Testament in seiner *Gesamtheit*. Jede neutestamentliche Schrift bewahrt dabei ein Stück des ganzen Jesus, der nicht allein in bestimmten Traditionen ausgemacht werden kann!

Wer zur Erhellung der Person Jesu nur die Tradition der Logienquelle sowie vormarkinische Überlieferungsteile gelten läßt, ist mE ebenso „blind" wie dies frühere Forschergenerationen waren, die das Wesentliche von Jesus allein aus dem Johannesevangelium (und evt noch aus Paulus) schöpften

---

Charismatisierung Johannes des Täufers. Der Unterschied zur Charismatisierung Jesu ist mE kein qualitativer, sondern eher ein quantitativer und wirkungsgeschichtlicher – die Täufertradition expandierte nie so wie das Christentum und hatte wirkungsgeschichtlich nie einen vergleichbaren Einfluß. Für Paulus und Ignatius als charismatische Persönlichkeiten spricht neben unseren oben gemachten Ergebnissen nicht zuletzt, daß ihre Briefe gesammelt und aufbewahrt wurden. Daß es auch gegenteilige Stimmen (cf die Pseudo–Clementinen) gab, die Paulus eher feindlich gesinnt waren, widerspricht nicht seiner charismatischen Autorität, zumal diese Schrift auch zeitlich nicht an die Wirkungszeit des Paulus heranreicht.

[3]Cf hierzu sub Kap 1.2 dieser Arbeit, S.21–22.

[4]Dieser *Synchronismusvorwurf* begegnet bspw bei R.A. Horsley, Sociology, S.59–60: er lehnt eine Deutung des Todes Jesu im Sinne eines Sündenbockes, der *für uns* gestorben ist, mit der Begründung ab, daß diese Aussage „not necessarily evidence for Palestinians communities" ist, die „virtually no basis in textual or other evidence pertaining to the Palestinian Jesus movement" (S.60) hat.

(scil.: den Entscheidungsruf Jesu) und die synoptischen Evangelien gleichsam als »biblia pauperum« abtaten.

Dagegen wurde in dieser Arbeit ein Verständnis Jesu gesetzt, das bestimmte sperrige Traditionen wie bspw die Sühnetodtheologie nicht als jesusatypisch zu eliminieren suchte, sondern sie vielmehr als Teil des *ganzen* Jesus radikal ernst nahm. Mit diesem Verständnis ist zugleich ein Ablehnen des *Oppositionspaares: historischer Jesus* versus *kerygmatischer Christus* (mit der bekannten Wertung: hier positiv, dort negativ) impliziert. Vielmehr ist es mE Aufgabe der Theologie, die verschiedenen Deutungen des Geschickes Jesu so verständlich zu machen, daß sie als zu Jesus gehörig verstanden werden können. An drei Punkten sei dies noch einmal hervorgehoben:

- Haben die (vor–)paulinischen Aussagen über den Sühnetod Jesu wirklich so wenig mit diesem zu tun, wie man dies vor rund 100 Jahren (bzw in dieser Tradition bis heute) Glauben machen wollte? Spiegelt sich hierin nicht vielmehr ein gewiß sehr gesteigertes und in manchem vom Historischen befreites Verständnis des Charismatikers Jesus wider, der mit der Strategie der Selbststigmatisierung das bestehende Realitätsprinzip dahingehend zerbrach, daß hierdurch erst wieder Gottgemeinschaft und damit *Leben* überhaupt möglich wurden? Nahm Jesus hierdurch nicht tatsächlich „Schuld" von den Marginalisierten und Stigmatisierten und entspricht es nicht einem vertieften Verständnis seines Todes, wenn dieser als sühnender verstanden wird? Nicht zuletzt zu einem Zeitpunkt, da der Tod Jesu bereits Faktizität war, sich die neue Sichtweise Jesu hingegen (noch) nicht allgemein durchgesetzt hatte und diese Aussage konfessorischen Charakter nicht nur hinsichtlich des Todes Jesu, sondern auch bzgl seiner Botschaft besaß. Es ist daher mE zu fragen, ob nicht gerade solche Aussagen ein sehr wesentliches Stück der Person Jesu treffend bewahrt haben – ohne sie dadurch absolut setzen zu wollen!

- Sodann: Hat nicht gerade auch der Hebräerbrief mit seiner *Hohepriester– und Opfertheologie* entscheidende Eckdaten im Leben Jesu theologisch durchaus treffend verarbeitet? Wenn unsere oben gemachten Ausführungen zur Tempelaktion wie zum Tempellogion Jesu zutreffend sind, ist es dann nicht auch in gewissem Sinne konsequent oder aber zumindest verständlich, daß Jesus nicht allein als Prophet (mit Worten gegen den Tempel) verstanden wurde, sondern darüber hinaus auch als der wahre Hohepriester, der den Zugang zum Tempel verschafft? Auch

wenn der Jerusalemer Tempel beim Verfasser des Hebr gar nicht im
Blick ist, schmälert dies mE nicht im geringsten den Anknüpfungspunkt für ein solches Verständnis bei der Person Jesu. Ebenso verhält
es sich mit der Opferterminologie des Hebräerbriefes: Drückt nicht die
eigenartige Aktivität des Opfers Jesus Christus (9,11ff) jene Struktur
aus, die uns im selbststigmatisierenden Handeln Jesu überhaupt begegnete? Wieder sei vor Verabsolutierungen gewarnt – ebenso wie vor
Eliminierungen!

- Und schließlich: Hat nicht auch das Bild, wie es Kol 2,14f in seinem
  ganzen mythischen Gewand begegnet, gerade das bewahrt, was der
  Akt der Selbststigmatisierung letztendlich ausdrückt und wird es so
  verstanden nicht zu einer der schönsten Metaphern des Neuen Testa-
  mentes überhaupt?

> *Er hat den Schuldbrief, der gegen uns sprach, durchge-*
> *strichen und seine Forderungen, die uns anklagten, aufge-*
> *hoben. Er hat ihn dadurch getilgt, daß er ihn an das Kreuz*
> *geheftet hat. Die Fürsten und Gewalten hat er entwaffnet*
> *und öffentlich zur Schau gestellt; durch Christus hat er über*
> *sie triumphiert.*

Eingeräumt bei all diesen Verständnissen sei, daß sie ihre je eigene Situation, ihren „Kairos" hatten. So hatten soteriologische Aussagen über den Tod
Jesu ihren Ort eben eher im hellenistischen und nicht im palästinischen Bereich. Ähnlich verhält es sich mE mit der Theologie des Hebräerbriefes oder
aber der Deutung, wie sie im Kolosserbrief begegnet. Wichtig aber ist: Nicht
diese Deutung des Todes Jesu ist die „richtige", die möglichst alt und nahe
am palästinischen Mutterland ist, sondern die Vielzahl der Überlieferungen
über Jesus weist letztlich zurück auf die Vielzahl verschiedener Deutungen,
die alle ihren Ausgangspunkt in der geschichtlichen Person Jesu und seiner
Botschaft (bzw Predigt) haben, die eben derart faszinierend gewesen ist, daß
sie nicht in einer Schrift erschöpfend zur Sprache kommt. Die urchristliche
Überlieferung weist somit auf einen Reichtum, dem es nicht auszuweichen,
sondern sich zu stellen gilt. Alle Deutungen aber haben dies Eine gemeinsam:
sie weisen auf den großen und unaustauschbaren *Charismatiker Jesus von
Nazaret*, mit dem etwas begonnen hat, das in den Augen seiner Anhänger
weit über den damaligen unmittelbaren Kontext hinausging und dabei einen
umfassenden Wertewandel provoziert hat.

6.3 Das Urchristentum als charismatische Bewegung: der terminologische Rückgriff auf Max Weber

Das Verhältnis von Selbststigmatisierung und Charismatisierung, damit von Stigma und Charisma überhaupt, wurde im Verlauf der Arbeit stets dahingehend beantwortet, Selbststigmatisierung als *Quelle* von Charisma und damit charismatischer Prozesse anzusehen. Mit dem terminologischen Rückgriff auf M. Weber, dessen Name mit dem Begriff des Charisma ja untrennbar verbunden ist – sowie dessen Verständnis von charismatischen Bewegungen –, wollen wir uns abschließend befassen.

Dabei ist nicht geplant, M. Webers Charismakonzept sowie die diesem folgende Rezeptionsgeschichte – und sei es nur für den Bereich der Jesusbewegung – darzustellen[1], vielmehr sei auf die Punkte besonders eingegangen, die im unmittelbaren Zusammenhang unseres hier verhandelten Phänomens der Selbststigmatisierung besonders interessieren.

Mit dem Begriff des *Charisma* sind nach M. Weber im wesentlichen folgende Punkte verbunden[2]:

- Der Begriff stammt aus der Herrschaftssoziologie M. Webers und bezeichnet hierin ein *herrschaftliches* Beziehungsphänomen.

- Die charismatische Herrschaft ist als ein *außeralltägliches* Beziehungsgeflecht der traditionalen und legalen Herrschaft (als Alltagsgebilde) schroff entgegengesetzt. Als außeralltägliche Herrschaftsform ist sie daher frei von den Verpflichtungen dieser Welt: zum einen ist sie wirtschaftsfremd (ganz im Gegensatz zu den beiden anderen Herrschaftsbeziehungen); zum andern aber auch – bedingt durch ihren oppositionellen Grundcharakter – auf Veränderungen angelegt und daher revolutionär; in diesem Sinne dann geradezu ein Phänomen, das sich in Handlungsweisen der *Anomie und Negation* ausdrückt.

---

[1]Ich verweise hier auf die umfangreiche Darstellung des Charismabegriffes samt der religionssoziologischen Rezeptionsgeschichte bei M.N. Ebertz, Charisma, S.15–51. Cf ferner R. Bendix: Max Weber – Das Werk. Darstellung – Analyse – Ergebnisse, München 1964, S.226–250; W. Schluchter: Die Entwicklung des okzidentalen Rationalismus. Eine Analyse von Max Webers Gesellschaftsgeschichte (Die Einheit der Gesellschaftswissenschaften 23), Tübingen 1979, S.180ff sowie T. Schmeller, Brechungen, S.25ff.61ff.

[2]Cf hierzu M. Weber, Wirtschaft 1, S.140ff; ders., Wirtschaft 2, S.662ff. Ferner M.N. Ebertz, Charisma, S.15ff sowie W. Schluchter: Max Webers Analyse des antiken Christentums. Grundzüge eines unvollendeten Projekts; ders. (Hg.): Max Webers Sicht des antiken Christentums. Interpretation und Kritik, Frankfurt 1985, S.11–71.

- Im Zentrum der charismatischen Herrschaft steht eine Person, der charismatische Führer, der zumeist in einer Krisen– und Notsituation mit einem Sendungsbewußtsein auftritt und hierbei Wohlergehen für seine Beherrschten verheißt, die ihm, solange sich sein Charisma bewährt, dh: seine Führung Wohlergehen für die Beherrschten mit sich bringt, sein Charisma *aus Pflicht* schulden.

- Zugleich ist die charismatische Herrschaft in ihrem Bestand ein äußerst labiles Gebilde, da sie keinerlei feste Organisationsstrukturen besitzt und nur so lange anhält, wie das Charisma auch von seiten der Anhänger anerkannt bzw bestätigt wird.

- Nimmt diese Herrschaftsform den Charakter einer Dauerbeziehung an, so verläßt das Charisma mehr und mehr den Bereich des Außeralltäglichen und wird traditionalisiert bzw legalisiert (damit der traditionalen bzw legalen Herrschaftsform angeglichen), in jedem Fall aber veralltäglicht. Geschieht diese Veralltäglichung des Charisma nicht bereits zu Lebzeiten des Charismaträgers, so spätestens mit seinem Tode und damit bei der Frage des Nachfolgers.

- Der Begriff der charismatischen Herrschaft bezeichnet demnach also jene zeitlich relativ kurze Phase *vor* der Veralltäglichung des Charisma und impliziert bereits durch die Wortwahl (,Bewegung') das Flüchtige und nicht auf Dauer Angelegte dieser Herrschaftsform.

M. Weber nun verstand das *ganze* frühe Christentum als außeralltägliche Herrschaftsform, in der das Charisma des großen Primärcharismatikers Jesus von Nazaret unter verschiedenen Aspekten weiterentwickelt wurde zum sog „Amtscharisma"[3] der Kirche. Auch dort – in der Kirche – lebte das ursprünglich genuin persönliche Charisma Jesu fort, wenn auch institutionell gebunden an die Kirche. Dennoch aber steht auch diese – nunmehr amtscharismatische – Herrschaft weiterhin der traditionalen bzw legalen Herrschaftsform oppositionell gegenüber.

Wichtig für unsere Ausführungen ist, daß eine charismatische Herrschaft von M. Weber auch für die Person des Paulus festgehalten wurde. Nicht allein bei Jesus und der Jesusbewegung war dieser Herrschaftstypus zu finden, sondern eben auch bei Paulus, dem großen Organisator des Christentums – trotz dessen Pochen auf eigene körperliche Arbeit, die doch eigentlich einem

---

[3]Zu diesem Begriff cf W. Schluchter, Analyse S.44ff.

Charismatiker als Wirtschaftsfremden fernstehen müßte[4]. Wird mit M. Weber daran festgehalten, daß charismatische Bewegungen besonders in gesellschaftlichen Krisenzeiten auftreten, so gilt dies natürlich auch für den Missionsbereich des Paulus. Gewiß handelte es sich dabei um eine andere Not- und Krisensituation als im palästinischen Bereich der Jesusbewegung[5], doch auch im hellenistischen Missionsbereich muß es Legitimationsdefizite gegeben haben, die die paulinische Mission begünstigte[6]. Ganz ähnlich liegen die Dinge mE bei Ignatius von Antiochien – auch er muß als charismatische Persönlichkeit innerhalb der urchristlichen charismatischen Bewegung angesehen werden[7].

Diese Sicht M. Webers vom frühen Christentum hat sich mE – trotz mancher Kritik[8] und Modifikation (dazu unten) – im wesentlichen bewährt.

Es bleibt indes zweierlei festzuhalten:

(1) Charismatische Herrschaft bezeichnet nach M. Weber einen Idealtypus von Herrschaft, wobei einzelne Tendenzen und Gesichtspunkte *verein-*

---

[4]L.c. M. Weber, Wirtschaft, S.142: „Der gegen das Missionsschmarotzertum gerichtete Satz des Paulus: „wer nicht arbeitet, soll auch nicht essen", bedeutet natürlich keinerlei Bejahung der „Wirtschaft", sondern nur die Pflicht, gleichviel wie, „im Nebenberuf" sich den notdürftigen Unterhalt zu schaffen, weil das eigentlich charismatische Gleichnis von den „Lilien auf dem Felde" nicht im Wortsinn, sondern nur in dem des *Nicht*sorgens für den nächsten Tag durchführbar war". Cf auch ders., Gesammelte Aufsätze I, S.75. Man mag an dieser Sicht berechtigte Kritik üben, so bspw die, ob hier tatsächlich ein Charismatiker gegen Missionsschmarotzer aufbegehrt oder sich hier nicht vielmehr verschiedene Charismatiker gegenüberstehen (cf unsere Behandlung des Problems oben). Man sollte mE aber mit M. Weber bestreiten, daß bei Paulus bereits eine solche Verstrickung in die Wirtschaft stattgefunden hat, daß man ihn nicht mehr als Charismatiker bezeichnen könnte. Cf hierzu W. Schluchter, Analyse, S.63 Anm 34, der darauf aufmerksam macht, daß das Thema Fremd– versus Eigenversorgung gegenüber einer charismatischen Legitimation indifferent ist. Eine ausführliche Überprüfung der Anwendung des Begriffes Charisma (und Veralltäglichung) für Paulus und die paulinischen Gemeinden findet sich bei B. Holmberg: Paul and Power. The Structure of Authority in the Primitive Church as Reflected in the Pauline Epistles (CB.NT 11), Lund 1978 sowie bei J.H. Schütz: Paul and the Anatomy of Apostolic Authority (MSSNTS 26), Cambridge 1975. Cf auch ders.: Charisma.

[5]Hierzu existieren ausreichend Faktorenanlaysen. Als Schlagworte seien nur genannt: Judentum – Hellenismus; Oberschicht – Unterschicht; Stadt – Land. Zum einzelnen cf die entsprechenden Passagen in den Kapp 2 und 3 dieser Arbeit.

[6]Ich verweise zu diesem Thema auf die Darstellung von G. Alföldy: Römische Sozialgeschichte (Wissenschaftliche Paperbacks Sozial– und Wirtschaftsgeschichte 8), Wiesbaden, 3.Auflage 1984.

[7]Cf hierzu H.O. Maier, Charismatic Authority of Ignatius.

[8]Die fundamentalste, wenn auch unhaltbare Kritik an M. Webers Charismakonzept in Bezug auf Jesus begegnet bei B.J. Malina: Jesus as Charismatic Leader?; BTB 14 (1984), S.55–62. Zu ihm cf T. Schmeller, Brechungen, S.66f Anm 278.

heitlicht dargestellt werden. Charismatische Herrschaft ist in diesem Sinne nicht empirisch zu belegen, sondern stellt vielmehr ein heuristisches Mittel dar, das bestimmte Erscheinungen dadurch besser zu verstehen sucht.

(2) M. Weber ging in seiner Beschreibung von Charisma von einer quasi fertigen, idealtypischen Form charismatischer Herrschaft aus und war an der *Genese* von Charisma nicht interessiert. Darzustellen, wie sich bereits bestehendes bzw vorhandenes Charisma zeigt und wie es – unter bestimmten Umständen – schwindet, auch, wie es transformiert bzw veralltäglicht wird, nicht aber, wie Charisma überhaupt *entsteht*, war das Interesse M. Webers.

Der Verlauf der Untersuchung hat mE gezeigt, daß die hier vorgeschlagene Wechselbeziehung von Selbststigmatisierung und Charisma durchaus aufrechtzuerhalten ist, indem Selbststigmatisierung in diesem Sinne tatsächlich als *Quelle* von Charisma angesehen werden kann. Auf diesem Hintergrund gewinnen zwei Modifikationen des Weberschen Charismakonzeptes neue Relevanz.

- M. Weber wurde dahingehen kritisiert (bzw weitergeführt), daß er die Außeralltäglichkeit und damit die revolutionäre Komponente des charismatischen Führers überbetonte. Konnte jener noch sagen: „Die genuin charismatische Herrschaft ... verhält sich daher revolutionär alles umwertend und souverän brechend mit aller traditionellen oder rationalen Norm: „es steht geschrieben, – ich aber sage euch"" [9], so wurde demgegenüber festgestellt, daß Charismatiker die gesellschaftlichen Werte weniger völlig ablehnten als sie vielmehr selbst vertraten – wenngleich in einem anderen Verständnis [10]. Diese Modifikation der

---

[9] L.c. M. Weber, Wirtschaft 2, S.665.

[10] Cf hierzu die Kritik von P.L. Berger: Charisma and Religious Innovation: The Social Location of Israelite Prophecy; American Sociological Review 28 (1963), S.940–950. P.L. Berger exemplifiziert diese These anhand der alttestamentlichen Prophetie und stellt fest, daß es nicht (mehr) möglich ist, zu sagen, die Propheten seien Einzelgänger, die dem Kult und der Priesterschaft nur ablehnend gegenüberstehen. Vielmehr stünden auch sie dem kultischen Geschehen sehr nahe – für P.L. Berger nebenbei zugleich ein Beleg dafür, daß gesellschaftliche Veränderungen nicht nur aus der Peripherie zu kommen brauchen, sondern auch in deren Zentrum beginnen können. Vorausgesetzt ist jedoch stets die „Außeralltäglichkeit" des Charismatikers. Cf auch E. Shils: Art. Charisma; International Encyclopedia of Social Sciences 2 (1968), S.368–390, der den Begriff des Charisma mE jedoch zu sehr veralltäglicht; T.K. Oomen: Charisma, Social Structure and Social Change, Comparative Studies in Society and History 10 (1967/68), S.85–99 sowie R.C. Tucker: The Theory of Charismatic Leadership; Daedalus 97 (1968), S.731–756. Ein ähnlicher Sachverhalt zeigte sich auch bei unserer Untersuchung zu Ignatius von Antiochien: Bei ihm begegnen Amt und Charisma nicht als Gegensätze, sondern sind vielmehr in seiner

Sicht M. Webers wurde bereits im Verlauf unserer Arbeit festgestellt: Selbststigmatisierer (und damit potentielle Charismatiker) stehen den gesellschaftlichen Werten nicht diametral gegenüber, sondern teilen sie vielmehr, sie re–definieren bzw verstehen sie lediglich neu bzw anders, weshalb auch eher von Werteverschiebungen statt von Werteveränderungen gesprochen wurde. In keinem Fall aber schwächt dieser berechtigte Einwand das Charismakonzept M. Webers[11], sondern er ortet nur die gesellschaftliche Stellung von Charismatikern neu.

- M. Weber gestand den charismatisch Beherrschten, der Anhängerschaft, bei der Bemessung des Charisma lediglich eine eindimensionale Komponente zu: Sie entschieden durch ihre Anerkennung bzw Verweigerung darüber, ob der Anspruch eines Menschen, als charismatischer Führer zu fungieren, aufrecht erhalten bleibt oder nicht. Wird diesem die Anerkennung verweigert, bricht sein Erfolg zusammen. Charisma wird in diesem Verständnis als Qualität, die ihr Träger schon besitzt, vorausgesetzt. Entsprechend entscheidet die Anhängerschaft lediglich noch darüber, ob vorhandenes Charisma perpetuiert wird. Haben wir in unserer Untersuchung dagegen festgestellt, daß Charisma auch eine *Genese* hat, man also nicht Charismatiker *ist*, sondern vielmehr *wird*, uzw durch die Anerkennung von außen, von einer Anhängerschaft also, die den entsprechenden Menschen charismatisiert, so zeigt sich die fundamentale zweidimensionale Bedeutung der Anhängerschaft: sie entscheiden nicht nur darüber, wie lange das Charisma bei einem Menschen währt, sondern auch darüber, ob es überhaupt entsteht bzw als Charisma anerkannt wird[12]. Der sog Charismatiker ist demnach also nicht nur *nach hinten*, um (weiter) als Charismatiker zu wirken, von seinen Anhängern abhängig, sondern bereits schon *von vornherein*, um überhaupt Charismatiker zu werden. Angesichts dieser großen Bedeutung der charismatischen Anhängerschaft ist mE zu fragen, ob der

---

Person verbunden.

[11]Dies betont auch P.L. Berger. L.c. ebd., S.950: Das neue Verständnis „does *not* weaken the Weberian notion of the innovating power of charisma. On the contrary, it strengthens it".

[12]Auch M. Weber kannte das Phänomen, daß der Charismatiker von den charismatisch Beherrschten abhängig ist und sprach in diesem Zusammenhang von der herrschaftsfremden Umdeutung des Charisma (Wirtschaft, S.155ff), da die charismatisch Beherrschten dem Charismatiker die Anerkennung ja eigentlich *schulden*. Doch liegt in diesem Falle mE keine Umdeutung vor, sondern wir blicken hier vielmehr auf die Genese von Charisma überhaupt!

Terminus der „charismatisch Beherrschten" den Sachverhalt überhaupt noch treffend beschreibt und nicht eher von einer (freilich hierarchisch gestuften) *Schicksalsgemeinschaft* gesprochen werden sollte[13].

Nicht alle Punkte, in denen M. Webers Charismakonzept weiterentwickelt wurde, können hier erschöpfend behandelt werden. Ein Punkt sei aber noch genannt, der seine Relevanz erneut aus seiner Beziehung zur Strategie der Selbststigmatisierung gewinnt: das Phänomen der Veralltäglichung des Charisma. So hat B. Holmberg[14], stärker als M. Weber dies tat, darauf hingewiesen, daß der Prozeß der Institutionalisierung bzw Veralltäglichung des Charisma nicht im Rahmen eine „Dekadenztheorie" verstanden werden kann, sondern bereits in jeder charismatischen Bewegung im Keim angelegt ist. Dies va insofern, als in der charismatischen Gruppe ja bereits die intendierte, neue Gesellschaftsform (samt ihren Strukturen und Hierarchien) zum Ausdruck kommt. Beginnt die Veralltäglichung des Charisma aber nicht erst nach dem Tode Jesu, sondern bereits mit und unter ihm, so kann der gesamte Prozeß der Institutionalisierung des Charisma so verstanden werden, daß mit dem Auftreten der charismatischen Bewegung um Jesus von Nazaret eine Entwicklung eintrat, die mit der Bildung der Amtskirche ihren konsequenten Abschluß fand[15]. Dagegen ist einzuwenden, daß die Veralltäglichung, Institutionalisierung oder Routinisierung des Charisma im Verlauf der Geschichte der Alten Kirche nie so routiniert verlief, wie dies erscheinen mag. Das genuine Charisma wurde nie nur domestiziert und in ruhige kirchliche Bahnen gelenkt, sondern immer wieder sprang es aus dem Alltäglichen heraus ins Außeralltägliche – und zwar zumeist in Formen forensischer Selbststigmatisierung. Auch Paulus begründete seine Autorität und sein Charisma nicht allein institutionell und damit abgeleitet, sondern eben auch ganz authentisch in Akten von Selbststigmatisierung, in denen sich sein Charisma aufs neue zu bewähren hatte. Und auch Ignatius von Antiochien, der uns mit seinem Amtsverständnis und der damit verbundenen Ämterhierarchie in einem sehr schillernden Licht entgegentritt, begnügte sich nicht mit einer Berufung

---

[13]Diese „Macht" der charismatisch Beherrschten zeigt sich besonders bei Paulus und Ignatius von Antiochien. Bei ihnen ist es geradezu mit Händen zu greifen, wie sie um ihr Charisma und dh doch: um die Anerkennung ihres Charisma kämpfen. Um dies zu erreichen, greifen sie zu nahezu allen Mitteln: Paulus zur Verunglimpfung der konkurrierenden Wandercharismatiker – Ignatius geradezu zu einer „geistigen Erpressung" seiner Gemeinden. Zum einzelnen cf oben.

[14]B. Holmberg, Paul, S.145ff.

[15]Auf diese „ideengeschichtliche" Deutung des Prozesses der Veralltäglichung verweist mE zu Recht T. Schmeller, Brechungen, S.32–34.

auf sein Amtscharisma, sondern auch er zeugte (im wahrsten Sinne des Wortes) für sein Charisma. Und ein Blick auf den weiteren Verlauf der Geschichte der Alten Kirche zeigt: Stets waren es die Märtyrer und Confessoren, diejenigen also, die in Akten forensischer Selbststigmatisierung ihre bedrohte Identität zu behaupten wußten, die in den Gemeinden als die wahren Autoritäten und damit Charismatiker anerkannt waren und damit nicht nur über ihre Verfolger, sondern zugleich auch über die innerkirchlichen amtscharismatischen Leitungsgremien triumphierten[16]. Selbststigmatisierung hat, so gesehen, einen durchaus *entrationalisierenden* Zug. Charisma läßt sich nie völlig verwahren oder verwalten. Wo es auftritt, wirkt es zugleich delegitimierend auf das Bestehende, ist subversiv und kreativ in einem. *Charisma*: die Fähigkeit, neue Werte zu setzen und sozialen Einfluß geltend zu machen, drückt sich nicht nur handlungspraktisch in Negativ–Handlungen (Außeralltäglichkeit, Wirtschaftsfremde, Strukturlosigkeit) aus, sondern *erwächst* letztendlich auch aus Negativ–Handlungen: aus Formen von Selbststigmatisierung, die, indem sie die Schuld– und Kontrollmechanismen einer Gesellschaft augenscheinlich bejahen, sie doch ablehnen, umdrehen und in ihrer Legitimität dadurch radikal in Frage stellen.

Heutige Kirche, die – soziologisch gesehen – immer näher an ihre Ursprungssituation als gesellschaftlich minoritäre Gruppe heranrückt, könnte sich darauf besinnen, daß ihre Wurzeln – soziokulturell gesehen – in Handlungen der *Anomie, Negation und Schuld* liegen. Nicht gesellschaftlicher Opportunismus, sondern vielmehr fundamentale Opposition[17] war über lange Zeit ihr Kennzeichen. Hieraus erwuchs ihr (Amts–)Charisma, das sie für viele Menschen so anziehend und glaubwürdig machte. Akte von Selbststigmatisierung, Handlungen der Anomie, Negation und Schuld können durchaus eine große *missionarische* Kraft entfalten – damals[18] wie heute. Dies wußte schon

---

[16]Zu diesem Komplex cf D. Wendebourg: Das Martyrium in der Alten Kirche als ethisches Problem; ZKG 98 (1987), S.295–320.

[17]Dies betont auch W. Huber: Protestantismus und Protest. Zum Verhältnis von Ethik und Politik, Hamburg 1987.

[18]Die missionarische ‚Funktion' der Märtyrer findet sich auch bei R. Bendix: Umbildungen des persönlichen Charismas. Eine Anwendung von Max Webers Charismabegriff auf das frühe Christentum; W. Schluchter (Hg.): Max Webers Sicht des antiken Christentums. Interpretation und Kritik, Frankfurt 1985, S.404–443:437f. Insgesamt scheint mir dieser Aspekt der urchristlichen Missionsgeschichte noch nicht hinreichend bedacht zu sein.

ein so scharfsichtiger Denker wie *Tertullian*[19], dessen die Kirche nicht nur hinsichtlich seiner theologischen Begrifflichkeit, sondern eben auch aufgrund dieser soziologischen Erkenntnis gedenken sollte, der dabei an alle jene Menschen dachte, die bei *dieser* missionarischen Form von Selbststigmatisierung ihr Leben ließen:

> *Doch nur zu, ihr prächtigen Statthalter, macht euch nur bei dem Volke beliebter, indem ihr ihm die Christen opfert; kreuzigt, martert, verurteilt uns, reibt uns auf – eure Ungerechtigkeit ist der beste Beweis unserer Unschuld! Darum duldet ja Gott, daß wir all dies erleiden ... Und doch nützt euch eure noch so ausgeklügelte Grausamkeit gar nichts; ihr macht nur Reklame für unsere Gemeinschaft. Nur zahlreicher werden wir, sooft wir von euch niedergemäht werden: ein Same ist das Blut der Christen. Eben jenes eigensinnige Beharren, das ihr uns vorwerft, ist eine Lehre. Denn wer wird nicht bei seinem Anblick aufgerüttelt, zu ergründen, was der Kern der Sache ist? Wer wird nicht, hat er es ergründet, sich anschließen und, hat er sich angeschlossen, zu leiden wünschen, um die volle Gnade Gottes zu erkaufen ... Feindschaft trennt Göttliches und Menschliches: wenn ihr uns verurteilt, werden wir von Gott losgesprochen. (Apol 50,12ff)*

---

[19]Zu ihm cf C. Becker: Tertullians Apologeticum. Werden und Leistung, München 1954 sowie H.v. Campenhausen: Tertullian; Gestalten der Kirchengeschichte 1, Stuttgart/Berlin/Köln/Mainz 1984, S.97–120. Dort auch weiterführende Literatur.

Literaturverzeichnis

Die Abkürzungen entsprechen S. Schwertner: Theologische Realenzyklopädie Abkürzungsverzeichnis, Berlin/New York 1976. Sekundärliteratur wird in den Anmerkungen beim ersten Bezug bibliographisch vollständig zitiert. Bei weiteren Bezugnahmen steht nur ein Kurztitel.

Aland, K.: Synopsis Quattuor Evangeliorum, Stuttgart, 4.Auflage 1967.

Aland, K./ Aland, B.: Nestle–Aland. Novum Testamentum Graece, Stuttgart, 26.Auflage 1983.

Aland, K. und B./Bauer, W.: Griechisch–deutsches Wörterbuch zu den Schriften des Neuen Testaments und der frühchristlichen Literatur, Berlin/New York, 6.Auflage 1988.

Alföldy, G.: Römische Sozialgeschichte (Wissenschaftliche Paperbacks Sozial– und Wirtschaftsgeschichte 8), Wiesbaden, 3.Auflage 1984.

Allison, D.C.: Elija must come first; JBL 103 (1984), S.256–258.

Applebaum, S.: Economic Life in Palestine; Safrai, S./Stern, M. (ed.): The Jewish People in the First Century (Compendia Rerum Iudaicarum ad Novum Testamentum) vol 2, Assen 1976, S.631–700.

Arai, S.: Zum ‚Tempelwort' in Apostelgeschichte 6.14; NTS 34 (1988), S.397–410.

Awerbuch, M.: Art. Demut II. Im Judentum; TRE 8 (1981), S.462–463.

Bammel, E.: Judenverfolgung und Naherwartung. Zur Eschatologie des Ersten Thessalonicherbriefes; ZThK 56 (1959), S.294–315.

Barnard, L.W.: The Background of St. Ignatius of Antioch; VigChr 17 (1963), S.193–206.

Barnett, P.W.: The Jewish Sign Prophets – A.D. 40–70. Their Intentions and Origin; NTS 27 (1981), S.679–697.

Barré, M.L.: Qumran and the „Weakness" of Paul; CBQ 42 (1980), S.216–227.

Barrett, C.K.: Cephas in Korinth; Abraham unser Vater. Juden und Christen im Gespräch über die Bibel, FS O. Michel, Leiden/Köln 1963, S.1–12.

Ders.: Paul's Opponents in II Corinthians; NTS 17 (1970/1), S.233–254.

Ders.: Things Sacrified to Idols; NTS 11 (1964/5), S.138–153.

Ders./Thornton, C.-J. (Hg.): Texte zur Umwelt des Neuen Testaments, Tübingen, 2.Auflage 1991.

Barth, G.: Art. Bergpredigt I. Im Neuen Testament; TRE 5 (1980), S.603–618.

Ders.: Der Tod Jesu Christi im Verständnis des Neuen Testaments, Neukirchen 1992.

Barth, K.: Erklärung des Philipperbriefes, München 1928.

Bartsch, H.-W.: Art. Ignatius von Antiochien; RGG 3.Auflage 3 (1959), Sp.665–657.

Ders.: Gnostisches Gut und Gemeindetradition bei Ignatius von Antiochien (BFChTh II/44), Gütersloh 1940.

Bauer, W.: Rechtgläubigkeit und Ketzerei im ältesten Christentum (BHTh 10), Tübingen 1934.

Bauer, W.: Das Gebot der Feindesliebe und die frühen Christen; Ders.: Aufsätze und kleine Schriften, Tübingen 1967, S.235–252.

Ders./Paulsen, H.: Die Briefe des Ignatius von Antiochia und der Polycarpbrief (HNT 18), Tübingen, 2.Auflage 1985.

Baumbach, G.: Rezension zu Ebertz, M.N.: Das Charisma des Gekreuzigten. Zur Soziologie der Jesusbewegung (WUNT 45), Tübingen 1987; ThLZ 114 (1989), Sp.556–558.

Baumeister, Th.: Die Anfänge der Theologie des Martyriums (MTB 45), Münster 1980.

Baumgarten, A.I.: The Name of the Pharisees; JBL 102 (1983), S.411–428.

Baur, F.C.: Die Christuspartei in der korinthischen Gemeinde, der Gegensatz des paulinischen und petrinischen Christentums, der Apostel Petrus in Rom; TZTh 4 (1831), S.61–206 = ders.: Ausgewählte Werke in Einzelausgaben I (hg.v.Kl. Scholder), Stuttgart 1963, S.1–146.

Ders.: Paulus, der Apostel Jesu Christi. Sein Leben und Wirken, seine Briefe und seine Lehre. Ein Beitrag zu einer kritischen Geschichte des Urchristentums, 2 Teilbände, Leipzig, 2.Auflage 1866.

Beasley–Murray, G.R.: Baptism in the New Testament, London 1962. Dt.: Die christliche Taufe. Eine Untersuchung über ihr Verständnis in Geschichte und Gegenwart, Kassel 1968.

Becker, C.: Tertullian: Apologeticum. Verteidigung des Christentums lat.–dt., München, 2.Auflage 1961.

Ders.: Tertullians Apologeticum. Werden und Leistung, München 1954.

Becker, H.S.: Außenseiter. Zur Soziologie abweichenden Verhaltens, Frankfurt 1973.

Becker, J.: Johannes der Täufer und Jesus von Nazareth (BSt 63), Neukirchen 1972.

Ders.: Die neutestamentliche Rede vom Sühnetod Jesu; ZThK Beih 8 (1990), S.29–49.

Ders. (ed.): Die Testamente der zwölf Patriarchen (JSHRZ III/1), Gütersloh 1974.

Ders.: Feindesliebe–Nächstenliebe–Bruderliebe. Exegetische Beobachtungen als Anfrage an ein ethisches Problemfeld; ZEE 25 (1981), S.5–17.

Ders.: Paulus. Der Apostel der Völker, Tübingen 1989.

Ben–Chorin, S.: Betendes Judentum. Die Liturgie der Synagoge (Münchener Vorlesung), Tübingen 1980.

Bendix, R.: Umbildungen des persönlichen Charismas. Eine Anwendung von Max Webers Charismabegriff auf das frühe Christentum; Schluchter, W. (Hg.): Max Webers Sicht des antiken Christentums. Interpretation und Kritik, Frankfurt 1985, S.404–443.

Ders.: Max Weber – Das Werk. Darstellung – Analyse – Ergebnisse, München 1964.

Benedict, R.: The Crysanthemum and the Sword. Patterns of Japanese Culturs, Tokyo, 41.Auflage 1986.

Berger, Kl.: Art. Abraham II. Im Frühjudentum und Neuen Testament; TRE 1 (1977), S.371–382.

Ders.: Die Auferstehung des Propheten und die Erhöhung des Menschensohnes. Traditionsgeschichtliche Untersuchungen zur Deutung des Geschickes Jesu in frühchristlichen Texten (StNT 13), Göttingen 1976.

Ders.: Einführung in die Formgeschichte, Tübingen 1987.

Ders.: Exegese des Neuen Testaments. Neue Wege vom Text zur Auslegung, Heidelberg, 2.Auflage 1984.

Ders.: Hellenistische Gattungen im Neuen Testament; ANRW II,25,2, S.1031-1432.1831–1885.

Ders.: Historische Psychologie des Neuen Testaments (SBS 146/147), Stuttgart 1991.

Ders.: Die impliziten Gegner. Zur Methode des Erschließens von „Gegnern" in neutestamentlichen Texten; Kirche, FS G. Bornkamm, Tübingen 1980, S.373–400.

Ders.: Jesus als Pharisäer und frühe Christen als Pharisäer; NovTest 30 (1988), S.231–262.

Ders.: Die Gesetzesauslegung Jesu I (WMANT 40), Neukirchen 1972.

Ders.: Art. χάρισμα; EWNT III (1983), Sp.1101–1105.

Ders./Colpe, C.: Religionsgeschichtliches Textbuch zum Neuen Testament (TNT 1 = NTD – Textreihe 1), Göttingen 1987.

Berger, P.L.: Zur Dialektik von Religion und Gesellschaft. Elemente einer soziologischen Theorie, Frankfurt 1973.

Ders.: Auf den Spuren der Engel. Die moderne Gesellschaft und die Wiederentdeckung der Transzendenz, Frankfurt 1969 = Freiburg/Basel/Wien 1991.

Ders.: Charisma and Religous Innovation: The Social Location of Israelite Prophecy; American Sociological Review 28 (1963), S.940–950.

Ders./Luckmann, T.: Die gesellschaftliche Konstruktion der Wirklichkeit. Eine Theorie der Wissenssoziologie, Frankfurt 1980 (amerik.: The Social Construction of Reality, New York 1966).

Bernoulli, C.A.: Johannes der Täufer und die Urgemeinde (Die Kultur des Evangeliums 1), Leipzig 1918.

Best, E.: A Commentary on the First and Second Epistles to the Thessaloniens, London 1979.

Betz, H.D.: Der Apostel Paulus und die sokratische Tradition. Eine exegetische Untersuchung zu seiner „Apologie" 2 Korinther 10–13 (BHTh 45), Tübingen 1972.

Ders.: Art. στίγμα; ThWNT VII (1964), S.657–664.

Ders.: Eine Christus–Aretalogie bei Paulus (2 Kor 12,7–10); ZThK 66 (1969), S.288–305.

Ders.: Der Galaterbrief. Ein Kommentar zum Brief des Apostels Paulus an die Gemeinden in Galatien, München 1988.

Ders.: Studien zur Bergpredigt, Tübingen 1985.

Ders.: Nachfolge und Nachahmung Jesu Christi im Neuen Testament (BHTh 37), Tübingen 1967.

Betz, O.: Bergpredigt und Sinaitradition; ders.: Jesus. Der Messias Israels. Aufsätze zur biblischen Theologie (WUNT 42), Tübingen 1987, S.333–384.

Ders.: Probleme des Prozesses Jesu; ANRW II,25,1, S.565–647.

Bianchi, H.: Alternativen zur Strafjustiz. Biblische Gerechtigkeit, Freistätten, Täter–Opfer–Ausgleich, München 1988.

Biblia Hebraica Stuttgartensia, Rudolph, W./Rüger, H.P. (ed.), Stuttgart, 2.Auflage 1984.

Billerbeck, M. (ed.): Epiktet: Vom Kynismus (PhAnt 34), Leiden 1978.

Blinzler, J.: Der Prozeß Jesu, Regenburg, 4.Auflage 1969.

Böcher, O.: Art. Johannes der Täufer; TRE 17 (1988), S.172–181.

Ders.: Johannes der Täufer in der neutestamentlichen Überlieferung; Rechtfertigung, Realismaus, Universalismus in biblischer Sicht, FS A. Köberle, Darmstadt 1978, S.45–68.

Boer, W. den: *Tapeinos* in Pagan and Christian Terminology; Tria Corda. Scritta in onore di Arnaldo Momigliano, hg von E. Gabba, Como 1983, S.143–162.

Böttger, P.C.: Paulus und Petrus in Antiochien. Zum Verständnis von Galater 2,11–21; NTS 37 (1991), S.77–100.

Bolkestein, H.: Wohltätigkeit und Armenpflege im vorchristlichen Altertum. Ein Beitrag zum Problem „Moral und Gesellschaft", Utrecht 1939 = 1967.

Bommes, K.: Weizen Gottes. Untersuchungen zur Theologie des Martyriums bei Ignatius von Antiochien (Theophaneia 27), Köln/Bonn 1976.

Bornkamm, G.: Jesus von Nazareth, Stuttgart/Berlin/Köln/Mainz, 13.Auflage 1983.

Ders.: Paulus, Stuttgart/Berlin/Köln/Mainz, 5.Auflage 1983.

Ders.: Zum Verständnis des Christus–Hymnus Phil 2,6–11; ders.: Studien zu Antike und Christentum. Gesammelte Aufsätze II (BEvTh 28), München 1959, S.177–188.

Ders.: Die Vorgeschichte des sogenannten Zweiten Korintherbriefes; ders.: Geschichte und Glaube 2. Gesammelte Aufsätze IV (BEvTh 53), München 1971, S.162–194.

Bovon, F.: Das Evangelium nach Lukas 1.Teilband (EKK III/1), Neukirchen 1991.

Brandenburger, E. (ed.): Himmelfahrt Moses (JSHRZ V/2), Gütersloh 1976.

Braun, H.: Qumran und das Neue Testament II, Tübingen 1966.

Ders.: Der Sinn der neutestamentlichen Christologie; ZThK 54 (1957), S.341–377.

Breytenbach, C.: Versöhnung. Eine Studie zur paulinischen Soteriologie (WMANT 60), Neukirchen 1989.

Ders.: Versöhnung, Stellvertretung und Sühne. Semantische und traditionsgeschichtliche Bemerkungen am Beispiel der paulinischen Briefe; NTS 39 (1993), S.59–79.

Brooten, B.: Konnten Frauen im alten Judentum die Scheidung betreiben? Überlegungen zu Mk 10,11–12 und 1 Kor 7,10–11; EvTh 42 (1982), S.65–80.

Brownlee, W.H.: John the Baptist in The Light of Ancient Scrolls; K. Stendahl (Hg.): The Scrolls and the New Testament, New York 1957, S.33–53.

Brox, N.: Zeuge und Märtyrer. Untersuchungen zur frühchristlichen Zeugnis–Terminologie (StANT 5), München 1961.

Brunt, J.C.: Rejected, Ignored, or Misunderstood? The Fate of Paul's Approach to the Problem of Food Offered to Idols in Early Christianity; NTS 31 (1985), S.113–124.

Brusten, M./Hohmeier, J. (Hg.): Stigmatisierung. Zur Produktion gesellschaftlicher Randgruppen 2 Bde, Darmstadt 1975.

Bultmann, R.: Exegetische Probleme des zweiten Korintherbriefes; ders.: EXEGETICA. Aufsätze zur Erforschung des Neuen Testaments, Tübingen 1967, S.298–322.

Ders.: Das Verhältnis der urchristlichen Christusbotschaft zum historischen Jesus; ders., EXEGETICA, S.445–469.

Ders.: Das christliche Gebot der Nächstenliebe; ders.: Glauben und Verstehen. Gesammelte Aufsätze 1, Tübingen, 5.Auflage 1964, S.229–244.

Ders.: Geschichte der synotischen Tradition (FRLANT 29), Göttingen, 9. Auflage 1979.

Ders.: Jesus, München/Hamburg, 4.Auflage 1970.

Ders.: Theologie des Neuen Testaments, Tübingen, 9.Auflage 1984.

Ders.: Ignatius und Paulus; ders., EXEGETICA, S.400–411.

Burchard, Chr.: Art. Jesus; Der Kleine Pauly. Lexikon der Antike, Bd.2, Stuttgart 1967, Sp.1344–1354.

Ders.: Jesus von Nazareth; J. Becker (Hg.): Die Anfänge des Christentums. Alte Welt und neue Hoffnung, Stuttgart/Berlin/Köln/Mainz 1987, S.12–59.

Ders. (ed.): Joseph und Aseneth (JSHRZ II/4), Gütersloh 1983.

Ders.: Versuch, das Thema der Bergpredigt zu finden; Jesus Christus in Historie und Theologie, FS H. Conzelmann, Tübingen 1975, S.409–432.

Burchardt, H.: Die Bergpredigt – eine allgemeine Handlungsanweisung?; ThB 15 (1984), S.137–140.

Burkert, W.: Anthropologie des religiösen Opfers. Die Sakralisierung der Gewalt, München 1983.

Ders.: Homo Necans. Interpretation altgriechischer Opferriten und Mythen, Berlin 1972.

Ders.: Wilder Ursprung. Opferritual und Mythos bei den Griechen (Kleine kulturwissenschaftliche Bibliothek 22), Berlin 1990.

Ders.: Glaube und Verhalten: Zeichengehalt und Wirkungsmacht von Opfern; J.-P. Vernant ua (Hg.): Le Sacrifcs dans L'Antiquité (Entrtiens sur L'Antiquité Classique 27), Genf 1981, S.91–133.

Ders.: Opfertypen und antike Gesellschaftsstruktur; G. Stephenson: Der Religionswandel unserer Zeit im Spiegel der Religionswissenschaft, Darmstadt 1976, S.168–187.

Butterweck, Chr.: „Martyriumssehnsucht" in der Alten Kirche? Studien zur Darstellung und Deutung frühchristlicher Martyrien, Diss (theol), Heidelberg 1991.

Cadbury, H.J.: The Maccellum of Corinth; JBL 53 (1934), S.134–141.

Campenhausen, H. von: Die Begründung kirchlicher Entscheidungen beim Apostel Paulus. Zur Grundlegung des Kirchenrechts, Heidelberg 1957.

Ders.: Tertullian; Gestalten der Kirchengeschichte 1, Stuttgart ua 1984, S.97–120.

Ders.: Die Idee des Martyriums in der alten Kirche, Göttingen 1936.

Chadwick, H.: All Things to all Men (1.Cor.IX.22); NTS 1 (1954/5), S.261–275.

Charles, R.: The Greek Versions of the Testaments of the Twelve Patriarch, Oxford 1908 = Darmstadt, 2.Auflage 1960.

Chevallier, M.-A.: L'argumentation de Paul dans II Corinthiens 10 à 13; RevHistPhilRel 70 (1990), S.3–15.

Cohen, D./Paulus, Chr.: Einige Bemerkungen zum Prozeß Jesu bei den Synoptikern; ZSRG.R 102 (1985), S.437–452.

Colpe, C./Berger, Kl.: Religionsgeschichtliches Textbuch zum Neuen Testament (TNT 1 = NTD – Textreihe 1), Göttingen 1987.

Conzelmann, H.: Der erste Brief an die Korinther (KEK V), Göttingen 1969.

Cooper, E.J.: Man's Basic Freedom and Freedom of Conscience in the Bible. Reflections on 1 Corinthians 8–10; IThQ 42 (1975), S.272–283.

Coppens, J.: Miscellées bibliques LXXX. Une diatribe dans I Thess.,II,13–16; EThL 51 (1975), S.90–95.

Coune, M.: Le problème des idolothytes et l'éducation de la syneidêsis; RSR 51 (1963), S.497–534.

Crafton, J.A.: The Agency of the Apostle. A Dramatic Analysis of Paul's Responses to Conflict in 2 Corinthians (Journal for the Study of the New Testament Supplement Series 51), Sheffield 1991.

Cullmann, O.: Ὁ ᾿ΟΠΙΣΩ ΜΟΥ ᾿ΕΡΧΟΜΕΝΟΣ; Vorträge und Aufsätze 1925–1962, Tübingen/Zürich 1966, S.169–175

Dautzenberg, G.: Der Verzicht auf das apostolische Unterhaltsrecht. Eine exegetische Untersuchung zu 1 Kor 9; Bibl 50, S.212–232.

Ders.: Der zweite Korintherbrief als Briefsammlung. Zur Frage der literarischen Einheitlichkeit und des theologischen Gefüges von 2 Kor 1–8; ANRW II,25,4, S.3045–3066.

Ders.: Gesetzeskritik und Gesetzesgehorsam in der Jesustradition; Das Gesetz im Neuen Testament (QD 108), Freiburg/Basel/Wien 1986, S.46–70.

Davies, St.L.: John the Baptist and Essene Kashruth; NTS 29 (1983), S.569–571.

Deichgräber, R.: Gotteshymnus und Christushymnus in der frühen Christenheit. Untersuchungen zu Form, Sprache und Stil der frühchristlichen Hymnen (StNT 5), Gütersloh 1967.

Deissmann, A.: Die »großen Buchstaben« und die »Malzeichen Jesu« Gal.6; ders.: Bibelstudien. Beiträge, zumeist aus den Papyri und Inschriften, zur Geschichte, der Sprache, des Schrifttums und der Religion des hellenistischen Judentums und des Urchristentums, Marburg 1895, S.262–276.

Dibelius, M.: An die Thessalonicher I II. An die Philipper (HNT 11), Tübingen, 3.Auflage 1937.

Ders.: Die urchristliche Überlieferung von Johannes dem Täufer (FRLANT 15), Göttingen 1911.

Ders.: Geschichte der urchristlichen Literatur, München, 3.Auflage 1990.

Dietzfelbinger, Chr.: Pseudo–Philo. Antiquitates Biblicae (Liber Antiquitatum Biblicarum) (JSHRZ II/2), Gütersloh 1975.

Ders.: Die Berufung des Paulus als Ursprung seiner Theologie (WMANT 58), Neukirchen 1985.

Dihle, A.: Art. Demut; RAC 3 (1957), Sp.735–778.

Ders.: Die Goldene Regel. Eine Einführung in die Geschichte der antiken und frühchristlichen Vulgärethik (SAW 7), Göttingen 1962.

Ders.: Art. Ethik; RAC 7 (1966), Sp.646–796.

Dinkler, E.: Jesu Wort vom Kreuztragen; ders.: Signum Crucis. Aufsätze zum Neuen Testament und zur christlichen Archäologie, Tübingen 1967, S.77–98.

Dobbeler, St. v.: Das Gericht und das Erbarmen Gottes. Die Botschaft Johannes des Täufers und ihre Rezeption bei den Johannesjüngern im Rahmen der Theologiegeschichte des Frühjudentums (BBB 70), Frankfurt 1988.

Dodds, E.R.: Die Griechen und das Irrationale (engl.: The Greek and the Irrational, Berkeley/Los Angeles, 5.Auflage 1966 [Sather Classical Lectures 25]), Darmstadt 1975.

Ders.: Die Rechtfertigung des Agamemnon; ders., Griechen, S.1–16.

Ders.: Von der Schamkultur zur Schuldkultur; ders., Griechen, S.17–37.

Donfried. P.: Paul and Judaism. I Thessaloniens 2:13–16 as a Test Case; Interpr 38 (1984), S.242–253.

Downing, F.G.: Christ and the Cynics. Jesus and other Radical Preachers in First–Century Tradition, Sheffield 1988.

Ders.: Cynics and Christians; NTS 30 (1984), S.584–593.

Ebeling, G.: Jesus und Glaube; ZThK 55 (1958), S.170–185.

Ebertz, M.N.: Das Charisma des Gekreuzigten. Zur Soziologie der Jesusbewegung (WUNT 45), Tübingen 1987.

Ebner, M.: Leidenslisten und Apostelbrief. Untersuchungen zu Form, Motivik und Funktion der Peristasenkataloge bei Paulus (FzB 66), Würzburg 1991.

Eckart, K.G.: Der zweite echte Brief des Apostels Paulus an die Thessalonicher; ZThK 58 (1961), S.30–44.

Eisler, R.: ΙΗΣΟΥΣ ΒΑΣΙΛΕΥΣ ΟΥ ΒΑΣΙΛΕΥΣΑΣ. Die messianische Unabhängigkeitsbewegung vom Auftreten Johannes des Täufers bis zum Untergang Jakobus des Gerechten nach der neuerschlossenen Eroberung von Jerusalem des Flavius Josephus und den christlichen Quellen Bd.II (RWB 9), Heidelberg 1930.

Enslin, M.S.: John and Jesus; ZNW 66 (1975), S.1–18.

Epictetus: The Discourses as Reported by Arrian, the Mannual, and Fragments I [Books I and II] (The Loeb Classical Library), London/Cambridge 1956.

Ders.: Vom Kynismus. Herausgegeben und übersetzt mit einem Kommentar von M. Billerbeck (PhAnt 34), Leiden 1978.

Eppstein, V.: The Historicity of the Gospel Account of the Cleansing of the Temple; ZNW 55 (1964), S.42–58.

Ernst, J.: Johannes der Täufer. Interpretation – Geschichte – Wirkungsgeschichte (BZNW 53), Berlin/New York 1989.

Essig, K.-G.: Mutmaßungen über den Anlaß des Martyriums von Ignatius von Antiochien; VigChr 40 (1986), S.105–117.

Eusebius von Caesarea: Kirchengeschichte; herausgegeben und eingeleitet von H. Kraft, München 1967.

Evans, C.A.: Jesus' Action in the Temple: Cleansing or Portent of Destruction?; CBQ 51 (1989), S.237–270.

Fascher, E.: Der erste Brief des Paulus an die Korinther. Erster Teil (ThHK VII/1), Berlin, 3.Auflage 1984.

Faierstein, M.M.: Why do the scribes say that Elijah must come first?; JBL 100 (1981), S.75–86.

Fee, G.D.: Εἰδωλόθυτα Once Again: 1 Corinthians 8–10; Bibl 61 (1980), S.172–197.

Fischer, J.A.: Die Apostolischen Väter. Griechisch und deutsch. Eingeleitet, herausgegeben, übertragen und erläutert, München 1956.

Fiedler, P.: Die Tora bei Jesus und in der Jesusüberlieferung; Kertelge, K. (Hg.): Das Gesetz im Neuen Testament (QD 108), Freiburg/Basel / Wien 1986, S.71–87.

Fisk, B.N.: Eating Meat Offered to Idols: Corinthian Behavior and Pauline Response in 1 Corinthians 8–10; TrinJ 10 (1989), S.49–70.

Fitzmeyer, J.A.: More about Elijah coming first; JBL 104 (1985), S.259–260.

FitzPatrick, M.: From Ritual Observance to Ethics: The Argument of Mark 7.1–23; ABR 35 (1987), S.22–27.

Flusser, D.: Die letzten Tage in Jerusalem. Das Passionsgeschehen aus jüdischer Sicht – Bericht über neueste Forschungsergebnisse, Stuttgart 1982.

Ders.: Jesus in Selbstzeugnissen und Bilddokumenten, Hamburg 1968.

Ders.: Entdeckungen im Neuen Testament. Band 1: Jesusworte und ihre Überlieferung, Neukirchen 1987.

Forbes, Chr.: Comparison, Self–Praise and Irony. Paul's Boasting and the Conventions of Hellenistic Rhetoric; NTS 32 (1986), S.1–30.

Frend, W.H.C.: Martyrdom and Persecution in the Early Church. A Study of a Conflict from the Maccabees to Donatus, Oxford 1965.

Freyne, S.: Galilee from Alexander the Great to Hadrian. 325 B.C.E. to 135 C.E. A Study of Second Temple Judaism, Notre Dame 1980.

Friedrich, G.: Die Gegner des Paulus im 2. Korintherbrief; Abraham unser Vater. Juden und Christen im Gespräch über die Bibel, FS O. Michel, Leiden/Köln, S.181–215.

Fuchs, E.: La faiblesse, gloire de l'apostolat selon Paul. Étude sur 2 Corinthiens 10–13; ETR 55 (1980), S.231–253.

Gallas, S.: ‚Fünfmal Vierzig weniger einen ...‘ Die an Paulus vollzogenen Synagogalstrafen nach 2 Kor 11,24; ZNW 81 (1990), S.178–191.

Gaston, L.: No Stone on Another. Studies in the Significance of the Fate of Jerusalem in the Synoptic Gospels (NovTestSuppl 23), Leiden 1970.

Gebhardt, O.v./Harnack, A.v./Zahn, Th. (ed.): Patrum Apostolicorum Opera, Leipzig, 6.Auflage 1960.

Gelzer, Th.: Art. Mimus. In Griechenland; Lexikon der Alten Welt, Zürich / Stuttgart 1965, Sp.1962.

Georgi, D.: Die Gegner des Paulus im 2. Korintherbrief. Studien zur religiösen Propaganda in der Spätantike (WMANT 11), Neukirchen 1964.

Giblin, Ch.H.: Three Monotheistic Texts in Paul; CBQ 37 (1973), S.527–547.

Girard, R.: Das Evangelium legt die Gewalt bloß; Orientierung 38 (1974), S.53–56.

Ders.: Das Heilige und die Gewalt, Zürich 1987.

Ders.: Der Sündenbock, Zürich 1988.

Gnilka, J.: Das Evangelium nach Markus, 2 Bände (EKK II/1+2), Neukirchen 1978/1979.

Ders.: Das Martyrium Johannes' des Täufers (Mk 6,17–29); Orientierung an Jesus, FS J. Schmid, Freiburg/Basel/Wien 1973, S.78–92.

Ders.: Martyriumsparänese und Sühnetod in synoptischen und jüdischen Traditionen; Die Kirche des Anfangs, FS H. Schürmann, Freiburg / Basel / Wien 1978, S.223–246.

Ders.: Der Philipperbrief (HThK X,3), Freiburg/Basel/Wien 1968.

Ders.: Der Prozeß Jesu nach den Berichten des Markus und Matthäus mit einer Rekonstruktion des historischen Verlaufs; Der Prozeß gegen Jesu. Historische Rückfrage und theologische Deutung (QD 112), Freiburg/Basel/Wien 1988, S.11–40.

Ders.: Wie urteilte Jesus über seinen Tod?; K. Kertelge (Hg.): Der Tod Jesu. Deutungen im Neuen Testament (QD 74), Freiburg/Basel/Wien 1976, S.13–50.

Gofman, E.: Stigma. Über Techniken der Bewältigung beschädigter Identität, Frankfurt 1967.

Ders.: Wir alle spielen Theater. Die Selbstdarstellung im Alltag, München 1969.

Goldschmidt, L.: Der Babylonische Talmud. 3.Band, Berlin 1930.

Gooch, P.W.: ‚Conscience' in 1 Corinthians 8 and 10; NTS 33 (1987), S.244–254.

Goppelt, L.: Theologie des Neuen Testaments, Göttingen, 13.Auflage 1981.

Groß, H.: Art. Messias II. AT und Judentum; LThK 7 (1962), Sp.336–339.

Grundmann, W.: Art. ταπεινός κτλ.; ThWNT 8 (1969), S.1–27.

Gubler, M.-L.: Die frühesten Deutungen des Todes Jesu. Eine motivge-schichtliche Darstellung aufgrund der neueren exegetischen Forschung (OBO 15), Freiburg (Ch)/Göttingen 1977.

Güttgemanns, E.: Der leidende Apostel und sein Herr. Studien zur paulinischen Christologie (FRLANT 90), Göttingen 1966.

Haacker, K.: Elemente des heidnischen Antijudaismus im Neuen Testament; EvTh 48 (1988), S.404–418.

Habicht, C. (ed.): 2. Makkabäerbuch (JSHRZ I/3), Gütersloh 1976.

Häfner, G.: Gewalt gegen die Basileia? Zum Problem der Auslegung des »Stürmerspruches« Mt 11,12; ZNW 83 (1992), S.21–51.

Haehnchen, E.: Der Weg Jesu. Eine Erklärung des Markus–Evangeliums und der kanonischen Parallelen, Berlin, 2.Auflage 1968.

Hafemann, S.: Self–Commendation and Apostolic Legitimacy in 2 Corinthians: A Pauline Dialectic?; NTS 36 (1991), S.66–88.

Hahn, F.: Streit um „Versöhnung". Zur Besprechung des Buches von Cilliers Breytenbach durch Otfried Hofius; VuF 36 (2/1991), S.55–64.

Ders.: Christologische Hoheitstitel. Ihre Geschichte im frühen Christentum (FRLANT 83), Göttingen, 2.Auflage 1964.

Hammershaimb, E. (ed.): Das Martyrium Jesajas (JSHRZ II/1), Gütersloh 1973.

Harnack, A.v./Gebhardt, O.v./Zahn, Th. (ed.): Patrum Apostolicorum Opera, Leipzig, 6.Auflage 1960.

Harrison, P.N.: Polycarp's Two Epistles to the Philippians, Cambridge 1936.

Hartfiel, G./Hillmann, K.-H.: Art. Statusinkonsistenz; Wörterbuch der Soziologie, Stuttgart, 9.Auflage 1982, Sp.732–733.

Hellerich, G.: Art. Stigmatisierung; Grubitzsch, M. / Rexilius, G. (Hg.): Psychologische Grundbegriffe. Mensch und Gesellschaft in der Psychologie. Ein Handbuch, Hamburg, 2.Auflage 1987, S.1046–1049.

Hengel, M.: The Atonement. The Origins of the Doctrine in the New Testament, London 1981.

Ders.: Nachfolge und Charisma (BZNW 34), Berlin/New York 1968.

Ders.: Mors turpissima crucis. Die Kreuzigung in der antiken Welt und die „Torheit" des „Wortes vom Kreuz"; Rechtfertigung, FS E. Käsemann, Tübingen 1975, S.124–184.

Ders.: Der Sohn Gottes. Die Entstehung der Christologie und die jüdisch–hellenistische Religionsgeschichte, Tübingen, 2.Auflage 1977.

Ders.: Der stellvertretende Sühnetod Jesu. Ein Beitrag zur Entstehung des urchristlichen Kerygmas; Communio 9 (1980), S.1–25.135–147.

Ders.: Die Zeloten. Untersuchungen zur jüdischen Freiheitsbewegung in der Zeit von Herodes I. bis 70 n.Chr. (AGJU 1), Leiden/Köln, 2.Auflage 1976.

Ders.: Die Bergpredigt im Widerstreit; ThB 14 (1983), S.53–67.

Ders.: War Jesus Revolutionär? (CwH 110), Stuttgart 1970.

Hennecke, E./Schneemelcher,W.: Neutestamentliche Apokryphen, 2 Bde., Tübingen, 4.Auflage 1968/3.Auflage 1964.

Henten, J.W.van (Hg.): Die Entstehung der jüdischen Martyrologie (Studia Postbiblica 35), Leiden 1989.

Herrenbrück, H.: Zum Vorwurf der Kollaboration des Zöllners mit Rom; ZNW 78 (1987), S.186–199.

Ders.: Jesus und die Zöllner. Historische und neutestamentlich–exegetische Untersuchung (WUNT 2/41), Tübingen 1990.

Hillmann, K.-H./Hartfiel, G.: Art. Statusinkonsistenz; Wörterbuch der Soziologie, Stuttgart, 9.Auflage 1982, Sp.732–733.

Hoffmann, P.: Studien zur Theologie der Logienquelle (NTA 8), Münster 1972.

Ders.(/Eid, V.): Jesus von Nazareth und eine christliche Moral; QD 66 (1975).

Ders. (Hg.): Zur neutestamentlichen Überlieferung von der Auferstehung Jesu (WdF 522), Darmstadt 1988.

Hofius, O.: Der Christushymnus Phil 2,6–11. Untersuchungen zu Gestalt und Aussage eines urchristlichen Psalms (WUNT 17), Tübingen 1976.

Hohmeier, J.: Stigmatisierung als sozialer Definitionsprozeß; Brusten, M. / Hohmeier, J. (Hg.): Stigmatisierung 1. Zur Produktion gesellschaftlicher Randgruppen, Darmstadt 1975, S.5–24.

Hollenbach, P.: Social Aspects of John the Baptizer's Preaching Mission in the Context of Palestinian Judaism; ANRW II,19,1, S.850–875.

Holmberg, B.: Paul and Power. The Structure of Authority in the Primitive Church as Reflected in the Pauline Epistles (CB.NT 11), Lund 1978.

Holm–Nielsen, S. (ed.): Die Psalmen Salomos (JSHRZ IV/2), Gütersloh 1977.

Holtz, T.: Der antiochenische Zwischenfall (Galater 2.11–14); NTS 32 (1986), S.344–361.

Ders.: Der erste Brief an die Thessalonicher (EKK XIII), Neukirchen 1986.

Ders.: Die Standespredigt Johannes des Täufers; Ruf und Antwort, FS E. Fuchs, Leipzig 1964, S.461–474

Horaz: Sämtliche Werke (lateinisch und deutsch), Darmstadt, 9.Auflage 1982.

Horsley, R.A.: Consciousness and Freedom among the Corinthians: 1 Corinthians 8–10; CBQ 40 (1978), S.574–589.

Ders.: Gnosis in Corinth: I Corinthians 8,1–6; NTS 27 (1981), S.32–51.

Ders.: Sociology and Jesus Movement, New York 1989.

Ders.: Popular Messianic Movements around the Time of Jesus; CBQ 46 (1984), S.459–471.

Ders.: The Zealots: Their Origin, Relationships and importance in the Jewish Revolt; NovTest 28 (1986), S.159–192.

Ders.: Ethics and Exegesis: „Love your Enemies" and the Doctrine of Non-Violence; JAAR 54 (1986), S.3–31.

Huber, W.: Feindschaft und Feindesliebe. Notizen zur Problematik des «Feindes» in der Theologie; ZEE 26 (1982), S.128–158.

Ders. (Hg.): Implizite Axiome. Tiefenstrukturen des Denken und Handelns, FS D. Ritschl, München 1990, S.338–355.

Ders.: Protestantismus und Protest. Zum Verständnis von Ethik und Politik, Hamburg 1987.

Hübner, H.: Mark. VII.1–23 und das *jüdisch–hellenistische* Gesetzesverständnis; NTS 22 (1976), S.319–345.

Hurd, J.C.: The Origin of 1 Corinthian, London 1965.

Hurst, L.D.: Re–Enter the Pre–Existent Christ in Philippians 2.5–11?; NTS 32 (1986), S.449–457.

Irmscher, J.: Die Pseudo – Clementinen; E. Hennecke/W. Schneemelcher (Hg.): Neutestamentliche Apokryphen II.Apostolisches, Apokalypsen und Verwandtes, Tübingen, 3.Auflage 1964, S.373–398.

Janowski, B.: Sühne als Heilsgeschehen. Studien zur Sühnetheologie der Priesterschrift und zur Wurzel KPR im Alten Orient und im Alten Testament (WMANT 55), Neukirchen 1982.

Ders.: Azazel – biblisches Gegenstück zum ägyptischen Seth? Zur Religionsgeschichte von Lev 16,10.21f; Die Hebräische Bibel und ihre zweifache Nachgeschichte, FS R. Rendtorff, Neukirchen 1990, S.97–110.

Ders./Lichtenberger, H.: Enderwartung und Reinheitsidee: zur eschatologischen Deutung von Reinheit und Sühne in der Qumrangemeinde; JJS 34 (1983), S.31–59.

Jeremias, J.: Art. Ἡλίας; ThWNT 2 (1954), S.930–943.

Ders.: Art. παῖς θεοῦ; ThWNT V (19), S.676–713.

Ders.: Zu Phil 2,7: ἑαυτὸν ἐκένωσεν; ders.: ABBA. Studien zur neutestamentlichen Theologie und Zeitgeschichte, Göttingen 1966, S.308–313.

Ders.: Das Lösegeld für Viele (Mk 10,45); ders.: ABBA, S.216–299

Ders.: Der Ursprung der Johannestaufe; ZNW 28 (1929), S.312–323.

Ders.: Proselytentaufe und Neues Testament; ThZ 5 (1949), S.418–428.

Ders.: Zur Gedankenführung in den paulinischen Briefen; ders., ABBA, S.269–276.

Ders.: Neutestamentliche Theologie I. Die Verkündigung Jesu, Gütersloh 1971.

Jervell, J.: Der schwache Charismatiker; Rechtfertigung, FS E. Käsemann, Tübingen 1975, S.185–198.

Josephus Flavius: De Bello Judaico – Der jüdische Krieg; Michel, O. / Bauernfeind, O. (Hg.), 3 Bde., Darmstadt 1959–1969.

Ders.: Autobiographie; Pelletier, A. (ed.), Paris 1959 (Collection des universites de France).

Ders.: Jewish Antiquities 12–14;15–17;18–20 (The Loeb Classical Library 7/ 8/9), London/Cambridge 1957/1963/1965.

Käsemann, E.: Die Johannesjünger in Ephesus; ZThK 49 (1952), S.144–154 = ders.: EVB I, Göttingen, 3.Auflage 1964, S.158–168.

Ders.: Kritische Analyse von Phil 2,5–11; ZThK 47 (1950), S.313–360 = ders.: EVB I, Göttingen, 3.Auflage 1964, S.51–95.

Ders.: Das Problem des historischen Jesus; ZThK 51 (1954), S.125–153 = ders., EVB I, S.187–214.

Ders.: Die Legitimität des Apostels. Eine Untersuchung zu 2 Kor 10–13; ZNW 41 (1942), S.33–71 = Darmstadt (Libelli 33) 1956.

Ders.: Der Ruf der Freiheit, Tübingen, 5.Auflage 1972.

Kertelge, K. (Hg.): Der Prozeß gegen Jesus. Historische Rückfrage und theologische Deutung (QD 112), Freiburg/Basel/Wien 1988.

Ders. (Hg.): Der Tod Jesu. Deutungen im Neuen Testament (QD 74), Freiburg/Basel/Wien 1976.

Kessler, H.: Die theologische Bedeutung des Todes Jesu. Eine traditionsgeschichtliche Untersuchung, Düsseldorf 1970.

Kim, S.: The Origin of Paul's Gospel (WUNT II/4), Tübingen 1981.

Kippenberg, H.G.. Religion und Klassenbildung im antiken Judäa. Eine religionssoziologische Studie zum Verhältnis von Tradition und gesellschaftlicher Entwicklung (StUNT 14), Göttingen, 2.Auflage 1982.

Ders.: Agrarverhältnisse in Vorderasien und die mit ihnen verbundenen politischen Mentalitäten; Schluchter, W. (Hg.): Max Webers Sicht des antiken Christentums. Interpretation und Kritik, Frankfurt 1985, S.151–204.

Klauck, H.J.: Die Himmelfahrt des Paulus (2 Kor 12,2–4) in der koptischen Paulusapokalypse aus Nag Hammadi (NHC V/2); SNTU 10 (1985), S.151–190.

Klausner, J.: Jesus von Nazareth. Seine Zeit, sein Leben und seine Lehre, Jerusalem, 3.Auflage 1952.

Klein, G.: Art. Gesetz III. Neues Testament; TRE 13 (1984), S.58–75.

Klinghardt, M.: Gesetz und Volk Gottes. Das lukanische Verständnis des Gesetzes nach Herkunft, Funktion und seinem Ort in der Geschichte des Urchristentums (WUNT 2/32), Tübingen 1988.

Köster, H.: I Thessaloniens – Experiment in Christian Writing; Church, F.F,/George, T. (Hg.): Continuity and Discontinuity in Church History, Leiden 1979, S.33–44.

Krappmann, L.: Soziologische Dimensionen der Identität. Strukturelle Bedingungen für die Teilnahme an Interaktionsprozessen, Stuttgart, 5.Auflage 1978.

Kraus, W.: Der Tod Jesu als Heiligtumsweihe. Eine Untersuchung zum Umfeld der Sühnevorstellung in Römer 3,25–26a (WMANT 66), Neukirchen 1991.

Ders.: Der Jom Kippur, der Tod Jesu und die »Biblische Theologie«. Ein Versuch, die jüdische Tradition in die Auslegung von Röm 3,25f einzubeziehen; JBTh 6 (1991), S.155–172.

Kreissig, H.: Die landwirtschaftliche Situation in Palästina vor dem jüdischen Krieg; Acta Antiqua 17 (1969), S.223–254.

Kruse, C.G.: The Relationship between the Opponents to Paul Reflected in 2 Corinthians 1–7 and 10–13; EvangQuar 61 (1989), S.195–202.

Kümmel, W.G.: Einleitung in das Neue Testament, Heidelberg, 21.Auflage 1983.

Ders.: Die Theologie des Neuen Testaments nach seinen Hauptzeugen Jesus – Paulus – Johannes (Grundrisse zum Neuen Testament; NTD–Ergänzungsreihe 3), Göttingen 1969.

Ders.: Jesusforschung seit 1981, II. Gesamtdarstellungen; ThR 54 (1989), S.1–53.

Ders.: Äußere und innere Reinheit des Menschen bei Jesus; Das Wort und die Wörter, FS G. Friedrich, Stuttgart/Berlin/Köln/Mainz 1973, S.35–46.

Ders.: Dreißig Jahre Jesusforschung (1950–1980) (BBB 60), Bonn 1985.

Kuhn, H.-W.: Die Kreuzesstrafe während der frühen Kaiserzeit. Ihre Wirklichkeit und Wertung in der Umwelt des Urchristentums; ANRW II,25,1, S.648–793.

Ders.: Jesus als Gekreuzigter in der frühchristlichen Verkündigung bis zur Mitte des 2. Jahrhunderts; ZThK 72 (1975), S.1–46.

Laatz, W./Leutmann, R.: Art. Statusinkonsistenz; Lexikon der Soziologie, Opladen, 2.Auflage 1978, Sp.746.

Lach, J.: Die Pflicht zur Versöhnung und Liebe (Mt 5,43–48); CollTheol 57 (1987), S.57–69.

Lambrecht, J.: Ich aber sage euch. Die Bergpredigt als programmatische Rede Jesu (Mt 5–7; Lk 6,20–49), Stuttgart 1984.

Ders.: The Sayings of Jesus on Nonviolence; LouvStud 12 (1987).

Lang, F.: Erwägungen zur eschatologischen Verkündigung Johannes des Täufers; Jesus Christus in Historie und Theologie, FS H. Conzelmann, Tübingen 1975, S.459–473.

Ders.: Die Briefe an die Korinther (NTD 7), Göttingen/Zürich 1986.

Lapide, P.: Jesus – ein gekreuzigter Pharisäer?, Gütersloh 1990.

Ders.: Die Bergpredigt. Utopie oder Programm?, Mainz 1982.

Ders.: Wer war Schuld an Jesu Tod?, Gütersloh 1987.

LaSor, W.: The Dead Sea crolls and the New Testament, Michigan 1972.

Last, H.: Art. Coercitio; RAC 3 (1957), S.235–243.

Ders.: Art. Christenverfolgungen II (juristisch); RAC 2 (1954), S.1208–1228.

Lenschau, Th.: Art. Korinthos; PW Suppl IV (1924), Sp.991–1036.

Lenski, G.: Macht und Privileg. Eine Theorie der sozialen Schichtung, Frankfurt 1977.

Leutmann, R./Laatz, W.: Art. Statusinkonsistenz; Lexikon der Soziologie, Opladen, 2.Auflage 1978, Sp.746.

Lewy, H.: Besprechung von R. Eisler: ΙΗΣΟΥΣ ΒΑΣΙΛΕΥΣ ΟΥ ΒΑΣΙΛΕΥ-ΣΑΣ . . . ; DLZ III,1,11 (1930), Sp.484–494.

Lietzmann, H.: Der Prozeß Jesu (SPAW.PH 1931/XIV), Berlin 1934.

Ders.: Bemerkungen zum Prozeß Jesu; ZNW 30 (1931), S.211–215.

Ders.: Bemerkungen zum Prozeß Jesu; ZNW 31 (1932), S.78–84.

Ders.: Kleine Schriften II. Studien zum Neuen Testament (TU 68=V/13), Berlin 1958.

Lightfoot, J.B.: The Apostolic Fathers. II,1.2, London, 2.Auflage 1889.

Lindemann, A.: Paulus im ältesten Christentum. Das Bild des Apostels und die Rezeption der paulinischen Theologie in der frühchristlichen Literatur bis Marcion (BHTh 58), Tübingen 1979.

Lindeskog, G.: Johannes der Täufer. Einige Randbemerkungen zum heutigen Stand der Forschung; ASTI 12 (1983), S.55–83.

Lichtenberger, H.: Täufergemeinden und frühchristliche Täuferpolemik im letzten Drittel des 1. Jahrhunderts n. Chr.; ZThK 84 (1987), S.36–57.

Ders./Janowski, B.: Enderwartung und Reinheitsidee: zur eschatologischen Deutung von Reinheit und Sühne in der Qumrangemeinde; JJS 34 (1983), S.31–59.

Lipp, W.: Charisma – Social Deviation, Leadership and Cultural Change. A Sociology of Deviance Approach; The Annual Review of the Social Sciences of Religion 1 (1977), S.59–77.

Ders.: Selbststigmatisierung; M. Brusten/J. Hohmeier (Hg.): Stigmatisierung 1. Zur Produktion gesellschaftlicher Randgruppen, Darmstadt 1975, S.25–53.

Ders.: Stigma und Charisma. Über soziales Grenzverhalten (Schriften zur Kultursoziologie 1), Berlin 1985.

Lohfink, N. (Hg.): Gewalt und Gewaltlosigkeit im Alten Testament (QD 96), Freiburg/Basel/Wien 1983.

Lohmeyer, E.: Kyrios Jesus. Eine Untersuchung zu Phil 2,5–11, Heidelberg 1928.

Ders.: Das Urchristentum. 1.Buch: Johannes der Täufer, Göttingen 1932.

Lohse, E.: Märtyrer und Gottesknecht. Untersuchungen zur urchristlichen Verkündigung vom Sühnetod Jesu Christi (FRLANT 64), Götingen, 2.Auflage 1963.

Ders.: Theologische Ethik des Neuen Testaments, Stuttgart/Berlin/Köln / Mainz 1988.

Luckmann, T./Berger, P.L.: Die gesellschaftliche Konstruktion der Wirklichkeit. Eine Theorie der Wissenssoziologie, Frankfurt 1980 (amerik.: The Social Construction of Reality, New York 1966).

Lüdemann, G.: Paulus, der Heidenapostel, Bd.II. Antipaulinismus im frühen Christentum (FRLANT 130), Göttingen 1983.

Lührmann, D.: Liebet eure Feinde (Lk 6,27–36/Mt 5,38–48); ZThK 69 (1972), S.412–438.

Ders.: ... womit er alle Speisen für rein erklärte (Mk 7,19); WuD 16 (1981), S.71–92.

Ders.: Das Markusevangelium (HNT 3), Tübingen 1987.

Ders.: Markus 14.55–64. Christologie und Zerstörung des Tempels im Markusevangelium; NTS 27 (1981), S.457–474.

Lütgert, W.: Freiheitspredigt und Schwarmgeister in Korinth. Ein Beitrag zur Charakterisierung der Christuspartei (BFChTh 12,3), Gütersloh 1908.

Luz, U.: Das Evangelium nach Matthäus. 2 Teilbände Mt 1–7;8–17 (EKK II/ 1+2), Neukirchen 1985/1990.

Mack, B.L.: A Myth of Innocence. Mark and Christian Origins, Philadelphia 1988.

Maier, J./Schubert, K.: Die Qumran–Essener. Texte der Schriftrollen und Lebensbild der Gemeinde, München/Basel 1982.

Malina, B.J.: The New Testament World. Insights from Cultural Anthropology, Atlanta 1981.

Ders.: Honor and Shame: Pivotal Values of the First – Century Mediterranean World; ders., New Testament World, S.25–50.

Ders.: The First – Century Personality: The Individual and the Group; ders., New Testament World, S.51–70.

Ders.: Clean and Unclean: Understanding Rules of Purity; ders., New Testament World, S.122–152.

Ders.: Jesus as Charismatic Leader?; BTB 14 (1984), S.55–62.

Maly, K.: Mündige Gemeinde. Untersuchungen zur pastoralen Führung des Apostels Paulus im 1. Korintherbrief (SBM 2), Stuttgart 1967.

Marguerat, D.: 2 Corinthiens 10–13. Paul et l'experiénce de Dieu; ETR 63 (1988), S.479–519.

Marshall, P.: Enmity in Corinth: Social Conventions in Paul's Relations with the Corinthians (WUNT 2/23), Tübingen 1987.

Marti, H.: Art. Mimus. In Rom; Lexikon der Alten Welt, Zürich/Stuttgart 1965, Sp.1962–1963.

Martin, R.P.: Carmen Christi. Philippians ii,6–11 in Recent Interpretation and in the Setting of Early Christian Worship, Cambridge 1967.

Martyn, J.L.: We have found Elijah; Jews, Greeks and Christians: Religious Cultures in Late Antiquity. Essays in Honour of William David Davies, R. Hammerton–Kelly/R. Scroggs (Hg.), Leiden 1976, S.181–219.

Marxsen, W.: Der Evangelist Markus. Studien zur Redaktionsgeschichte des Evangeliums (FRLANT 67), Göttingen, 2.Auflage 1959.

Maurer, Chr.: Grund und Grenze apostolischer Freiheit. Exegetisch – theologische Studie zu 1 Korinther 9; Antwort, FS K. Barth, Zürich 1956, S.630–641.

McCant, J.C.: Paul's Thorn of Rejected Apostleship; NTS 34 (1988), S.550–572.

Meeks, W.A.: The Polyphonic Ethics of the Apostle Paul; Annual of the society of Christian Ethics 1988, S.17–29.

Ders.: The Social Context of Pauline Theology; Interpr 36 (1982), S.266–277.

Ders.: The First Urban Christians. The Social World of the Apostle Paul, New Haven 1983.

Ders. (Hg.): Zur Soziologie des Urchristentums. Ausgewählte Beiträge zum frühchristlichen Gemeinschaftsleben in seiner gesellschaftlichen Umwelt (TB 62), München 1979.

Meier, J.P.: John the Baptist in Matthew's Gospel; JBL 99 (1980), S.383–405.

Meier, H.O.: The Charismatic Authority of Ignatius of Antioch: A Sociological Analysis; StudRel/SciRel 18 (1989), S.185–199.

Merkel, H.: Mk 7,15 – das Jesuswort über die innere Verunreinigung; ZRGG 20 (1968), S.340–363.

Merklein, H.: Die Gottesherrschaft als Handlungsprinzip. Untersuchung zur Ethik Jesu (FzB 34), Würzburg 1978.

Ders.: Jesu Botschaft von der Gottesherrschaft. Eine Skizze (SBS 111), Stuttgart 1983.

Michaelis, W.: Die jüdische Proselytentaufe und die Tauflehre des NT; Kirchenblatt für die reformierte Schweiz 105 (1949), 17–20.34–38.

Ders.: Zum jüdischen Hintergrund der Johannestaufe; Judaica 7 (1951), S.81–120.

Michel, O.: Fragen zu 1 Thessalonicher 2,14–16: Antijüdische Polemik bei Paulus?; Eckert, W.P/Levinson, N.P./Stöhr, M.: Antijudaismus im Neuen Testament? Exegetische und systematische Beiträge (ACJD 2), München 1967, S.50–59.

Mödritzer, H.: Statusdissonanz – Reduzierung oder Intensivierung?; In dubio pro deo, FS G. Theißen, Heidelberg 1993, S.183–190.

Moscovici, S.: Social Infuence and Social Change, London 1976. Dt.: Sozialer Wandel durch Minoritäten, München 1979.

Mühlmann, W.E.: Chiliasmus und Nativismus. Studien zur Psychologie, Soziologie und historischen Kasuistik der Umsturzbewegungen, Berlin 1961.

Müller, K.: Gesetz und Gesetzerfüllung im Frühjudentum; Das Gesetz im Neuen Testament (QD 108), S.11–27.

Ders.: Möglichkeit und Vollzug jüdischer Kapitalgerichtsbarkeit im Prozeß gegen Jesus von Nazaret; Der Prozeß gegen Jesus. Historische Rückfrage und theologische Deutung (QD 112), Freiburg/Basel/Wien 1988, S.41–83.

Müller, U.B.: Messias und Menschensohn in jüdischen Apokalypsen und in der Offenbarung des Johannes (StNT 6), Gütersloh 1972.

Ders.: Der Christushymnus Phil 2,6–11; ZNW 79 (1988), S.17–44.

Murphy–O'Connor, J.: Another Jesus (2 Cor 11:4); RB 97 (1990), S.238–251.

Ders.: Christological Anthropology in Phil.,II,6–11; RB 83 (1976), S.25–50.

Ders.: Freedom or the Ghetto (I Cor.,VIII,1–13;X23–XI,1); RB 85 (1975), S.543–574.

Mußner, F.: Der Galaterbrief (HThK IX), Freiburg, 2.Auflage 1974.

Neill, S./Wright, T: The Interpretation of the New Testament 1861–1986, Oxford, 2.Auflage 1990.

Neugebauer, F.: Die dargebotene Wange und Jesu Gebot der Feindesliebe. Erwägungen zu Lk 6,23–36/Mt 5,38–48; ThLZ 119 (1985), Sp.865–876.

Neumann, W.: Art. coercitio; PW 4 (1901), Sp.201–204.

Neusner, J.: Das pharisäische und das talmudische Judentum. Neue Wege zu seinem Verständnis (Texte und Studien zum Antiken Judentum 4), Tübingen 1984.

Ders.: Geschichte und rituelle Reinheit im Judentum des 1. Jahrhunderts n.Chr.; Kairos 21 (1979), S.119–132 = ders., Judentum, S.74–92.

Ders.: First Cleanse the Insight. The 'Halakhic' Background of a Controversy – Saying; NTS 22 (1976), S.486–495.

Ders.: Geldwechsler im Tempel – von der Mischna her erklärt; ThZ 45 (1989), S.81–84.

Neyrey, J.H.: Unclean, Common, Poluted, and Taboo. A Short Reading Guide; Forum 4 (4/1988), S.72–82.

Nickelsburg, G.E.W.: Riches, the Rich, and God's Jugdment in 1 Enoch 92–105 and the Gospel according to Luke; NTS 25 (1979), S.324–344.

Niederwimmer, K.: Der Begriff der Freiheit im Neuen Testament, Berlin 1966.

Niewiadomski, J./Palaver, W. (Hg.): Dramatische Erlösungslehre. Ein Symposion (Innsbrucker theologische Studien 38), Innsbruck/Wien 1992.

Nietzsche, F.: Werke. Kritische Gesamtausgabe; G. Colli/M. Montinari, Berlin 1968.

Nissen, A.: Gott und der Nächste im Judentum. Untersuchungen zum Doppelgebot der Liebe (WUNT 15), Tübingen 1974.

Noack, B.: Current and Backwater in the Epistle to the Romans; StTh 19 (1965), S.155–166.

Okeke, G.E.: I Thessaloniens 2.13–16: The fate of the Unbelieving Jews; NTS 27 (1979), S.127–136.

Oldemeyer, E.: Zum Problem der Umwertung von Werten; H. Klager / P. Knieciak (Hg.): Wertwandel und gesellschaftlicher Wandel, Frankfurt/New York 1979, S.597–617.

Oomen, T.K.: Charisma, Social Structure and Social Change; Comparative Studies in Society and History 10 (1967/68), S.85–99.

Otto, R.: Das Heilige. Über das Irrationale in der Idee des Göttlichen und sein Verhältnis zum Rationalen, Breslau 1917 = München 1979/1987.

Ders.: Reich Gottes und Menschensohn. Ein religionsgeschichtlicher Versuch, München 1934.

Palaver, W./Niewiadomski, J. (Hg.): Dramatische Erlösungslehre. Ein Symposion (Innsbrucker theologische Studien 38), Innsbruck/Wien 1992.

Pathrapankel, J.M.: ‚When I am Weak, then I am Strong' (2 Cor 12:10): Pauline Understanding of Apostolic Sufferings; Jeevadhara 18 (1988), S.140–151.

Patsch, H.: Abendmahl und historischer Jesu (CThM 1), Stuttgart 1972.

Paulsen, H.: Studien zur Theologie des Ignatius von Antiochien (FKDG 29), Göttingen 1978.

Ders.: Ignatius von Antiochien; Gestalten der Kirchengeschichte 1, Stuttgart/Berlin/Köln/Mainz 1984, S.38–50.

Ders./Bauer, W.: Die Briefe des Ignatius von Antiochia und der Polycarpbrief (HNT 18), Tübingen, 2.Auflage 1985.

Paulus, Chr./Cohen, D.: Einige Bemerkungen zum Prozeß Jesu bei den Synoptikern; ZSRG.R 102 (1985), S.437–452.

Pearson, B.A.: 1 Thessaloniens 2:13–16. A Deutero–Pauline Interpolation; HThR 64 (1971), S.79–94.

Pelletier, M.: Les Pharisiens. Histoire d'un parti méconnu (lire la Bible 86), Paris 1990.

Perler, O.: Das vierte Makkabäerbuch, Ignatius von Antiochien und die ältesten Martyrerberichte; RivAC 25 (1949), S.47–72.

Ders.: Art. Ignatios; LThK 5 (1960), S.611–612.

Perles, L.: Zur Erklärung der Psalmen Salomos; OLZ 5 (1902), S.269–282.335–342.365–372.

Pesch, R.: Das Markusevangelium I.+II. Teil (HThK II), Freiburg/Basel / Wien, 4.Auflage 1984/3.Auflage 1984.

Ders.: Das Abendmahl Jesu und Jesu Todesverständnis (QD 80), Freiburg/Basel/Wien 1978.

Petersen, K.: ῾Εαυτὸν ἐκένωσεν Phil 2,7; SO 12 (1933), S.96–101.

Philo von Alexandrien: Die Werke in deutscher Übersetzung; ed. L. Cohn ua, Berlin, 2.Auflage 1962–1964.

Piper, J.: Love your enemies. Jesus' love command in the synoptic gospels and in the early Christians paranesis. A history of the tradition and interpretation of its uses (MSSNTS 38), Cambridge 1979.

Plinius: Natural History III–VII (The Loeb Classical Library), London/Cambridge 1961.

Plutarch's Moralia in Sixteen Volumes; II: 86B–171F; VI: 439A–523B (The Loeb Classical Library), London/Cambridge 1971/1970.

Polag, A.: Fragmenta Q. Textheft zur Logienquelle, Neukirchen 1979.

Poland, F.: Geschichte des griechischen Vereinswesens, Leipzig 1909.

Preuß, H.D.: Art. Demut. I. Altes Testament; TRE 8 (1981), S.459–461.

Ders./Berger, Kl.: Bibelkunde des Alten und Neuen Testaments, 2 Bd., Heidelberg, 2.Auflage 1983/4.

Räisänen, H.: Jesus and the Food Laws: Reflections on Mark 7.15; JSNT 16 (1982), S.79–100.

Ders.: Zur Herkunft von Markus 7,15; LOGIA. Les paroles de Jésus – The Sayings of Jesus (BETHL 59), FS J. Coppens, Leuven 1982, S.477–484.

Ders.: Paul's Conversion and the Development of his View of the Law; NTS 33 (1987), S.404–419.

Rahlfs, A. (ed.): Septuaginta, Stuttgart, 8.Auflage 1965.

Rathke, H.: Ignatius von Antiochien und die Paulusbriefe (TU 99), Berlin 1967.

Rebell, W.: Gehorsam und Unabhängigkeit. Eine sozialpsychologische Studie zu Paulus, München 1986.

Ders.: Das Leidenverständnis bei Paulus und Ignatius von Antiochien; NTS 32 (1986), S.457–465.

Reck, R.: Kommunikation und Gemeindeaufbau. Eine Studie zu Entstehung, Leben und Wachstum paulinischer Gemeinden in den Kommunikationsstrukturen der Antike (SBB 22), Stuttgart 1991.

Rehrl, S.: Art. Demut III. Neues Testament; TRE 8 (1981), S.463–465.

Reich, H.: Der Mimus. Ein Literatur–Entwicklungsgeschichtlicher Versuch I, 2 Bd., Berlin 1903.

Reitzenstein, R.: Die Vorgeschichte der christlichen Taufe, Berlin/Leipzig 1928.

Rendtorff, R.: Das Alte Testament. Eine Einführung, Neukirchen, 2.Auflage 1985.

Rengstorf, K.: Art. δοῦλος κτλ.; ThWNT 2 (1935), S.264–271.

Ders. (Hg.): Das Paulusbild in der neueren deutschen Forschung (WdF 24), Darmstadt 1964.

Rhoads, D.M.: The Assumption of Moses and Jewish History: 4 B.C. – A.D. 48; Nickelsburg, G.W.E (ed.): Studies on the Testament of Moses Seminar Papers (Septuagint and Cognate Studies 4), Society of Biblical Literature 1973, S.53–58.

Richter, G.: «Bist du Elias?» (Jo 1,21); BZ 6 (1962), S.79–92.238–256; 7 (1963), S.63–80.

Riesner, R.: Wie sicher ist die Zwei–Quellen–Theorie?; ThB 8 (1977), S.49–73.

Rigaux, B.: Saint Paul. Les épitres aux Thessaloniciens (EtB), Paris / Gembloux 1956.

Rissi, M.: Der Christushymnus in Phil 2,6–11; ANRW II,25,4, S.3314–3326.

Ritschl, D.: Zur Logik der Theologie. Kurze Darstellung der Zusammenhänge theologischer Grundgedanken, 2.Auflage, München 1988.

Ders.: Die Erfahrung der Wahrheit. Die Steuerung von Denken und Handeln durch implizite Axiome; ders.: Konzepte. Ökumene, Medizin, Ethik. Gesammelte Aufsätze, München 1986, S.147–166.

Ders.: Implizite Axiome. Weitere vorläufige Überlegungen; W. Huber ua (Hg.): Implizite Axiome. Tiefenstrukturen des Denken und Handelns, München 1990, S.338–355.

Ders.: Simplicitas dei oder der Hauch des Unhistorischen: Bemerkungen zu Klaus Bergers Hermeneutik; Heidel–Berger–Apokryphen, FS Kl. Berger, Heidelberg 1990, S.210–220.

Robinson, J.A.T.: Elijah, John and Jesus; NTS 4 (1957/8), S.28–52 = ders.: Twelve New Testament Studies (SBT 34), London, 2.Auflage 1965, S.263–281.

Røsæg, N.A.: Jesus from Galilee and Political Power. A Socio–Historical Investigation. Traces of his actual ,relations' and ,attitudes' towards four ,componets' of ,common' or ,secular' contemporary ,political power' from a Galilean socio–historical perspectve; Diss (theol) Oslo 1990.

Roloff, J.: Anfänge der soteriologischen Deutung des Todes Jesu (Mk X.45 und Lk XXII.27); NTS 19 (1972/73), S.38–64.

Ders.: Das Kerygma und der irdische Jesus. Historische Motive in den Jesus–Erzählungen der Evangelien, Göttingen 1970.

Ders.: Der erste Brief an Timotheus (EKK XV), Neukirchen 1988.

Roth, C.: The Cleansing of the Temple and Zechariah xiv.21; NT 4 (1960), S.174–181.

Sahlin, H.: Ett svårt ställe i Bergspredikan (Mt 5:39–42); SEÅ 51/52 (1986/7), S.214–218.

Sand, A.: Art. ἄνθρωπος; EWNT I (1980), Sp.240–249.

Sanders, E.P.: Jesus and Judaism, London, 2.Auflage 1985.

Ders.: Jesus, Paul and Judaism; ANRW II,25,1, S.390–450.

Sauer, G. (ed.): Jesus Sirach (Ben Sira) (JSHRZ III/5), Gütersloh 1981.

Sauer, J.: Traditionsgeschichtliche Erwägungen zu den synoptischen und paulinischen Aussagen über Feindesliebe und Wiedervergeltungsverzicht; ZNW 76 (1985), S.1–28.

Schäfer, P.: Der vorrabbinische Pharisäismus; Hengel, M./ Heckel, U. (Hg.): Paulus und das antike Judentum (WUNT 58), Tübingen 1991, S.121–175.

Scheff, Th.: Das Etikett Geisteskrankheit, Frankfurt 1973.

Schenk, W.: Gefangenschaft und Tod des Täufers. Erwägungen zur Chronologie und ihren Konsequenzen; NTS 29 (1983), S.453–483.

Ders.: Die Philipperbriefe des Apostels Paulus. Kommentar, Stuttgart ua 1984.

Schlatter, A.: Johannes der Täufer, Basel 1956.

Schlier, H.: Religionsgeschichtliche Untersuchungen zu den Ignatiusbriefen (BZNW 8), Gießen 1928.

Schlosser, J.: La parole de Jésus sur la fin du Temple; NTS 36 (1990), S.398–414.

Schluchter, W.: Max Webers Analyse des antiken Christentums. Grundzüge eines unvollendeten Projekts; ders. (Hg.): Max Webers Sicht des antiken Christentums. Interpretation und Kritik, Frankfurt 1985, S.11–71.

Ders.: Die Entwicklung des okzidentalen Rationalismus. Eine Analyse von Max Webers Gesellschaftsgeschichte (Die Einheit der Gesellschaftswissenschaften 23), Tübingen 1979.

Schmeller, T.: Brechungen. Urchristliche Wandercharismatiker im Prisma soziologisch orientierter Exegese (SBB 136), Stuttgart 1989.

Schmidt, D.: 1 Thessaloniens 2:13–16: Linguistic Evidence for an Interpolation; JBL 102 (1983), S.269–279.

Schmidt, K.L.: Der Rahmen der Geschichte Jesu, Berlin 1919 = Darmstadt 1964.

Schmithals, W.: Die Gnosis in Korinth. Eine Untersuchung zu den Korintherbriefen (FRLANT 60), Göttingen, 2.Auflage 1962.

Ders.: Die historische Situation der Thessalonicherbriefe; ders.: Paulus und die Gnostiker. Untersuchungen zu den kleinen Paulusbriefen (ThF 35), Hamburg 1965, S.89–157.

Ders.: Der Römerbrief als historisches Problem (StNT 9), Gütersloh 1975.

Schoedel, W.R.: Die Briefe des Ignatius von Antiochien. Ein Kommentar (Hermeneia), München 1990.

Ders.: Art. Ignatius von Antiochien; TRE 16 (1987), S.40–45.

Ders.: Theological Norms and Social Perspectives in Ignatius of Antioch; Sanders, E.P. (Hg.): Jewish and Christian Self–Definition 1. The Shaping of Christianity in the Second and Third Centuries, Philadelphia 1980, 30–56.

Schottroff, L.: Gewaltverzicht und Feindesliebe in der urchristlichen Jesustradition Mt 5,38–48; Lk 6,27–36; Jesus Christus in Historie und Theologie, FS H. Conzelmann, Tübingen 1975, S.197–221 = Dies.: Befreiungserfahrungen. Studien zur Sozialgeschichte des Neuen Testaments, München 1990, S.12–35,

Dies.: Der Mensch Jesus im Spannungsfeld von Politischer Theologie und Aufklärung; ThP 8 (1973), S.243–257.

Dies./Stegemann, W.: Jesus von Nazareth – Hoffnung der Armen, Stuttgart/Berlin/Köln/Mainz, 2.Auflage 1981.

Schrage, W.: Der erste Brief an die Korinther. 1. Teilband: 1 Kor 1,1–6,11 (EKK VII/1), Neukirchen 1991.

Ders. (ed.): Die Elia–Apokalypse (JSHRZ V/3), Gütersloh 1980.

Ders.: Ethik des Neuen Testaments (Grundrisse zum Neuen Testament; NTD–Ergänzungsreihe 4), Göttingen, 5.Auflage 1989.

Schreiner, J. (ed.): 4. Esra–Buch (JSHRZ V/4), Gütersloh 1980.

Schürer, E.: The History of the Jewish People in the Age of Jesus Christ 1; rev. Vermes, G./Millar, F., Edinburgh 1973.

Schütz, J.H.: Paul and the Anatomy of Apostolic Authority (MSSNTS 26), Cambridge 1975.

Ders.: Charisma und soziale Wirklichkeit im Urchristentum; Meeks, W.A. (Hg.): Zur Soziologie des Urchristentums. Ausgewählte Beiträge zum frühchristlichen Gemeinschaftsleben in seiner gesellschaftlichen Umwelt (TB 62), München 1979, S.222–244.

Schütz, J.: Johannes der Täufer (AThANT 50), Zürich/Stuttgart 1967.

Schulz, S.: Neutestamentliche Ethik (Zürcher Grundrisse zur Bibel), Zürich 1987.

Ders.: Q. Die Spruchquelle der Evangelisten, Zürich 1972.

Ders.: Die neue Frage nach dem historischen Jesus; Neues Testament und Geschichte, FS O. Cullmann, Zürich/Tübingen 1972, S.33–42.

Schunk, K.-D. (ed.): 1. Makkabäerbuch (JSHRZ I/4), Gütersloh 1980.

Schwager, R.: Brauchen wir einen Sündenbock? Gewalt und Erlösung in den biblischen Schriften, München 1978.

Ders.: Der wunderbare Tausch. Zur Geschichte und Deutung der Erlösungslehre, München 1986.

Ders.: Eindrücke von einer Begegnung; Gewalt und Gewaltlosigkeit im Alten Testament (QD 96), Freiburg/Basel/Wien 1983, S.214–224.

Schweitzer, A.: Geschichte der Leben – Jesu – Forschung; ders.: Gesammelte Werke in fünf Bänden, Bd.3, Berlin o.J.

Ders.: Die Mystik des Apostels Paulus; ders.: Gesammelte Werke in fünf Bänden, Bd.4, Berlin o.J.

Sellin, G.. Hauptprobleme der Ersten Korintherbriefes; ANRW II,25,2, S.2940–3044.

Seneca, L.A.: Ad Lucilium Epistulae Morales I–LXIX;LXX–CXXIV, [CXXV]; M. Rosenbach (ed.), 2 Bde, Darmstadt 1974/1984.

Ders.: Philosophische Schriften, lateinisch und deutsch. Erster Band, Darmstadt 1969.

Shils, E.: Art. Charisma; International Encyclopedia of Social Sciences 2 (1968), S.386–390.

Simmel, G.: Soziologie. Untersuchungen über die Form der Vergesellschaftung (Gesammelte Werke 2), Berlin, 5.Auflage 1968.

Sjöberg, E.: Der Menschensohn im äthiopischen Henochbuch (Acta reg. societatis humaniorum litterarum Lundensis 41), Lund 1946.

Smith, M.: Zealots and Sicarii. Their Origin and Relation; HThR 64 (1971), S.1–19.

Söding, T.: Die Tempelaktion Jesu. Redaktionskritik – Überlieferungsgeschichte – historische Rückfrage (Mk 11,15–19;Mt 21,12–17;Lk 19,45–48;Joh 2,12–22); TThZ 101 (1992), S.36–64.

Songer, H.S.: Problems Arising from the Worship of Idols: 1 Corinthians 8:1–11,1; RExp 80 (1983), S.363–375.

Stählin, G.: Art. περίψημα; ThWNT 6 (1959), S.83–92.

Stauffer, E.: Die Theologie des Neuen Testaments, Stuttgart, 3.Auflage 1947.

Steck, O.H.: Israel und das gewaltsame Geschick der Propheten. Untersuchungen zur Überlieferung des deuteronomistischen Geschichtsbildes im Alten Testament, Spätjudentum und Christentum (WMANT 23), Neukirchen 1967.

Stegemann, E.W.: Zur Tempelreinigung im Johannesevangelium; Die Hebräische Bibel und ihre zweifache Nachgeschichte, FS R. Rendtorff, Neukirchen 1990, S.503–516.

Stegemann, W.: Wanderradikalismus im Urchristentum? Historische und theologische Auseinandersetzung mit einer interessanten These; Schottroff, W./Stegemann, W (Hg.): Der Gott der kleinen Leute. Sozialgeschichtliche Bibelauslegungen Bd.2 Neues Testament, München 1979, S.94-120.

Ders./Schottroff, L.: Jesus von Nazareth – Hoffnung der Armen, Stuttgart/Berlin/Köln/Mainz, 2.Auflage 1981.

Stemberger, G.: Pharisäer, Sadduzäer, Essener (SBB 114), Stuttgart 1991.

Stengel, P.: Die griechischen Kultusaltertümer (HAW V,3), München, 3.Auflage 1920.

Stenger, W.: „Gebt dem Kaiser, was des Kaisers ist ...!" Eine sozialgeschichtliche Untersuchung zur Besteuerung Palästinas in neutestamentlicher Zeit (BBB 68), Frankfurt 1988.

Stern, M.: The Reign of Herod and the Herodian Dynasty; Safrai, S. / Stern, M. (ed.): The Jewish People in the First Century (Compendia Rerum Iudaicarum ad Novum Testamentum) vol 1, Assen 1974, S.216–307.

Stoops, R.F.: If I Suffer ... Epistolary Authority in Ignatius of Antioch; HThR 80 (1987), S.161–178.

Strecker, G.: Die Antithesen der Bergpredigt; ZNW 69 (1978), S.36–72.

Ders.: Befreiung und Rechtfertigung. Zur Stellung der Rechtfertigungslehre in der Theologie des Paulus; Rechtfertigung, FS E. Käsemann, Tübingen/Göttingen 1976, S.479–508.

Strobel, A.: Die Bergpredigt als ethische Weisung heute. Vier Thesen für Nachfolger Jesu Christi in einer modernen Welt; ThB 15 (1984), S.3–16.

Ders.: Die Stunde der Wahrheit. Untersuchungen zum Strafverfahren gegen Jesus (WUNT 21), Tübingen 1980.

Stuhlmacher, P.: Versöhnung, Gesetz und Gerechtigkeit. Aufsätze zur biblischen Theologie, Göttingen 1982.

Suhl, A.: Der Galaterbrief – Situation und Argumentation; ANRW II,25,4, S.3067–3134.

Sumney, J.L.: Identifying Paul's Opponents. The Question of Method in 2 Corinthians (Journal for the Study of the New Testament Suppl Series 40), Sheffield 1990.

Swartley, W.M.: The Imitatio Christi in the Ignatian Letters; VigChr 27 (1973), S.81–103.

Szasz, Th.: Geisteskrankheit – ein moderner Mythos, Olten 1972.

Tertullian: Apologeticum. Verteidigung des Christentums lat.–dt.; ed. Bekker, C., München, 2.Auflage 1961.

Theißen, G.: Studien zur Soziologie des Urchristentums (WUNT 19), Tübingen, 3.Auflage 1989.

Ders.: Soziologie der Jesusbewegung. Ein Beitrag zur Entstehungsgeschichte des Urchristentums, München, 5.Auflage 1988.

Ders.: Jesusbewegung als charismatische Wertrevolution; NTS 35 (1989), S.343–360.

Ders.: Judentum und Christentum bei Paulus. Sozialgeschichtliche Überlegungen zu einem beginnenden Schisma; M. Hengel/U. Heckel (Hg.): Paulus und das antike Judentum (WUNT 58), Tübingen 1991, S.331–359.

Ders.: Lokalkolorit und Zeitgeschichte in den Evangelien. Ein Beitrag zur Geschichte der synoptischen Tradition (NTOA 8), Freiburg (Ch)/Göttingen 1989.

Ders.: Das „schwankende Rohr" in Mt 11,7 und die Gründungsmünzen von Tiberias. Ein Beitrag zur Lokalkoloritforschung in den synoptischen Evangelien; ZDPV 101 (1985), S.43–55 = ders., Lokalkolorit, S.26–44.

Ders.: Aporien im Umgang mit den Antijudaismen des Neuen Testaments; Die Hebräische Bibel und ihre zweifache Nachgeschichte, FS R. Rendtorff, Neukirchen 1990, S.535–553.

Ders.: Vers une théorie de l'histoire sociale du Christianisme primitif; ETR 63 (1988), S.199–225.

Ders.: Wert und Status des Menschen im Urchristentum; Humanistische Bildung 12 (1989), S.61–93.

Thompson, W.G.: I Corinthians 8:1–13; Interpr 44 (1990), S.406–409.

Thyen, H.: βάπτισμα μετανοίας εἰς ἄφεσιν ἁμαρτιῶν; Zeit und Geschichte, FS R. Bultmann, Tübingen 1984, S.97–125.

Ders.: Studien zur Sündenvergebung im Neuen Testament und seine alttestamentlichen und jüdischen Voraussetzungen (FRLANT 96), Göttingen 1970.

Trautmann, M.: Zeichenhafte Handlungen Jesu. Ein Beitrag zur Frage nach dem geschichtlichen Jesus (FzB 37), Würzburg 1980.

Trevett, Chr.: Prophecy and Anti–Episcopal Activity: a Third Error Combatted by Ignatius?; JEH 34 (1983), S.1–18.

Trilling, W.: Die Briefe des Paulus an die Thessalonicher; ANRW II,25,4, S.3365–3403.

Trobisch, D.: Die Entstehung der Paulusbriefsammlung. Studien zu den Anfängen christlicher Publizistik (NTOA 10), Freiburg (Ch)/Göttingen 1989.

Tucker, R.C.: The Theory of Charismatic Leadership; Daedalus 97 (1968), S.731–756.

Uhlig, S. (ed.): Das äthiopische Henochbuch (JSHRZ V/6), Gütersloh 1984.

Unnik, W.C. v.: Die Rücksicht auf die Reaktion der Nicht–Christen als Motiv in der altchristlichen Paränese; Judentum, Urchristentum, Kirche, FS J. Jeremias, Berlin 1964, S.221–234.

Vaage, L.: Q: The Ethos and Ethics of an Intinerant Intelligence, Ann Arbor 1987.

Versnell, H.S.: Quid Athenis et Hierosolymis? Bemerkungen über die Herkunft von Aspekten des „Effective Death"; J.W.van Henten (Hg.): Die Entstehung der jüdischen Martyrologie (Studia Postbiblica 35), Leiden 1989, S.162–196.

Ders.: Self–Sacrifice, Compensation and the Anonymous Gods; J.-P. Vernant ua (Hg.): Le Sacrifice dans Antiquité (Entretiens sur L'Antiquité Classique 27), Genf 1981, S.135–194.

Vielhauer, Ph.: Art. Johannes der Täufer; RGG 3.Auflage 3 (1959), Sp.804–808.

Ders.: Geschichte der urchristlichen Literatur. Einleitung in das Neue Testament, die Apokryphen und die Apostolischen Väter, Berlin/New York, 4.Auflage 1985.

Ders.: Tracht und Speise Johannes des Täufers; Aufsätze zum Neuen Testament (TB 31), München 1965, S.47–57.

Volgt, J.: Art. Christenverfolgungen I (historisch); RAC 2 (1954), S.1159–1208.

Vretska, K.: Art. Mimus; Der Kleine Pauly. Lexikon der Antike Bd 3, Stuttgart 1969, Sp.1309–1314.

Walter, N.: Art. στίγμα; EWNT III (1983), Sp.661–663.

Ders.: Geschichte und Mythos in der urchristlichen Präexistenzchristologie; Schmid, H.H. (Hg.): Mythos und Rationalität, Gütersloh 1988, S.224–230.

Ders.: Die Philipper und das Leiden. Aus den Anfängen einer heidenchristlichen Gemeinde; Die Kirche des Anfangs, FS H. Schürmann, Freiburg 1978, S.417–434.

Ders. (ed.): Pseudo–Phokylides (JSHRZ IV/3), Gütersloh 1983.

Walzer, M.: Kritik und Gemeinsinn. Drei Wege der Gesellschaftskritik, Berlin 1990.

Weber, M.: Wirtschaft und Gesellschaft: Grundriß der verstehenden Soziologie 2 Teilbände, 4.Auflage, Tübingen 1956.

Ders.: Gesammelte Aufsätze zur Religionssoziologie I, Tübingen, 6.Auflage 1972.

Ders.: Gesammelte Aufsätze zur Religionssoziologie III. Das antike Judentum, 6.Auflage 1976.

Weder, H.: Die „Rede der Reden". Beobachtungen zum Verständnis der Bergpredigt; EvTh 45 (1985), S.45–60.

Wehr, L.: Arznei der Unsterblichkeit. Die Eucharistie bei Ignatius von Antiochien und im Johannesevangelium (NTA 118), Münster 1987.

Welker, M.: Gottes Geist. Theologie des Heiligen Geistes, Neukirchen 1992.

Wendebourg, D.: Das Martyrium in der Alten Kirche als ethisches Problem; ZKG 98 (1987), S.295–320.

Wengst, Kl.: Christologische Formeln und Lieder des Urchristentums (StNT 7), Gütersloh 1972.

Ders.: Demut – Solidarität der Gedemütigten. Wandlungen eines Begriffes und seines sozialen Bezugs in griechisch–römischer, alttestamentlich–jüdischer und urchristlicher Tradition, München 1987.

Ders.: Die Macht des Ohnmächtigen. Versuche über Kreuz und Auferstehung; Einwürfe 5 (1988), S.155–179.

Ders.: „Ein wirkliches Gleichnis … " Zur Rede von der Auferweckung Jesu Christi im Neuen Testament; Zeitschrift für Dialektische Theologie 4 (1988), S.149–183.

Ders.: Ostern – Ein wirkliches Gleichnis, eine wahre Geschichte. Zum neutestamentlichen Zeugnis von der Auferweckung Jesu, München 1991.

Wilckens, U.: Der Brief an die Römer. 1.Teilband: Röm 1–5 (EKK VI/1), Neukirchen 1978.

Williams, M.H.: The Expulsion of the Jews from Rome in A.D. 19; Latomus 48 (1989), S.765–784.

Windisch, H.: Die Notiz über Tracht und Speise des Täufers und ihre Entsprechungen in der Jesusüberlieferung; ZNW 32 (1933), S.65–87.

Ders.: Kleinere Beiträge zur evangelischen Überlieferung. 1. Zum Gastmahl des Antipas; ZNW 18 (1917), S.73–83.

Ders.: Der zweite Korintherbrief (KEK 6), Göttingen, 9.Auflage 1924 = 1970.

Wolf, P.: Gericht und Reich Gottes bei Johannes und Jesus; Gegenwart und kommendes Reich (SBB); FS A. Vögtle, Stuttgart 1975, S.43–49.

Wolff, Chr.: Der erste Brief des Paulus an die Korinther (ThHK VII/2), Berlin 1982.

Ders.: Zur Bedeutung des Täufers im Markusevangelium; ThLZ 102 (1977), Sp.857–865.

Wolff, H.W.: Jes 53 im Urchristentum, Gießen, 4.Auflage 1984.

Wolpert, W.: Die Liebe zum Nächsten, zum Feind und zum Sünder; ThGl 74 (1984), S.262–282.

Wolter, M.: Apollos und die ephesenischen Johannesjünger (Act 18,24–19,7); ZNW 78 (1987), S.49–73.

Ders.: Der Apostel und seine Gemeinden als Teilhaber am Leidensgeschick Jesu Christi: Beobachtungen zur paulinischen Leidenstheologie; NTS 36 (1990), S.535–557.

Ders.: Art. Leiden III. Neues Testament; TRE 20 (1990), S.677–688.

Wrede, W.: Paulus (Religionsgeschichtliche Volksbücher 1), Halle 1904.

Wrege, H.-T.: Wirkungsgeschichte des Evangeliums. Erfahrungen, Perspektiven und Möglichkeiten, Göttingen 1981.

Wright, T./Neill, S.: The Interpretation of the New Testament 1861–1986, Oxford, 2.Auflage 1990.

Wüst, E.: Art. Mimos; PW XV/2 (1932), Sp.1727–1764.

Xavier, A.: Power in Weakness. Paul's Pastoral Stance in Corinth; IndTheolStud 20 (1983), S.286–295.

Zahn, Th.: Ignatius von Antiochien, Gotha 1873.

Ders./Harnack, A.v./Gebhardt, O.v. (ed.): Patrum Apostolicorum Opera, Leipzig, 6.Auflage 1960.

Zeller, D.: Die Menschwerdung des Sohnes Gottes im Neuen Testament und die antike Religionsgeschichte; ders. (Hg.): Menschwerdung Gottes – Vergöttlichung von Menschen (NTOA 7), Freiburg (Ch)/Göttingen 1988, S.141–176.

Ders.: Die weisheitlichen Mahnsprüche bei den Synoptikern (FzB 17), Würzburg 1977.

Ders.: Kommentar zur Logienquelle (SKKNT 21), Stuttgart 1984.

Ziegler, K.: Art. Plutarchos von Chaironeia; PW 41 (1951), Sp.636–962.

Zmijewski, J.: Der Stil der paulinischen „Narrenrede". Analyse der Sprach-gestaltung in 2 Kor 11,1–12,10 als Beitrag zur Methodik von Stilun-tersuchungen neutestamentlicher Texte (BBB 52), Köln/Bonn 1978.

Stellenverzeichnis

Zum vorliegenden Buch

Die Arbeit setzt das *sozial abweichende Verhalten* der ersten urchristlichen Autoritätsinhaber und ihr *Charisma* in Beziehung zueinander. Die leitende These ist, daß Charisma als neue Werte setzende Macht auf *Selbststigmatisierung* basiert, d.h. der freiwilligen Übernahme einer sozial verachteten und negativ bewerteten Außenseiterrolle.

Durch «Sticheln» gegenüber der geltenden Wertehierarchie wird diese im Namen einer neuen herausgefordert. Wird diese neue Werteordnung von Anhängern des sich stigmatisierenden Außenseiters trotz der ablehnenden Reaktion der traditionellen Autoritäten übernommen, so kommt es zu dessen *Charismatisierung* und *Entstigmatisierung*. Die neuen Werte setzen sich unter seinen Anhängern gegen die alten durch. Selbststigmatisierung und dadurch gewonnenes Charisma erscheinen so als wichtige *Strategie kulturellen Wertewandels*.

Die Arbeit untersucht die genannten Phänomene von *Stigmatisierung, Selbststigmatisierung* und *Charismatisierung* anhand der Personen, die innerhalb der urchristlichen Literatur am deutlichsten als individuelle Gestalten sichtbar werden: Johannes der Täufer, Jesus von Nazaret, Paulus sowie Ignatius von Antiochien.

Die Arbeit versteht sich als Beitrag zu einer Soziologie des Urchristentums, die auch systematisch-theologische und ethische Dimensionen der urchristlichen Religion im Blick hat.

ISBN 3-7278-0938-8 (Universitätsverlag)
ISBN 3-525-53930-4 (Vandenhoeck & Ruprecht)

Bd. 1   MAX KÜCHLER, *Schweigen, Schmuck und Schleier*. Drei neutestamentliche Vorschriften zur Verdrängung der Frauen auf dem Hintergrund einer frauenfeindlichen Exegese des Alten Testaments im antiken Judentum. XXII + 542 Seiten, 1 Abb. 1986. [vergriffen]

Bd. 2   MOSHE WEINFELD, *The Organizational Pattern and the Penal Code of the Qumran Sect.* A Comparison with Guilds and Religious Associations of the Hellenistic-Roman Period. 104 Seiten. 1986.

Bd. 3   ROBERT WENNING, *Die Nabatäer – Denkmäler und Geschichte*. Eine Bestandesaufnahme des archäologischen Befundes. 360 Seiten, 50 Abb., 19 Karten. 1986. [vergriffen]

Bd. 4   RITA EGGER, *Josephus Flavius und die Samaritaner*. Eine terminologische Untersuchung zur Identitätsklärung der Samaritaner. 4 + 416 Seiten. 1986.

Bd. 5   EUGEN RUCKSTUHL, *Die literarische Einheit des Johannesevangeliums.* Der gegenwärtige Stand der einschlägigen Forschungen. Mit einem Vorwort von Martin Hengel. XXX + 334 Seiten. 1987.

Bd. 6   MAX KÜCHLER/CHRISTOPH UEHLINGER (Hrsg.), *Jerusalem. Texte – Bilder – Steine*. Im Namen von Mitgliedern und Freunden des Biblischen Instituts der Universität Freiburg Schweiz herausgegeben ... zum 100. Geburtstag von Hildi + Othmar Keel-Leu. 238 S.; 62 Abb.; 4 Taf.; 2 Farbbilder. 1987.

Bd. 7   DIETER ZELLER (Hrsg.), *Menschwerdung Gottes – Vergöttlichung von Menschen*. 8 + 228 Seiten, 9 Abb., 1988.

Bd. 8   GERD THEISSEN, *Lokalkolorit und Zeitgeschichte in den Evangelien*. Ein Beitrag zur Geschichte der synoptischen Tradition. 10 + 338 Seiten. 1989.

Bd. 9   TAKASHI ONUKI, *Gnosis und Stoa*. Eine Untersuchung zum Apokryphon des Johannes. X + 198 Seiten. 1989.

Bd. 10   DAVID TROBISCH, *Die Entstehung der Paulusbriefsammlung*. Studien zu den Anfängen christlicher Publizistik. 10 + 166 Seiten. 1989.

Bd. 11   HELMUT SCHWIER, *Tempel und Tempelzerstörung*. Untersuchungen zu den theologischen und ideologischen Faktoren im ersten jüdisch-römischen Krieg (66–74 n.Chr.). XII + 432 Seiten. 1989.

Bd. 12   DANIEL KOSCH, *Die eschatologische Tora des Menschensohnes*. Untersuchungen zur Rezeption der Stellung Jesu zur Tora in Q. 514 Seiten. 1989.

Bd. 13   JEROME MURPHY-O'CONNOR, O.P., *The Ecole Biblique and the New Testament: A Century of Scholarship (1890-1990)*. With a Contribution by Justin Taylor, S.M. VIII + 210 Seiten. 1990.

Bd. 14   PIETER W. VAN DER HORST, *Essays on the Jewish World of Early Christianity*. 260 Seiten. 1990.

Bd. 15   CATHERINE HEZSER, *Lohnmetaphorik und Arbeitswelt in Mt 20, 1–16*. Das Gleichnis von den Arbeitern im Weinberg im Rahmen rabbinischer Lohngleichnisse. 346 Seiten. 1990.

Bd. 16   IRENE TAATZ, *Frühjüdische Briefe*. Die paulinischen Briefe im Rahmen der offiziellen religiösen Briefe des Frühjudentums. 132 Seiten. 1991.

Bd. 17   EUGEN RUCKSTUHL/PETER DSCHULNIGG, *Stilkritik und Verfasserfrage im Johannesevangelium*. Die johanneischen Sprachmerkmale auf dem Hintergrund des Neuen Testaments und des zeitgenössischen hellenistischen Schrifttums. 284 Seiten. 1991.

Bd. 18   PETRA VON GEMÜNDEN, *Vegetationsmetaphorik im Neuen Testament und seiner Umwelt*. Eine Bildfelduntersuchung. 558 Seiten. 1993.

Bd. 19   MICHAEL LATTKE, *Hymnus*. Materialien zu einer Geschichte der antiken Hymnologie. XIV + 510 Seiten. 1991.

Bd. 20   MAJELLA FRANZMANN, *The Odes of Solomon*. An Analysis of the Poetical Structure and Form. XXVIII + 460 Seiten. 1991.

Bd. 21   LARRY P. HOGAN, *Healing in the Second Temple Period*. 356 Seiten. 1992.

Bd. 22   KUN-CHUN WONG, *Interkulturelle Theologie und multikulturelle Gemeinde im Matthäusevangelium*. Zum Verhältnis von Juden- und Heidenchristen im ersten Evangelium. 236 Seiten. 1992.

Bd. 23   JOHANNES THOMAS, *Der jüdische Phokylides*. Formgeschichtliche Zugänge zu Pseudo-Phokylides und Vergleich mit der neutestamentlichen Paränese. XVIII + 538 Seiten. 1992.

Bd. 24   EBERHARD FAUST, *Pax Christi et Pax Caesaris*. Religionsgeschichtliche, traditionsgeschichtliche und sozialgeschichtliche Studien zum Epheserbrief. 536 Seiten. 1993.

Bd. 25   ANDREAS FELDTKELLER, *Identitätssuche des syrischen Urchristentums*. Mission, Inkulturation und Pluralität im ältesten Heidenchristentum. 284 Seiten. 1993.

Bd. 26   THEA VOGT, *Angst und Identität im Markusevangelium*. Ein textpsychologischer und sozialgeschichtlicher Beitrag. 288 Seiten. 1993.

Bd. 27   ANDREAS KESSLER / THOMAS RICKLIN / GREGOR WURST (Hrsg.), *Peregrina Curiositas*. Eine Reise durch den orbis antiquus. Zu Ehren von Dirk Van Damme. X + 322 Seiten. 1994.

Bd. 28   HELMUT MÖDRITZER, *Stigma und Charisma im Neuen Testament und seiner Umwelt*. Zur Soziologie des Urchristentums. 344 Seiten. 1994.